한글에 숨어있는
일본어의비밀

한글을 보면 일본어가 보인다

ひらがな
かたかな

2021년 1월 25일 초판 1쇄 발행

지은이	김선재
발행인	윤호병
발행처	(주)보고미디어
편집	이순주
표지·내지디자인	김승오
제작	최민혁
등록번호	제 2014-00012호
주소	서울특별시 구로구 구로동 197-10 이앤씨벤처드림타워 2차 508호
대표전화	1544-7126
팩스	02-2278-8817
정가	15,000원
ISBN	979-11-7006-3919 13740

이 책은 저작권법에 따라 보호를 받는 저작물이므로 무단복제와 무단전재는 법으로 금지되어 있습니다.
이 책 내용의 전부 또는 일부를 이용하려면 반드시 저작권자와 주식회사 보고미디어의 서면동의를 얻어야 합니다.

시작하기에 앞서

1997년 IMF가 지나가고 실업고등학교에 다니던 저는 다행히도 대한민국 최고의 대기업에 취직하게 되었습니다.

직장 생활 도중 1999년 군에 입대하게 되었고 상병쯤 되던 때에 복직하면 나에게도 뭔가 경쟁력이 필요하다 판단하여 당시 유행하던 일본어를 공부하기로 결심했습니다.

내무반마다 제대했던 선배들이 남기고 간 일본어 기초 서적들이 꽤 있어 그 책을 가지고 여유시간마다 열심히 쓰고 읽기를 9개월 정도 반복했습니다.

제대하고 복직을 바로 하지 못하고 3개월 정도 대기하라는 지시가 있어서 일본어 학원에 등록을 했습니다.

일본어 학원에 3개월 정도 다닐 때쯤, 입에서 일본어가 막힘 없이 튀어나오는 모습에 학원 생생님들께서도 많이 놀라는 눈치였습니다.

가장 놀랐던 건 제 자신이었고 버스 정류장 앞에서 일본어 원어민 선생님과 일본어로 통화하는데 주변분들의 시선이 느껴지면서 제가 외국어를 하고 소통하고 있다는 그때의 설렘과 짜릿함이 지금도 생생합니다.

제가 그때 남들보다 일본어를 빨리 습득하고 회화 실력이 월등했던 이유를 저는 알고 있었습니다.
그 이유를 알고 있었지만 대기업에 복직하고 주변에서 일본어 잘한다며 추켜세워 주자 우쭐대기에만 바빴지 그 비결을 교재로 출판할 생각은 꿈에도 생각하지 못했던 그때였습니다.

꿈꾸고 노력하는 자에게는 기회가 주워진다고 했던가요?
20대 초반 회사에서 Box 포장하던 저에게, 일본어를 곧잘 하는 모습에 Eng'r가 되는 길이 열렸고 사무실 근무에 필요한 엑셀, 파워포인트, 통계 등을 열심히 배우고 익혔습니다.

25살쯤 되었을까요?
회사에서 유관 부서와 품질 문제로 회의 도중 급작스러운 장벽을 만나게 됩니다.
회의에 참석했던 한 분이 "이번 건은 컨디셔널(Conditional)로 진행합시다."라고 했을 때 회의에 참석했던 저만 무슨 뜻인지 모르는 눈치였습니다.

그때 회의에 참석하셨던 분들은 대부분 학사, 석사 심시어 박사까지 졸업하신 분들로 구성되어 있었던 것입니다.

또 하나의 제 기억은 바로 옆 섹션(Section)이 CS(Customer Service) 부서였는데, 해당 부서 팀장님께서 유선통화로 고객과 영어로 소통하시는데 거의 1시간 동안 유창하게 하시는 모습을 보고 저도 제가 뭘 하면 가슴 뛰는 삶을 살 수 있을지 문득 떠올랐고, 꼭! 저 부서에 가서 저렇게 멋있게 일해보고 싶다는 꿈이 생겼습니다.
그때 저는 영어를 공부해야겠다는 결심을 하고 생전 경험이 없던 TOEIC(Test of English for International Communication)에 도전해 보기로 했습니다.

공부를 두 달 남짓하고 바로 시험을 치렀고 그 결과는 자명했습니다. 990점(LC : 495, RC : 495) 만점에 50점도 안 되는 400점대 점수를 받았던 것으로 기억합니다.

당시 무언가 방향성이 있어야겠다는 판단 아래 TOEIC 고수들과 영어 잘한다는 분들의 글귀들을 낱낱이 찾아보고 그대로 따라 해 보기로 마음먹었습니다.

그 결과 LC가 6개월 만에 급격하게 상승했고 문법이나 독해에 기본이 없던 터라 꾸준히 시험에 대해 Review 하고 부족한 부분을 보완했더니 그 결과 회사 생활하면서 2년 만에 꿈에 그리던 865점을 획득했습니다.

해당 점수가 주는 의미는 회사에서 860점이 넘으면 1등급으로 취급하여 고과에 Plus 점수가 반영되는 유효 기간이 평생이기 때문입니다.

김선재 저자의 TOEIC 공부시절 TREND

TOEIC을 시작할 때 나중에 높은 점수를 얻을 즘에는 영어 회화 실력도 그에 준하는 사람이 되자고 결심했기에 TOEIC 교재(원어민 음성)를 통해서 발음도 교정하고 말하는 연습을 한 결과 TOEIC 1등급(사내 등급)을 취득하고 바로 영어 회화 시험을 치렀는데 그 또한 1등급이 나왔습니다. 이러한 결과를 토대로 제가 했던 학습 방법이 틀리진 않았다는 생각을 해봅니다.

늦은 나이에 공부에 맛이 들었던지 회사 업무에 좀 더 전문성을 배양하고자 국내 유일의 학사 인정 사내대학에 입학을 했고 4.32(4.5)라는 성적으로 차석 졸업의 영광도 얻었습니다.

제가 서른 중반쯤 중국어가 대세인 시대가 왔고 이 또한 회사 생활하면서 2년 안에 원어민들과 자유롭게 소통할 수 있는 실력이 되었습니다.
그 결과 [김선생의 초스피드 중국어 (발행처 : 보고미디어)] 교재가 2020년 5월 11일 세상에 출시되었고 5천만 대한민국 국민의 중국어 학습에 단단한 디딤돌이 되고 있습니다.
결국 입사하고 줄곧 같은 꿈을 가슴에 품고 산 청년은 거의 20년 만에 원하던 CS 부서로 입성하게 되었고 지금도 아주 즐겁게 회사 생활을 하고 있습니다.

일본어 교재를 논하는데 "왜 개인사를 이렇게 늘어놓지" 하며 의아해하시는 분들도 계실지 모르겠습니다.
그만큼 어학(일어, 중국어, 영어)에 있어 20년 넘게 공부하고 연구한 사람으로서 이제는 제가 가진 노하우(Know-how)나 비결을 대한민국 국민들께 공유해야겠다는 생각이 들었기 때문입니다.

사교육비로 힘들어하시는 부모님들의 부담을 많이 덜어 드리고, 요즘같이 코로나

(COVID19)로 인해 비대면 교육이 필요한 이 시점에 혼자서도 일본어 회화를 원어민처럼 쉽게 마스터할 수 있는 디딤돌 교재로, 대한민국 국민이기에 일본어를 세상에서 가장 쉽게 습득할 수 있는 기회가 있다는 행운을 드리고, 비즈니스맨뿐만 아니라 꿈을 가진 학생들과 취진 생들에게 획기적인 학습법을 제공함과 동시에 실질적인 용기와 희망을 줌으로써 대한민국의 경쟁력을 한 층 더 높이고자 하는 뜻에서 이렇게 세상에 선을 보이게 됐습니다.

이제 본 교재의 핵심 이론과 방향에 대해 나열해 볼까 합니다.
우리 대한민국 국민이 사용하는 한국어에는 50% 정도가 모두 중국에서 사용하던 한자고, 한자를 한글로 표음화하여 사용하고 있는 것입니다. 나머지는 순수 한국어 표현과 우리 말로 이뤄져 있습니다.

> **Ex** 幸福 (xìngfú : 중국 간체자) Vs. 행복 (한글로 표음)

일본어도 마찬가지입니다.
순수 일본 말과 표현을 제외하고 일본어의 50% 정도는 모두 한자입니다.
다만 한국과 다른 것은 중국 한자를 일본어 글자(히라가나)로 표음화하지 않고 한자 그대로를 사용합니다.

> **Ex** 日本 (にほん)

하지만 해당 [일본 : 日本]이라는 한자를 소리 내어 읽는 방법에 있어서는 기가 막힌 비밀이 숨어 있습니다. 이 비밀을 저자가 공개할 예정이며 일본은 아니라고 하겠지만 저자는 "저자 김선재가 생각하는 게 맞다"라고 추정해 봅니다.

대한민국의 한글은 [日本]을 [일본]이라고 쓰고 읽습니다.
반면 일본어는 [日本]이라고 쓰고 [니홍 = にほん]이라고 읽습니다.
그렇다면 일본인들은 어디에서 출발해서 이 [일본 : 日本]이라는 한자를 [니홍 = にほん]이라고 소리 내어 읽고 표음하게 되었을까요?

저자는 하기와 같이 추정한다고 말하지만 개인적으로 거의 확실하다고 생각합니다.

조선 시대 세종 대왕께서 한글을 창제하실 때 이미 의미 단위로 소통되며 사용되는 한자의 발음을 중국인들이 발음하고 소리 내는 형태(중국어의 성조와 1~3음절 모음 소리)에서 100% 맞아떨어지는 규칙은 아니지만 일정한 규칙을 가지고 성조가 없이 한글의 받침을 이용한 모두 "1음절" 한글 소리로 변환하여 표음하고 발음하는 작업이 이뤄진 후(관련 교재 : 김선생의 초스피드 중국어), 이에 힌트를 얻은 **일본은 중국의 한자를 한글로 표음화한 단어들을 다시 한글의 모양과 발음을 가지고 또 다른 규칙을 만들어 일본어 발음으로 변환하는 작업을 한 것이고 현재의 발음으로 진화한 것입니다.**

저자는 이 변환 법칙들을 하나하나 정확히 예를 들어 소개 할 것이며 오직 한국인만이 한국 생활 속에서 수없이 사용하고 있는 한글로 표음화한 한자들을 이 변환 법칙만 알면 아주 수월하게 일본어 발음으로 변환하여 쉽게 일본어 회화 능력을 배양할 수 있는 능력을 갖추게 될 것이라 확신합니다.

우리 생활 속에서 한글(한글로 표음한 한자 발음)만 보면 마술처럼 일본어 발음으로 변환하는 습관이 생길 것이며 이는 곧 일본어 학습의 50%를 완성하는 것과 다름없습니다. 이렇기에 일본어는 세상에서 한국인이 가장 쉽게 습득할 수 있는 외국어인 것입니다.

이렇게 회화 능력을 먼저 쌓고 순수 일본어를 배워가며 한자에 익숙해지는 과정을 거친다면 일본어 학습에 있어 엄청난 언어적 감각이 생길 것이라는 것을 다시 한번 약속드립니다.

주의

1.
본 교재에 나오는 "한글을 일본어 발음으로 변환"하는 음성을 반드시 따라 하는 훈련을 하셔야 원하시는 이상의 학습 효과를 얻으실 수 있습니다.

2.
선택[選択] → 센따꾸[せんたく] : 변환 법칙 적용 시 한글로 변환된 [센따꾸]는 일본어 발음으로 쉽게 기억하기 위한 중간 도구이며 마지막에는 항상 히라가나 [せんたく]를 보고 발음 변환을 하며 연상하는 형태로 장기기억화할 수 있는 습관을 가져야 합니다.

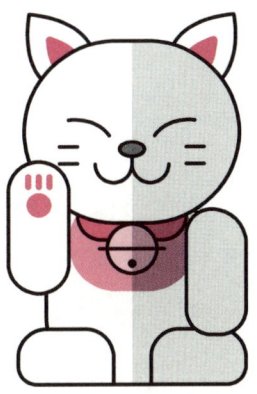

차례

01.
일본어 기본 문자 및 발음   11

- 1.1 히라가나(ひらがな)/ 카따까나(かたかな)   11
- 1.2 요[ょ]음   15
- 1.3 장음 [ー]   15
- 1.4 주의할 발음   17

02.
한글 "받침" 변환   19

- 2.1 일본어 응[ん] 발음   19
- 2.2 일본어 촉음[っ] 발음   43
- 2.3 한글 [ㄹ] 받침의 일본어 변환   48
- 2.4 한글 [ㄱ] 받침의 일본어 변환   52
- 2.5 한글 [ㅂ] 받침의 일본어 변환   61
- 2.6 한글 [ㅇ] 받침의 일본어 장음화   65

03.
한글 "자음" 변환 ;
[한글 → 일본어]   81

04.
한글 "모음" 변환 ;
[한글 → 일본어]   159

01. 일본어 기본 문자 및 발음

1.1 히라가나(ひらがな)/ 카따까나(かたかな)

　　50(오십)음도 : 45자 + 응(ん) 총 → (46 字)

　　5단(세로 방향) & 10행(가로 방향)

● **탁음** : 성대를 울려서 내는 소리

　히라가나/ 카따까나 우측 위에 점 2개 표기 및 표기 방향에 주의 필요.

 음성 1-1. 탁음

카(か)행	が	ぎ	ぐ	げ	ご
	가	기	구	게	고
사(さ)행	ざ	じ	ず	ぜ	ぞ
	자	지	즈	제	조
타(た)행	だ	ぢ	づ	で	ど
	다	지	즈	데	도
하(は)행	ば	び	ぶ	べ	ぼ
	바	비	부	베	보

● **반탁음** : 하[は]행만 있음

　첫 음으로는 잘 오지 않음.

　첫 음은 '파(pa)', 그 다음에 오면 '빠'로 발음함.

 음성 1-2. 반탁음

하(は)행	ぱ	ぴ	ぷ	ぺ	ぽ
	빠	삐	뿌	뻬	뽀

● 히라가나 [ひらがな]　　　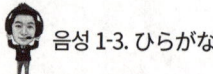음성 1-3. ひらがな

50음도(46字) 히라가나		단				
		아(あ)단	이(い)단	우(う)단	에(え)단	오(お)단
행	아(あ)행	あ / 아	い / 이	う / 우	え / 에	お / 오
		• '우(う)'는 '으'에 가깝게 발음				
	카(か)행	か / 카	き / 키	く / 쿠	け / 케	こ / 코
		• '단어 첫 음'으로 올 경우 : 'ㄱ'와 'ㅋ' 사이 중간음 　→ 하지만, [ㅋ]로 발음하도록 우선 연습 • '첫 음이 아닐 경우' : 'ㅋ'와 'ㄲ' 사이 중간음 　→ 하지만, 된소리 [ㄲ]로 발음하도록 우선 연습				
	카(か)행 (탁음)	が / 가	ぎ / 기	ぐ / 구	げ / 게	ご / 고
	사(さ)행	さ / 사	し / 시	す / 스	せ / 세	そ / 소
		• 첫 음이나, 첫 음이 아닐 경우 모두 　→ 된소리(ㅆ) 발음은 없고 모두 (ㅅ)로 발음함				

50음도(46字)		단				
		아(あ)단	이(い)단	우(う)단	에(え)단	오(お)단
행	사(さ)행 (탁음)	ざ / 자	じ / 지	ず / 즈	ぜ / 제	ぞ / 조
		• 발음 時 혀 끝을 앞니 뒤에 붙였다 뗌				
	타(た)행	た / 타	ち / 치	つ / 츠	て / 테	と / 토
		• '단어 첫 음'으로 올 경우 : 'ㄷ'와 'ㅌ' 사이 중간음 　→ 하지만, [ㅌ]로 발음하도록 우선 연습 • '첫 음이 아닐 경우' : 'ㅌ'와 'ㄸ' 사이 중간음 　→ 하지만, 된소리 [ㄸ]로 발음하도록 우선 연습				
	타(た)행 (탁음)	だ / 다	ぢ / 지	づ / 즈	で / 데	ど / 도

50음도 (46字)		단				
		아(あ)단	이(い)단	우(う)단	에(え)단	오(お)단
행	나(な)행	な 나	に 니	ぬ 누	ね 네	の 노
	하(は)행	は 하	ひ 히	ふ 후	へ 헤	ほ 호
		• **히**(ひ) : 목에 힘주고 발음 • **후**(ふ) : 촛불 불듯이 발음				
	하(は)행 (탁음)	ば 바	び 비	ぶ 부	べ 베	ぼ 보
		• 우리 말의 'ㅂ' 발음보다 성대를 더 울려서 발음				
	하(は)행 (반탁음)	ぱ 빠	ぴ 삐	ぷ 뿌	ぺ 뻬	ぽ 뽀
		• 첫 음으로는 잘 오지 않음, 첫 음 올 때만 'ㅍ', → 그 다음에 오면 무조건 된소리 'ㅃ'로 발음함				

50음도 (46字)		단				
		아(あ)단	이(い)단	우(う)단	에(え)단	오(お)단
행	마(ま)행	ま 마	み 미	む 무	め 메	も 모
		• **무**(む) : 너무 힘줘서 입술을 앞으로 내밀지만 말고 발음				
	야(や)행	や 야		ゆ 유		よ 요
	라(ら)행	ら 라	り 리	る 루	れ 레	ろ 로
		• 영어의 'R' 발음이 아닌 'L' 발음과 유사 → 혀의 위치(앞니 뒤 입 천장)이지만 우리말의 'ㄹ' 발음으로 생각하면 됨				
	와(わ)행	わ 와				を 오
		• **오**(を) : 우리말의 을/를 형태의 조사로만 사용됨				
		ん 응				

● 카따까나 (かたかな)

대부분 한자의 일부분을 따서 만든 것으로, 한자의 한쪽이라는 뜻에서 '片(かな)'라 이름, 외래어의 표기나 의성어·의태어 따위에 쓰임.

 음성 1-4. かたかな

	50음도 (46字)	단				
		아(あ)단	이(い)단	우(う)단	에(え)단	오(お)단
행	아(ア)행	ア	イ	ウ	エ	オ
	카(カ)행	カ	キ	ク	ケ	コ
	카(ガ)행 (탁음)	ガ	ギ	グ	ゲ	ゴ
	사(サ)행	サ	シ	ス	セ	ソ
	사(ザ)행 (탁음)	ザ	ジ	ズ	ゼ	ゾ
	타(タ)행	タ	チ	ツ	テ	ト
	타(ダ)행 (탁음)	ダ	ヂ	ヅ	デ	ド
	나(ナ)행	ナ	ニ	ヌ	ネ	ノ
	하(ハ)행	ハ	ヒ	フ	ヘ	ホ
	하(バ)행 (탁음)	バ	ビ	ブ	ベ	ボ
	하(パ)행 (반탁음)	パ	ピ	プ	ペ	ポ
	마(マ)행	マ	ミ	ム	メ	モ
	야(ヤ)행	ヤ		ユ		ヨ
	라(ラ)행	ラ	リ	ル	レ	ロ
	와(ワ)행	ワ				ヲ
		ン				

1.2 요[ょ]음

자음 + 야(ゃ) /유(ゅ)/요(ょ)

길게 발음하지 말고 한 박자 길이만큼만 발음.

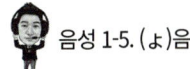 음성 1-5. (ょ)음

야(ゃ/ャ)			유(ゅ/ュ)			요(ょ/ョ)		
히라가나	카따까나	한글발음	히라가나	카따까나	한글발음	히라가나	카따까나	한글발음
きゃ	キャ	캬	きゅ	キュ	큐	きょ	キョ	쿄
ぎゃ	ギャ	갸	ぎゅ	ギュ	규	ぎょ	ギョ	교
しゃ	シャ	샤	しゅ	シュ	슈	しょ	ショ	쇼
じゃ	ジャ	쟈	じゅ	ジュ	쥬	じょ	ジョ	죠
ちゃ	チャ	챠	ちゅ	チュ	츄	ちょ	チョ	쵸
にゃ	ニャ	냐	にゅ	ニュ	뉴	にょ	ニョ	뇨
ひゃ	ヒャ	햐	ひゅ	ヒュ	휴	ひょ	ヒョ	효
びゃ	ビャ	뱌	びゅ	ビュ	뷰	びょ	ビョ	뵤
みゃ	ミャ	먀	みゅ	ミュ	뮤	みょ	ミョ	묘
りゃ	リャ	랴	りゅ	リュ	류	りょ	リョ	료
ぴゃ	ピャ	뺘	ぴゅ	ピュ	뿌	ぴょ	ピョ	뽀

1.3 장/단음 : 표기상으로 구분

장음[一] : 한 박자 길게 발음

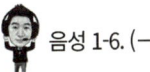 음성 1-6. (一)장음

🎤 **아(あ)단 + あ = 아ー** (아단 길게 발음)

> Ex)　오까ー상　　　오바ー상
> 　　　おかあさん　　おばあさん

연습 할 때는 우선 '오까아상', '오바아상'으로 '아'를 살려주고 연습이 충분히 되면 '아' 대신 장음(一)으로 바꾸는 연습을 합니다.

🎤 **이(い)단 + い = 이ー** (이단 길게 발음)

> Ex)　오지ー상　　　오까시ー　　　오까시
> 　　　おじいさん　　おかしい　　　おかし

연습 할 때는 우선 '오지이상', '오까시이'로 '이'를 살려주고 연습이 충분히 되면 '이' 대신 장음(ー)으로 바꾸는 연습을 합니다

🎤 에(え)단 + え = 에ー(에단 길게 발음)

> Ex)   오네ー상
>   おねえさん

연습 할 때는 우선 '오네에상'으로 '에'를 살려주고 연습이 충분히 되면 '에' 대신 장음(ー)으로 바꾸는 연습을 합니다.

🎤 오(お)단 + お = 오ー(오단 길게 발음)

> Ex)   오ー사까   토ー이
>   おおさか   とおい

연습 할 때는 우선 '오오사까', '토오이'로 '오'를 살려주고 연습이 충분히 되면 '오' 대신 장음(ー)으로 바꾸는 연습을 합니다.

🎤 오(お)단 + う = 오ー(오단 길게 발음)

> Ex)   오또ー상
>   おとうさん

연습 할 때는 우선 '오또우상'으로 '우'를 살려주고 연습이 충분히 되면 '우' 대신 장음(ー)으로 바꾸는 연습을 합니다.

🎤 우(う)단 + う = 우ー(우단 길게 발음)

> Ex)   쿠ー끼   유ー끼   유끼
>   くうき   ゆうき   ゆき

연습 할 때는 우선 '쿠우끼', '유우끼'로 '우'를 살려주고 연습이 충분히 되면 '우' 대신 장음(ー)으로 바꾸는 연습을 합니다.

🎤 에(え)단 + い = 에ー(에단 길게 발음)

> Ex)   센세ー   진세ー
>   せんせい   じんせい

연습 할 때는 우선 '센세이', '진세이'로 '이'를 살려주고 연습이 충분히 되면 '이' 대신 장음(ー)으로 바꾸는 연습을 합니다.

1.4 주의할 발음

한글 발음을 일본어 발음으로 변환할 때 한글 소리뿐 아니라 마지막은 항상 실제 히라가나의 발음을 연상하여 정확한 발음을 할 수 있도록 합니다.

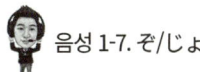 음성 1-7. ぞ/じょ

[ㅗ]				[ㅛ]		
증가	조우까	ぞうか(増加)	Vs.	상황	죠우꾜우	じょうきょう(状況)
증대	조우다이	ぞうだい(増大)		정보	죠우호우	じょうほう(情報)

02. 한글 "받침" 변환

2.1 일본어 응[ん] 발음_일본어 받침에 해당

일본어는 한글과 비교했을 때 받침이 있을까요? 없을까요?

● **핵심 이론**

응[ん] 발음은 어두(語頭)에는 오지 않는 발음으로 흔히 일본어에는 받침이 없다고 하지만 [ん]은 일본어 단어의 받침에 해당되며

▸ 뒤에 오는 단어의 초성 발음의 영향을 받아 [ん]은 한글의 [ㄴ, ㅁ, ㅇ] 받침으로 발음되는데 이는 발음하기 쉬운 음으로 변화한 결과입니다.

▸ 또한 [ん]은 뒤에 추가로 단어가 오지 않고 끝날 때에는 모두 한글의 [ㅇ] 받침으로 소리를 냅니다.

🎤 응[ん] 발음 예시

	한글받침			일본어 받침 [ん]
1	한글받침	뒤에 오는 단어의 초성 발음의 영향을 받아 [ㄴ, ㅁ, ㅇ] 받침으로 발음.	▶	일본어 받침 [ん]
	ㄴ, ㅁ			ㄴ, ㅁ, ㅇ
2	한글받침	뒤에 추가로 단어가 오지 않고 끝날 때 [ㅇ] 받침으로 발음.	▶	일본어 받침 [ん]
	ㄴ, ㅁ			ㅇ

● **한글 첫 글자 받침 [ㄴ, ㅁ] 뒤에 오는 단어의 초성 발음의 영향을 받아 일본어 [ん] 발음이 변환되는 경우**

❶ 한글 첫 글자 받침 [ㄴ]인 경우의 일본어 [ん] 발음 변환

한글받침		일본어 받침 [ん]
ㄴ	▶	ㄴ, ㅁ, ㅇ

"타, 다, 나, 라, 사, 자(た/だ/な/ら/さ/ざ)행" 앞에서의

일본어 [ん] 발음(한글 받침 : ㄴ) → 한글 받침 [ㄴ]으로 발음됨

[타(た)] 행 앞에서의 [ん] 발음

> Ex) 단따이 ➡ [ん]이 [ㄴ] 받침으로 소리남
> だんたい [団体 : 단체]

※ 단체 : 한글 '단'의 받침 [ㄴ] ➡ 일본어 '단(だん)'의 받침 [ㄴ]으로 발음됨

Ex) 더 많은 예시들

음성 2-1. ん→ㄴ

일어 한자	한글 발음	일어 한글 발음	한글 발음 첫 글자 받침 [ㄴ] 한글받침 = 일어받침	일어 발음 두 번째 글자 초성 [소리 : 타(た)행] 한글발음 = 일어발음	일어발음
選択	선택	센따꾸	ㄴ=ㄴ(ん)	ㅌ=っ	せんたく
伝統	전통	덴또우	ㄴ=ㄴ(ん)	ㅌ=っ	でんとう
戦闘	전투	센또우	ㄴ=ㄴ(ん)	ㅌ=っ	せんとう
団体	단체	단따이	ㄴ=ㄴ(ん)	ㅊ=っ	だんたい
全体	전체	젠따이	ㄴ=ㄴ(ん)	ㅊ=っ	ぜんたい
観点	관점	칸뗑	ㄴ=ㄴ(ん)	ㅈ=っ	かんてん
本店	본점	혼뗑	ㄴ=ㄴ(ん)	ㅈ=っ	ほんてん
運転	운전	운뗑	ㄴ=ㄴ(ん)	ㅈ=っ	うんてん
安定	안정	안떼이	ㄴ=ㄴ(ん)	ㅈ=っ	あんてい
限定	한정	겐떼이	ㄴ=ㄴ(ん)	ㅈ=っ	げんてい
軍隊	군대	군따이	ㄴ=ㄴ(ん)	ㄷ=っ	ぐんたい
簡単	간단	칸땅	ㄴ=ㄴ(ん)	ㄷ=っ	かんたん
反対	반대	한따이	ㄴ=ㄴ(ん)	ㄷ=っ	はんたい
先頭	선두	센또우	ㄴ=ㄴ(ん)	ㄷ=っ	せんとう
連帯	연대	렌따이	ㄴ=ㄴ(ん)	ㄷ=っ	れんたい
緊張	긴장	킨쬬우	ㄴ=ㄴ(ん)	ㅈ=っ	きんちょう
建築	건축	켄찌꾸	ㄴ=ㄴ(ん)	ㅊ=っ	けんちく

일어 한자	한글 발음	일어 한글 발음	한글 발음 첫 글자 받침 [ㄴ] 한글받침 = 일어받침	일어 발음 두 번째 글자 초성 [소리 : 타(た)행] 한글발음 = 일어발음	일어발음
新築	신축	신찌꾸	ㄴ=ㄴ(ん)	ㅊ=ㅉ	しんちく

[다(だ)] 행 앞에서의 [ん] 발음

Ex) 운도우 ➡ [ん]이 [ㄴ] 받침으로 소리남
うんどう [運動 : 운동]

※ 운동 : 한글 '운'의 받침 [ㄴ] ➡ 일본어 '운(うん)'의 받침 [ㄴ]으로 발음됨

Ex 더 많은 예시들 음성 2-2. ん→ㄴ

일어 한자	한글 발음	일어 한글 발음	한글 발음 첫 글자 받침 [ㄴ] 한글받침 = 일어받침	일어 발음 두 번째 글자 초성 [소리 : 다(だ)행] 한글발음 = 일어발음	일어발음
安打	안타	안다	ㄴ=ㄴ(ん)	ㅌ=ㄷ	あんだ
懇談	간담	콘당	ㄴ=ㄴ(ん)	ㄷ=ㄷ	こんだん
近代	근대	킨다이	ㄴ=ㄴ(ん)	ㄷ=ㄷ	きんだい
運動	운동	운도우	ㄴ=ㄴ(ん)	ㄷ=ㄷ	うんどう
温度	온도	온도	ㄴ=ㄴ(ん)	ㄷ=ㄷ	おんど
診斷	진단	신당	ㄴ=ㄴ(ん)	ㄷ=ㄷ	しんだん
判断	판단	한당	ㄴ=ㄴ(ん)	ㄷ=ㄷ	はんだん
限度	한도	겐도	ㄴ=ㄴ(ん)	ㄷ=ㄷ	げんど
問題	문제	몬다이	ㄴ=ㄴ(ん)	ㅈ=ㄷ	もんだい
宣伝	선전	센뎅	ㄴ=ㄴ(ん)	ㅈ=ㄷ	せんでん

[나(な)] 행 앞에서의 [ん] 발음

Ex) 안나이 ➡ [ん]이 [ㄴ] 받침으로 소리남
あんない [案内 : 안내]

※ 안내 : 한글 '안'의 받침 [ㄴ] ➡ 일본어 '안(あん)'의 받침 [ㄴ]으로 발음됨

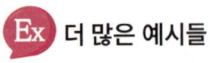 더 많은 예시들   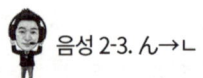 음성 2-3. ん→ㄴ

일어 한자	한글 발음	일어 한글 발음	한글 발음 첫 글자 받침 [ㄴ] 한글받침 = 일어받침	일어 발음 두 번째 글자 초성 [소리 : 나(な)행] 한글발음 = 일어발음	일어발음
新年	신년	신넹	ㄴ=ㄴ(ん)	ㄴ=ㄴ	しんねん
案内	안내	안나이	ㄴ=ㄴ(ん)	ㄴ=ㄴ	あんない
筋肉	근육	킨니꾸	ㄴ=ㄴ(ん)	ㄴ=ㄴ	きんにく
天然	천연	텐넹	ㄴ=ㄴ(ん)	ㄴ=ㄴ	てんねん

[라(ら)] 행 앞에서의 [ん] 발음

> Ex) 쿤렝 ➡ [ん]이 [ㄴ] 받침으로 소리남
> くんれん [訓練 : 훈련]

※ 훈련 : 한글 '훈'의 받침 [ㄴ] ➡ 일본어 '쿤(くん)'의 받침 [ㄴ]으로 발음됨

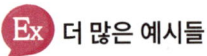 더 많은 예시들   음성 2-4. ん→ㄴ

일어 한자	한글 발음	일어 한글 발음	한글 발음 첫 글자 받침 [ㄴ] 한글받침 = 일어받침	일어 발음 두 번째 글자 초성 [소리 : 라(ら)행] 한글발음 = 일어발음	일어발음
関連	관련	칸렝	ㄴ=ㄴ(ん)	ㄹ=ら	かんれん
管理	관리	칸리	ㄴ=ㄴ(ん)	ㄹ=ら	かんり
権利	권리	켄리	ㄴ=ㄴ(ん)	ㄹ=ら	けんり
距離	분리	분리	ㄴ=ㄴ(ん)	ㄹ=ら	ぶんり
伴侶	반려	한료	ㄴ=ㄴ(ん)	ㄹ=ら	はんりょ
山林	산림	산링	ㄴ=ㄴ(ん)	ㄹ=ら	さんりん
信頼	신뢰	신라이	ㄴ=ㄴ(ん)	ㄹ=ら	しんらい
人類	인류	진루이	ㄴ=ㄴ(ん)	ㄹ=ら	じんるい
完了	완료	칸료우	ㄴ=ㄴ(ん)	ㄹ=ら	かんりょう
電流	전류	덴류우	ㄴ=ㄴ(ん)	ㄹ=ら	でんりゅう
戦略	전략	센랴꾸	ㄴ=ㄴ(ん)	ㄹ=ら	せんりゃく

일어 한자	한글 발음	일어 한글 발음	한글 발음 첫 글자 받침 [ㄴ] 한글받침 = 일어받침	일어 발음 두 번째 글자 초성 [소리 : 라(ら)행] 한글발음 = 일어발음	일어발음
診療	진료	진료우	ㄴ=ㄴ(ん)	ㄹ=ら	しんりょう
全力	전력	젠료꾸	ㄴ=ㄴ(ん)	ㄹ=ら	ぜんりょく
弾力	탄력	단료꾸	ㄴ=ㄴ(ん)	ㄹ=ら	だんりょく
便利	편리	벤리	ㄴ=ㄴ(ん)	ㄹ=ら	べんり
訓練	훈련	쿤렝	ㄴ=ㄴ(ん)	ㄹ=ら	くんれん

[사(さ)] 행 앞에서의 [ん] 발음

> Ex) 켄세쯔 ▶ [ん]이 [ㄴ] 받침으로 소리남
> けんせつ [建設 : 건설]

※ 건설 : 한글 '건'의 받침 [ㄴ] ▶ 일본어 '켄(けん)'의 받침 [ん]으로 발음됨

> Ex) 멘세끼 ▶ [ん]이 [ㄴ] 받침으로 소리남
> めんせき [面積 : 면적]

※ 면적 : 한글 '면'의 받침 [ㄴ] ▶ 일본어 '멘(めん)'의 받침 [ん]으로 발음됨

> Ex) 칸사쯔 ▶ [ん]이 [ㄴ] 받침으로 소리남
> かんさつ [観察 : 관찰]

※ 관찰 : 한글 '관'의 받침 [ㄴ] ▶ 일본어 '칸(かん)'의 받침 [ん]으로 발음됨

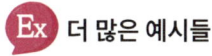 더 많은 예시들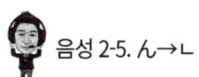

일어 한자	한글 발음	일어 한글 발음	한글 발음 첫 글자 받침 [ㄴ] 한글받침 = 일어받침	일어 발음 두 번째 글자 초성 [소리 : 사(さ)행] 한글발음 = 일어발음	일어발음
建設	건설	켄세쯔	ㄴ=ㄴ(ん)	ㅅ=さ	けんせつ
関心	관심	칸싱	ㄴ=ㄴ(ん)	ㅅ=さ	かんしん

일어 한자	한글 발음	일어 한글 발음	한글 발음 첫 글자 받침 [ㄴ] 한글받침 = 일어받침	일어 발음 두 번째 글자 초성 [소리 : 사(さ)행] 한글발음 = 일어발음	일어발음
干涉	간섭	칸쇼우	ㄴ=ㄴ(ん)	ㅅ=さ	かんしょう
文書	문서	분쇼	ㄴ=ㄴ(ん)	ㅅ=さ	ぶんしょ
分析	분석	분세끼	ㄴ=ㄴ(ん)	ㅅ=さ	ぶんせき
反省	반성	한세이	ㄴ=ㄴ(ん)	ㅅ=さ	はんせい
反射	반사	한샤	ㄴ=ㄴ(ん)	ㅅ=さ	はんしゃ
損失	손실	손시쯔	ㄴ=ㄴ(ん)	ㅅ=さ	そんしつ
先生	선생	센세이	ㄴ=ㄴ(ん)	ㅅ=さ	せんせい
選手	선수	센슈	ㄴ=ㄴ(ん)	ㅅ=さ	せんしゅ
認識	인식	닌시끼	ㄴ=ㄴ(ん)	ㅅ=さ	にんしき
練習	연습	렌슈우	ㄴ=ㄴ(ん)	ㅅ=さ	れんしゅう
安心	안심	안싱	ㄴ=ㄴ(ん)	ㅅ=さ	あんしん
印象	인상	인쇼우	ㄴ=ㄴ(ん)	ㅅ=さ	いんしょう
人生	인생	진세이	ㄴ=ㄴ(ん)	ㅅ=さ	じんせい
完成	완성	칸세이	ㄴ=ㄴ(ん)	ㅅ=さ	かんせい
贊成	찬성	산세이	ㄴ=ㄴ(ん)	ㅅ=さ	さんせい
編成	편성	헨세이	ㄴ=ㄴ(ん)	ㅅ=さ	へんせい
現象	현상	겐쇼우	ㄴ=ㄴ(ん)	ㅅ=さ	げんしょう
親切	친절	신세쯔	ㄴ=ㄴ(ん)	ㅅ=さ	しんせつ
観衆	관중	칸슈우	ㄴ=ㄴ(ん)	ㅈ=さ	かんしゅう
面積	면적	멘세끼	ㄴ=ㄴ(ん)	ㅈ=さ	めんせき
面接	면접	멘세쯔	ㄴ=ㄴ(ん)	ㅈ=さ	めんせつ
文章	문장	분쇼우	ㄴ=ㄴ(ん)	ㅈ=さ	ぶんしょう
紛争	분쟁	분소우	ㄴ=ㄴ(ん)	ㅈ=さ	ふんそう
原子	원자	겐시	ㄴ=ㄴ(ん)	ㅈ=さ	げんし
演奏	연주	엔소우	ㄴ=ㄴ(ん)	ㅈ=さ	えんそう
戦争	전쟁	센소우	ㄴ=ㄴ(ん)	ㅈ=さ	せんそう
天才	천재	텐사이	ㄴ=ㄴ(ん)	ㅈ=さ	てんさい
編集	편집	헨슈우	ㄴ=ㄴ(ん)	ㅈ=さ	へんしゅう
観測	관측	칸소꾸	ㄴ=ㄴ(ん)	ㅊ=さ	かんそく

일어 한자	한글 발음	일어 한글 발음	한글 발음 첫 글자 받침 [ㄴ] 한글받침 = 일어받침	일어 발음 두 번째 글자 초성 [소리 : 사(さ)행] 한글발음 = 일어발음	일어발음
観察	관찰	칸사쯔	ㄴ=ㄴ(ん)	ㅊ=ㅅ	かんさつ
短縮	단축	탄슈꾸	ㄴ=ㄴ(ん)	ㅊ=ㅅ	たんしゅく
申請	신청	신세이	ㄴ=ㄴ(ん)	ㅊ=ㅅ	しんせい
原則	원칙	겐소꾸	ㄴ=ㄴ(ん)	ㅊ=ㅅ	げんそく
温泉	온천	온셍	ㄴ=ㄴ(ん)	ㅊ=ㅅ	おんせん
電車	전차	덴샤	ㄴ=ㄴ(ん)	ㅊ=ㅅ	でんしゃ
進出	진출	신슈쯔	ㄴ=ㄴ(ん)	ㅊ=ㅅ	しんしゅつ
親戚	친척	신세끼	ㄴ=ㄴ(ん)	ㅊ=ㅅ	しんせき

[자(ざ)] 행 앞에서의 [ん] 발음

> Ex) 렌조꾸 ➡ [ん]이 [ㄴ] 받침으로 소리남
> れんぞく [連続 : 연속]

※ 연속 : 한글 '연'의 받침 [ㄴ] ➡ 일본어 '렌(れん)'의 받침 [ㄴ]으로 발음됨

Ex 더 많은 예시들

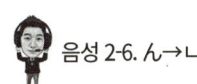 음성 2-6. ん→ㄴ

일어 한자	한글 발음	일어 한글 발음	한글 발음 첫 글자 받침 [ㄴ] 한글받침 = 일어받침	일어 발음 두 번째 글자 초성 [소리 : 자(ざ)행] 한글발음 = 일어발음	일어발음
単純	단순	탄즁	ㄴ=ㄴ(ん)	ㅅ=ㅈ	たんじゅん
連続	연속	렌조꾸	ㄴ=ㄴ(ん)	ㅅ=ㅈ	れんぞく
演説	연설	엔제쯔	ㄴ=ㄴ(ん)	ㅅ=ㅈ	えんぜつ
人事	인사	진지	ㄴ=ㄴ(ん)	ㅅ=ㅈ	じんじ
残像	잔상	잔조우	ㄴ=ㄴ(ん)	ㅅ=ㅈ	ざんぞう
展示	전시	텐지	ㄴ=ㄴ(ん)	ㅅ=ㅈ	てんじ
誕生	탄생	탄죠우	ㄴ=ㄴ(ん)	ㅅ=ㅈ	たんじょう
現実	현실	겐지쯔	ㄴ=ㄴ(ん)	ㅅ=ㅈ	げんじつ

일어 한자	한글 발음	일어 한글 발음	한글 발음 첫 글자 받침 [ㄴ] 한글받침 = 일어받침	일어 발음 두 번째 글자 초성 [소리 : 자(ざ)행] 한글발음 = 일어발음	일어발음
満足	만족	만조꾸	ㄴ=ㄴ(ん)	ㅈ=ㅈ	まんぞく
民族	민족	민조꾸	ㄴ=ㄴ(ん)	ㅈ=ㅈ	みんぞく
安全	안전	안젱	ㄴ=ㄴ(ん)	ㅈ=ㅈ	あんぜん
存在	존재	손자이	ㄴ=ㄴ(ん)	ㅈ=ㅈ	そんざい
現在	현재	겐자이	ㄴ=ㄴ(ん)	ㅈ=ㅈ	げんざい
前日	전일	젠지쯔	ㄴ=ㄴ(ん)	ㅇ=ㅈ	ぜんじつ

🎤 "마, 바, 빠(ま/ば/ぱ)행" 앞에서의

일본어 [ん] 발음(한글 받침 : ㄴ) → 한글 받침 [ㅁ]으로 발음됨

[마(ま)] 행 앞에서의 [ん] 발음

> Ex) 킴미쯔 ➡ [ん]이 [ㅁ] 받침으로 소리남
> きんみつ [緊密 : 긴밀]

※ 긴밀 : 한글 '긴'의 받침 [ㄴ] ➡ 일본어 '킴(きん)'의 받침 [ㅁ]으로 발음됨

Ex 더 많은 예시들   음성 2-7. ん→ㅁ

일어 한자	한글 발음	일어 한글 발음	한글 발음 첫 글자 받침 [ㄴ] 한글받침 = 일어받침	일어 발음 두 번째 글자 초성 [소리 : 마(ま)행] 한글발음 = 일어발음	일어발음
緊密	긴밀	킴미쯔	ㄴ=ㅁ(ん)	ㅁ=ㅁ	きんみつ
勤務	근무	킴무	ㄴ=ㅁ(ん)	ㅁ=ㅁ	きんむ
難民	난민	남밍	ㄴ=ㅁ(ん)	ㅁ=ㅁ	なんみん
年末	연말	넴마쯔	ㄴ=ㅁ(ん)	ㅁ=ㅁ	ねんまつ
専門	전문	셈몽	ㄴ=ㅁ(ん)	ㅁ=ㅁ	せんもん
前面	전면	젬멩	ㄴ=ㅁ(ん)	ㅁ=ㅁ	ぜんめん

[바(ま)] 행 앞에서의 [ん] 발음

> Ex) 젬부 ➡ [ん]이 [ㅁ] 받침으로 소리남
> ぜんぶ [全部 : 전부]

※ 전부 : 한글 '전'의 받침 [ㄴ] ➡ 일본어 '젬(ぜん)'의 받침 [ㅁ]으로 발음됨

Ex 더 많은 예시들 음성 2-8. ん→ㅁ

일어 한자	한글 발음	일어 한글 발음	한글 발음 첫 글자 받침 [ㄴ] 한글받침 = 일어받침	일어 발음 두 번째 글자 초성 [소리 : 바(ば)행] 한글발음 = 일어발음	일어발음
看板	간판	캄방	ㄴ=ㅁ(ん)	ㅍ=ㅂ	かんばん
乱暴	난폭	람보우	ㄴ=ㅁ(ん)	ㅍ=ㅂ	らんぼう
暖房	난방	담보우	ㄴ=ㅁ(ん)	ㅂ=ㅂ	だんぼう
本部	본부	홈부	ㄴ=ㅁ(ん)	ㅂ=ㅂ	ほんぶ
全部	전부	젬부	ㄴ=ㅁ(ん)	ㅂ=ㅂ	ぜんぶ
準備	준비	쥼비	ㄴ=ㅁ(ん)	ㅂ=ㅂ	じゅんび
論文	논문	롬붕	ㄴ=ㅁ(ん)	ㅁ=ㅂ	ろんぶん
新聞	신문	심붕	ㄴ=ㅁ(ん)	ㅁ=ㅂ	しんぶん
人物	인물	짐부쯔	ㄴ=ㅁ(ん)	ㅁ=ㅂ	じんぶつ
販売	판매	함바이	ㄴ=ㅁ(ん)	ㅁ=ㅂ	はんばい

[빠(ぱ)] 행 앞에서의 [ん] 발음

> Ex) 캄빠이 ➡ [ん]이 [ㅁ] 받침으로 소리남
> かんぱい [乾杯 : 건배]

※ 건배 : 한글 '건'의 받침 [ㄴ] ➡ 일본어 '캄(かん)'의 받침 [ㅁ]으로 발음됨

Ex 더 많은 예시들　　　　　　　　　　　　　　　음성 2-9. ん→ㅁ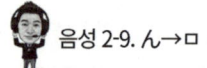

일어 한자	한글 발음	일어 한글 발음	한글 발음 첫 글자 받침 [ㄴ] 한글받침 = 일어받침	일어 발음 두 번째 글자 초성 [소리 : 빠(ぱ)행] 한글발음 = 일어발음	일어발음
電波	전파	뎀빠	ㄴ=ㅁ(ん)	ㅍ=ㅃ	でんぱ
緊迫	긴박	킴빠꾸	ㄴ=ㅁ(ん)	ㅂ=ㅃ	きんぱく
根本	근본	콤뽕	ㄴ=ㅁ(ん)	ㅂ=ㅃ	こんぽん
乾杯	건배	캄빠이	ㄴ=ㅁ(ん)	ㅂ=ㅃ	かんぱい
反発	반발	함빠쯔	ㄴ=ㅁ(ん)	ㅂ=ㅃ	はんぱつ
先発	선발	셈빠쯔	ㄴ=ㅁ(ん)	ㅂ=ㅃ	せんぱつ
完璧	완벽	캄뻬끼	ㄴ=ㅁ(ん)	ㅂ=ㅃ	かんぺき
進歩	진보	심뽀	ㄴ=ㅁ(ん)	ㅂ=ㅃ	しんぽ

🎤 앞에 '타/다/나/라/사/자' & '마/바/빠' 외(外)에,
예를 들어 "**카, 가**, 아, 하, 야(か/が/あ/は/や…등)행" 앞에서의

일본어 [ん] 발음 → 한글 받침 [ㅇ]으로 발음됨

[카(か)] 행 앞에서의 [ん] 발음

> Ex) 켕꼬우 ➡ [ん]이 [ㅇ] 받침으로 소리남
> けんこう [健康 : 건강]

※ 건강 : 한글 '건' 받침 [ㄴ] ➡ 일본어 '켕(けん)' 받침 [ㅇ]으로 발음됨

Ex 더 많은 예시들　　　　　　　　　　　　　　　음성 2-10. ん→ㅇ

일어 한자	한글 발음	일어 한글 발음	한글 발음 첫 글자 받침 [ㄴ] 한글받침 = 일어받침	일어 발음 두 번째 글자 초성 [소리 : 카(か)행] 한글발음 = 일어발음	일어발음
健康	건강	켕꼬우	ㄴ=ㅇ(ん)	ㄱ=ㄲ	けんこう
観光	관광	캉꼬우	ㄴ=ㅇ(ん)	ㄱ=ㄲ	かんこう

일어 한자	한글 발음	일어 한글 발음	한글 발음 첫 글자 받침 [ㄴ] 한글받침 = 일어받침	일어 발음 두 번째 글자 초성 [소리 : カ(か)행] 한글발음 = 일어발음	일어발음
根拠	근거	콩꼬	ㄴ=ㅇ(ん)	ㄱ=ㄲ	こんきょ
関係	관계	캉께이	ㄴ=ㅇ(ん)	ㄱ=ㄲ	かんけい
段階	단계	당까이	ㄴ=ㅇ(ん)	ㄱ=ㄲ	だんかい
民間	민간	밍깡	ㄴ=ㅇ(ん)	ㄱ=ㄲ	みんかん
変更	변경	헹꼬우	ㄴ=ㅇ(ん)	ㄱ=ㄲ	へんこう
神経	신경	싱께이	ㄴ=ㅇ(ん)	ㄱ=ㄲ	しんけい
選挙	선거	셍꼬	ㄴ=ㅇ(ん)	ㄱ=ㄲ	せんきょ
元気	원기	겡끼	ㄴ=ㅇ(ん)	ㄱ=ㄲ	げんき
人気	인기	닝끼	ㄴ=ㅇ(ん)	ㄱ=ㄲ	にんき
案件	안건	앙껭	ㄴ=ㅇ(ん)	ㄱ=ㄲ	あんけん
延期	연기	엥끼	ㄴ=ㅇ(ん)	ㄱ=ㄲ	えんき
人口	인구	징꼬우	ㄴ=ㅇ(ん)	ㄱ=ㄲ	じんこう
研究	연구	켕꾸우	ㄴ=ㅇ(ん)	ㄱ=ㄲ	けんきゅう
電気	전기	뎅끼	ㄴ=ㅇ(ん)	ㄱ=ㄲ	でんき
専攻	전공	셍꼬우	ㄴ=ㅇ(ん)	ㄱ=ㄲ	せんこう
全国	전국	젱꼬꾸	ㄴ=ㅇ(ん)	ㄱ=ㄲ	ぜんこく
展開	전개	텡까이	ㄴ=ㅇ(ん)	ㄱ=ㄲ	てんかい
玄関	현관	겡깡	ㄴ=ㅇ(ん)	ㄱ=ㄲ	げんかん
現金	현금	겡낑	ㄴ=ㅇ(ん)	ㄱ=ㄲ	げんきん
環境	환경	캉꾜우	ㄴ=ㅇ(ん)	ㄱ=ㄲ	かんきょう
換気	환기	캉끼	ㄴ=ㅇ(ん)	ㄱ=ㄲ	かんき
免許	면허	멩꾜	ㄴ=ㅇ(ん)	ㅎ=ㄲ	めんきょ
文化	문화	붕까	ㄴ=ㅇ(ん)	ㅎ=ㄲ	ぶんか
変化	변화	헹까	ㄴ=ㅇ(ん)	ㅎ=ㄲ	へんか
銀行	은행	깅꼬우	ㄴ=ㅇ(ん)	ㅎ=ㄲ	ぎんこう
運行	운행	웅꼬우	ㄴ=ㅇ(ん)	ㅎ=ㄲ	うんこう
進行	진행	싱꼬우	ㄴ=ㅇ(ん)	ㅎ=ㄲ	しんこう
転換	전환	텡깡	ㄴ=ㅇ(ん)	ㅎ=ㄲ	てんかん
進化	진화	싱까	ㄴ=ㅇ(ん)	ㅎ=ㄲ	しんか

[가(が)] 행 앞에서의 [ん] 발음

> Ex) 캉게이 ➡ [ん]이 [ㅇ] 받침으로 소리남
> かんげい [歓迎 : 환영]

※ 환영 : 한글 '환'의 받침 [ㄴ] ➡ 일본어 '캉(かん)'의 받침 [ㅇ]으로 발음됨

Ex 더 많은 예시들 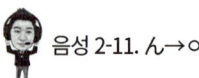 음성 2-11. ん→ㅇ

일어 한자	한글 발음	일어 한글 발음	한글 발음 첫 글자 받침 [ㄴ] 한글받침 = 일어받침	일어 발음 두 번째 글자 초성 [소리 : 가(が)행] 한글발음 = 일어발음	일어발음
反擊	반격	항게끼	ㄴ=ㅇ(ん)	ㄱ=ㄱ	はんげき
人間	인간	닝겡	ㄴ=ㅇ(ん)	ㄱ=ㄱ	にんげん
演劇	연극	엥게끼	ㄴ=ㅇ(ん)	ㄱ=ㄱ	えんげき
建議	건의	켕기	ㄴ=ㅇ(ん)	ㅇ=ㄱ	けんぎ
産業	산업	상교우	ㄴ=ㅇ(ん)	ㅇ=ㄱ	さんぎょう
歓迎	환영	캉게이	ㄴ=ㅇ(ん)	ㅇ=ㄱ	かんげい
看護	간호	캉고	ㄴ=ㅇ(ん)	ㅇ=ㄱ	かんご
文学	문학	붕가꾸	ㄴ=ㅇ(ん)	ㅎ=ㄱ	ぶんがく
弁護	변호	벵고	ㄴ=ㅇ(ん)	ㅎ=ㄱ	べんご
番号	번호	방고우	ㄴ=ㅇ(ん)	ㅎ=ㄱ	ばんごう
損害	손해	송가이	ㄴ=ㅇ(ん)	ㅎ=ㄱ	そんがい
信号	신호	싱고우	ㄴ=ㅇ(ん)	ㅎ=ㄱ	しんごう
進学	진학	싱가꾸	ㄴ=ㅇ(ん)	ㅎ=ㄱ	しんがく
前後	전후	젱고	ㄴ=ㅇ(ん)	ㅎ=ㄱ	ぜんご

[아(あ)] 행 앞에서의 [ん] 발음

> Ex) 겡잉 ➡ [ん]이 [ㅇ] 받침으로 소리남
> げんいん [原因 : 원인]

※ 원인 : 한글 '원'의 받침 [ㄴ] ➡ 일본어 '겡(げん)'의 받침 [ㅇ]으로 발음됨

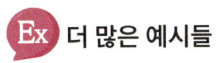 더 많은 예시들   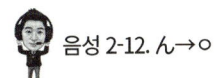 음성 2-12. ん→ㅇ

일어 한자	한글 발음	일어 한글 발음	한글 발음 첫 글자 받침 [ㄴ] 한글받침 = 일어받침	일어 발음 두 번째 글자 초성 [소리 : 아(あ)행] 한글발음 = 일어발음	일어발음
恋愛	연애	렝아이	ㄴ=ㅇ(ん)	ㅇ=ㅇ	れんあい
万一	만일	망이찌	ㄴ=ㅇ(ん)	ㅇ=ㅇ	まんいち
原因	원인	겡잉	ㄴ=ㅇ(ん)	ㅇ=ㅇ	げんいん
全員	전원	젱잉	ㄴ=ㅇ(ん)	ㅇ=ㅇ	ぜんいん
運営	운영	웅에이	ㄴ=ㅇ(ん)	ㅇ=ㅇ	うんえい

[야(や)] 행 앞에서의 [ん] 발음

> Ex) 홍야꾸 ⇒ [ん]이 [ㅇ] 받침으로 소리남
> ほんやく [翻訳 : 번역]

※ 번역 : 한글 '번'의 받침 [ㄴ] ➡ 일본어 '홍(ほん)'의 받침 [ㅇ]으로 발음됨

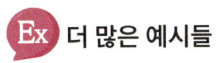 더 많은 예시들   음성 2-13. ん→ㅇ

일어 한자	한글 발음	일어 한글 발음	한글 발음 첫 글자 받침 [ㄴ] 한글받침 = 일어받침	일어 발음 두 번째 글자 초성 [소리 : 야(や)행] 한글발음 = 일어발음	일어발음
翻訳	번역	홍양꾸	ㄴ=ㅇ(ん)	ㅇ=ㅇ	ほんやく
信用	신용	싱요우	ㄴ=ㅇ(ん)	ㅇ=ㅇ	しんよう

❷ 한글 첫 글자 받침 [ㅁ]인 경우의 일본어 [ん] 발음 변환

한글받침		일본어 받침 [ん]
ㅁ	⋯▸	ㄴ, ㅁ, ㅇ

"타,다,나,라,사,자(た/だ/な/ら/さ/ざ)행" 앞에서의

일본어 [ん] 발음(한글 받침 : ㅁ) → 한글 받침 [ㄴ]으로 발음됨

[타(た)] 행 앞에서의 [ん] 발음

> Ex) 칸또꾸 ➡ [ん]이 [ㄴ] 받침으로 소리남
>   かんとく [監督 : 감독]

※ 감독 : 한글 '감'의 받침 [ㅁ] ➡ 일본어 '칸(かん)'의 받침 [ㄴ]으로 발음됨

Ex 더 많은 예시들   음성 2-14. ん→ㄴ

일어 한자	한글 발음	일어 한글 발음	한글 발음 첫 글자 받침 [ㅁ] 한글받침 = 일어받침	일어 발음 두 번째 글자 초성 [소리 : 타(た)행] 한글발음 = 일어발음	일어발음
監督	감독	칸또꾸	ㅁ=ㄴ(ん)	ㄷ=っと	かんとく
担当	담당	탄또우	ㅁ=ㄴ(ん)	ㄷ=っと	たんとう
検討	검토	켄또우	ㅁ=ㄴ(ん)	ㅌ=っと	けんとう

[라(ら)] 행 앞에서의 [ん] 발음

> Ex) 신랴꾸 ➡ [ん]이 [ㄴ] 받침으로 소리남
>   しんりゃく [訓練 : 침략]

※ 침략 : 한글 '침'의 받침 [ㅁ] ➡ 일본어 '신(しん)'의 받침 [ㄴ]으로 발음됨

Ex 더 많은 예시들   음성 2-15. ん→ㄴ

일어 한자	한글 발음	일어 한글 발음	한글 발음 첫 글자 받침 [ㅁ] 한글받침 = 일어받침	일어 발음 두 번째 글자 초성 [소리 : 라(ら)행] 한글발음 = 일어발음	일어발음
占領	점령	센료우	ㅁ=ㄴ(ん)	ㄹ=ら	せんりょう
侵略	침략	신랴꾸	ㅁ=ㄴ(ん)	ㄹ=ら	しんりゃく

[사(さ)] 행 앞에서의 [ん] 발음

Ex) 칸샤 ➡ [ん]이 [ㄴ] 받침으로 소리남
かんしゃ [感謝 : 감사]

※ 감사 : 한글 '감'의 받침 [ㅁ] ➡ 일본어 '칸(かん)'의 받침 [ㄴ]으로 발음됨

Ex 더 많은 예시들   음성 2-16. ん→ㄴ

일어 한자	한글 발음	일어 한글 발음	한글 발음 첫 글자 받침 [ㅁ] 한글받침 = 일어받침	일어 발음 두 번째 글자 초성 [소리 : 사(さ)행] 한글발음 = 일어발음	일어발음
感謝	감사	칸샤	ㅁ=ㄴ(ん)	ㅅ=ㅅ	かんしゃ
審査	심사	신사	ㅁ=ㄴ(ん)	ㅅ=ㅅ	しんさ
感染	감염	칸셍	ㅁ=ㄴ(ん)	ㅇ=ㅅ	かんせん
禁止	금지	킨시	ㅁ=ㄴ(ん)	ㅈ=ㅅ	きんし
品質	품질	힌시쯔	ㅁ=ㄴ(ん)	ㅈ=ㅅ	ひんしつ
検察	검찰	켄사쯔	ㅁ=ㄴ(ん)	ㅊ=ㅅ	けんさつ

[자(ざ)] 행 앞에서의 [ん] 발음

Ex) 한자이 ➡ [ん]이 [ㄴ] 받침으로 소리남
はんざい [犯罪 : 범죄]

※ 범죄 : 한글 '범'의 받침 [ㅁ] ➡ 일본어 '한(はん)'의 받침 [ㄴ]으로 발음됨

Ex 더 많은 예시들   음성 2-17. ん→ㄴ

일어 한자	한글 발음	일어 한글 발음	한글 발음 첫 글자 받침 [ㅁ] 한글받침 = 일어받침	일어 발음 두 번째 글자 초성 [소리 : 자(ざ)행] 한글발음 = 일어발음	일어발음
金属	금속	킨조꾸	ㅁ=ㄴ(ん)	ㅅ=ㅈ	きんぞく
臨時	임시	린지	ㅁ=ㄴ(ん)	ㅅ=ㅈ	りんじ
感情	감정	칸죠우	ㅁ=ㄴ(ん)	ㅈ=ㅈ	かんじょう

일어 한자	한글 발음	일어 한글 발음	한글 발음 첫 글자 받침 [ㅁ] 한글받침 = 일어받침	일어 발음 두 번째 글자 초성 [소리 : 자(ざ)행] 한글발음 = 일어발음	일어발음
犯罪	범죄	한자이	ㅁ=ㄴ(ん)	ㅈ=ざ	はんざい

🎤 "마,바,빠(ま/ば/ぱ)행" 앞에서의

일본어 [ん] 발음(한글 받침 : ㅁ) → 한글 받침 [ㅁ]으로 발음됨

[바(ま)] 행 앞에서의 [ん] 발음

> Ex) 남보꾸 ⇒ [ん]이 [ㅁ] 받침으로 소리남
> なんぼく [南北 : 남북]

※ 남북 : 한글 '남'의 받침 [ㅁ] ➡ 일본어 '남(なん)'의 받침 [ㅁ]으로 발음됨

Ex 더 많은 예시들 음성 2-18. ん→ㅁ

일어 한자	한글 발음	일어 한글 발음	한글 발음 첫 글자 받침 [ㅁ] 한글받침 = 일어받침	일어 발음 두 번째 글자 초성 [소리 : 바(ば)행] 한글발음 = 일어발음	일어발음
南北	남북	남보꾸	ㅁ=ㅁ(ん)	ㅂ=ば	なんぼく

🎤 앞에 '타/다/나/라' & '마/바/빠' 외(外)에,
　예를 들어 "카, 가, 아, 하, 야(か/が/あ/は/や…등)행"

앞에서의 일본어 [ん] 발음(한글 받침 : ㅁ) → 한글 받침 [ㅇ]으로 발음됨

[카(か)] 행 앞에서의 [ん] 발음

> Ex) 싱꼬꾸 ⇒ [ん]이 [ㅇ] 받침으로 소리남
> しんこく [深刻 : 심각]

※ 심각 : 한글 '심'의 받침 [ㅁ] ➡ 일본어 '싱(しん)'의 받침 [ㅇ]으로 발음됨

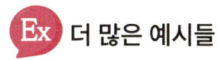 더 많은 예시들 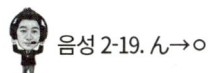 음성 2-19. ん→ㅇ

일어 한자	한글 발음	일어 한글 발음	한글 발음 첫 글자 받침 [ㅁ] 한글받침 = 일어받침	일어 발음 두 번째 글자 초성 [소리 : 카(か)행] 한글발음 = 일어발음	일어발음
感覚	감각	캉까꾸	ㅁ=ㅇ(ん)	ㄱ=ㄲ	かんかく
検挙	검거	켕꼬	ㅁ=ㅇ(ん)	ㄱ=ㄲ	けんきょ
敏感	민감	빙깡	ㅁ=ㅇ(ん)	ㄱ=ㄲ	びんかん
深刻	심각	싱꼬꾸	ㅁ=ㅇ(ん)	ㄱ=ㄲ	しんこく
参加	참가	상까	ㅁ=ㅇ(ん)	ㄱ=ㄲ	さんか

[가(が)] 행 앞에서의 [ん] 발음

> Ex) 옹가꾸 ⋙ [ん]이 [ㅇ] 받침으로 소리남
> おんがく [音楽 : 음악]

※ 음악 : 한글 '음'의 받침 [ㅁ] ➤ 일본어 '옹(おん)'의 받침 [ㅇ]으로 발음됨

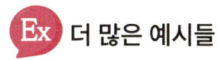 더 많은 예시들 음성 2-20. ん→ㅇ

일어 한자	한글 발음	일어 한글 발음	한글 발음 첫 글자 받침 [ㅁ] 한글받침 = 일어받침	일어 발음 두 번째 글자 초성 [소리 : 가(が)행] 한글발음 = 일어발음	일어발음
審議	심의	싱기	ㅁ=ㅇ(ん)	ㅇ=ㄱ	しんぎ
音楽	음악	옹가꾸	ㅁ=ㅇ(ん)	ㅇ=ㄱ	おんがく

[아(あ)] 행 앞에서의 [ん] 발음

> Ex) 켕에끼 ⋙ [ん]이 [ㅇ] 받침으로 소리남
> けんえき [検疫 : 검역]

※ 검역 : 한글 '검' 받침 [ㅁ] ➤ 일본어 '켕(けん)'의 받침 [ㅇ]으로 발음됨

> **Ex** 더 많은 예시들　　　　　　　　　　　음성 2-21. ん→ㅇ

일어 한자	한글 발음	일어 한글 발음	한글 발음 첫 글자 받침 [ㅁ] 한글받침 = 일어받침	일어 발음 두 번째 글자 초성 [소리 : 야(あ)행] 한글발음 = 일어발음	일어발음
検疫	검역	켕에끼	ㅁ=ㅇ(ん)	ㅇ=ㅇ	けんえき

[야(や)] 행 앞에서의 [ん] 발음

> Ex) 킹유우　→　[ん]이 [ㅇ] 받침으로 소리남
> 　　きんゆう [金融 : 금융]

※ 금융 : 한글 '금'의 받침 [ㅁ] ▶ 일본어 '킹(きん)'의 받침 [ㅇ]으로 발음됨

> **Ex** 더 많은 예시들　　　　　　　　　　　음성 2-22. ん→ㅇ

일어 한자	한글 발음	일어 한글 발음	한글 발음 첫 글자 받침 [ㅁ] 한글받침 = 일어받침	일어 발음 두 번째 글자 초성 [소리 : 야(や)행] 한글발음 = 일어발음	일어발음
金融	금융	킹유우	ㅁ=ㅇ(ん)	ㅇ=ㅇ	きんゆう

● 한글 첫 글자 받침 [ㄴ, ㅁ] 뒤에 추가로 단어가 오지 않고 끝날 경우 일본어 [ん] 발음의 변환은 모두 한글의 [ㅇ] 받침으로 발음됩니다.

❶ 한글 받침 [ㄴ]으로 끝나는 단어

　일본어 [ん] 발음(한글 받침 : ㄴ)은 한글의 [ㅇ] 받침으로 발음

> **Ex** 더 많은 예시들　　　　　　　　　　　음성 3-1. ん→ㅇ

일어 한자	한글 발음	일어 한글 발음	일어 발음	한글 두 번째 단어 받침 [ㄴ] = 일어받침 [ㅇ(ん)]
玄関	현관	겡깡	げんかん	ㄴ=ㅇ(ん)

일어 한자	한글 발음	일어 한글 발음	일어 발음	한글 두 번째 단어 받침 [ㄴ] = 일어받침 [ㅇ(ん)]
原因	원인	겡잉	げんいん	ㄴ=ㅇ(ん)
午前	오전	고젱	ごぜん	ㄴ=ㅇ(ん)
難民	난민	남밍	なんみん	ㄴ=ㅇ(ん)
農民	농민	노우밍	のうみん	ㄴ=ㅇ(ん)
農村	농촌	노우송	のうそん	ㄴ=ㅇ(ん)
人間	인간	닝겡	にんげん	ㄴ=ㅇ(ん)
独身	독신	도꾸싱	どくしん	ㄴ=ㅇ(ん)
楽観	낙관	락깡	らっかん	ㄴ=ㅇ(ん)
路面	노면	로멩	ろめん	ㄴ=ㅇ(ん)
路線	노선	로셍	ろせん	ㄴ=ㅇ(ん)
浪漫	낭만	로우망	ろうまん	ㄴ=ㅇ(ん)
老人	노인	로우징	ろうじん	ㄴ=ㅇ(ん)
論文	논문	롬붕	ろんぶん	ㄴ=ㅇ(ん)
旅館	여관	료깡	りょかん	ㄴ=ㅇ(ん)
両親	양친	료우싱	りょうしん	ㄴ=ㅇ(ん)
離婚	이혼	리꽁	りこん	ㄴ=ㅇ(ん)
理論	이론	리롱	りろん	ㄴ=ㅇ(ん)
民間	민간	밍깡	みんかん	ㄴ=ㅇ(ん)
爆弾	폭탄	바꾸당	ばくだん	ㄴ=ㅇ(ん)
病院	병원	뵤우잉	びょういん	ㄴ=ㅇ(ん)
部門	부분	부몽	ぶもん	ㄴ=ㅇ(ん)
美人	미인	비징	びじん	ㄴ=ㅇ(ん)
敏感	민감	빙깡	びんかん	ㄴ=ㅇ(ん)
昨年	작년	사꾸넹	さくねん	ㄴ=ㅇ(ん)
作戦	작전	사꾸셍	さくせん	ㄴ=ㅇ(ん)
最近	최근	사이낑	さいきん	ㄴ=ㅇ(ん)
裁判	재판	사이방	さいばん	ㄴ=ㅇ(ん)
写真	사진	샤싱	しゃしん	ㄴ=ㅇ(ん)
石炭	석탄	세끼땅	せきたん	ㄴ=ㅇ(ん)
制限	제한	세이겡	せいげん	ㄴ=ㅇ(ん)
政権	정권	세이껭	せいけん	ㄴ=ㅇ(ん)

일어 한자	한글 발음	일어 한글 발음	일어 발음	한글 두 번째 단어 받침 [ㄴ] = 일어받침 [ㅇ(ん)]
青年	청년	세이넹	せいねん	ㄴ=ㅇ(ん)
整頓	정돈	세이똥	せいとん	ㄴ=ㅇ(ん)
成分	성분	세이붕	せいぶん	ㄴ=ㅇ(ん)
生産	생산	세이상	せいさん	ㄴ=ㅇ(ん)
青春	청춘	세이슝	せいしゅん	ㄴ=ㅇ(ん)
精神	정신	세이싱	せいしん	ㄴ=ㅇ(ん)
成人	성인	세이징	せいじん	ㄴ=ㅇ(ん)
宣伝	선전	센뎅	せんでん	ㄴ=ㅇ(ん)
専門	전문	셈몽	せんもん	ㄴ=ㅇ(ん)
促進	촉진	소꾸싱	そくしん	ㄴ=ㅇ(ん)
職員	직원	쇼꾸잉	しょくいん	ㄴ=ㅇ(ん)
処分	처분	쇼붕	しょぶん	ㄴ=ㅇ(ん)
証券	증권	쇼우껭	しょうけん	ㄴ=ㅇ(ん)
承認	승인	쇼우닝	しょうにん	ㄴ=ㅇ(ん)
正面	정면	쇼우멩	しょうめん	ㄴ=ㅇ(ん)
手段	수단	슈당	しゅだん	ㄴ=ㅇ(ん)
週間	주간	슈우깡	しゅうかん	ㄴ=ㅇ(ん)
集団	집단	슈우당	しゅうだん	ㄴ=ㅇ(ん)
周辺	주변	슈우헹	しゅうへん	ㄴ=ㅇ(ん)
出演	출연	슈쯔엥	しゅつえん	ㄴ=ㅇ(ん)
出版	출판	슙빵	しゅっぱん	ㄴ=ㅇ(ん)
出身	출신	슛싱	しゅっしん	ㄴ=ㅇ(ん)
推薦	추천	스이셍	すいせん	ㄴ=ㅇ(ん)
水準	수준	스이쥰	すいじゅん	ㄴ=ㅇ(ん)
資源	자원	시겡	しげん	ㄴ=ㅇ(ん)
市民	시민	시밍	しみん	ㄴ=ㅇ(ん)
自然	자연	시젱	しぜん	ㄴ=ㅇ(ん)
質問	질문	시쯔몽	しつもん	ㄴ=ㅇ(ん)
新年	신년	신넹	しんねん	ㄴ=ㅇ(ん)
診断	진단	신당	しんだん	ㄴ=ㅇ(ん)
新聞	신문	심붕	しんぶん	ㄴ=ㅇ(ん)

일어 한자	한글 발음	일어 한글 발음	일어 발음	한글 두 번째 단어 받침 [ㄴ] = 일어받침 [ㅇ(ん)]
案件	안건	안껭	あんけん	ㄴ=ㅇ(ん)
安全	안전	안젱	あんぜん	ㄴ=ㅇ(ん)
横断	횡단	오우당	おうだん	ㄴ=ㅇ(ん)
応援	응원	오우엥	おうえん	ㄴ=ㅇ(ん)
温泉	온천	온셍	おんせん	ㄴ=ㅇ(ん)
予算	예산	요상	よさん	ㄴ=ㅇ(ん)
要因	요인	요우잉	よういん	ㄴ=ㅇ(ん)
運転	운전	운뗑	うんてん	ㄴ=ㅇ(ん)
郵便	우편	유우빙	ゆうびん	ㄴ=ㅇ(ん)
優先	우선	유우셍	ゆうせん	ㄴ=ㅇ(ん)
意見	의견	이껭	いけん	ㄴ=ㅇ(ん)
依存	의존	이송	いそん	ㄴ=ㅇ(ん)
委員	위원	이잉	いいん	ㄴ=ㅇ(ん)
違反	위반	이항	いはん	ㄴ=ㅇ(ん)
一般	일반	입빵	いっぱん	ㄴ=ㅇ(ん)
財産	재산	자이상	ざいさん	ㄴ=ㅇ(ん)
前面	전면	젬멩	ぜんめん	ㄴ=ㅇ(ん)
前半	전반	젱항	ぜんはん	ㄴ=ㅇ(ん)
全員	전원	젱잉	ぜんいん	ㄴ=ㅇ(ん)
条件	조건	죠우껭	じょうけん	ㄴ=ㅇ(ん)
充電	충전	쥬우뎅	じゅうでん	ㄴ=ㅇ(ん)
住民	주민	쥬우밍	じゅうみん	ㄴ=ㅇ(ん)
充分	충분	쥬우붕	じゅうぶん	ㄴ=ㅇ(ん)
時間	시간	지깡	じかん	ㄴ=ㅇ(ん)
事件	사건	지껭	じけん	ㄴ=ㅇ(ん)
地震	지진	지싱	じしん	ㄴ=ㅇ(ん)
挑戦	도전	쵸우셍	ちょうせん	ㄴ=ㅇ(ん)
注文	주문	츄우몽	ちゅうもん	ㄴ=ㅇ(ん)
通関	통관	츠우깡	つうかん	ㄴ=ㅇ(ん)
通信	통신	츠우싱	つうしん	ㄴ=ㅇ(ん)
確認	확인	카꾸닝	かくにん	ㄴ=ㅇ(ん)

일어 한자	한글 발음	일어 한글 발음	일어 발음	한글 두 번째 단어 받침 [ㄴ] = 일어받침 [ㅇ(ん)]
拡散	확산	카꾸상	かくさん	ㄴ=ㅇ(ん)
階段	계단	카이당	かいだん	ㄴ=ㅇ(ん)
回転	회전	카이뗑	かいてん	ㄴ=ㅇ(ん)
改善	개선	카이젱	かいぜん	ㄴ=ㅇ(ん)
简单	간단	칸땅	かんたん	ㄴ=ㅇ(ん)
関連	관련	칸렝	かんれん	ㄴ=ㅇ(ん)
看板	간판	캄방	かんばん	ㄴ=ㅇ(ん)
計算	계산	케이상	けいさん	ㄴ=ㅇ(ん)
結婚	결혼	켁꽁	けっこん	ㄴ=ㅇ(ん)
決算	결산	켓쌍	けっさん	ㄴ=ㅇ(ん)
決戦	결전	켓쎙	けっせん	ㄴ=ㅇ(ん)
国民	국민	코꾸밍	こくみん	ㄴ=ㅇ(ん)
交換	교환	코우깡	こうかん	ㄴ=ㅇ(ん)
貢献	공헌	코우껭	こうけん	ㄴ=ㅇ(ん)
講演	강연	코우엥	こうえん	ㄴ=ㅇ(ん)
公園	공원	코우엥	こうえん	ㄴ=ㅇ(ん)
後半	후반	코우항	こうはん	ㄴ=ㅇ(ん)
個人	개인	코징	こじん	ㄴ=ㅇ(ん)
根本	근본	콤뽕	こんぽん	ㄴ=ㅇ(ん)
区分	구분	쿠붕	くぶん	ㄴ=ㅇ(ん)
訓練	훈련	쿤렝	くんれん	ㄴ=ㅇ(ん)
期限	기한	키겡	きげん	ㄴ=ㅇ(ん)
期間	기간	키깡	きかん	ㄴ=ㅇ(ん)
危険	위험	키껭	きけん	ㄴ=ㅇ(ん)
気温	기온	키옹	きおん	ㄴ=ㅇ(ん)
基準	기준	키즁	きじゅん	ㄴ=ㅇ(ん)
喫煙	흡연	키쯔엥	きつえん	ㄴ=ㅇ(ん)
基本	기본	키홍	きほん	ㄴ=ㅇ(ん)
体温	체온	타이옹	たいおん	ㄴ=ㅇ(ん)
単純	단순	탄즁	たんじゅん	ㄴ=ㅇ(ん)
提案	제안	테이앙	ていあん	ㄴ=ㅇ(ん)

일어 한자	한글 발음	일어 한글 발음	일어 발음	한글 두 번째 단어 받침 [ㄴ] = 일어받침 [ㅇ(ん)]
天然	천연	텐넹	てんねん	ㄴ=ㅇ(ん)
転換	전환	텡깡	てんかん	ㄴ=ㅇ(ん)
討論	토론	토우롱	とうろん	ㄴ=ㅇ(ん)
答弁	답변	토우벵	とうべん	ㄴ=ㅇ(ん)
当選	당선	토우셍	とうせん	ㄴ=ㅇ(ん)
答信	답신	토우싱	とうしん	ㄴ=ㅇ(ん)
答案	답안	토우앙	とうあん	ㄴ=ㅇ(ん)
当然	당연	토우젱	とうぜん	ㄴ=ㅇ(ん)
突然	돌연	토쯔젱	とつぜん	ㄴ=ㅇ(ん)
評判	평판	효우방	ひょうばん	ㄴ=ㅇ(ん)
派遣	파견	하껭	はけん	ㄴ=ㅇ(ん)
破産	파산	하상	はさん	ㄴ=ㅇ(ん)
破損	파손	하송	はそん	ㄴ=ㅇ(ん)
敗戦	패전	하이셍	はいせん	ㄴ=ㅇ(ん)
発言	발언	하쯔겡	はつげん	ㄴ=ㅇ(ん)
破片	파편	하헹	はへん	ㄴ=ㅇ(ん)
発見	발견	학껭	はっけん	ㄴ=ㅇ(ん)
判断	판단	한당	はんだん	ㄴ=ㅇ(ん)
発展	발전	핟뗑	はってん	ㄴ=ㅇ(ん)
平均	평균	헤이낑	へいきん	ㄴ=ㅇ(ん)
保健	보건	호껭	ほけん	ㄴ=ㅇ(ん)
保険	보험	호껭	ほけん	ㄴ=ㅇ(ん)
方言	방언	호우겡	ほうげん	ㄴ=ㅇ(ん)
方面	방면	호우멩	ほうめん	ㄴ=ㅇ(ん)
訪問	방문	호우몽	ほうもん	ㄴ=ㅇ(ん)
法案	법안	호우앙	ほうあん	ㄴ=ㅇ(ん)
保存	보존	호종	ほぞん	ㄴ=ㅇ(ん)
表現	표현	효우겡	ひょうげん	ㄴ=ㅇ(ん)
表面	표면	효우멩	ひょうめん	ㄴ=ㅇ(ん)
標準	표준	효우즁	ひょうじゅん	ㄴ=ㅇ(ん)
附近	부근	후낑	ふきん	ㄴ=ㅇ(ん)

일어 한자	한글 발음	일어 한글 발음	일어 발음	한글 두 번째 단어 받침 [ㄴ] = 일어받침 [ㅇ(ん)]
不安	불안	후앙	ふあん	ㄴ=ㅇ(ん)
夫人	부인	후징	ふじん	ㄴ=ㅇ(ん)
避難	피난	히낭	ひなん	ㄴ=ㅇ(ん)
非難	비난	히낭	ひなん	ㄴ=ㅇ(ん)
批判	비판	히항	ひはん	ㄴ=ㅇ(ん)

❷ **한글 받침 [ㅁ]으로 끝나는 단어**

일본어 [ん] 발음(한글 받침 : ㅁ)은 한글의 [ㅇ] 받침으로 발음

Ex 더 많은 예시들   음성 3-2. ん→ㅇ

일어 한자	한글 발음	일어 한글 발음	일어 발음	한글 두 번째 단어 받침 [ㅁ] = 일어받침 [ㅇ(ん)]
現金	현금	겡낑	げんきん	ㅁ=ㅇ(ん)
独占	독점	도꾸셍	どくせん	ㅁ=ㅇ(ん)
霊感	영감	레이깡	れいかん	ㅁ=ㅇ(ん)
録音	녹음	로꾸옹	ろくおん	ㅁ=ㅇ(ん)
料金	요금	료우낑	りょうきん	ㅁ=ㅇ(ん)
部品	부품	부힝	ぶひん	ㅁ=ㅇ(ん)
作品	작품	사꾸힝	さくひん	ㅁ=ㅇ(ん)
山林	산림	산링	さんりん	ㅁ=ㅇ(ん)
責任	책임	세끼닝	せきにん	ㅁ=ㅇ(ん)
製品	제품	세이힝	せいひん	ㅁ=ㅇ(ん)
相談	상담	소우당	そうだん	ㅁ=ㅇ(ん)
騒音	소음	소우옹	そうおん	ㅁ=ㅇ(ん)
食品	식품	쇼꾸힝	しょくひん	ㅁ=ㅇ(ん)
商店	상점	쇼우뗑	しょうてん	ㅁ=ㅇ(ん)
終点	종점	슈우뗑	しゅうてん	ㅁ=ㅇ(ん)
試験	시험	시껭	しけん	ㅁ=ㅇ(ん)
資金	자금	시낑	しきん	ㅁ=ㅇ(ん)

일어 한자	한글 발음	일어 한글 발음	일어 발음	한글 두 번째 단어 받침 [ㅁ] = 일어받침 [ㅇ(ん)]
支店	지점	시뗑	してん	ㅁ=ㅇ(ん)
安心	안심	안싱	あんしん	ㅁ=ㅇ(ん)
汚染	오염	오셍	おせん	ㅁ=ㅇ(ん)
預金	예금	요낑	よきん	ㅁ=ㅇ(ん)
要点	요점	요우뗑	ようてん	ㅁ=ㅇ(ん)
用品	용품	요우힝	ようひん	ㅁ=ㅇ(ん)
雑音	잡음	자쯔옹	ざつおん	ㅁ=ㅇ(ん)
弱点	약점	쟈꾸뗑	じゃくてん	ㅁ=ㅇ(ん)
税金	세금	제이낑	ぜいきん	ㅁ=ㅇ(ん)
実感	실감	직깡	じっかん	ㅁ=ㅇ(ん)
実験	실험	직껭	じっけん	ㅁ=ㅇ(ん)
貯金	저금	쵸낑	ちょきん	ㅁ=ㅇ(ん)
中心	중심	츄우싱	ちゅうしん	ㅁ=ㅇ(ん)
会談	회담	카이당	かいだん	ㅁ=ㅇ(ん)
観点	관점	칸뗑	かんてん	ㅁ=ㅇ(ん)
感染	감염	칸셍	かんせん	ㅁ=ㅇ(ん)
関心	관심	칸싱	かんしん	ㅁ=ㅇ(ん)
経験	경험	케이껭	けいけん	ㅁ=ㅇ(ん)
懇談	간담	콘당	こんだん	ㅁ=ㅇ(ん)
体験	체험	타이껭	たいけん	ㅁ=ㅇ(ん)
得点	득점	토꾸뗑	とくてん	ㅁ=ㅇ(ん)
東南	동남	토우낭	とうなん	ㅁ=ㅇ(ん)
発音	발음	하쯔옹	はつおん	ㅁ=ㅇ(ん)
方針	방침	호우싱	ほうしん	ㅁ=ㅇ(ん)
本店	본점	혼뗑	ほんてん	ㅁ=ㅇ(ん)
負担	부담	후땅	ふたん	ㅁ=ㅇ(ん)

2.2 일본어 촉음[っ] 발음_일본어 받침에 해당

일본어는 한글과 비교했을 때 받침이 있을까요? 없을까요?

(작은 っ로, 우리 말 받침 'ㄱ/ㄷ/ㅅ/ㅂ'으로 소리납니다)

● **핵심 이론**

두 글자로 된 우리나라 한글 단어 중에 첫 번째 글자의 단어에 'ㄹ' 받침이 있으면 해당 'ㄹ' 받침은 두 번째 단어의 일본어 초성 발음에 따라 일본어 (っ) 촉음은 한글의 'ㄱ/ㄷ/ㅅ/ㅂ' 받침으로 변경되어 발음해 주는 것입니다.

음성 4-1. っ→ㄱ/ㄷ/ㅅ/ㅂ

❶ 結果 (けっか) : ㄹ ⇒ ㄱ
연동발음 결과 ≫ 켁까

❷ 実施 (じっし) : ㄹ ⇒ ㅅ
연동발음 실시 ≫ 짓씨

❸ 結果 (ぜったい) : ㄹ ⇒ ㄷ
연동발음 절대 ≫ 젣따이

❹ 実施 (しっぱい) : ㄹ ⇒ ㅂ
연동발음 실패 ≫ 십빠이

이 때 일본어 두 번째 단어의 초성 발음은 된소리(ㄲ, ㅆ, ㄸ, ㅃ)로 발음하여 적용됩니다.

[예외]

◐ 한글의 첫 번째 글자의 단어에 'ㄱ' 받침이 있으면 일보어 촉음(っ)은 한글의 ㄱ 받침으로 그대로 발음해 줍니다. (빈도는 적음)

◐ 한글의 첫 번째 글자의 단어에 'ㅂ' 받침이 있으면 일본어 촉음(っ)은 한글의 'ㄱ/ㄷ/ㅅ/ㅂ' 받침으로 발음해 줍니다. (빈도는 적음)

촉음[っ] 예시

	한글받침			일본어 받침 촉음[っ]
1	한글받침	한글 첫 글자에 'ㄹ' 받침이 있으면 두 번째 단어 초성과 연계되어 일본어 (っ) 촉음을 이용하여 한글의 [ㄱ/ㄷ/ㅅ/ㅂ] 받침으로 소리가 변경되어 발음이 됨.	대부분 촉음은 한글 'ㄹ' 받침	일본어 받침 촉음[っ]
	ㄹ			ㄱ, ㄷ, ㅅ, ㅂ
2	한글받침	한글 첫 글자에 'ㄱ' 받침이 있으면 두 번째 단어 초성과 연계되어 일본어 (っ) 촉음을 이용하여 한글의 [ㄱ] 받침으로 소리가 변경되어 발음이 됨.		일본어 받침 촉음[っ]
	ㄱ			ㄱ
3	한글받침	한글 첫 글자에 'ㅂ' 받침이 있으면 두 번째 단어 초성과 연계되어 일본어 (っ) 촉음을 이용하여 한글의 [ㄱ/ㄷ/ㅅ/ㅂ] 받침으로 소리가 변경되어 발음이 됨.	'ㅂ'(っ) 촉음은 빈도가 적음	일본어 받침 촉음[っ]
	ㅂ			ㄱ, ㄷ, ㅅ, ㅂ

한글 [ㄹ] 받침 : [카(か)] 행 앞에서의 [っ] 발음

Ex) 켁까 ➡ [っ]이 [ㄱ] 받침으로 소리남
    けっか [結果 : 결과]

※ 결과 : 한글 '결'의 받침 [ㄹ] ➡ 일본어 '켁(けっ)'의 받침 [ㄱ]으로 발음됨
한글 '과'의 초성 [ㄱ]은 첫 글자 받침 [ㄱ]의 영향을 받아 된소리 [ㄲ]로 발음됨

Ex 더 많은 예시들

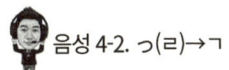
음성 4-2. っ(ㄹ)→ㄱ

일어 한자	한글 발음	일어 한글 발음	한글 발음 첫 글자 받침 [ㄹ] 한글받침 = 일어받침	일어 발음 두 번째 글자 초성 [소리 : 카(か)행] 한글발음 = 일어발음	일어발음
結局	결국	켁꾜꾸	ㄹ=(ㄱ)っ	ㄱ=ㄲ	けっきょく
結婚	결혼	켁꽁	ㄹ=(ㄱ)っ	ㅎ=ㄲ	けっこん
結果	결과	켁까	ㄹ=(ㄱ)っ	ㄱ=ㄲ	けっか
物価	물가	북까	ㄹ=(ㄱ)っ	ㄱ=ㄲ	ぶっか
発見	발견	학껭	ㄹ=(ㄱ)っ	ㄱ=ㄲ	はっけん

일어 한자	한글 발음	일어 한글 발음	한글 발음 첫 글자 받침 [ㄹ] 한글받침 = 일어받침	일어 발음 두 번째 글자 초성 [소리 : 카(か)행] 한글발음 = 일어발음	일어발음
設計	설계	섹께이	ㄹ=(ㄱ)っ	ㄱ=っか	せっけい
実感	실감	직깡	ㄹ=(ㄱ)っ	ㄱ=っか	じっかん
実験	실험	직껭	ㄹ=(ㄱ)っ	ㅎ=っか	じっけん
絶好	절호	젝꼬우	ㄹ=(ㄱ)っ	ㅎ=っか	ぜっこう
鉄鋼	철광	텍꼬우	ㄹ=(ㄱ)っ	ㄱ=っか	てっこう

한글 [ㄹ] 받침 : [사(さ)] 행 앞에서의 [っ] 발음

Ex) 밧쏘꾸 ➡ [っ]이 [ㅅ] 받침으로 소리남
    ばっそく [罰則 : 벌칙]

※ 벌칙 : 한글 '벌'의 받침 [ㄹ] ➡ 일본어 '밧(ばっ)'의 받침 [ㅅ]으로 발음됨

한글 '칙'의 초성 [ㅊ]은 첫 글자 받침 [ㅅ]의 영향을 받아 된소리 [ㅆ]로 발음됨

Ex 더 많은 예시들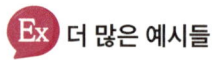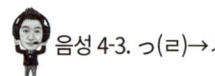

일어 한자	한글 발음	일어 한글 발음	한글 발음 첫 글자 받침 [ㄹ] 한글받침 = 일어받침	일어 발음 두 번째 글자 초성 [소리 : 사(さ)행] 한글발음 = 일어발음	일어발음
欠席	결석	켓쎄끼	ㄹ=(ㅅ)っ	ㅅ=っさ	けっせき
決算	결산	켓쌍	ㄹ=(ㅅ)っ	ㅅ=っさ	けっさん
決戦	결전	켓쎙	ㄹ=(ㅅ)っ	ㅈ=っさ	けっせん
密接	밀접	밋쎄쯔	ㄹ=(ㅅ)っ	ㅈ=っさ	みっせつ
発足	발족	홋쏘꾸	ㄹ=(ㅅ)っ	ㅈ=っさ	ほっそく
罰則	벌칙	밧쏘꾸	ㄹ=(ㅅ)っ	ㅊ=っさ	ばっそく
発生	발생	핫쎄이	ㄹ=(ㅅ)っ	ㅅ=っさ	はっせい
発車	발사	핫쌰	ㄹ=(ㅅ)っ	ㅅ=っさ	はっしゃ
実績	실적	짓쎄끼	ㄹ=(ㅅ)っ	ㅈ=っさ	じっせき
実際	실제	짓싸이	ㄹ=(ㅅ)っ	ㅈ=っさ	じっさい

일어 한자	한글 발음	일어 한글 발음	한글 발음 첫 글자 받침 [ㄹ] 한글받침 = 일어받침	일어 발음 두 번째 글자 초성 [소리 : 사(さ)행] 한글발음 = 일어발음	일어발음
実施	실시	짓씨	ㄹ=(ㅅ)っ	ㅅ=さ	じっし
列車	열차	렛샤	ㄹ=(ㅅ)っ	ㅊ=さ	れっしゃ
折衝	절충	셋쑈우	ㄹ=(ㅅ)っ	ㅊ=さ	せっしょう
出席	출석	슛쎄끼	ㄹ=(ㅅ)っ	ㅅ=さ	しゅっせき
出身	출신	슛씽	ㄹ=(ㅅ)っ	ㅅ=さ	しゅっしん

한글 [ㄹ] 받침 : [타(た)] 행 앞에서의 [っ] 발음

> Ex) 켇떼이 ➡ [っ]이 [ㄷ] 받침으로 소리남
> けってい [決定 : 결정]

※ 결정 : 한글 '결의' 받침 [ㄹ] ➡ 일본어 '켇(けっ)'의 받침 [ㄷ]으로 발음됨

한글 '정'의 초성 [ㅈ]은 첫 글자 받침 [ㄷ]의 영향을 받아 된소리 [ㄸ]로 발음됨

Ex 더 많은 예시들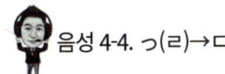

일어 한자	한글 발음	일어 한글 발음	한글 발음 첫 글자 받침 [ㄹ] 한글받침 = 일어받침	일어 발음 두 번째 글자 초성 [소리 : 타(た)행] 한글발음 = 일어발음	일어발음
決定	결정	켇떼이	ㄹ=(ㄷ)っ	ㅈ=ㄸ	けってい
発展	발전	핟뗑	ㄹ=(ㄷ)っ	ㅈ=ㄸ	はってん
発達	발달	핟따쯔	ㄹ=(ㄷ)っ	ㄷ=ㄸ	はったつ
説得	설득	셑또꾸	ㄹ=(ㄷ)っ	ㄷ=ㄸ	せっとく
日程	일정	닡떼이	ㄹ=(ㄷ)っ	ㅈ=ㄸ	にってい
絶対	절대	젣따이	ㄹ=(ㄷ)っ	ㄷ=ㄸ	ぜったい
徹底	철저	텥떼이	ㄹ=(ㄷ)っ	ㅈ=ㄸ	てってい
脱退	탈퇴	닫따이	ㄹ=(ㄷ)っ	ㅌ=ㄸ	だったい
設置	설치	셑찌	ㄹ=(ㄷ)っ	ㅊ=ㅉ	せっち
一致	일치	읻찌	ㄹ=(ㄷ)っ	ㅊ=ㅉ	いっち

일어 한자	한글 발음	일어 한글 발음	한글 발음 첫 글자 받침 [ㄹ] 한글받침 = 일어받침	일어 발음 두 번째 글자 초성 [소리 : 타(た)행] 한글발음 = 일어발음	일어발음
出張	출장	슌쯔우	ㄹ=(ㄷ)っ	ㅈ=ㅉ	しゅっちょう

한글 [ㄹ] 받침 : [하(は)] 행 앞에서의 [っ] 발음

> Ex) 합뽀우 ➡ [っ]이 [ㅂ] 받침으로 소리남
> はっぴょう [発表 : 발표]

※ 발표 : 한글 '발'의 받침 [ㄹ] ➡ 일본어 '합(はっ)'의 받침 [ㅂ]으로 발음됨
　　한글 '표'의 초성 [ㅍ]은 첫 글자 받침 [ㅂ]의 영향을 받아 된소리 [ㅃ]로 발음됨

Ex 더 많은 예시들

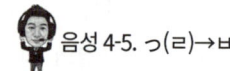

음성 4-5. っ(ㄹ)→ㅂ

일어 한자	한글 발음	일어 한글 발음	한글 발음 첫 글자 받침 [ㄹ] 한글받침 = 일어받침	일어 발음 두 번째 글자 초성 [소리 : 하(は)행] 한글발음 = 일어발음	일어발음
突破	돌파	톱빠	ㄹ=(ㅂ)っ	ㅍ=ㅃ	とっぱ
発表	발표	합뽀우	ㄹ=(ㅂ)っ	ㅍ=ㅃ	はっぴょう
失敗	실패	십빠이	ㄹ=(ㅂ)っ	ㅍ=ㅃ	しっぱい
一般	일반	입빵	ㄹ=(ㅂ)っ	ㅂ=ㅃ	いっぱん
一方	일방	입뽀우	ㄹ=(ㅂ)っ	ㅂ=ㅃ	いっぽう
出版	출판	슙빵	ㄹ=(ㅂ)っ	ㅍ=ㅃ	しゅっぱん
出発	출발	슙빠쯔	ㄹ=(ㅂ)っ	ㅂ=ㅃ	しゅっぱつ

한글 [ㄱ] 받침 : [카(か)] 행 앞에서의 [っ] 발음

> Ex) 섹꾜꾸 ➡ [っ]이 [ㄱ] 받침으로 소리남
> せっきょく [積極 : 적극]

※ 적극 : 한글 '적'의 받침 [ㄱ] ➡ 일본어 '섹(せっ)'의 받침 [ㄱ]으로 발음됨
　　한글 '극'의 초성 [ㄱ]은 첫 글자 받침 [ㄱ]의 영향을 받아 된소리 [ㄲ]로 발음됨

 더 많은 예시들

일어 한자	한글 발음	일어 한글 발음	한글 발음 첫 글자 받침 [ㄱ] 한글받침 = 일어받침	일어 발음 두 번째 글자 초성 [소리 : 카(か)행] 한글발음 = 일어발음	일어발음
国家	국가	콕까	ㄱ=(ㄱ)っ	ㄱ=ㄲ	こっか
楽観	낙관	락깐	ㄱ=(ㄱ)っ	ㄱ=ㄲ	らっかん
楽器	악기	각끼	ㄱ=(ㄱ)っ	ㄱ=ㄲ	がっき
薬局	약국	약꼬꾸	ㄱ=(ㄱ)っ	ㄱ=ㄲ	やっきょく
悪化	악화	악까	ㄱ=(ㄱ)っ	ㄱ=ㄲ	あっか
積極	적극	섹꼬꾸	ㄱ=(ㄱ)っ	ㄱ=ㄲ	せっきょく
特急	특급	톡뀨우	ㄱ=(ㄱ)っ	ㄱ=ㄲ	とっきゅう
学校	학교	각꼬우	ㄱ=(ㄱ)っ	ㄱ=ㄲ	がっこう

2.3 한글 [ㄹ] 받침의 일본어 변환

한국 사람이 일본어를 학습할 때 일본에 받침이 없다는 말은 한글의 1음절 단어에 있는 받침이 일본어로 발음될 때는 해당 받침이 사라지고 2음절 단어로 변환되어 발음되는 한글의 받침들이 있기 때문입니다.

❶ 한글 받침 [ㄹ] ⇒ 일본어 [쯔(つ)]로 발음됨

● 핵심 이론

한글 [ㄹ] 받침이 있는 단어는, 일본어의 경우 [ㄹ] 받침 발음을 하지 않고 대신 쯔(つ) 발음을 추가하여 2음절 발음으로 변경합니다.

🎙 발음 예시

Ex 더 많은 예시들 : 첫 번째 단어 받침 [ㄹ]   음성 5-1. ㄹ→쯔(つ)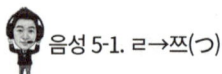

일어 한자	한글 발음	일어 한글 발음	일어 발음	한글 첫 번째 단어 받침 [ㄹ] = 일어받침 [쯔(つ)]
卒業	졸업	소쯔교우	そつぎょう	ㄹ= 쯔(つ)
失業	실업	시쯔교우	しつぎょう	ㄹ= 쯔(つ)
発言	발언	하쯔겡	はつげん	ㄹ= 쯔(つ)
物議	물의	부쯔기	ぶつぎ	ㄹ= 쯔(つ)
活動	활동	카쯔도우	かつどう	ㄹ= 쯔(つ)
鉄道	철도	테쯔도우	てつどう	ㄹ= 쯔(つ)
実力	실력	지쯔료쿠	じつりょく	ㄹ= 쯔(つ)
物流	물류	부쯔류우	ぶつりゅう	ㄹ= 쯔(つ)
説明	설명	세쯔메이	せつめい	ㄹ= 쯔(つ)
質問	질문	시쯔몽	しつもん	ㄹ= 쯔(つ)
絶望	절망	제쯔보우	ぜつぼう	ㄹ= 쯔(つ)
設備	설비	세쯔비	せつび	ㄹ= 쯔(つ)
撮影	촬영	사쯔에이	さつえい	ㄹ= 쯔(つ)
発音	발음	하쯔옹	はつおん	ㄹ= 쯔(つ)
出演	출연	슈쯔엥	しゅつえん	ㄹ= 쯔(つ)
活躍	활약	카쯔야구	かつやく	ㄹ= 쯔(つ)
決意	결의	케쯔이	けつい	ㄹ= 쯔(つ)
必要	필요	히쯔요우	ひつよう	ㄹ= 쯔(つ)
突然	돌연	토쯔젱	とつぜん	ㄹ= 쯔(つ)
脱税	탈세	다쯔제이	だつぜい	ㄹ= 쯔(つ)

Ex 더 많은 예시들 : 두 번째 단어 받침 [ㄹ]   음성 5-2. ㄹ→쯔(つ)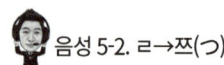

일어 한자	한글 발음	일어 한글 발음	일어 발음	한글 두 번째 단어 받침 [ㄹ] = 일어받침 [쯔(つ)]
生活	생활	세이까쯔	せいかつ	ㄹ= 쯔(つ)
清潔	청결	세이께쯔	せいけつ	ㄹ= 쯔(つ)
性別	성별	세이베쯔	せいべつ	ㄹ= 쯔(つ)

일어 한자	한글 발음	일어 한글 발음	일어 발음	한글 두 번째 단어 받침 [ㄹ] = 일어받침 [쯔(つ)]
警察	경찰	케이사쯔	けいさつ	ㄹ= 쯔(つ)
平日	평일	헤이지쯔	へいじつ	ㄹ= 쯔(つ)
動物	동물	도우부쯔	どうぶつ	ㄹ= 쯔(つ)
同日	동일	도우지쯔	どうじつ	ㄹ= 쯔(つ)
創立	창립	소우리쯔	そうりつ	ㄹ= 쯔(つ)
衝突	충돌	쇼우또쯔	しょうとつ	ㄹ= 쯔(つ)
充実	충실	쥬우지쯔	じゅうじつ	ㄹ= 쯔(つ)
統一	통일	토우이쯔	とういつ	ㄹ= 쯔(つ)
法律	법률	호우리쯔	ほうりつ	ㄹ= 쯔(つ)
検察	검찰	켄사쯔	けんさつ	ㄹ= 쯔(つ)
品質	품질	힌시쯔	ひんしつ	ㄹ= 쯔(つ)
密接	밀접	밋쎄쯔	みっせつ	ㄹ= 쯔(つ)
出発	출발	슙빠쯔	しゅっぱつ	ㄹ= 쯔(つ)
発達	발달	핫따쯔	はったつ	ㄹ= 쯔(つ)
年末	연말	넴마쯔	ねんまつ	ㄹ= 쯔(つ)
先発	선발	셈빠쯔	せんぱつ	ㄹ= 쯔(つ)
人物	인물	짐부쯔	じんぶつ	ㄹ= 쯔(つ)
緊密	긴밀	킴미쯔	きんみつ	ㄹ= 쯔(つ)
反発	반발	함빠쯔	はんぱつ	ㄹ= 쯔(つ)
現実	현실	겐지쯔	げんじつ	ㄹ= 쯔(つ)
損失	손실	손시쯔	そんしつ	ㄹ= 쯔(つ)
親切	친절	신세쯔	しんせつ	ㄹ= 쯔(つ)
進出	진출	신슈쯔	しんしゅつ	ㄹ= 쯔(つ)
演説	연설	엔제쯔	えんぜつ	ㄹ= 쯔(つ)
前日	전일	젠지쯔	ぜんじつ	ㄹ= 쯔(つ)
観察	관찰	칸사쯔	かんさつ	ㄹ= 쯔(つ)
建設	건설	켄세쯔	けんせつ	ㄹ= 쯔(つ)
告別	고별	코꾸베쯔	こくべつ	ㄹ= 쯔(つ)
識別	식별	시끼베쯔	しきべつ	ㄹ= 쯔(つ)
摘発	적발	테끼하쯔	てきはつ	ㄹ= 쯔(つ)
独立	독립	도꾸리쯔	どくりつ	ㄹ= 쯔(つ)

일어 한자	한글 발음	일어 한글 발음	일어 발음	한글 두 번째 단어 받침 [ㄹ] = 일어받침 [쯔(つ)]
爆発	폭발	바꾸하쯔	ばくはつ	ㄹ= 쯔(つ)
祝日	축일	슈꾸지쯔	しゅくじつ	ㄹ= 쯔(つ)
確実	확실	카꾸지쯔	かくじつ	ㄹ= 쯔(つ)
特別	특별	토쿠베쯔	とくべつ	ㄹ= 쯔(つ)
博物	박물	하꾸부쯔	はくぶつ	ㄹ= 쯔(つ)
芸術	예술	게이쥬쯔	げいじゅつ	ㄹ= 쯔(つ)
技術	기술	기쥬쯔	ぎじゅつ	ㄹ= 쯔(つ)
武術	무술	부쥬쯔	ぶじゅつ	ㄹ= 쯔(つ)
美術	미술	비쥬쯔	びじゅつ	ㄹ= 쯔(つ)
差別	차별	사베쯔	さべつ	ㄹ= 쯔(つ)
採決	채결	사이께쯔	さいけつ	ㄹ= 쯔(つ)
小説	소설	쇼우세쯔	しょうせつ	ㄹ= 쯔(つ)
週末	주말	슈우마쯔	しゅうまつ	ㄹ= 쯔(つ)
死別	사별	시베쯔	しべつ	ㄹ= 쯔(つ)
施設	시설	시세쯔	しせつ	ㄹ= 쯔(つ)
事実	사실	지지쯔	じじつ	ㄹ= 쯔(つ)
可決	가결	카께쯔	かけつ	ㄹ= 쯔(つ)
架設	가설	카세쯔	かせつ	ㄹ= 쯔(つ)
解決	해결	카이께쯔	かいけつ	ㄹ= 쯔(つ)
解説	해설	카이세쯔	かいせつ	ㄹ= 쯔(つ)
開設	개설	카이세쯔	かいせつ	ㄹ= 쯔(つ)
開発	개발	카이하쯔	かいはつ	ㄹ= 쯔(つ)
教室	교실	쿄우시쯔	きょうしつ	ㄹ= 쯔(つ)
区別	구별	쿠베쯔	くべつ	ㄹ= 쯔(つ)
休日	휴일	큐우지쯔	きゅうじつ	ㄹ= 쯔(つ)
締結	체결	테이께쯔	ていけつ	ㄹ= 쯔(つ)
提出	제출	테이슈쯔	ていしゅつ	ㄹ= 쯔(つ)
派閥	파벌	하바쯔	はばつ	ㄹ= 쯔(つ)
配達	배달	하이따쯔	はいたつ	ㄹ= 쯔(つ)
比率	비율	히리쯔	ひりつ	ㄹ= 쯔(つ)
秘密	비밀	히미쯔	ひみつ	ㄹ= 쯔(つ)

Ex 기타 예외 (많지 않음)

일어 한자	한글 발음	일어 한글 발음	일어 발음	한글 단어 받침 [ㄹ] = 일어받침
日常	일상	니찌죠우	にちじょう	ㄹ= 찌(ち)
毎日	매일	마이니찌	まいにち	ㄹ= 찌(ち)
万一	만일	망이찌	まんいち	ㄹ= 찌(ち)
不良	불량	후료우	ふりょう	ㄹ= 사라짐
不安	불안	후앙	ふあん	ㄹ= 사라짐

2.4 한글 [ㄱ] 받침의 일본어 변환

❶ 한글 받침 [ㄱ] ⇒ 일본어 [꾸(く)]로 발음됨

● 핵심 이론

한글 [ㄱ] 받침이 있는 단어는, 일본어의 경우 [ㄱ] 받침 발음을 하지 않고 대신 꾸(く) 발음을 추가하여 2음절 발음으로 변경합니다.

🎤 발음 예시

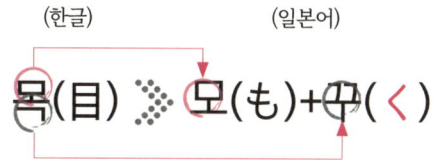

(한글)　　　　　(일본어)

목(目) ⇒ 모(も)+꾸(く)

Ex 더 많은 예시들 : 첫 번째 단어 받침 [ㄱ]　　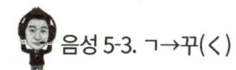 음성 5-3. ㄱ→꾸(く)　

일어 한자	한글 발음	일어 한글 발음	일어 발음	한글 첫 번째 단어 받침 [ㄱ] = 일어받침 [꾸(く)]
食欲	식욕	쇼꾸요꾸	しょくよく	ㄱ= 꾸(く)
約束	약속	야꾸소꾸	やくそく	ㄱ= 꾸(く)
着陸	착륙	챠꾸리꾸	ちゃくりく	ㄱ= 꾸(く)
獲得	획득	카꾸또꾸	かくとく	ㄱ= 꾸(く)

일어 한자	한글 발음	일어 한글 발음	일어 발음	한글 첫 번째 단어 받침 [ㄱ] = 일어받침 [꾸(く)]
迫力	박력	하꾸료꾸	はくりょく	ㄱ= 꾸(く)
目的	목적	모꾸떼키	もくてき	ㄱ= 꾸(く)
爆撃	폭격	바꾸게끼	ばくげき	ㄱ= 꾸(く)
国籍	국적	코꾸세끼	こくせき	ㄱ= 꾸(く)
独身	독신	도꾸싱	どくしん	ㄱ= 꾸(く)
爆弾	폭탄	바꾸당	ばくだん	ㄱ= 꾸(く)
昨年	작년	사꾸넹	さくねん	ㄱ= 꾸(く)
作戦	작전	사꾸셍	さくせん	ㄱ= 꾸(く)
促進	촉진	소꾸싱	そくしん	ㄱ= 꾸(く)
職員	직원	쇼꾸잉	しょくいん	ㄱ= 꾸(く)
確認	확인	카꾸닝	かくにん	ㄱ= 꾸(く)
拡散	확산	카꾸상	かくさん	ㄱ= 꾸(く)
国民	국민	코꾸밍	こくみん	ㄱ= 꾸(く)
役割	역할	야꾸와리	やくわり	ㄱ= 꾸(く)
独立	독립	도꾸리쯔	どくりつ	ㄱ= 꾸(く)
爆発	폭발	바꾸하쯔	ばくはつ	ㄱ= 꾸(く)
祝日	축일	슈꾸지쯔	しゅくじつ	ㄱ= 꾸(く)
確実	확실	카꾸지쯔	かくじつ	ㄱ= 꾸(く)
特別	특별	토꾸베쯔	とくべつ	ㄱ= 꾸(く)
博物	박물	하꾸부쯔	はくぶつ	ㄱ= 꾸(く)
独占	독점	도꾸셍	どくせん	ㄱ= 꾸(く)
録音	녹음	로꾸옹	ろくおん	ㄱ= 꾸(く)
作品	작품	사꾸힝	さくひん	ㄱ= 꾸(く)
食品	식품	쇼꾸힝	しょくひん	ㄱ= 꾸(く)
弱点	약점	쟈꾸뗑	じゃくてん	ㄱ= 꾸(く)
得点	득점	토꾸뗑	とくてん	ㄱ= 꾸(く)
学習	학습	가꾸슈우	がくしゅう	ㄱ= 꾸(く)
職業	직업	쇼꾸교우	しょくぎょう	ㄱ= 꾸(く)
特殊	특집	토꾸슈우	とくしゅう	ㄱ= 꾸(く)
復習	복습	후꾸슈우	ふくしゅう	ㄱ= 꾸(く)

일어 한자	한글 발음	일어 한글 발음	일어 발음	한글 첫 번째 단어 받침 [ㄱ] = 일어받침 [꾸(く)]
直接	직접	쵸꾸세쯔	ちょくせつ	ㄱ= 꾸(く)
複雜	복잡	후꾸자쯔	ふくざつ	ㄱ= 꾸(く)
食堂	식당	쇼꾸도우	しょくどう	ㄱ= 꾸(く)
屋上	옥상	오꾸죠우	おくじょう	ㄱ= 꾸(く)
特徵	특징	토꾸쪼우	とくちょう	ㄱ= 꾸(く)
服裝	복장	후꾸소우	ふくそう	ㄱ= 꾸(く)
確定	확정	카꾸떼이	かくてい	ㄱ= 꾸(く)
革命	혁명	카꾸메이	かくめい	ㄱ= 꾸(く)
國營	국영	코꾸에이	こくえい	ㄱ= 꾸(く)
讀者	독자	도꾸샤	どくしゃ	ㄱ= 꾸(く)
木造	목조	모꾸조우	もくぞう	ㄱ= 꾸(く)
目標	목표	모꾸효우	もくひょう	ㄱ= 꾸(く)
速度	속도	소꾸도	そくど	ㄱ= 꾸(く)
食事	식사	쇼꾸지	しょくじ	ㄱ= 꾸(く)
惡意	악의	아꾸이	あくい	ㄱ= 꾸(く)
直後	직후	쵸꾸고	ちょくご	ㄱ= 꾸(く)
擴大	확대	카꾸다이	かくだい	ㄱ= 꾸(く)
角度	각도	카꾸도	かくど	ㄱ= 꾸(く)
隔離	격리	카꾸리	かくり	ㄱ= 꾸(く)
各地	각지	카꾸찌	かくち	ㄱ= 꾸(く)
確保	확보	카꾸호	かくほ	ㄱ= 꾸(く)
國內	국내	코꾸나이	こくない	ㄱ= 꾸(く)
特有	특유	토꾸유우	とくゆう	ㄱ= 꾸(く)

 더 많은 예시들 : 두 번째 단어 받침 [ㄱ] 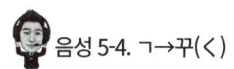 음성 5-4. ㄱ→꾸(く)

일어 한자	한글 발음	일어 한글 발음	일어 발음	한글 두 번째 단어 받침 [ㄱ] = 일어받침 [꾸(く)]
明白	명백	메이하꾸	めいはく	ㄱ= 꾸(く)
正確	정확	세이까꾸	せいかく	ㄱ= 꾸(く)

일어 한자	한글 발음	일어 한글 발음	일어 발음	한글 두 번째 단어 받침 [ㄱ] = 일어받침 [꾸(く)]
性格	성격	세이까꾸	せいかく	ㄱ= 꾸(く)
能力	능력	노우료꾸	のうりょく	ㄱ= 꾸(く)
両国	양국	료우꼬꾸	りょうこく	ㄱ= 꾸(く)
創作	창작	소우사꾸	そうさく	ㄱ= 꾸(く)
往復	왕복	오우후꾸	おうふく	ㄱ= 꾸(く)
洋服	양복	요우후꾸	ようふく	ㄱ= 꾸(く)
中国	중국	츄우고꾸	ちゅうごく	ㄱ= 꾸(く)
項目	항목	코우모꾸	こうもく	ㄱ= 꾸(く)
幸福	행복	코우후꾸	こうふく	ㄱ= 꾸(く)
登録	등록	토우로꾸	とうろく	ㄱ= 꾸(く)
風速	풍속	후우소꾸	ふうそく	ㄱ= 꾸(く)
種目	종목	슈모꾸	しゅもく	ㄱ= 꾸(く)
圧力	압력	아쯔료꾸	あつりょく	ㄱ= 꾸(く)
入学	입학	뉴우가꾸	にゅうがく	ㄱ= 꾸(く)
協力	협력	쿄우료꾸	きょうりょく	ㄱ= 꾸(く)
急速	급속	큐우소꾸	きゅうそく	ㄱ= 꾸(く)
接触	접촉	셋쑈꾸	せっしょく	ㄱ= 꾸(く)
納得	납득	낟또꾸	なっとく	ㄱ= 꾸(く)
深刻	심각	싱꼬꾸	しんこく	ㄱ= 꾸(く)
音楽	음악	옹가꾸	おんがく	ㄱ= 꾸(く)
感覚	감각	캉까꾸	かんかく	ㄱ= 꾸(く)
南北	남북	남보꾸	なんぼく	ㄱ= 꾸(く)
侵略	침략	신랴꾸	しんりゃく	ㄱ= 꾸(く)
監督	감독	칸또꾸	かんとく	ㄱ= 꾸(く)
金属	금속	킨조꾸	きんぞく	ㄱ= 꾸(く)
実力	실력	지쯔료꾸	じつりょく	ㄱ= 꾸(く)
活躍	활약	카쯔야꾸	かつやく	ㄱ= 꾸(く)
発足	벌칙	핫쏘꾸	はっそく	ㄱ= 꾸(く)
発足	발족	홋쏘꾸	ほっそく	ㄱ= 꾸(く)
説得	설득	셑또꾸	せっとく	ㄱ= 꾸(く)

일어 한자	한글 발음	일어 한글 발음	일어 발음	한글 두 번째 단어 받침 [ㄱ] = 일어받침 [꾸(く)]
結局	결국	켁꾜꾸	けっきょく	ㄱ= 꾸(く)
文学	문학	붕가꾸	ぶんがく	ㄱ= 꾸(く)
進学	진학	싱가꾸	しんがく	ㄱ= 꾸(く)
全国	전국	젱꼬꾸	ぜんこく	ㄱ= 꾸(く)
翻訳	번역	홍야꾸	ほんやく	ㄱ= 꾸(く)
緊迫	긴박	킴빠꾸	きんぱく	ㄱ= 꾸(く)
原則	원칙	겐소꾸	げんそく	ㄱ= 꾸(く)
弾力	탄력	단료꾸	だんりょく	ㄱ= 꾸(く)
連続	연속	렌조꾸	れんぞく	ㄱ= 꾸(く)
満足	만족	만조꾸	まんぞく	ㄱ= 꾸(く)
民族	민족	민조꾸	みんぞく	ㄱ= 꾸(く)
洗濯	세탁	센따꾸	せんたく	ㄱ= 꾸(く)
選択	선택	센따꾸	せんたく	ㄱ= 꾸(く)
戦略	전략	센랴꾸	せんりゃく	ㄱ= 꾸(く)
新築	신축	신찌꾸	しんちく	ㄱ= 꾸(く)
全力	전력	젠료꾸	ぜんりょく	ㄱ= 꾸(く)
観測	관측	칸소꾸	かんそく	ㄱ= 꾸(く)
建築	건축	켄찌꾸	けんちく	ㄱ= 꾸(く)
筋肉	근육	킨니꾸	きんにく	ㄱ= 꾸(く)
短縮	단축	탄슈꾸	たんしゅく	ㄱ= 꾸(く)
暴力	폭력	보우료꾸	ぼうりょく	ㄱ= 꾸(く)
食欲	식욕	쇼꾸요꾸	しょくよく	ㄱ= 꾸(く)
約束	약속	야꾸소꾸	やくそく	ㄱ= 꾸(く)
着陸	착륙	챠꾸리꾸	ちゃくりく	ㄱ= 꾸(く)
獲得	획득	카꾸또꾸	かくとく	ㄱ= 꾸(く)
迫力	박력	하꾸료꾸	はくりょく	ㄱ= 꾸(く)
積極	적극	섹꾜꾸	せっきょく	ㄱ= 꾸(く)
薬局	약국	약꾜꾸	やっきょく	ㄱ= 꾸(く)
外国	외국	가이꼬꾸	がいこく	ㄱ= 꾸(く)
旅客	여객	료까꾸	りょかく	ㄱ= 꾸(く)

일어 한자	한글 발음	일어 한글 발음	일어 발음	한글 두 번째 단어 받침 [ㄱ] = 일어받침 [꾸(く)]
大学	대학	다이가꾸	だいがく	ㄱ = 꾸(く)
努力	노력	도료꾸	どりょく	ㄱ = 꾸(く)
留学	유학	류우가꾸	りゅうがく	ㄱ = 꾸(く)
離陸	이륙	리리꾸	りりく	ㄱ = 꾸(く)
採択	채택	사이따꾸	さいたく	ㄱ = 꾸(く)
勢力	세력	세이료꾸	せいりょく	ㄱ = 꾸(く)
製作	제작	세이사꾸	せいさく	ㄱ = 꾸(く)
所得	소득	쇼또꾸	しょとく	ㄱ = 꾸(く)
消息	소식	쇼우소꾸	しょうそく	ㄱ = 꾸(く)
所属	소속	쇼조꾸	しょぞく	ㄱ = 꾸(く)
就職	취직	슈우쇼꾸	しゅうしょく	ㄱ = 꾸(く)
資格	자격	시까꾸	しかく	ㄱ = 꾸(く)
予測	예측	요소꾸	よそく	ㄱ = 꾸(く)
医学	의학	이가꾸	いがく	ㄱ = 꾸(く)
意欲	의욕	이요꾸	いよく	ㄱ = 꾸(く)
制約	제약	세이야꾸	せいやく	ㄱ = 꾸(く)
条約	조약	죠우야꾸	じょうやく	ㄱ = 꾸(く)
住宅	주택	쥬우따꾸	じゅうたく	ㄱ = 꾸(く)
自覚	자각	지까꾸	じかく	ㄱ = 꾸(く)
時刻	시각	지꼬꾸	じこく	ㄱ = 꾸(く)
自宅	자택	지따꾸	じたく	ㄱ = 꾸(く)
字幕	자막	지마꾸	じまく	ㄱ = 꾸(く)
注目	주목	츄우모꾸	ちゅうもく	ㄱ = 꾸(く)
化学	화학	카가꾸	かがく	ㄱ = 꾸(く)
科学	과학	카가꾸	かがく	ㄱ = 꾸(く)
価格	가격	카까꾸	かかく	ㄱ = 꾸(く)
歌曲	가곡	카꾜꾸	かきょく	ㄱ = 꾸(く)
改革	개혁	카이까꾸	かいかく	ㄱ = 꾸(く)
開幕	개막	카이마꾸	かいまく	ㄱ = 꾸(く)
恢復	회복	카이후꾸	かいふく	ㄱ = 꾸(く)

일어 한자	한글 발음	일어 한글 발음	일어 발음	한글 두 번째 단어 받침 [ㄱ] = 일어받침 [꾸(く)]
家族	가족	카조꾸	かぞく	ㄱ= 꾸(く)
計画	계획	케이까꾸	けいかく	ㄱ= 꾸(く)
契約	계약	케이야꾸	けいやく	ㄱ= 꾸(く)
継続	계속	케이조꾸	けいぞく	ㄱ= 꾸(く)
顧客	고객	코꺄쿠	こきゃく	ㄱ= 꾸(く)
孤独	고독	코도꾸	こどく	ㄱ= 꾸(く)
教育	교육	쿄우이꾸	きょういく	ㄱ= 꾸(く)
記録	기록	키로꾸	きろく	ㄱ= 꾸(く)
記憶	기억	키오꾸	きおく	ㄱ= 꾸(く)
対策	대책	타이사꾸	たいさく	ㄱ= 꾸(く)
退職	퇴직	타이쇼꾸	たいしょく	ㄱ= 꾸(く)
体育	체육	타이이꾸	たいいく	ㄱ= 꾸(く)
到着	도착	토우쨔꾸	とうちゃく	ㄱ= 꾸(く)
不足	부족	후소꾸	ふそく	ㄱ= 꾸(く)
腐食	부식	후쇼꾸	ふしょく	ㄱ= 꾸(く)

❷ **한글 받침 [ㄱ] ⇒ 일본어 [끼(き)]로 발음됨**

● **핵심 이론**

한글 [ㄱ] 받침이 있는 단어는, 일본어의 경우 [ㄱ] 받침 발음을 하지 않고 대신 끼(き) 발음을 추가하여 2음절 발음으로 변경합니다.

🎤 **발음 예시**

(한글)　　　　　　(일본어)

식(式) ⇒ 시(し)+끼(き)

Ex 더 많은 예시들 : 첫 번째 단어 받침 [ㄱ] 음성 5-5. ㄱ→끼(き)

일어 한자	한글 발음	일어 한글 발음	일어 발음	한글 첫 번째 단어 받침 [ㄱ] = 일어받침 [끼(き)]
適当	적당	테끼또우	てきとう	ㄱ= 끼(き)
適応	적응	테끼오우	てきおう	ㄱ= 끼(き)
責任	책임	세끼닝	せきにん	ㄱ= 끼(き)
識別	식별	시끼베쯔	しきべつ	ㄱ= 끼(き)
摘発	적발	테끼하쯔	てきはつ	ㄱ= 끼(き)
石炭	석탄	세끼땅	せきたん	ㄱ= 끼(き)
激化	격화	게끼까	げきか	ㄱ= 끼(き)
歴史	역사	레끼시	れきし	ㄱ= 끼(き)
石油	석유	세끼유	せきゆ	ㄱ= 끼(き)

Ex 더 많은 예시들 : 두 번째 단어 받침 [ㄱ] 음성 5-6. ㄱ→끼(き)

일어 한자	한글 발음	일어 한글 발음	일어 발음	한글 두 번째 단어 받침 [ㄱ] = 일어받침 [끼(き)]
成績	성적	세이세끼	せいせき	ㄱ= 끼(き)
正式	정식	세이시끼	せいしき	ㄱ= 끼(き)
形式	형식	케이시끼	けいしき	ㄱ= 끼(き)
常識	상식	죠우시끼	じょうしき	ㄱ= 끼(き)
攻撃	공격	코우게끼	こうげき	ㄱ= 끼(き)
強敵	강적	쿄우떼끼	きょうてき	ㄱ= 끼(き)
方式	방식	호우시끼	ほうしき	ㄱ= 끼(き)
業績	업적	교우세끼	ぎょうせき	ㄱ= 끼(き)
検疫	검역	켕에끼	けんえき	ㄱ= 끼(き)
出席	출석	슛쎄끼	しゅっせき	ㄱ= 끼(き)
実績	실적	짓쎄끼	じっせき	ㄱ= 끼(き)
欠席	결석	켓쎄끼	けっせき	ㄱ= 끼(き)
演劇	연극	엥게끼	えんげき	ㄱ= 끼(き)
反撃	반격	항게끼	はんげき	ㄱ= 끼(き)

일어 한자	한글 발음	일어 한글 발음	일어 발음	한글 두 번째 단어 받침 [ㄱ] = 일어받침 [끼(き)]
完璧	완벽	캄뻬끼	かんぺき	ㄱ= 끼(き)
認識	인식	닌시끼	にんしき	ㄱ= 끼(き)
面積	면적	멘세끼	めんせき	ㄱ= 끼(き)
分析	분석	분세끼	ぶんせき	ㄱ= 끼(き)
親戚	친척	신세끼	しんせき	ㄱ= 끼(き)
目的	목적	모꾸떼끼	もくてき	ㄱ= 끼(き)
爆撃	폭격	바꾸게끼	ばくげき	ㄱ= 끼(き)
国籍	국적	코꾸세끼	こくせき	ㄱ= 끼(き)
履歴	이력	리레끼	りれき	ㄱ= 끼(き)
利益	이익	리에끼	りえき	ㄱ= 끼(き)
貿易	무역	보우에끼	ぼうえき	ㄱ= 끼(き)
組織	조직	소시끼	そしき	ㄱ= 끼(き)
刺激	자극	시게끼	しげき	ㄱ= 끼(き)
遺跡	유적	이세끼	いせき	ㄱ= 끼(き)
意識	의식	이시끼	いしき	ㄱ= 끼(き)
追跡	추적	츠이세끼	ついせき	ㄱ= 끼(き)
知識	지식	치시끼	ちしき	ㄱ= 끼(き)
区域	구역	쿠이끼	くいき	ㄱ= 끼(き)
奇跡	기적	키세끼	きせき	ㄱ= 끼(き)
宝石	보석	호우세끼	ほうせき	ㄱ= 끼(き)
悲劇	비극	히게끼	ひげき	ㄱ= 끼(き)

Ex 기타 예외 [― : 한 박자 장음 표시]

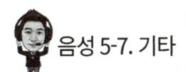 음성 5-7. 기타

일어 한자	한글 발음	일어 한글 발음	일어 발음	한글 단어 받침 [ㄱ] = 일어받침
暴力	폭력	보우료꾸 (보―료꾸)	ぼうりょく	ㄱ= 우/う(장음)
乱暴	난폭	람보우(람보―)	らんぼう	ㄱ= 우/う(장음)
作業	작업	사교우	さぎょう	ㄱ= 사라짐

일어 한자	한글 발음	일어 한글 발음	일어 발음	한글 단어 받침 [ㄱ] = 일어받침
動作	동작	도우사	どうさ	ㄱ= 사라짐
操作	조작	소우사	そうさ	ㄱ= 사라짐
博士	박사	하까세	はかせ	ㄱ= 까(か)

2.5 한글 [ㅂ] 받침의 일본어 변환

❶ 한글 받침 [ㅂ] ➡ 일본어 [우/う(장음)]로 발음됨

[― : 한 박자 장음 표시]

● 핵심 이론

한글 [ㅂ] 받침이 있는 단어는, 일본어의 경우 [ㅂ] 받침 발음을 하지 않고 대신 우/う(장음)발음을 추가하여 2음절 발음으로 변경합니다.

혹자는 일부러 [우]로 발음하지 말로 장음[―]으로 하도록 하고, 원어민도 장음으로 발음하지만, 익숙해지기 전에는 [우]로 변형하여 발음하는 훈련을 하고 익숙해지면 [우]와 장음[―] 사이의 중간 발음을 하도록 합니다.

🎤 발음 예시

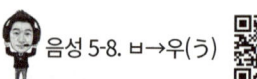

Ex 더 많은 예시들 : 첫 번째 단어 받침 [ㅂ]   음성 5-8. ㅂ→우(う)

일어 한자	한글 발음	일어 한글 발음	일어 발음	한글 첫 번째 단어 받침 [ㅂ] = 일어받침 [우/う(장음)]
入学	입학	뉴우가꾸 [뉴―가꾸]	にゅうがく	ㅂ= 우/う(장음)
協力	협력	쿄우료꾸 [쿄―료꾸]	きょうりょく	ㅂ= 우/う(장음)
脅迫	협박	쿄우하꾸 [쿄―하꾸]	きょうはく	ㅂ= 우/う(장음)

일어 한자	한글 발음	일어 한글 발음	일어 발음	한글 첫 번째 단어 받침 [ㅂ] = 일어받침 [우/う(장음)]
急速	급속	큐우소꾸 [큐―소꾸]	きゅうそく	ㅂ= 우/う(장음)
業績	업적	교우세끼 [교―세끼]	ぎょうせき	ㅂ= 우/う(장음)
集団	집단	슈우당 [슈―당]	しゅうだん	ㅂ= 우/う(장음)
答弁	답변	토우벵 [토―벵]	とうべん	ㅂ= 우/う(장음)
答信	답신	토우싱 [토―싱]	とうしん	ㅂ= 우/う(장음)
答案	답안	토우앙 [토―앙]	とうあん	ㅂ= 우/う(장음)
法案	법안	호우앙 [호―앙]	ほうあん	ㅂ= 우/う(장음)
法律	법률	호우리쯔 [호―리쯔]	ほうりつ	ㅂ= 우/う(장음)
合同	합동	고우도우 [고―도우]	ごうどう	ㅂ= 우/う(장음)
急行	급행	큐우꼬우 [큐―꼬우]	きゅうこう	ㅂ= 우/う(장음)
急増	급증	큐우조우 [큐―조우]	きゅうぞう	ㅂ= 우/う(장음)
合理	합리	고우리 [고―리]	ごうり	ㅂ= 우/う(장음)
納期	납기	노우끼 [노―끼]	のうき	ㅂ= 우/う(장음)
入試	입시	뉴우시 [뉴―시]	にゅうし	ㅂ= 우/う(장음)
協議	협의	쿄우기 [쿄―기]	きょうぎ	ㅂ= 우/う(장음)

Ex 더 많은 예시들 : 두 번째 단어 받침 [ㅂ] 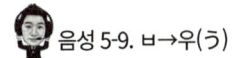 음성 5-9. ㅂ→우(う)

일어 한자	한글 발음	일어 한글 발음	일어 발음	한글 두 번째 단어 받침 [ㅂ] = 일어받침 [우/う(장음)]
営業	영업	에이교우 [에―교―]	えいぎょう	ㅂ= 우/う(장음)
農業	농업	노우교우 [노―교―]	のうぎょう	ㅂ= 우/う(장음)
綜合	종합	소우고우 [소―고―]	そうごう	ㅂ= 우/う(장음)
工業	공업	코우교우 [코―교―]	こうぎょう	ㅂ= 우/う(장음)
卒業	졸업	소쯔교우 [소쯔교―]	そつぎょう	ㅂ= 우/う(장음)
失業	실업	지쯔교우 [지쯔교―]	しつぎょう	ㅂ= 우/う(장음)
産業	산업	상교우 [상교―]	さんぎょう	ㅂ= 우/う(장음)
緊急	긴급	킹뀨우 [킹뀨―]	きんきゅう	ㅂ= 우/う(장음)
練習	연습	렌슈우 [렌슈―]	れんしゅう	ㅂ= 우/う(장음)
干渉	간섭	칸쇼우 [칸쇼―]	かんしょう	ㅂ= 우/う(장음)

일어 한자	한글 발음	일어 한글 발음	일어 발음	한글 두 번째 단어 받침 [ㅂ] = 일어받침 [우/う(장음)]
編集	편집	헨슈우 [헨슈―]	へんしゅう	ㅂ= 우/う(장음)
作業	작업	사교우 [사교―]	さぎょう	ㅂ= 우/う(장음)
学習	학습	가꾸슈우 [가꾸슈―]	がくしゅう	ㅂ= 우/う(장음)
職業	직업	쇼꾸교우 [쇼꾸교―]	しょくぎょう	ㅂ= 우/う(장음)
特殊	특집	토꾸슈우 [토꾸슈―]	とくしゅう	ㅂ= 우/う(장음)
復習	복습	후꾸슈우 [후꾸슈―]	ふくしゅう	ㅂ= 우/う(장음)
特急	특급	톡뀨우 [톡뀨―]	とっきゅう	ㅂ= 우/う(장음)
導入	도입	도우뉴우 [도―뉴―]	どうにゅう	ㅂ= 우/う(장음)
募集	모집	보슈우 [보슈―]	ぼしゅう	ㅂ= 우/う(장음)
初級	초급	쇼뀨우 [쇼뀨―]	しょきゅう	ㅂ= 우/う(장음)
収入	수입	슈우뉴우 [슈―뉴―]	しゅうにゅう	ㅂ= 우/う(장음)
予習	예습	요슈우 [요슈―]	よしゅう	ㅂ= 우/う(장음)
授業	수업	쥬교우 [쥬교―]	じゅぎょう	ㅂ= 우/う(장음)
回答	회답	카이또우 [카이또―]	かいとう	ㅂ= 우/う(장음)
解答	해답	카이또우 [카이또―]	かいとう	ㅂ= 우/う(장음)
高級	고급	코우뀨우 [코―뀨―]	こうきゅう	ㅂ= 우/う(장음)
交渉	교섭	코우쇼우 [코―쇼―]	こうしょう	ㅂ= 우/う(장음)
企業	기업	키교우 [키교―]	きぎょう	ㅂ= 우/う(장음)
普及	보급	후뀨우 [후뀨―]	ふきゅう	ㅂ= 우/う(장음)

❷ 한글 받침 [ㅂ] ➡ 일본어 [쯔(つ)]로 발음됨

● 핵심 이론

한글 [ㅂ] 받침이 있는 단어는, 일본어의 경우 [ㅂ] 받침 발음을 하지 않고 대신 쯔(つ)발음을 추가하여 2음절 발음으로 변경합니다.

하지만, 우/う(장음)으로 변경되는 사용 빈도보다 훨씬 적습니다.

🎙️ **발음 예시**

📑 **더 많은 예시들 : 첫 번째 단어 받침 [ㅂ]**

일어 한자	한글 발음	일어 한글 발음	일어 발음	한글 첫 번째 단어 받침 [ㅂ] = 일어받침 [ㅉ(つ)]
雜音	잡음	자ㅉ옹	ざつおん	ㅂ= ㅉ(つ)
喫煙	흡연	키ㅉ엥	きつえん	ㅂ= ㅉ(つ)
压力	압력	아ㅉ료꾸	あつりょく	ㅂ= ㅉ(つ)
湿度	습도	시ㅉ도	しつど	ㅂ= ㅉ(つ)

📑 **더 많은 예시들 : 두 번째 단어 받침 [ㅂ]**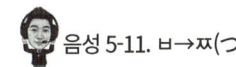

일어 한자	한글 발음	일어 한글 발음	일어 발음	한글 두 번째 단어 받침 [ㅂ] = 일어받침 [ㅉ(つ)]
成立	성립	세이리ㅉ	せいりつ	ㅂ= ㅉ(つ)
面接	면접	멘세ㅉ	めんせつ	ㅂ= ㅉ(つ)
直接	직접	쵸꾸세ㅉ	ちょくせつ	ㅂ= ㅉ(つ)
複雜	복잡	후꾸자ㅉ	ふくざつ	ㅂ= ㅉ(つ)
対立	대립	타이리ㅉ	たいりつ	ㅂ= ㅉ(つ)

2.6 한글 [ㅇ] 받침의 일본어 장음화

❶ 한글 받침 [ㅇ] ➡ 일본어 [이/い(장음)]로 발음됨

● **핵심 이론**

한글 모음 [어/여/애]에 받침 [ㅇ]이 있어 한음절로 발음이 되는 것을 일본어의

경우 한글 [ㅇ] 받침을 받침으로 발음하지 않고 이(い) 장음으로 늘려서 2음절로 발음하도록 했습니다.

혹자는 일부러 [이]로 발음하지 말로 장음[ㅡ]으로 하도록 하고, 원어민도 장음으로 발음하지만, 익숙해지기 전에는 [이]로 변환하여 발음하고 익숙해지면 [이]와 장음[ㅡ] 사이의 중간 발음을 하도록 합니다

🎤 발음 예시

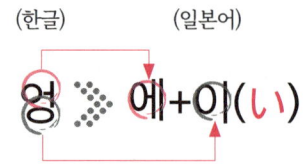

+ 한글 [ㅇ] 받침이 첫 글자 혹은 두번 째 글자에 오는 경우

한글	변경	일어 발음	비율
엉	▶	에 + 이 [い(장음)]	약 50%
영			약 40%
앵			약 10%

💬 Ex 더 많은 예시들 : 첫 번째 단어 받침 [ㅇ]

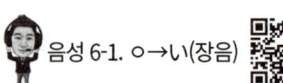
음성 6-1. ㅇ→い(장음)
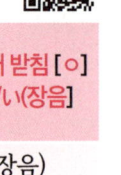

일어 한자	한글 발음	한글 첫 모음	일어 한글 발음	일어 발음	일어 첫 글자 모음 변환 [에]	한글 첫 번째 단어 받침 [ㅇ] = 일어받침 [이/い(장음)]
成長	성장	엉	세이쬬우	せいちょう	에	ㅇ = 이/い(장음)
成績	성적		세이세끼	せいせき		ㅇ = 이/い(장음)
成人	성인		세이징	せいじん		ㅇ = 이/い(장음)
性別	성별		세이베쯔	せいべつ		ㅇ = 이/い(장음)
成分	성분		세이붕	せいぶん		ㅇ = 이/い(장음)
声明	성명		세이메이	せいめい		ㅇ = 이/い(장음)
成立	성립		세이리쯔	せいりつ		ㅇ = 이/い(장음)

일어 한자	한글 발음	한글 첫 모음	일어 한글 발음	일어 발음	일어 첫 글자 모음 변환 [에]	한글 첫 번째 단어 받침 [ㅇ] = 일어받침 [이/い(장음)]
成功	성공	엉	세이꼬우	せいこう	에	ㅇ = 이/い(장음)
性格	성격		세이까꾸	せいかく		ㅇ = 이/い(장음)
成果	성과		세이까	せいか		ㅇ = 이/い(장음)
正確	정확		세이까꾸	せいかく		ㅇ = 이/い(장음)
政治	정치		세이지	せいじ		ㅇ = 이/い(장음)
精神	정신		세이싱	せいしん		ㅇ = 이/い(장음)
正式	정식		세이시끼	せいしき		ㅇ = 이/い(장음)
政府	정부		세이후	せいふ		ㅇ = 이/い(장음)
整備	정비		세이비	せいび		ㅇ = 이/い(장음)
整理	정리		세이리	せいり		ㅇ = 이/い(장음)
整頓	정돈		세이똥	せいとん		ㅇ = 이/い(장음)
政権	정권		세이껭	せいけん		ㅇ = 이/い(장음)
停車	정차		테이샤	ていしゃ		ㅇ = 이/い(장음)
停止	정지		테이시	ていし		ㅇ = 이/い(장음)
停留	정류		테이류우	ていりゅう		ㅇ = 이/い(장음)
程度	정도		테이도	ていど		ㅇ = 이/い(장음)
青春	청춘		세이슝	せいしゅん		ㅇ = 이/い(장음)
青年	청년		세이넹	せいねん		ㅇ = 이/い(장음)
清潔	청결		세이께쯔	せいけつ		ㅇ = 이/い(장음)
請求	청구		세이뀨우	せいきゅう		ㅇ = 이/い(장음)
傾向	경향	영	케이꼬우	けいこう		ㅇ = 이/い(장음)
経験	경험		케이껭	けいけん		ㅇ = 이/い(장음)
警察	경찰		케이사쯔	けいさつ		ㅇ = 이/い(장음)
経済	경제		케이자이	けいざい		ㅇ = 이/い(장음)
経営	경영		케이에이	けいえい		ㅇ = 이/い(장음)
警報	경보		케이호우	けいほう		ㅇ = 이/い(장음)
競馬	경마		케이바	けいば		ㅇ = 이/い(장음)
景気	경기		케이끼	けいき		ㅇ = 이/い(장음)
明白	명백		메이하꾸	めいはく		ㅇ = 이/い(장음)

일어 한자	한글 발음	한글 첫 모음	일어 한글 발음	일어 발음	일어 첫 글자 모음 변환 [에]	한글 첫 번째 단어 받침 [ㅇ] = 일어받침 [이/い(장음)]
命令	명령	영	메이레이	めいれい	에	ㅇ= 이/い(장음)
零下	영하		레이까	れいか		ㅇ= 이/い(장음)
霊感	영감		레이깡	れいかん		ㅇ= 이/い(장음)
影響	영향		에이꾜우	えいきょう		ㅇ= 이/い(장음)
映画	영화		에이가	えいが		ㅇ= 이/い(장음)
栄養	영양		에이요우	えいよう		ㅇ= 이/い(장음)
営業	영업		에이교우	えいぎょう		ㅇ= 이/い(장음)
英語	영어		에이고	えいご		ㅇ= 이/い(장음)
平和	평화		헤이와	へいわ		ㅇ= 이/い(장음)
平行	평행		헤이꼬우	へいこう		ㅇ= 이/い(장음)
平日	평일		헤이지쯔	へいじつ		ㅇ= 이/い(장음)
平均	평균		헤이낑	へいきん		ㅇ= 이/い(장음)
刑事	형사		케이지	けいじ		ㅇ= 이/い(장음)
形式	형식		케이시끼	けいしき		ㅇ= 이/い(장음)
冷蔵	냉장	앵	레이조우	れいぞう		ㅇ= 이/い(장음)
冷静	냉정		레이세이	れいせい		ㅇ= 이/い(장음)
冷房	냉방		레이보우	れいぼう		ㅇ= 이/い(장음)
生活	생활		세이까쯔	せいかつ		ㅇ= 이/い(장음)
生産	생산		세이상	せいさん		ㅇ= 이/い(장음)
生命	생명		세이메이	せいめい		ㅇ= 이/い(장음)

Ex 더 많은 예시들 : 두 번째 단어 받침 [ㅇ] 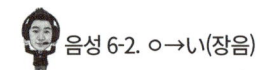 음성 6-2. ㅇ→い(장음)

일어 한자	한글 발음	한글 첫 모음	일어 한글 발음	일어 발음	일어 첫 글자 모음 변환 [에]	한글 두 번째 단어 받침 [ㅇ] = 일어받침 [이/い(장음)]
決定	결정	엉	켙떼이	けってい	에	ㅇ= 이/い(장음)
日程	일정		닡떼이	にってい		ㅇ= 이/い(장음)
反省	반성		한세이	はんせい		ㅇ= 이/い(장음)
申請	신청		신세이	しんせい		ㅇ= 이/い(장음)

일어 한자	한글 발음	한글 첫 모음	일어 한글 발음	일어 발음	일어 첫 글자 모음 변환 [에]	한글 두 번째 단어 받침 [ㅇ] = 일어받침 [이/い(장음)]
安定	안정		안떼이	あんてい		ㅇ= 이/い(장음)
完成	완성		칸세이	かんせい		ㅇ= 이/い(장음)
賛成	찬성		산세이	さんせい		ㅇ= 이/い(장음)
編成	편성		헨세이	へんせい		ㅇ= 이/い(장음)
限定	한정		겐떼이	げんてい		ㅇ= 이/い(장음)
工程	공정		코우떼이	こうてい		ㅇ= 이/い(장음)
確定	확정		카꾸떼이	かくてい		ㅇ= 이/い(장음)
改正	개정		카이세이	かいせい		ㅇ= 이/い(장음)
家庭	가정		카떼이	かてい		ㅇ= 이/い(장음)
課程	과정		카떼이	かてい		ㅇ= 이/い(장음)
規定	규정		키떼이	きてい		ㅇ= 이/い(장음)
構成	구성	엉	코우세이	こうせい		ㅇ= 이/い(장음)
不定	부정		후떼이	ふてい		ㅇ= 이/い(장음)
修正	수정		슈우세이	しゅうせい		ㅇ= 이/い(장음)
要請	요청		요우세이	ようせい	에	ㅇ= 이/い(장음)
予定	예정		요떼이	よてい		ㅇ= 이/い(장음)
衛星	위성		에이세이	えいせい		ㅇ= 이/い(장음)
指定	지정		시떼이	してい		ㅇ= 이/い(장음)
調整	조정		쵸우세이	ちょうせい		ㅇ= 이/い(장음)
推定	추정		스이떼이	すいてい		ㅇ= 이/い(장음)
冷静	냉정		레이세이	れいせい		ㅇ= 이/い(장음)
養成	양성		요우세이	ようせい		ㅇ= 이/い(장음)
行政	행정		교우세이	ぎょうせい		ㅇ= 이/い(장음)
経営	경영		케이에이	けいえい		ㅇ= 이/い(장음)
命令	명령		메이레이	めいれい		ㅇ= 이/い(장음)
生命	생명		세이메이	せいめい		ㅇ= 이/い(장음)
声明	성명	영	세이메이	せいめい		ㅇ= 이/い(장음)
上映	상영		죠우에이	じょうえい		ㅇ= 이/い(장음)
合併	합병		갑뻬이	がっぺい		ㅇ= 이/い(장음)
説明	설명		세쯔메이	せつめい		ㅇ= 이/い(장음)

일어 한자	한글 발음	한글 첫 모음	일어 한글 발음	일어 발음	일어 첫 글자 모음 변환 [에]	한글 두 번째 단어 받침 [ㅇ] = 일어받침 [이/い(장음)]
撮影	촬영	영	사쯔에이	さつえい	에	ㅇ= 이/い(장음)
神経	신경		싱께이	しんけい		ㅇ= 이/い(장음)
運営	운영		웅에이	うんえい		ㅇ= 이/い(장음)
歓迎	환영		캉게이	かんげい		ㅇ= 이/い(장음)
国営	국영		코꾸에이	こくえい		ㅇ= 이/い(장음)
革命	혁명		카꾸메이	かくめい		ㅇ= 이/い(장음)
背景	배경		하이께이	はいけい		ㅇ= 이/い(장음)
水平	수평		스이헤이	すいへい		ㅇ= 이/い(장음)
照明	조명		쇼우메이	しょうめい		ㅇ= 이/い(장음)
有名	유명		유우메이	ゆうめい		ㅇ= 이/い(장음)
夜景	야경		야께이	やけい		ㅇ= 이/い(장음)
透明	투명		토우메이	とうめい		ㅇ= 이/い(장음)
先生	선생	앵	센세이	せんせい		ㅇ= 이/い(장음)
犠牲	희생		기세이	ぎせい		ㅇ= 이/い(장음)
衛生	위생		에이세이	えいせい		ㅇ= 이/い(장음)
発生	발생		핫쎄이	はっせい		ㅇ= 이/い(장음)
同盟	동맹		도우메이	どうめい		ㅇ= 이/い(장음)
加盟	가맹		카메이	かめい		ㅇ= 이/い(장음)

❷ 한글 받침 [ㅇ] ⇒ 일본어 [우/う(장음)]로 발음됨

● 핵심 이론

한글 [ㅇ] 받침이 있는 단어는, 일본어의 경우 [ㅇ] 받침 발음을 하지 않고 대신 우/う (장음)발음을 추가하여 2음절 발음으로 변경합니다.

혹자는 일부러 [우]로 발음하지 말로 장음[ㅡ]으로 하도록 하고, 원어민도 장음으로 발음하지만, 익숙해지기 전에는 [우]로 변환하여 발음하는 훈련을 하고 익숙해지면 [우]와 장음[ㅡ] 사이의 중간 발음을 하도록 합니다.

🎤 발음 예시

(한글)　　　　(일본어)

Ex 더 많은 예시들 : 첫 번째 단어 받침 [ㅇ]

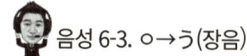

음성 6-3. ㅇ→う(장음)

일어 한자	한글 발음	일어 한글 발음	일어 발음	한글 첫 번째 단어 받침 [ㅇ] = 일어받침 [우/う(장음)]
行政	행정	교우세이	ぎょうせい	ㅇ= 우/う(장음)
同盟	동맹	도우메이	どうめい	ㅇ= 우/う(장음)
養成	양성	요우세이	ようせい	ㅇ= 우/う(장음)
上映	상영	죠우에이	じょうえい	ㅇ= 우/う(장음)
工程	공정	코우떼이	こうてい	ㅇ= 우/う(장음)
銅像	동상	도우조우	どうぞう	ㅇ= 우/う(장음)
想像	상상	소우조우	そうぞう	ㅇ= 우/う(장음)
症状	증상	쇼우죠우	しょうじょう	ㅇ= 우/う(장음)
象徴	상징	쇼우쬬우	しょうちょう	ㅇ= 우/う(장음)
状況	상황	죠우꾜우	じょうきょう	ㅇ= 우/う(장음)
上昇	상승	죠우쇼우	じょうしょう	ㅇ= 우/う(장음)
中央	중앙	츄우오우	ちゅうおう	ㅇ= 우/う(장음)
通帳	통장	츠우쬬우	つうちょう	ㅇ= 우/う(장음)
航空	항공	코우꾸우	こうくう	ㅇ= 우/う(장음)
行動	행동	코우도우	こうどう	ㅇ= 우/う(장음)
講堂	강당	코우도우	こうどう	ㅇ= 우/う(장음)
向上	향상	코우죠우	こうじょう	ㅇ= 우/う(장음)
工場	공장	코우죠우	こうじょう	ㅇ= 우/う(장음)
共同	공동	쿄우도우	きょうどう	ㅇ= 우/う(장음)
競争	경쟁	쿄우소우	きょうそう	ㅇ= 우/う(장음)
空港	공항	쿠우꼬우	くうこう	ㅇ= 우/う(장음)
登場	등장	토우죠우	とうじょう	ㅇ= 우/う(장음)

일어 한자	한글 발음	일어 한글 발음	일어 발음	한글 첫 번째 단어 받침 [ㅇ] = 일어받침 [우/う(장음)]
方向	방향	호우꼬우	ほうこう	ㅇ= 우/う(장음)
放送	방송	호우소우	ほうそう	ㅇ= 우/う(장음)
農業	농업	노우교우	のうぎょう	ㅇ= 우/う(장음)
綜合	종합	소우고우	そうごう	ㅇ= 우/う(장음)
工業	공업	코우교우	こうぎょう	ㅇ= 우/う(장음)
相談	상담	소우당	そうだん	ㅇ= 우/う(장음)
商店	상점	쇼우뗑	しょうてん	ㅇ= 우/う(장음)
終点	종점	슈우뗑	しゅうてん	ㅇ= 우/う(장음)
用品	용품	요우힝	ようひん	ㅇ= 우/う(장음)
中心	중심	츄우숭	ちゅうしん	ㅇ= 우/う(장음)
東南	동남	토우낭	とうなん	ㅇ= 우/う(장음)
方針	방침	호우싱	ほうしん	ㅇ= 우/う(장음)
動物	동물	도우부쯔	どうぶつ	ㅇ= 우/う(장음)
同日	동일	도우지쯔	どうじつ	ㅇ= 우/う(장음)
創立	창립	소우리쯔	そうりつ	ㅇ= 우/う(장음)
衝突	충돌	쇼우또쯔	しょうとつ	ㅇ= 우/う(장음)
充実	충실	쥬우지쯔	じゅうじつ	ㅇ= 우/う(장음)
統一	통일	토우이쯔	とういつ	ㅇ= 우/う(장음)
農民	농민	노우밍	のうみん	ㅇ= 우/う(장음)
農村	농촌	노우송	のうそん	ㅇ= 우/う(장음)
浪漫	낭만	로우망	ろうまん	ㅇ= 우/う(장음)
両親	양친	료우싱	りょうしん	ㅇ= 우/う(장음)
証券	증권	쇼우껭	しょうけん	ㅇ= 우/う(장음)
承認	승인	쇼우닝	しょうにん	ㅇ= 우/う(장음)
正面	정면	쇼우멩	しょうめん	ㅇ= 우/う(장음)
横断	횡단	오우당	おうだん	ㅇ= 우/う(장음)
応援	응원	오우엥	おうえん	ㅇ= 우/う(장음)
充電	충전	쥬우뎅	じゅうでん	ㅇ= 우/う(장음)
充分	충분	쥬우붕	じゅうぶん	ㅇ= 우/う(장음)
通関	통관	츠우깡	つうかん	ㅇ= 우/う(장음)

일어 한자	한글 발음	일어 한글 발음	일어 발음	한글 첫 번째 단어 받침 [ㅇ] = 일어받침 [우/う(장음)]
通信	통신	츠우싱	つうしん	ㅇ= 우/う(장음)
貢献	공헌	코우껭	こうけん	ㅇ= 우/う(장음)
講演	강연	코우엥	こうえん	ㅇ= 우/う(장음)
公園	공원	코우엥	こうえん	ㅇ= 우/う(장음)
当選	당선	토우셍	とうせん	ㅇ= 우/う(장음)
当然	당연	토우젱	とうぜん	ㅇ= 우/う(장음)
評判	평판	효우방	ひょうばん	ㅇ= 우/う(장음)
方言	방언	호우겡	ほうげん	ㅇ= 우/う(장음)
方面	방면	호우멩	ほうめん	ㅇ= 우/う(장음)
訪問	방문	호우몽	ほうもん	ㅇ= 우/う(장음)
広告	광고	코우꼬꾸	こうこく	ㅇ= 우/う(장음)
常識	상식	죠우시끼	じょうしき	ㅇ= 우/う(장음)
攻擊	공격	코우게끼	こうげき	ㅇ= 우/う(장음)
強敵	강적	쿄우떼끼	きょうてき	ㅇ= 우/う(장음)
方式	방식	호우시끼	ほうしき	ㅇ= 우/う(장음)
能力	능력	노우료꾸	のうりょく	ㅇ= 우/う(장음)
両国	양국	료우꼬꾸	りょうこく	ㅇ= 우/う(장음)
創作	창작	소우사꾸	そうさく	ㅇ= 우/う(장음)
往復	왕복	오우후꾸	おうふく	ㅇ= 우/う(장음)
洋服	양복	요우후꾸	ようふく	ㅇ= 우/う(장음)
中国	중국	츄우고꾸	ちゅうごく	ㅇ= 우/う(장음)
項目	항목	코우모꾸	こうもく	ㅇ= 우/う(장음)
幸福	행복	코우후꾸	こうふく	ㅇ= 우/う(장음)
登録	등록	토우로꾸	とうろく	ㅇ= 우/う(장음)
風速	풍속	후우소꾸	ふうそく	ㅇ= 우/う(장음)
防止	방지	보우시	ぼうし	ㅇ= 우/う(장음)
農家	농가	노우까	のうか	ㅇ= 우/う(장음)
同意	동의	도우이	どうい	ㅇ= 우/う(장음)
同時	동시	도우지	どうじ	ㅇ= 우/う(장음)
浪費	낭비	로우히	ろうひ	ㅇ= 우/う(장음)

일어 한자	한글 발음	일어 한글 발음	일어 발음	한글 첫 번째 단어 받침 [ㅇ] = 일어받침 [우/う(장음)]
防衛	방위	보우에이	ぼうえい	ㅇ= 우/う(장음)
倉庫	창고	소우꼬	そうこ	ㅇ= 우/う(장음)
創造	창조	소우조우	そうぞう	ㅇ= 우/う(장음)
裝置	장치	소우찌	そうち	ㅇ= 우/う(장음)
障碍	장애	쇼우가이	しょうがい	ㅇ= 우/う(장음)
証拠	증거	쇼우꼬	しょうこ	ㅇ= 우/う(장음)
將來	장래	쇼우라이	しょうらい	ㅇ= 우/う(장음)
勝負	승부	쇼우부	しょうぶ	ㅇ= 우/う(장음)
障害	장해	쇼우가이	しょうがい	ㅇ= 우/う(장음)
終了	종료	슈우료우	しゅうりょう	ㅇ= 우/う(장음)
應募	응모	오우보	おうぼ	ㅇ= 우/う(장음)
容易	용이	요우이	ようい	ㅇ= 우/う(장음)
勇氣	용기	유우끼	ゆうき	ㅇ= 우/う(장음)
增加	증가	조우까	ぞうか	ㅇ= 우/う(장음)
增大	증대	조우다이	ぞうだい	ㅇ= 우/う(장음)
狀態	상태	죠우따이	じょうたい	ㅇ= 우/う(장음)
情報	정보	죠우호우	じょうほう	ㅇ= 우/う(장음)
重大	중대	쥬우다이	じゅうだい	ㅇ= 우/う(장음)
重要	중요	쥬우요우	じゅうよう	ㅇ= 우/う(장음)
中継	중개	츄우께이	ちゅうけい	ㅇ= 우/う(장음)
通過	통과	츠우까	つうか	ㅇ= 우/う(장음)
講義	행위	코우기	こうぎ	ㅇ= 우/う(장음)
公開	공개	코우까이	こうかい	ㅇ= 우/う(장음)
公務	공무	코우무	こうむ	= 우/う(장음)
工事	공사	코우지	こうじ	ㅇ= 우/う(장음)
競技	경기	쿄우기	きょうぎ	ㅇ= 우/う(장음)
強化	강화	쿄우까	きょうか	ㅇ= 우/う(장음)
興味	흥미	쿄우미	きょうみ	ㅇ= 우/う(장음)
強制	강제	쿄우세이	きょうせい	ㅇ= 우/う(장음)
強調	강조	쿄우쬬우	きょうちょう	ㅇ= 우/う(장음)

일어 한자	한글 발음	일어 한글 발음	일어 발음	한글 첫 번째 단어 받침 [ㅇ] = 일어받침 [우/う(장음)]
恐怖	공포	쿄우후	きょうふ	ㅇ= 우/う(장음)
空気	공기	쿠우끼	くうき	ㅇ= 우/う(장음)
冬季	동계	토우끼	とうき	ㅇ= 우/う(장음)
東西	동서	토우자이	とうざい	ㅇ= 우/う(장음)
当時	당시	토우지	とうじ	ㅇ= 우/う(장음)
評価	평가	효우까	ひょうか	ㅇ= 우/う(장음)
放射	방사	호우샤	ほうしゃ	ㅇ= 우/う(장음)
豊富	풍부	호우후	ほうふ	ㅇ= 우/う(장음)

Ex 더 많은 예시들 : 두 번째 단어 받침 [ㅇ]

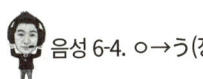 음성 6-4. ㅇ→う(장음)

일어 한자	한글 발음	일어 한글 발음	일어 발음	한글 두 번째 단어 받침 [ㅇ] = 일어받침 [우/う(장음)]
冷房	냉방	레이보우	れいぼう	ㅇ= 우/う(장음)
冷蔵	냉장	레이조우	れいぞう	ㅇ= 우/う(장음)
成功	성공	세이꼬우	せいこう	ㅇ= 우/う(장음)
成長	성장	세이쬬우	せいちょう	ㅇ= 우/う(장음)
影響	영향	에이꾜우	えいきょう	ㅇ= 우/う(장음)
栄養	영양	에이요우	えいよう	ㅇ= 우/う(장음)
傾向	경향	케이꼬우	けいこう	ㅇ= 우/う(장음)
平行	평행	헤이꼬우	へいこう	ㅇ= 우/う(장음)
銅像	동상	도우조우	どうぞう	ㅇ= 우/う(장음)
想像	상상	소우조우	そうぞう	ㅇ= 우/う(장음)
症状	증상	쇼우죠우	しょうじょう	ㅇ= 우/う(장음)
象徴	상징	쇼우쬬우	しょうちょう	ㅇ= 우/う(장음)
状況	상황	죠우꾜우	じょうきょう	ㅇ= 우/う(장음)
上昇	상승	죠우쇼우	じょうしょう	ㅇ= 우/う(장음)
中央	중앙	츄우오우	ちゅうおう	ㅇ= 우/う(장음)
通帳	통장	츠우쬬우	つうちょう	ㅇ= 우/う(장음)
航空	항공	코우꾸우	こうくう	ㅇ= 우/う(장음)

일어 한자	한글 발음	일어 한글 발음	일어 발음	한글 두 번째 단어 받침 [ㅇ] = 일어받침 [우/う(장음)]
行動	행동	코우도우	こうどう	ㅇ= 우/う(장음)
講堂	강당	코우도우	こうどう	ㅇ= 우/う(장음)
向上	향상	코우죠우	こうじょう	ㅇ= 우/う(장음)
工場	공장	코우죠우	こうじょう	ㅇ= 우/う(장음)
共同	공동	쿄우도우	きょうどう	ㅇ= 우/う(장음)
競争	경쟁	쿄우소우	きょうそう	ㅇ= 우/う(장음)
空港	공항	쿠우꼬우	くうこう	ㅇ= 우/う(장음)
登場	등장	토우죠우	とうじょう	ㅇ= 우/う(장음)
方向	방향	호우꼬우	ほうこう	ㅇ= 우/う(장음)
放送	방송	호우소우	ほうそう	ㅇ= 우/う(장음)
合同	합동	고우도우	ごうどう	ㅇ= 우/う(장음)
急行	급행	큐우꼬우	きゅうこう	ㅇ= 우/う(장음)
急増	급증	큐우조우	きゅうぞう	ㅇ= 우/う(장음)
執行	집행	식꼬우	しっこう	ㅇ= 우/う(장음)
金融	금융	킹유우	きんゆう	ㅇ= 우/う(장음)
占領	점령	센료우	せんりょう	ㅇ= 우/う(장음)
感動	감동	칸도우	かんどう	ㅇ= 우/う(장음)
感情	감정	칸죠우	かんじょう	ㅇ= 우/う(장음)
担当	담당	탄또우	たんとう	ㅇ= 우/う(장음)
日常	일상	니찌죠우	にちじょう	ㅇ= 우/う(장음)
絶望	절망	제쯔보우	ぜつぼう	ㅇ= 우/う(장음)
活動	활동	카쯔도우	かつどう	ㅇ= 우/う(장음)
不況	불황	후꾜우	ふきょう	ㅇ= 우/う(장음)
不良	불량	후료우	ふりょう	ㅇ= 우/う(장음)
折衝	절충	셋쑈우	せっしょう	ㅇ= 우/う(장음)
一方	일방	입뽀우	いっぽう	ㅇ= 우/う(장음)
出張	출장	슛쵸우	しゅっちょう	ㅇ= 우/う(장음)
鉄鋼	철광	텍꼬우	てっこう	ㅇ= 우/う(장음)
銀行	은행	깅꼬우	ぎんこう	ㅇ= 우/う(장음)
専攻	전공	셍꼬우	せんこう	ㅇ= 우/う(장음)

일어 한자	한글 발음	일어 한글 발음	일어 발음	한글 두 번째 단어 받침 [ㅇ] = 일어받침 [우/う(장음)]
進行	진행	싱꼬우	しんこう	ㅇ= 우/う(장음)
信用	신용	싱요우	しんよう	ㅇ= 우/う(장음)
運行	운행	웅꼬우	うんこう	ㅇ= 우/う(장음)
観光	관광	캉꼬우	かんこう	ㅇ= 우/う(장음)
環境	환경	캉꾜우	かんきょう	ㅇ= 우/う(장음)
健康	건강	켕꼬우	けんこう	ㅇ= 우/う(장음)
変更	변경	헹꼬우	へんこう	ㅇ= 우/う(장음)
暖房	난방	담보우	だんぼう	ㅇ= 우/う(장음)
現象	현상	겐쇼우	げんしょう	ㅇ= 우/う(장음)
伝統	전통	덴또우	でんとう	ㅇ= 우/う(장음)
紛争	분쟁	분소우	ふんそう	ㅇ= 우/う(장음)
文章	문장	분쇼우	ぶんしょう	ㅇ= 우/う(장음)
戦争	전쟁	센소우	せんそう	ㅇ= 우/う(장음)
運動	운동	운도우	うんどう	ㅇ= 우/う(장음)
印象	인상	인쇼우	いんしょう	ㅇ= 우/う(장음)
残像	잔상	잔조우	ざんぞう	ㅇ= 우/う(장음)
観衆	관중	칸슈우	かんしゅう	ㅇ= 우/う(장음)
緊張	긴장	킨쬬우	きんちょう	ㅇ= 우/う(장음)
誕生	탄생	탄죠우	たんじょう	ㅇ= 우/う(장음)
適当	적당	테끼또우	てきとう	ㅇ= 우/う(장음)
適応	적응	테끼오우	てきおう	ㅇ= 우/う(장음)
食堂	식당	쇼꾸도우	しょくどう	ㅇ= 우/う(장음)
屋上	옥상	오꾸죠우	おくじょう	ㅇ= 우/う(장음)
特徴	특징	토꾸쬬우	とくちょう	ㅇ= 우/う(장음)
服装	복장	후꾸소우	ふくそう	ㅇ= 우/う(장음)
故障	고장	고쇼우	こしょう	ㅇ= 우/う(장음)
高層	고층	고우소우	こうそう	ㅇ= 우/う(장음)
内容	내용	나이요우	ないよう	ㅇ= 우/う(장음)
労働	노동	로우도우	ろうどう	ㅇ= 우/う(장음)
旅行	여행	료꼬우	りょこう	ㅇ= 우/う(장음)

일어 한자	한글 발음	일어 한글 발음	일어 발음	한글 두 번째 단어 받침 [ㅇ] = 일어받침 [우/う(장음)]
流行	유행	류우꼬우	りゅうこう	ㅇ= 우/う(장음)
利用	이용	리요우	りよう	ㅇ= 우/う(장음)
模樣	모양	모요우	もよう	ㅇ= 우/う(장음)
賠償	배상	바이쇼우	ばいしょう	ㅇ= 우/う(장음)
武裝	무장	부소우	ぶそう	ㅇ= 우/う(장음)
美容	미용	비요우	びよう	ㅇ= 우/う(장음)
最終	최종	사이슈우	さいしゅう	ㅇ= 우/う(장음)
採用	채용	사이요우	さいよう	ㅇ= 우/う(장음)
社長	사장	샤쬬우	しゃちょう	ㅇ= 우/う(장음)
訴訟	소송	소쇼우	そしょう	ㅇ= 우/う(장음)
消防	소방	쇼우보우	しょうぼう	ㅇ= 우/う(장음)
首相	수상	슈쇼우	しゅしょう	ㅇ= 우/う(장음)
死亡	사망	시보우	しぼう	ㅇ= 우/う(장음)
使用	사용	시요우	しよう	ㅇ= 우/う(장음)
市場	시장	시죠우	しじょう	ㅇ= 우/う(장음)
愛情	애정	아이죠우	あいじょう	ㅇ= 우/う(장음)
予想	예상	요소우	よそう	ㅇ= 우/う(장음)
優勝	우승	유우쇼우	ゆうしょう	ㅇ= 우/う(장음)
移動	이동	이도우	いどう	ㅇ= 우/う(장음)
以上	이상	이죠우	いじょう	ㅇ= 우/う(장음)
受賞	수상	쥬쇼우	じゅしょう	ㅇ= 우/う(장음)
頭痛	두통	즈쯔우	ずつう	ㅇ= 우/う(장음)
事項	사항	지꼬우	じこう	ㅇ= 우/う(장음)
自動	자동	지도우	じどう	ㅇ= 우/う(장음)
事情	사정	지죠우	じじょう	ㅇ= 우/う(장음)
追放	추방	츠이호우	ついほう	ㅇ= 우/う(장음)
地方	지방	치호우	ちほう	ㅇ= 우/う(장음)
可能	가능	카노우	かのう	ㅇ= 우/う(장음)
解放	해방	카이호우	かいほう	ㅇ= 우/う(장음)
開放	개방	카이호우	かいほう	ㅇ= 우/う(장음)

일어 한자	한글 발음	일어 한글 발음	일어 발음	한글 두 번째 단어 받침 [ㅇ] = 일어받침 [우/う(장음)]
故郷	고향	코꾜우	こきょう	ㅇ= 우/う(장음)
故宮	고궁	코뀨우	こきゅう	ㅇ= 우/う(장음)
交通	교통	코우쯔우	こうつう	ㅇ= 우/う(장음)
機能	기능	키노우	きのう	ㅇ= 우/う(장음)
希望	희망	키보우	きぼう	ㅇ= 우/う(장음)
気象	기상	키쇼우	きしょう	ㅇ= 우/う(장음)
対象	대상	타이쇼우	たいしょう	ㅇ= 우/う(장음)
大衆	대중	타이슈우	たいしゅう	ㅇ= 우/う(장음)
対応	대응	타이오우	たいおう	ㅇ= 우/う(장음)
太陽	태양	타이요우	たいよう	ㅇ= 우/う(장음)
台風	태풍	타이후우	たいふう	ㅇ= 우/う(장음)
提供	제공	테이꾜우	ていきょう	ㅇ= 우/う(장음)
闘争	투쟁	토우소우	とうそう	ㅇ= 우/う(장음)
途中	도중	토쮸우	とちゅう	ㅇ= 우/う(장음)
保証	보증	호쇼우	ほしょう	ㅇ= 우/う(장음)
表情	표정	효우죠우	ひょうじょう	ㅇ= 우/う(장음)
負傷	부상	후쇼우	ふしょう	ㅇ= 우/う(장음)
普通	보통	후쯔우	ふつう	ㅇ= 우/う(장음)
飛行	비행	히꼬우	ひこう	ㅇ= 우/う(장음)
費用	비용	히요우	ひよう	ㅇ= 우/う(장음)
非常	비상	히죠우	ひじょう	ㅇ= 우/う(장음)
批評	비평	히효우	ひひょう	ㅇ= 우/う(장음)

03. 한글 "자음" 변환

3.1 자음 초성 발음 변환

🎤 한글 자음 [ㄱ] 변환

❶ 첫 번째 글자 초성 발음 변환

한글 초성	변환	일어 초성	비율	
ㄱ	▸▸▸	ヵ	약2% ヵ 약98% ク	한글 'ㄱ'이 첫 글자로 올 경우 일본어 'ヵ'으로 변환되어 발음된다고 생각해도 됩니다.
		ク		

❷ 두 번째 글자 초성 발음 변환

한글 초성	변환	일어 초성	비율	
ㄱ	▸▸▸	ッヵ	약6% ヵ 약94% ッヵ	한글 'ㄱ'이 두 번째 글자로 올 경우 일본어 'ッヵ'으로 변환되어 발음된다고 생각해도 됩니다.
		ヵ		

Ex 더 많은 예시들 : 첫 번째 글자 초성 [ㄱ] 발음 변환   음성 7-1. ㄱ→ㅋ/ㄲ

일어 한자	한글 발음	일어 한글 발음	일어 발음	첫 번째 단어 초성 자음
経営	**경**영	**케**이에이	けいえい	ㄱ=ㅋ
工程	**공**정	**코**우떼이	こうてい	ㄱ=ㅋ
決定	**결**정	**켙**떼이	けってい	ㄱ=ㅋ
国営	**국**영	**코**꾸에이	こくえい	ㄱ=ㅋ
家庭	**가**정	**카**떼이	かてい	ㄱ=ㅋ

일어 한자	한글 발음	일어 한글 발음	일어 발음	첫 번째 단어 초성 자음
課程	과정	카떼이	かてい	ㄱ=ㅋ
加盟	가맹	카메이	かめい	ㄱ=ㅋ
改正	개정	카이세이	かいせい	ㄱ=ㅋ
構成	구성	코우세이	こうせい	ㄱ=ㅋ
規定	규정	키떼이	きてい	ㄱ=ㅋ
傾向	경향	케이꼬우	けいこう	ㄱ=ㅋ
講堂	강당	코우도우	こうどう	ㄱ=ㅋ
工場	공장	코우죠우	こうじょう	ㄱ=ㅋ
共同	공동	쿄우도우	きょうどう	ㄱ=ㅋ
競爭	경쟁	쿄우소우	きょうそう	ㄱ=ㅋ
空港	공항	쿠우꼬우	くうこう	ㄱ=ㅋ
急行	급행	큐우꼬우	きゅうこう	ㄱ=ㅋ
急增	급증	큐우조우	きゅうぞう	ㄱ=ㅋ
金融	금융	킹유우	きんゆう	ㄱ=ㅋ
感動	감동	칸도우	かんどう	ㄱ=ㅋ
感情	감정	칸죠우	かんじょう	ㄱ=ㅋ
観光	관광	캉꼬우	かんこう	ㄱ=ㅋ
健康	건강	켕꼬우	けんこう	ㄱ=ㅋ
観衆	관중	칸슈우	かんしゅう	ㄱ=ㅋ
緊張	긴장	킨쵸우	きんちょう	ㄱ=ㅋ
故障	고장	고쇼우	こしょう	ㄱ=ㅋ
高層	고층	고우소우	こうそう	ㄱ=ㅋ
可能	가능	카노우	かのう	ㄱ=ㅋ
開放	개방	카이호우	かいほう	ㄱ=ㅋ
故郷	고향	코꾜우	こきょう	ㄱ=ㅋ
故宮	고궁	코큐우	こきゅう	ㄱ=ㅋ
交通	교통	코우쯔우	こうつう	ㄱ=ㅋ
機能	기능	키노우	きのう	ㄱ=ㅋ
気象	기상	키쇼우	きしょう	ㄱ=ㅋ
工業	공업	코우교우	こうぎょう	ㄱ=ㅋ
緊急	긴급	킹큐우	きんきゅう	ㄱ=ㅋ

일어 한자	한글 발음	일어 한글 발음	일어 발음	첫 번째 단어 초성 자음
干涉	간섭	칸쇼우	かんしょう	ㄱ=ㅋ
高級	고급	코우뀨우	こうきゅう	ㄱ=ㅋ
交涉	교섭	코우쇼우	こうしょう	ㄱ=ㅋ
企業	기업	키교우	きぎょう	ㄱ=ㅋ
経験	경험	케이껭	けいけん	ㄱ=ㅋ
感染	감염	칸셍	かんせん	ㄱ=ㅋ
観点	관점	칸뗑	かんてん	ㄱ=ㅋ
関心	관심	칸싱	かんしん	ㄱ=ㅋ
懇談	간담	콘당	こんだん	ㄱ=ㅋ
会談	회담	카이당	かいだん	ㄱ=ㅋ
警察	경찰	케이사쯔	けいさつ	ㄱ=ㅋ
検察	검찰	켄사쯔	けんさつ	ㄱ=ㅋ
緊密	긴밀	킴미쯔	きんみつ	ㄱ=ㅋ
観察	관찰	칸사쯔	かんさつ	ㄱ=ㅋ
建設	건설	켄세쯔	けんせつ	ㄱ=ㅋ
告別	고별	코꾸베쯔	こくべつ	ㄱ=ㅋ
可決	가결	카께쯔	かけつ	ㄱ=ㅋ
架設	가설	카세쯔	かせつ	ㄱ=ㅋ
開設	개설	카이세쯔	かいせつ	ㄱ=ㅋ
解説	해설	카이세쯔	かいせつ	ㄱ=ㅋ
開発	개발	카이하쯔	かいはつ	ㄱ=ㅋ
教室	교실	쿄우시쯔	きょうしつ	ㄱ=ㅋ
区別	구별	쿠베쯔	くべつ	ㄱ=ㅋ
貢献	공헌	코우껭	こうけん	ㄱ=ㅋ
講演	강연	코우엥	こうえん	ㄱ=ㅋ
公園	공원	코우엥	こうえん	ㄱ=ㅋ
決算	결산	켓쌍	けっさん	ㄱ=ㅋ
決戦	결전	켓쎙	けっせん	ㄱ=ㅋ
結婚	결혼	켁꽁	けっこん	ㄱ=ㅋ
看板	간판	캄방	かんばん	ㄱ=ㅋ
根本	근본	콤뽕	こんぽん	ㄱ=ㅋ

일어 한자	한글 발음	일어 한글 발음	일어 발음	첫 번째 단어 초성 자음
简単	간단	칸땅	かんたん	ㄱ=ㅋ
関連	관련	칸렝	かんれん	ㄱ=ㅋ
国民	국민	코꾸밍	こくみん	ㄱ=ㅋ
階段	계단	카이당	かいだん	ㄱ=ㅋ
改善	개선	카이젱	かいぜん	ㄱ=ㅋ
計算	계산	케이상	けいさん	ㄱ=ㅋ
交換	교환	코우깡	こうかん	ㄱ=ㅋ
個人	개인	코징	こじん	ㄱ=ㅋ
区分	구분	쿠붕	くぶん	ㄱ=ㅋ
期限	기한	키겡	きげん	ㄱ=ㅋ
期間	기간	키깡	きかん	ㄱ=ㅋ
気温	기온	키옹	きおん	ㄱ=ㅋ
基準	기준	키중	きじゅん	ㄱ=ㅋ
基本	기본	키홍	きほん	ㄱ=ㅋ
広告	광고	코우꼬꾸	こうこく	ㄱ=ㅋ
攻撃	공격	코우게끼	こうげき	ㄱ=ㅋ
強敵	강적	쿄우떼끼	きょうてき	ㄱ=ㅋ
検疫	검역	켕에끼	けんえき	ㄱ=ㅋ
欠席	결석	켓쎄끼	けっせき	ㄱ=ㅋ
国籍	국적	코꾸세끼	こくせき	ㄱ=ㅋ
区域	구역	쿠이끼	くいき	ㄱ=ㅋ
奇跡	기적	키세끼	きせき	ㄱ=ㅋ
急速	급속	큐우소꾸	きゅうそく	ㄱ=ㅋ
感覚	감각	캉까꾸	かんかく	ㄱ=ㅋ
監督	감독	칸또꾸	かんとく	ㄱ=ㅋ
金属	금속	킨조꾸	きんぞく	ㄱ=ㅋ
結局	결국	켁꾜꾸	けっきょく	ㄱ=ㅋ
緊迫	긴박	킴빠꾸	きんぱく	ㄱ=ㅋ
観測	관측	칸소꾸	かんそく	ㄱ=ㅋ
建築	건축	켄찌꾸	けんちく	ㄱ=ㅋ
筋肉	근육	킨니꾸	きんにく	ㄱ=ㅋ

일어 한자	한글 발음	일어 한글 발음	일어 발음	첫 번째 단어 초성 자음
科学	과학	카가꾸	かがく	ㄱ=ㅋ
価格	가격	카까꾸	かかく	ㄱ=ㅋ
歌曲	가곡	카꾜꾸	かきょく	ㄱ=ㅋ
改革	개혁	카이까꾸	かいかく	ㄱ=ㅋ
開幕	개막	카이마꾸	かいまく	ㄱ=ㅋ
家族	가족	카조꾸	かぞく	ㄱ=ㅋ
計画	계획	케이까꾸	けいかく	ㄱ=ㅋ
契約	계약	케이야꾸	けいやく	ㄱ=ㅋ
継続	계속	케이조꾸	けいぞく	ㄱ=ㅋ
顧客	고객	코꺄쿠	こきゃく	ㄱ=ㅋ
孤独	고독	코도꾸	こどく	ㄱ=ㅋ
教育	교육	쿄우이꾸	きょういく	ㄱ=ㅋ
記録	기록	키로꾸	きろく	ㄱ=ㅋ
記憶	기억	키오꾸	きおく	ㄱ=ㅋ
景気	경기	케이끼	けいき	ㄱ=ㅋ
競馬	경마	케이바	けいば	ㄱ=ㅋ
経済	경제	케이자이	けいざい	ㄱ=ㅋ
警報	경보	케이호우	けいほう	ㄱ=ㅋ
公開	공개	코우까이	こうかい	ㄱ=ㅋ
公務	공무	코우무	こうむ	ㄱ=ㅋ
工事	공사	코우지	こうじ	ㄱ=ㅋ
競技	경기	쿄우기	きょうぎ	ㄱ=ㅋ
強化	강화	쿄우까	きょうか	ㄱ=ㅋ
強制	강제	쿄우세이	きょうせい	ㄱ=ㅋ
強調	강조	쿄우쪼우	きょうちょう	ㄱ=ㅋ
恐怖	공포	쿄우후	きょうふ	ㄱ=ㅋ
空気	공기	쿠우끼	くうき	ㄱ=ㅋ
検挙	검거	켕꾜	けんきょ	ㄱ=ㅋ
感謝	감사	칸샤	かんしゃ	ㄱ=ㅋ
検討	검토	컨또우	けんとう	ㄱ=ㅋ
検査	검사	켄사	けんさ	ㄱ=ㅋ

일어 한자	한글 발음	일어 한글 발음	일어 발음	첫 번째 단어 초성 자음
禁止	금지	킨시	きんし	ㄱ=ㅋ
決意	결의	케쯔이	けつい	ㄱ=ㅋ
結果	결과	켁까	けっか	ㄱ=ㅋ
看護	간호	캉고	かんご	ㄱ=ㅋ
関係	관계	캉께이	かんけい	ㄱ=ㅋ
建議	건의	켕기	けんぎ	ㄱ=ㅋ
根拠	근거	콩꾜	こんきょ	ㄱ=ㅋ
幹部	간부	캄부	かんぶ	ㄱ=ㅋ
乾杯	건배	캄빠이	かんぱい	ㄱ=ㅋ
勤務	근무	킴무	きんむ	ㄱ=ㅋ
管理	관리	칸리	かんり	ㄱ=ㅋ
権利	권리	켄리	けんり	ㄱ=ㅋ
近代	근대	킨다이	きんだい	ㄱ=ㅋ
角度	각도	카꾸도	かくど	ㄱ=ㅋ
隔離	격리	카꾸리	かくり	ㄱ=ㅋ
各地	각지	카꾸찌	かくち	ㄱ=ㅋ
国内	국내	코꾸나이	こくない	ㄱ=ㅋ
国家	국가	콕까	こっか	ㄱ=ㅋ
過去	과거	카꼬	かこ	ㄱ=ㅋ
課題	과제	카다이	かだい	ㄱ=ㅋ
開催	개최	카이사이	かいさい	ㄱ=ㅋ
改造	개조	카이조우	かいぞう	ㄱ=ㅋ
告訴	고소	코꾸소	こくそ	ㄱ=ㅋ
高校	고교	코우꼬우	こうこう	ㄱ=ㅋ
交代	교대	코우따이	こうたい	ㄱ=ㅋ
考慮	고려	코우료	こうりょ	ㄱ=ㅋ
交流	교류	코우류우	こうりゅう	ㄱ=ㅋ
購買	구매	코우바이	こうばい	ㄱ=ㅋ
巨大	거대	쿄다이	きょだい	ㄱ=ㅋ
距離	거리	쿄리	きょり	ㄱ=ㅋ
教師	교사	쿄우시	きょうし	ㄱ=ㅋ

일어 한자	한글 발음	일어 한글 발음	일어 발음	첫 번째 단어 초성 자음
教授	교수	쿄우쥬	きょうじゅ	ㄱ=ㅋ
機械	기계	키까이	きかい	ㄱ=ㅋ
机会	기회	키까이	きかい	ㄱ=ㅋ
気候	기후	키꼬우	きこう	ㄱ=ㅋ
期待	기대	키따이	きたい	ㄱ=ㅋ
記者	기자	키샤	きしゃ	ㄱ=ㅋ
規制	규제	키세이	きせい	ㄱ=ㅋ
起訴	기소	키소	きそ	ㄱ=ㅋ
技術	기술	기쥬쯔	ぎじゅつ	ㄱ=ㄱ
軍隊	군대	군따이	ぐんたい	ㄱ=ㄱ
激化	격화	게끼까	げきか	ㄱ=ㄱ
具体	구체	구따이	ぐたい	ㄱ=ㄱ

Ex 더 많은 예시들 : 두 번째 글자 초성 [ㄱ] 발음 변환   음성 7-2. ㄱ→ㄲ/ㄱ

일어 한자	한글 발음	일어 한글 발음	일어 발음	두 번째 단어 초성 자음
感覚	감각	캉까꾸	かんかく	ㄱ=ㄲ
結局	결국	켁꾜꾸	けっきょく	ㄱ=ㄲ
価格	가격	카까꾸	かかく	ㄱ=ㄲ
顧客	고객	코꺄쿠	こきゃく	ㄱ=ㄲ
広告	광고	코우꼬꾸	こうこく	ㄱ=ㄲ
期間	기간	키깡	きかん	ㄱ=ㄲ
可決	가결	카께쯔	かけつ	ㄱ=ㄲ
緊急	긴급	킹뀨우	きんきゅう	ㄱ=ㄲ
高級	고급	코우뀨우	こうきゅう	ㄱ=ㄲ
観光	관광	캉꼬우	かんこう	ㄱ=ㄲ
健康	건강	켕꼬우	けんこう	ㄱ=ㄲ
故宮	고궁	코뀨우	こきゅう	ㄱ=ㄲ
景気	경기	케이끼	けいき	ㄱ=ㄲ
公開	공개	코우까이	こうかい	ㄱ=ㄲ

일어 한자	한글 발음	일어 한글 발음	일어 발음	두 번째 단어 초성 자음
空気	공기	쿠우끼	くうき	ㄱ=ㄲ
検挙	검거	켕꾜	けんきょ	ㄱ=ㄲ
結果	결과	켁까	けっか	ㄱ=ㄲ
関係	관계	캉께이	かんけい	ㄱ=ㄲ
根拠	근거	콩꾜	こんきょ	ㄱ=ㄲ
国家	국가	콕까	こっか	ㄱ=ㄲ
過去	과거	카꼬	かこ	ㄱ=ㄲ
高校	고교	코우꼬우	こうこう	ㄱ=ㄲ
機械	기계	키까이	きかい	ㄱ=ㄲ
気候	기후	키꼬우	きこう	ㄱ=ㄲ
農家	농가	노우까	のうか	ㄱ=ㄲ
納期	납기	노우끼	のうき	ㄱ=ㄲ
楽観	낙관	락깡	らっかん	ㄱ=ㄲ
段階	단계	당까이	だんかい	ㄱ=ㄲ
冬季	동계	토우끼	とうき	ㄱ=ㄲ
民間	민간	밍깡	みんかん	ㄱ=ㄲ
敏感	민감	빙깡	びんかん	ㄱ=ㄲ
物価	물가	북까	ぶっか	ㄱ=ㄲ
武器	무기	부끼	ぶき	ㄱ=ㄲ
報告	보고	호우꼬꾸	ほうこく	ㄱ=ㄲ
比較	비교	히까꾸	ひかく	ㄱ=ㄲ
発見	발견	학껭	はっけん	ㄱ=ㄲ
保健	보건	호껭	ほけん	ㄱ=ㄲ
附近	부근	후낑	ふきん	ㄱ=ㄲ
普及	보급	후뀨우	ふきゅう	ㄱ=ㄲ
変更	변경	헹꼬우	へんこう	ㄱ=ㄲ
背景	배경	하이께이	はいけい	ㄱ=ㄲ
不況	불교	후꾜우	ふきょう	ㄱ=ㄲ
排球	배구	하이뀨우	はいきゅう	ㄱ=ㄲ
性格	성격	세이까꾸	せいかく	ㄱ=ㄲ
深刻	심각	싱꼬꾸	しんこく	ㄱ=ㄲ

일어 한자	한글 발음	일어 한글 발음	일어 발음	두 번째 단어 초성 자음
成功	성공	세이꼬우	せいこう	ㄱ=ㄲ
神経	신경	싱께이	しんけい	ㄱ=ㄲ
成果	성과	세이까	せいか	ㄱ=ㄲ
設計	설계	섹께이	せっけい	ㄱ=ㄲ
選挙	선거	셍꾜	せんきょ	ㄱ=ㄲ
世界	세계	세까이	せかい	ㄱ=ㄲ
紹介	소개	쇼우까이	しょうかい	ㄱ=ㄲ
時刻	시각	지꼬꾸	じこく	ㄱ=ㄲ
時間	시간	지깡	じかん	ㄱ=ㄲ
事件	사건	지껭	じけん	ㄱ=ㄲ
実感	실감	직깡	じっかん	ㄱ=ㄲ
税金	세금	제이낑	ぜいきん	ㄱ=ㄲ
事故	사고	지꼬	じこ	ㄱ=ㄲ
外国	외국	가이꼬꾸	がいこく	ㄱ=ㄲ
元気	원기	겡끼	げんき	ㄱ=ㄲ
楽器	악기	각끼	がっき	ㄱ=ㄲ
外交	외교	가이꼬우	がいこう	ㄱ=ㄲ
人気	인기	닝끼	にんき	ㄱ=ㄲ
両国	양국	료우꼬꾸	りょうこく	ㄱ=ㄲ
旅客	여객	료까꾸	りょかく	ㄱ=ㄲ
旅館	여관	료깡	りょかん	ㄱ=ㄲ
霊感	영감	레이깡	れいかん	ㄱ=ㄲ
料金	요금	료우낑	りょうきん	ㄱ=ㄲ
連係	연계	렝께이	れんけい	ㄱ=ㄲ
薬局	약국	약꾜꾸	やっきょく	ㄱ=ㄲ
案件	안건	앙껭	あんけん	ㄱ=ㄲ
意見	의견	이껭	いけん	ㄱ=ㄲ
預金	예금	요낑	よきん	ㄱ=ㄲ
夜景	야경	야께이	やけい	ㄱ=ㄲ
勇気	용기	유우끼	ゆうき	ㄱ=ㄲ
延期	연기	엥끼	えんき	ㄱ=ㄲ

일어 한자	한글 발음	일어 한글 발음	일어 발음	두 번째 단어 초성 자음
野球	야구	야뀨우	やきゅう	ㄱ=ㄲ
要求	요구	요우뀨우	ようきゅう	ㄱ=ㄲ
人口	인구	징꼬우	じんこう	ㄱ=ㄲ
研究	연구	켕뀨우	けんきゅう	ㄱ=ㄲ
電気	전기	뎅끼	でんき	ㄱ=ㄲ
積極	적극	섹꾜꾸	せっきょく	ㄱ=ㄲ
資格	자격	시까꾸	しかく	ㄱ=ㄲ
政権	정권	세이껭	せいけん	ㄱ=ㄲ
証券	증권	쇼우껭	しょうけん	ㄱ=ㄲ
週間	주간	슈우깡	しゅうかん	ㄱ=ㄲ
資金	자금	시낑	しきん	ㄱ=ㄲ
専攻	전공	셍꼬우	せんこう	ㄱ=ㄲ
証拠	증거	쇼우꼬	しょうこ	ㄱ=ㄲ
全国	전국	젱꼬꾸	ぜんこく	ㄱ=ㄲ
自覚	자각	지까꾸	じかく	ㄱ=ㄲ
条件	조건	죠우껭	じょうけん	ㄱ=ㄲ
増加	증가	조우까	ぞうか	ㄱ=ㄲ
自己	자기	지꼬	じこ	ㄱ=ㄲ
貯金	저금	쵸낑	ちょきん	ㄱ=ㄲ
中継	중개	츄우께이	ちゅうけい	ㄱ=ㄲ
地球	지구	치뀨우	ちきゅう	ㄱ=ㄲ
提供	제공	테이꾜우	ていきょう	ㄱ=ㄲ
展開	전개	텡까이	てんかい	ㄱ=ㄲ
最近	최근	사이낑	さいきん	ㄱ=ㄲ
清潔	청결	세이께쯔	せいけつ	ㄱ=ㄲ
採決	채결	사이께쯔	さいけつ	ㄱ=ㄲ
初級	초급	쇼뀨우	しょきゅう	ㄱ=ㄲ
請求	청구	세이뀨우	せいきゅう	ㄱ=ㄲ
倉庫	창고	소우꼬	そうこ	ㄱ=ㄲ
参加	참가	상까	さんか	ㄱ=ㄲ
参考	참고	상꼬우	さんこう	ㄱ=ㄲ

일어 한자	한글 발음	일어 한글 발음	일어 발음	두 번째 단어 초성 자음
最高	최고	사이꼬우	さいこう	ㄱ=ㄲ
初期	초기	쇼끼	しょき	ㄱ=ㄲ
追求	추구	츠이뀨우	ついきゅう	ㄱ=ㄲ
締結	체결	테이께쯔	ていけつ	ㄱ=ㄲ
鉄鋼	철광	텍꼬우	てっこう	ㄱ=ㄲ
通関	통관	츠우깡	つうかん	ㄱ=ㄲ
通過	통과	츠우까	つうか	ㄱ=ㄲ
特急	특급	톡뀨우	とっきゅう	ㄱ=ㄲ
平均	평균	헤이낑	へいきん	ㄱ=ㄲ
派遣	파견	하껭	はけん	ㄱ=ㄲ
評価	평가	효우까	ひょうか	ㄱ=ㄲ
破壊	파괴	하까이	はかい	ㄱ=ㄲ
廃棄	폐기	하이끼	はいき	ㄱ=ㄲ
玄関	현관	겡깡	げんかん	ㄱ=ㄲ
現金	현금	겡낑	げんきん	ㄱ=ㄲ
学校	학교	각꼬우	がっこう	ㄱ=ㄲ
解決	해결	카이께쯔	かいけつ	ㄱ=ㄲ
航空	항공	코우꾸우	こうくう	ㄱ=ㄲ
環境	환경	캉꾜우	かんきょう	ㄱ=ㄲ
換気	환기	캉끼	かんき	ㄱ=ㄲ
効果	효과	코우까	こうか	ㄱ=ㄲ
許可	허가	쿄까	きょか	ㄱ=ㄲ
休暇	휴가	큐우까	きゅうか	ㄱ=ㄲ
攻撃	공격	코우게끼	こうげき	ㄱ=ㄱ
競技	경기	쿄우기	きょうぎ	ㄱ=ㄱ
反撃	반격	항게끼	はんげき	ㄱ=ㄱ
悲劇	비극	히게끼	ひげき	ㄱ=ㄱ
人間	인간	닝겡	にんげん	ㄱ=ㄱ
演劇	연극	엥게끼	えんげき	ㄱ=ㄱ
刺激	자극	시게끼	しげき	ㄱ=ㄱ
中国	중국	츄우고꾸	ちゅうごく	ㄱ=ㄱ
爆撃	폭격	바꾸게끼	ばくげき	ㄱ=ㄱ

한글 자음 [ㄴ] 변환

❶ 첫 번째 글자 초성 발음 변환

한글 초성	변환	일어 초성	비율
ㄴ	▶	ㄹ[두]	ㄷ 10%
		ㄴ	ㄹ[두] 50%
		ㄷ	ㄴ 40%

▶ 한글 [ㄴ]이 첫 글자 초성으로 발음 될 때 두음법칙이 적용되었기 때문에 절반 정도는 일본어 [ㄹ] 발음으로 변환하여 발음합니다.

▶ 다음으로 한글 [ㄴ]이 첫 글자 초성으로 올 경우 기본적으로 절반 정도는 그대로 일본어 [ㄴ]으로 발음됩니다.

❷ 두 번째 글자 초성 발음 변환

한글 초성	변환	일어 초성	비율
ㄴ	▶	ㄴ	ㄴ 100%

▶ 한글 [ㄴ]이 두 번째 글자 초성에 위치할 경우는 두음법칙의 적용을 받지 않기 때문에 일본어도 100% [ㄴ]으로 발음됩니다.

Ex 더 많은 예시들 : 첫 번째 글자 초성 [ㄴ] 발음 변환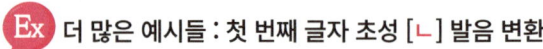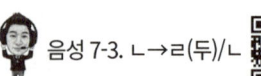

일어 한자	한글 발음	일어 한글 발음	일어 발음	첫 번째 단어 초성 자음
楽観	낙관	락깡	らっかん	ㄴ=ㄹ(두)
労働	노동	로우도우	ろうどう	ㄴ=ㄹ(두)
浪漫	낭만	로우망	ろうまん	ㄴ=ㄹ(두)

일어 한자	한글 발음	일어 한글 발음	일어 발음	첫 번째 단어 초성 자음
路面	노면	로멩	ろめん	ㄴ=ㄹ(두)
論文	논문	롬붕	ろんぶん	ㄴ=ㄹ(두)
冷房	냉방	레이보우	れいぼう	ㄴ=ㄹ(두)
浪費	낭비	로우히	ろうひ	ㄴ=ㄹ(두)
路線	노선	로셍	ろせん	ㄴ=ㄹ(두)
录音	녹음	로꾸옹	ろくおん	ㄴ=ㄹ(두)
老人	노인	로우징	ろうじん	ㄴ=ㄹ(두)
冷静	냉정	레이세이	れいせい	ㄴ=ㄹ(두)
冷蔵	냉장	레이조우	れいぞう	ㄴ=ㄹ(두)
乱暴	난폭	람보우	らんぼう	ㄴ=ㄹ(두)
農家	농가	노우까	のうか	ㄴ=ㄴ
農民	농민	노우밍	のうみん	ㄴ=ㄴ
農業	농업	노우교우	のうぎょう	ㄴ=ㄴ
農村	농촌	노우송	のうそん	ㄴ=ㄴ
納期	납기	노우끼	のうき	ㄴ=ㄴ
納得	납득	낟또꾸	なっとく	ㄴ=ㄴ
能力	능력	노우료꾸	のうりょく	ㄴ=ㄴ
難民	난민	남밍	なんみん	ㄴ=ㄴ
南北	남북	남보꾸	なんぼく	ㄴ=ㄴ
内部	내부	나이부	ないぶ	ㄴ=ㄴ
内容	내용	나이요우	ないよう	ㄴ=ㄴ
努力	노력	도료꾸	どりょく	ㄴ=ㄷ
暖房	난방	담보우	だんぼう	ㄴ=ㄷ

Ex 더 많은 예시들 : 두 번째 글자 초성 [ㄴ] 발음 변환    음성 7-4. ㄴ→ㄴ

일어 한자	한글 발음	일어 한글 발음	일어 발음	두 번째 단어 초성 자음
可能	가능	카노우	かのう	ㄴ=ㄴ
機能	기능	키노우	きのう	ㄴ=ㄴ
国内	국내	코꾸나이	こくない	ㄴ=ㄴ
頭脳	두뇌	즈노우	ずのう	ㄴ=ㄴ

일어 한자	한글 발음	일어 한글 발음	일어 발음	두 번째 단어 초성 자음
東南	동남	토우낭	とうなん	ㄴ=ㄴ
非難	비난	히낭	ひなん	ㄴ=ㄴ
新年	신년	신넹	しんねん	ㄴ=ㄴ
首脳	수뇌	슈노우	しゅのう	ㄴ=ㄴ
案内	안내	안나이	あんない	ㄴ=ㄴ
昨年	작년	사꾸넹	さくねん	ㄴ=ㄴ
青年	청년	세이넹	せいねん	ㄴ=ㄴ
避難	피난	히낭	ひなん	ㄴ=ㄴ

한글 자음 [ㄷ] 변환

❶ 첫 번째 글자 초성 발음 변환

한글 초성	변환	일어 초성	비율
ㄷ	▸	ㅌ ㄷ ㅈ	ㅈ 약5% ㄷ 약35% ㅌ 약60%

▶ 한글 [ㄷ]이 첫 글자 초성으로 올 경우 기본적으로 일본어 [ㅌ]으로 발음으로 되고, 30% 정도는 일본어도 한글과 동일하게 [ㄷ]로 발음됩니다.

❷ 두 번째 글자 초성 발음 변환

한글 초성	변환	일어 초성	비율
ㄷ	▸	ㄷ ㄸ	ㄸ 약40% ㄷ 약60%

▶ 한글 [ㄷ]이 두 번째 글자 초성으로 올 경우 기본적으로 일본어도 한글과 동일하게 [ㄷ]으로 발음됩니다. 나머지 40% 정도는 두 번째 글자로 올 때 된소리 발음 현상에 의해 [ㄸ]으로 발음됩니다

더 많은 예시들 : 첫 번째 글자 초성 [ㄷ] 발음 변환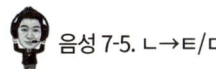

일어 한자	한글 발음	일어 한글 발음	일어 발음	첫 번째 단어 초성 자음
冬季	동계	토우끼	とうき	ㄷ = ㅌ
東南	동남	토우낭	とうなん	ㄷ = ㅌ
担当	담당	탄또우	たんとう	ㄷ = ㅌ
登録	등록	토우로꾸	とうろく	ㄷ = ㅌ
対立	대립	타이리쯔	たいりつ	ㄷ = ㅌ
答弁	답변	토우벵	とうべん	ㄷ = ㅌ
当選	당선	토우셍	とうせん	ㄷ = ㅌ
答信	답신	토우싱	とうしん	ㄷ = ㅌ
対象	대상	타이쇼우	たいしょう	ㄷ = ㅌ
多数	다수	타스우	たすう	ㄷ = ㅌ
図書	도서	토쇼	としょ	ㄷ = ㅌ
都市	도시	토시	とし	ㄷ = ㅌ
単純	단순	탄쥰	たんじゅん	ㄷ = ㅌ
東西	동서	토우자이	とうざい	ㄷ = ㅌ
当時	당시	토우지	とうじ	ㄷ = ㅌ
答案	답안	토우앙	とうあん	ㄷ = ㅌ
対応	대응	타이오우	たいおう	ㄷ = ㅌ
当然	당연	토우젱	とうぜん	ㄷ = ㅌ
突然	돌연	토츠젱	とつぜん	ㄷ = ㅌ
得点	득점	토꾸뗑	とくてん	ㄷ = ㅌ
大衆	대중	타이슈우	たいしゅう	ㄷ = ㅌ
登場	등장	토우죠우	とうじょう	ㄷ = ㅌ
途中	도중	토쮸우	とちゅう	ㄷ = ㅌ
短縮	단축	탄슈꾸	たんしゅく	ㄷ = ㅌ
対策	대책	타이사꾸	たいさく	ㄷ = ㅌ
対処	대처	타이쇼	たいしょ	ㄷ = ㅌ
到着	도착	토우짜꾸	とうちゃく	ㄷ = ㅌ
突破	돌파	톱빠	とっぱ	ㄷ = ㅌ
塗布	도포	토후	とふ	ㄷ = ㅌ

일어 한자	한글 발음	일어 한글 발음	일어 발음	첫 번째 단어 초성 자음
大会	대회	타이까이	たいかい	ㄷ=ㅌ
段階	단계	당까이	だんかい	ㄷ=ㄷ
独立	독립	도꾸리쯔	どくりつ	ㄷ=ㄷ
道路	도로	도우로	どうろ	ㄷ=ㄷ
同盟	동맹	도우메이	どうめい	ㄷ=ㄷ
動物	동물	도우부쯔	どうぶつ	ㄷ=ㄷ
独身	독신	도꾸싱	どくしん	ㄷ=ㄷ
銅像	동상	도우조우	どうぞう	ㄷ=ㄷ
同時	동시	도우지	どうじ	ㄷ=ㄷ
導入	도입	도우뉴우	どうにゅう	ㄷ=ㄷ
同意	동의	도우이	どうい	ㄷ=ㄷ
同日	동일	도우지쯔	どうじつ	ㄷ=ㄷ
独占	독점	도꾸셍	どくせん	ㄷ=ㄷ
動作	동작	도우사	どうさ	ㄷ=ㄷ
読者	독자	도꾸샤	どくしゃ	ㄷ=ㄷ
団体	단체	단따이	だんたい	ㄷ=ㄷ
代表	대표	다이효우	だいひょう	ㄷ=ㄷ
大学	대학	다이가꾸	だいがく	ㄷ=ㄷ
頭脳	두뇌	즈노우	ずのう	ㄷ=ㅈ
頭痛	두통	즈쯔우	ずつう	ㄷ=ㅈ
挑戦	도전	쵸우셍	ちょうせん	ㄷ=ㅊ

Ex 더 많은 예시들 : 두 번째 글자 초성 [ㄷ] 발음 변환   음성 7-6. ㄴ→ㄷ/ㄸ

일어 한자	한글 발음	일어 한글 발음	일어 발음	두 번째 단어 초성 자음
孤独	고독	코도꾸	こどく	ㄷ=ㄷ
階段	계단	카이당	かいだん	ㄷ=ㄷ
懇談	간담	콘당	こんだん	ㄷ=ㄷ
会談	회담	카이당	かいだん	ㄷ=ㄷ
講堂	강당	코우도우	こうどう	ㄷ=ㄷ

일어 한자	한글 발음	일어 한글 발음	일어 발음	두 번째 단어 초성 자음
共同	공동	쿄우도우	きょうどう	ㄷ=ㄷ
感動	감동	칸도우	かんどう	ㄷ=ㄷ
近代	근대	킨다이	きんだい	ㄷ=ㄷ
角度	각도	카꾸도	かくど	ㄷ=ㄷ
巨大	거대	쿄다이	きょだい	ㄷ=ㄷ
労働	노동	로우도우	ろうどう	ㄷ=ㄷ
歩道	보도	호도우	ほどう	ㄷ=ㄷ
手段	수단	슈당	しゅだん	ㄷ=ㄷ
相談	상담	소우당	そうだん	ㄷ=ㄷ
食堂	식당	쇼꾸도우	しょくどう	ㄷ=ㄷ
湿度	습도	시쯔도	しつど	ㄷ=ㄷ
速度	속도	소쿠도	そくど	ㄷ=ㄷ
世代	세대	세다이	せだい	ㄷ=ㄷ
時代	시대	지다이	じだい	ㄷ=ㄷ
運動	운동	운도우	うんどう	ㄷ=ㄷ
移動	이동	이도우	いどう	ㄷ=ㄷ
温度	온도	온도	おんど	ㄷ=ㄷ
集団	집단	슈우당	しゅうだん	ㄷ=ㄷ
診断	진단	신당	しんだん	ㄷ=ㄷ
制度	제도	세이도	せいど	ㄷ=ㄷ
指導	지도	시도우	しどう	ㄷ=ㄷ
自動	자동	지도우	じどう	ㄷ=ㄷ
程度	정도	테이도	ていど	ㄷ=ㄷ
最大	최대	사이다이	さいだい	ㄷ=ㄷ
重大	중대	쥬우다이	じゅうだい	ㄷ=ㄷ
鉄道	철도	테쯔도우	てつどう	ㄷ=ㄷ
態度	태도	타이도	たいど	ㄷ=ㄷ
判断	판단	한당	はんだん	ㄷ=ㄷ
合同	합동	고우도우	ごうどう	ㄷ=ㄷ
限度	한도	겐도	げんど	ㄷ=ㄷ
横断	횡단	오우당	おうだん	ㄷ=ㄷ

일어 한자	한글 발음	일어 한글 발음	일어 발음	두 번째 단어 초성 자음
行動	행동	코우도우	こうどう	ㄷ=ㄷ
活動	활동	카쯔도우	かつどう	ㄷ=ㄷ
拡大	확대	카꾸다이	かくだい	ㄷ=ㄷ
軍隊	군대	군따이	ぐんたい	ㄷ=ㄸ
監督	감독	칸또꾸	かんとく	ㄷ=ㄸ
简単	간단	칸땅	かんたん	ㄷ=ㄸ
交代	교대	코우따이	こうたい	ㄷ=ㄸ
期待	기대	키따이	きたい	ㄷ=ㄸ
納得	납득	낟또꾸	なっとく	ㄷ=ㄸ
担当	담당	탄또우	たんとう	ㄷ=ㄸ
舞台	무대	부따이	ぶたい	ㄷ=ㄸ
発達	발달	핟따쯔	はったつ	ㄷ=ㄸ
配達	배달	하이따쯔	はいたつ	ㄷ=ㄸ
負担	부담	후땅	ふたん	ㄷ=ㄸ
反対	반대	한따이	はんたい	ㄷ=ㄸ
説得	설득	셋또꾸	せっとく	ㄷ=ㄸ
所得	소득	쇼또꾸	しょとく	ㄷ=ㄸ
先頭	선두	센또우	せんとう	ㄷ=ㄸ
連帯	연대	렌따이	れんたい	ㄷ=ㄸ
整頓	정돈	세이똥	せいとん	ㄷ=ㄸ
絶対	절대	젣따이	ぜったい	ㄷ=ㄸ
適当	적당	테끼또우	てきとう	ㄷ=ㄸ
衝突	충돌	쇼우또쯔	しょうとつ	ㄷ=ㄸ
招待	초대	쇼우따이	しょうたい	ㄷ=ㄸ
獲得	획득	카꾸또꾸	かくとく	ㄷ=ㄸ
回答	회답	카이또우	かいとう	ㄷ=ㄸ
解答	해답	카이또우	かいとう	ㄷ=ㄸ
携帯	휴대	케이따이	けいたい	ㄷ=ㄸ

🎙 한글 자음 [ㄹ] 변환

❶ 첫 번째 글자 초성 발음 변환

> 한글은 두음법칙에 의해 한자 발음이 이미 [ㄹ ➡ ㅇ], [ㄹ ➡ ㄴ], [ㄴ ➡ ㅇ]으로 변했기 때문에 한글 첫 단어의 초성에서 [ㄹ]이 오는 단어는 없습니다. 따라서 두음법칙 적용을 받기 전의 일본어 발음으로 변환합니다.

❷ 두 번째 글자 초성 발음 변환

한글 초성	변환	일어 초성	비율
ㄹ	➡	ㄹ	ㄹ 100%

> 한글 [ㄹ]이 두 번째 글자 초성으로 오면 일본어도 한글과 동일하게 [ㄹ]로 발음됩니다.

Ex 더 많은 예시들 : 두 번째 글자 초성 [ㄹ] 발음 변환   음성 7-7. ㄹ→ㄹ

일어 한자	한글 발음	일어 한글 발음	일어 발음	두 번째 단어 초성 자음
対立	대립	타이리쯔	たいりつ	ㄹ=ㄹ
成立	성립	세이리쯔	せいりつ	ㄹ=ㄹ
山林	산림	산링	さんりん	ㄹ=ㄹ
独立	독립	도꾸리쯔	どくりつ	ㄹ=ㄹ
法律	법률	호우리쯔	ほうりつ	ㄹ=ㄹ
創立	창립	소우리쯔	そうりつ	ㄹ=ㄹ
管理	관리	칸리	かんり	ㄹ=ㄹ
権利	권리	켄리	けんり	ㄹ=ㄹ
隔離	격리	카꾸리	かくり	ㄹ=ㄹ
距離	거리	쿄리	きょり	ㄹ=ㄹ
無理	무리	무리	むり	ㄹ=ㄹ

일어 한자	한글 발음	일어 한글 발음	일어 발음	두 번째 단어 초성 자음
距離	분리	분리	ぶんり	ㄹ=ㄹ
修理	수리	슈우리	しゅうり	ㄹ=ㄹ
料理	요리	료우리	りょうり	ㄹ=ㄹ
整理	정리	세이리	せいり	ㄹ=ㄹ
処理	처리	쇼리	しょり	ㄹ=ㄹ
推理	추리	스이리	すいり	ㄹ=ㄹ
便利	편리	벤리	べんり	ㄹ=ㄹ
合理	합리	고우리	ごうり	ㄹ=ㄹ
離陸	이륙	리리꾸	りりく	ㄹ=ㄹ
着陸	착륙	챠꾸리꾸	ちゃくりく	ㄹ=ㄹ
交流	교류	코우류우	こうりゅう	ㄹ=ㄹ
物流	물류	부쯔류우	ぶつりゅう	ㄹ=ㄹ
電流	전류	덴류우	でんりゅう	ㄹ=ㄹ
停留	정류	테이류우	ていりゅう	ㄹ=ㄹ
保留	보류	호류우	ほりゅう	ㄹ=ㄹ
書類	서류	쇼루이	しょるい	ㄹ=ㄹ
人類	인류	진루이	じんるい	ㄹ=ㄹ
種類	종류	슈루이	しゅるい	ㄹ=ㄹ
無料	무료	무료우	むりょう	ㄹ=ㄹ
医療	의료	이료우	いりょう	ㄹ=ㄹ
完了	완료	칸료우	かんりょう	ㄹ=ㄹ
終了	종료	슈우료우	しゅうりょう	ㄹ=ㄹ
診療	진료	진료우	しんりょう	ㄹ=ㄹ
資料	자료	시료우	しりょう	ㄹ=ㄹ
材料	재료	자이료우	ざいりょう	ㄹ=ㄹ
治療	치료	치료우	ちりょう	ㄹ=ㄹ
依頼	의뢰	이라이	いらい	ㄹ=ㄹ
信頼	신뢰	신라이	しんらい	ㄹ=ㄹ
疲労	피로	히로우	ひろう	ㄹ=ㄹ
理論	이론	리롱	りろん	ㄹ=ㄹ
討論	토론	토우롱	とうろん	ㄹ=ㄹ

일어 한자	한글 발음	일어 한글 발음	일어 발음	두 번째 단어 초성 자음
記録	기록	키로꾸	きろく	ㄹ=ㄹ
登録	등록	토우로꾸	とうろく	ㄹ=ㄹ
道路	도로	도우로	どうろ	ㄹ=ㄹ
占領	점령	센료우	せんりょう	ㄹ=ㄹ
能力	능력	노우료꾸	のうりょく	ㄹ=ㄹ
努力	노력	도료꾸	どりょく	ㄹ=ㄹ
迫力	박력	하꾸료꾸	はくりょく	ㄹ=ㄹ
勢力	세력	세이료꾸	せいりょく	ㄹ=ㄹ
実力	실력	지쯔료쿠	じつりょく	ㄹ=ㄹ
圧力	압력	아쯔료꾸	あつりょく	ㄹ=ㄹ
全力	전력	젠료꾸	ぜんりょく	ㄹ=ㄹ
弾力	탄력	단료꾸	だんりょく	ㄹ=ㄹ
暴力	폭력	보우료꾸	ぼうりょく	ㄹ=ㄹ
協力	협력	쿄우료꾸	きょうりょく	ㄹ=ㄹ
考慮	고려	코우료	こうりょ	ㄹ=ㄹ
伴侶	반려	한료	はんりょ	ㄹ=ㄹ
配慮	배려	하이료	はいりょ	ㄹ=ㄹ
命令	명령	메이레이	めいれい	ㄹ=ㄹ
関連	관련	칸렝	かんれん	ㄹ=ㄹ
訓練	훈련	쿤렝	くんれん	ㄹ=ㄹ
履歴	이력	리레끼	りれき	ㄹ=ㄹ
不良	불량	후료우	ふりょう	ㄹ=ㄹ
戦略	전략	센랴꾸	せんりゃく	ㄹ=ㄹ
侵略	침략	신랴꾸	しんりゃく	ㄹ=ㄹ
未来	미래	미라이	みらい	ㄹ=ㄹ
将来	장래	쇼우라이	しょうらい	ㄹ=ㄹ

한글 자음 [ㅁ] 변환

❶ 첫 번째 글자 초성 발음 변환

한글 초성	변환	일어 초성	비율
ㅁ	▸	ㅁ / ㅂ	ㅂ 약45% / ㅁ 약55%

▶ 한글 [ㅁ]이 첫 글자 초성으로 올 경우 기본적으로 일본어도 한글과 동일하게 [ㅁ]으로 발음되고 나머지 절반 정도는 [ㅂ]으로 발음됩니다.

❷ 두 번째 글자 초성 발음 변환

한글 초성	변환	일어 초성	비율
ㅁ	▸	ㅁ / ㅂ	ㅂ 약20% / ㅁ 약80%

▶ 한글 [ㅁ]이 두 번째 글자 초성으로 올 경우 기본적으로 일본어도 한글과 동일하게 거의 대부분 [ㅁ]으로 발음되며, 나머지 20% 정도는 [ㅂ]으로 발음됩니다.

Ex 더 많은 예시들 : 첫 번째 글자 초성 [ㅁ] 발음 변환   음성 7-8. ㅁ→ㅁ/ㅂ

일어 한자	한글 발음	일어 한글 발음	일어 발음	첫 번째 단어 초성 자음
民間	민간	밍깡	みんかん	ㅁ=ㅁ
無理	무리	무리	むり	ㅁ=ㅁ
無料	무료	무료우	むりょう	ㅁ=ㅁ
命令	명령	메이레이	めいれい	ㅁ=ㅁ
未来	미래	미라이	みらい	ㅁ=ㅁ
明白	명백	메이하꾸	めいはく	ㅁ=ㅁ
無視	무시	무시	むし	ㅁ=ㅁ

일어 한자	한글 발음	일어 한글 발음	일어 발음	첫 번째 단어 초성 자음
毎日	매일	마이니찌	まいにち	ㅁ=ㅁ
万一	만일	망이찌	まんいち	ㅁ=ㅁ
模様	모양	모요우	もよう	ㅁ=ㅁ
問題	문제	몬다이	もんだい	ㅁ=ㅁ
目的	목적	모꾸떼키	もくてき	ㅁ=ㅁ
毎週	매주	마이슈우	まいしゅう	ㅁ=ㅁ
面接	면접	멘세쯔	めんせつ	ㅁ=ㅁ
密接	밀접	밋쎄쯔	みっせつ	ㅁ=ㅁ
面積	면적	멘세끼	めんせき	ㅁ=ㅁ
木造	목조	모꾸조우	もくぞう	ㅁ=ㅁ
満足	만족	만조꾸	まんぞく	ㅁ=ㅁ
民族	민족	민조꾸	みんぞく	ㅁ=ㅁ
目標	목표	모꾸효우	もくひょう	ㅁ=ㅁ
免許	면허	멩꾜	めんきょ	ㅁ=ㅁ
武器	무기	부끼	ぶき	ㅁ=ㅂ
敏感	민감	빙깡	びんかん	ㅁ=ㅂ
物価	물가	북까	ぶっか	ㅁ=ㅂ
舞台	무대	부따이	ぶたい	ㅁ=ㅂ
物流	물류	부쯔류우	ぶつりゅう	ㅁ=ㅂ
微妙	미묘	비묘우	びみょう	ㅁ=ㅂ
美術	미술	비쥬쯔	びじゅつ	ㅁ=ㅂ
文書	문서	분쇼	ぶんしょ	ㅁ=ㅂ
武術	무술	부쥬쯔	ぶじゅつ	ㅁ=ㅂ
物議	물의	부쯔기	ぶつぎ	ㅁ=ㅂ
美容	미용	비요우	びよう	ㅁ=ㅂ
貿易	무역	보우에끼	ぼうえき	ㅁ=ㅂ
美人	미인	비징	びじん	ㅁ=ㅂ
募集	모집	보슈우	ぼしゅう	ㅁ=ㅂ
文章	문장	분쇼우	ぶんしょう	ㅁ=ㅂ
武装	무장	부소우	ぶそう	ㅁ=ㅂ
文学	문학	붕가꾸	ぶんがく	ㅁ=ㅂ
文化	문화	붕까	ぶんか	ㅁ=ㅂ

Ex 더 많은 예시들 : 두 번째 글자 초성 [ㅁ] 발음 변환 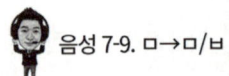 음성 7-9. ㅁ→ㅁ/ㅂ

일어 한자	한글 발음	일어 한글 발음	일어 발음	두 번째 단어 초성 자음
緊密	긴밀	킴미쯔	きんみつ	ㅁ=ㅁ
国民	국민	코꾸밍	こくみん	ㅁ=ㅁ
公務	공무	코우무	こうむ	ㅁ=ㅁ
勤務	근무	킴무	きんむ	ㅁ=ㅁ
加盟	가맹	카메이	かめい	ㅁ=ㅁ
開幕	개막	카이마꾸	かいまく	ㅁ=ㅁ
農民	농민	노우밍	のうみん	ㅁ=ㅁ
難民	난민	남밍	なんみん	ㅁ=ㅁ
路面	노면	로멩	ろめん	ㅁ=ㅁ
浪漫	낭만	로우망	ろうまん	ㅁ=ㅁ
同盟	동맹	도우메이	どうめい	ㅁ=ㅁ
微妙	미묘	비묘우	びみょう	ㅁ=ㅁ
部門	부문	부몽	ぶもん	ㅁ=ㅁ
秘密	비밀	히미쯔	ひみつ	ㅁ=ㅁ
訪問	방문	호우몽	ほうもん	ㅁ=ㅁ
方面	방면	호우멩	ほうめん	ㅁ=ㅁ
市民	시민	시밍	しみん	ㅁ=ㅁ
生命	생명	세이메이	せいめい	ㅁ=ㅁ
声明	성명	세이메이	せいめい	ㅁ=ㅁ
説明	설명	세쯔메이	せつめい	ㅁ=ㅁ
事務	사무	지무	じむ	ㅁ=ㅁ
年末	연말	넴마쯔	ねんまつ	ㅁ=ㅁ
意味	의미	이미	いみ	ㅁ=ㅁ
義務	의무	기무	ぎむ	ㅁ=ㅁ
有名	유명	유우메이	ゆうめい	ㅁ=ㅁ
質問	질문	시쯔몽	しつもん	ㅁ=ㅁ
専門	전문	셈몽	せんもん	ㅁ=ㅁ
種目	종목	슈모꾸	しゅもく	ㅁ=ㅁ
照明	조명	쇼우메이	しょうめい	ㅁ=ㅁ

일어 한자	한글 발음	일어 한글 발음	일어 발음	두 번째 단어 초성 자음
正面	정면	쇼우멩	しょうめん	ㅁ=め
週末	주말	슈우마쯔	しゅうまつ	ㅁ=ま
住民	주민	쥬우밍	じゅうみん	ㅁ=み
前面	전면	젬멩	ぜんめん	ㅁ=め
字幕	자막	지마꾸	じまく	ㅁ=ま
注文	주문	츄우몽	ちゅうもん	ㅁ=も
注目	주목	츄우모꾸	ちゅうもく	ㅁ=も
透明	투명	토우메이	とうめい	ㅁ=め
表面	표면	효우멩	ひょうめん	ㅁ=め
興味	흥미	쿄우미	きょうみ	ㅁ=み
項目	항목	코우모꾸	こうもく	ㅁ=も
革命	혁명	카꾸메이	かくめい	ㅁ=め
購買	구매	코우바이	こうばい	ㅁ=ば
競馬	경마	케이바	けいば	ㅁ=ば
論文	논문	롬붕	ろんぶん	ㅁ=ぶ
動物	동물	도우부쯔	どうぶつ	ㅁ=ぶ
博物	박물	하꾸부쯔	はくぶつ	ㅁ=ぶ
新聞	신문	심붕	しんぶん	ㅁ=ぶ
死亡	사망	시보우	しぼう	ㅁ=ぼ
応募	응모	오우보	おうぼ	ㅁ=ぼ
人物	인물	짐부쯔	じんぶつ	ㅁ=ぶ
絶望	절망	제쯔보우	ぜつぼう	ㅁ=ぼ
販売	판매	함바이	はんばい	ㅁ=ば
希望	희망	키보우	きぼう	ㅁ=ぼ

한글 자음 [ㅂ] 변환

❶ 첫 번째 글자 초성 발음 변환

한글 초성	변환	일어 초성	비율
ㅂ	➤	ㅎ	ㅂ 약15% ㅎ 약85%
		ㅂ	

▶ 한글 [ㅂ]이 첫 글자 초성으로 올 경우 특이하게도 일본어는 [ㅎ]으로 발음하도록 했고 나머지 15% 정도는 [ㅂ]으로 동일하게 발음됩니다.

❷ 두 번째 글자 초성 발음 변환

한글 초성	변환	일어 초성	비율
ㅂ	➤	ㅎ	ㅃ 약15% ㅎ 약45% ㅂ 약40%
		ㅂ	
		ㅃ	

▶ 한글 [ㅂ]이 두 번째 글자 초성으로 올 경우도 일본어는 [ㅎ]으로 발음되며, 40% 정도는 동일하게 [ㅂ]으로 발음, 비율은 적지만 나머지는 된소리 [ㅃ]로 발음합니다

Ex 더 많은 예시들 : 첫 번째 글자 초성 [ㅂ] 발음 변환

 음성 7-10. ㅂ→ㅎ/ㅂ

일어 한자	한글 발음	일어 한글 발음	일어 발음	첫 번째 단어 초성 자음
悲劇	비극	히게끼	ひげき	ㅂ=ㅎ
反擊	반격	항게끼	はんげき	ㅂ=ㅎ
附近	부근	후낑	ふきん	ㅂ=ㅎ
普及	보급	후뀨우	ふきゅう	ㅂ=ㅎ
排球	배구	하이뀨우	はいきゅう	ㅂ=ㅎ
不況	불교	후꾜우	ふきょう	ㅂ=ㅎ

일어 한자	한글 발음	일어 한글 발음	일어 발음	첫 번째 단어 초성 자음
比較	비교	히까꾸	ひかく	ㅂ=ㅎ
报告	보고	호우꼬꾸	ほうこく	ㅂ=ㅎ
変更	변경	헹꼬우	へんこう	ㅂ=ㅎ
背景	배경	하이께이	はいけい	ㅂ=ㅎ
発見	발견	학껭	はっけん	ㅂ=ㅎ
保健	보건	호껭	ほけん	ㅂ=ㅎ
非難	비난	히낭	ひなん	ㅂ=ㅎ
歩道	보도	호도우	ほどう	ㅂ=ㅎ
反対	반대	한따이	はんたい	ㅂ=ㅎ
負担	부담	후땅	ふたん	ㅂ=ㅎ
発達	발달	핟따쯔	はったつ	ㅂ=ㅎ
配達	배달	하이따쯔	はいたつ	ㅂ=ㅎ
法律	법률	호우리쯔	ほうりつ	ㅂ=ㅎ
保留	보류	호류우	ほりゅう	ㅂ=ㅎ
追力	박력	하꾸료꾸	はくりょく	ㅂ=ㅎ
伴侶	반려	한료	はんりょ	ㅂ=ㅎ
配慮	배려	하이료	はいりょ	ㅂ=ㅎ
不良	불량	후료우	ふりょう	ㅂ=ㅎ
秘密	비밀	히미쯔	ひみつ	ㅂ=ㅎ
访问	방문	호우몽	ほうもん	ㅂ=ㅎ
方面	방면	호우멩	ほうめん	ㅂ=ㅎ
博物	박물	하꾸부쯔	はくぶつ	ㅂ=ㅎ
本部	본부	홈부	ほんぶ	ㅂ=ㅎ
反発	반발	함빠쯔	はんぱつ	ㅂ=ㅎ
方式	방식	호우시끼	ほうしき	ㅂ=ㅎ
腐食	부식	후쇼꾸	ふしょく	ㅂ=ㅎ
復習	복습	후꾸슈우	ふくしゅう	ㅂ=ㅎ
放送	방송	호우소우	ほうそう	ㅂ=ㅎ
反省	반성	한세이	はんせい	ㅂ=ㅎ
宝石	보석	호우세끼	ほうせき	ㅂ=ㅎ
発生	발생	핫쎄이	はっせい	ㅂ=ㅎ

일어 한자	한글 발음	일어 한글 발음	일어 발음	첫 번째 단어 초성 자음
負傷	부상	후쇼우	ふしょう	ㅂ=ㅎ
博士	박사	하까세	はかせ	ㅂ=ㅎ
放射	방사	호우샤	ほうしゃ	ㅂ=ㅎ
発車	발사	핫샤	はっしゃ	ㅂ=ㅎ
反射	반사	한샤	はんしゃ	ㅂ=ㅎ
非常	비상	히죠우	ひじょう	ㅂ=ㅎ
方言	방언	호우겡	ほうげん	ㅂ=ㅎ
発言	발언	하쯔겡	はつげん	ㅂ=ㅎ
比率	비율	히리쯔	ひりつ	ㅂ=ㅎ
発音	발음	하쯔옹	はつおん	ㅂ=ㅎ
俳優	배우	하이유우	はいゆう	ㅂ=ㅎ
費用	비용	히요우	ひよう	ㅂ=ㅎ
翻訳	번역	홍야꾸	ほんやく	ㅂ=ㅎ
法案	법안	호우앙	ほうあん	ㅂ=ㅎ
不安	불안	후앙	ふあん	ㅂ=ㅎ
夫人	부인	후징	ふじん	ㅂ=ㅎ
不定	부정	후떼이	ふてい	ㅂ=ㅎ
本店	본점	혼뗑	ほんてん	ㅂ=ㅎ
発展	발전	핱뗑	はってん	ㅂ=ㅎ
保証	보증	호쇼우	ほしょう	ㅂ=ㅎ
発足	발족	홋쏘꾸	ほっそく	ㅂ=ㅎ
不足	부족	후소꾸	ふそく	ㅂ=ㅎ
紛争	분쟁	훈소우	ふんそう	ㅂ=ㅎ
服装	복장	후꾸소우	ふくそう	ㅂ=ㅎ
保持	보지	호지	ほじ	ㅂ=ㅎ
犯罪	범죄	한자이	はんざい	ㅂ=ㅎ
補助	보조	호죠	ほじょ	ㅂ=ㅎ
保存	보존	호종	ほぞん	ㅂ=ㅎ
複雑	복잡	후꾸자쯔	ふくざつ	ㅂ=ㅎ
方針	방침	호우싱	ほうしん	ㅂ=ㅎ
配置	배치	하이찌	はいち	ㅂ=ㅎ

일어 한자	한글 발음	일어 한글 발음	일어 발음	첫 번째 단어 초성 자음
普通	보통	후쯔우	ふつう	ㅂ=ㅎ
発表	발표	합뾰우	はっぴょう	ㅂ=ㅎ
批評	비평	히효우	ひひょう	ㅂ=ㅎ
腐敗	부패	후하이	ふはい	ㅂ=ㅎ
批判	비판	히항	ひはん	ㅂ=ㅎ
保護	보호	호고	ほご	ㅂ=ㅎ
不況	불황	후꼬우	ふきょう	ㅂ=ㅎ
変化	변화	헹까	へんか	ㅂ=ㅎ
保健	보험	호껭	ほけん	ㅂ=ㅎ
方向	방향	호우꼬우	ほうこう	ㅂ=ㅎ
飛行	비행	히꼬우	ひこう	ㅂ=ㅎ
距離	분리	분리	ぶんり	ㅂ=ㅂ
部門	부분	부몽	ぶもん	ㅂ=ㅂ
分析	분석	분세끼	ぶんせき	ㅂ=ㅂ
賠償	배상	바이쇼우	ばいしょう	ㅂ=ㅂ
防衛	방위	보우에이	ぼうえい	ㅂ=ㅂ
病院	병원	뵤우잉	びょういん	ㅂ=ㅂ
別人	별인(딴사람)	베쯔징	べつじん	ㅂ=ㅂ
防止	방지	보우시	ぼうし	ㅂ=ㅂ
部品	부품	부힝	ぶひん	ㅂ=ㅂ
番号	번호	방고우	ばんごう	ㅂ=ㅂ
弁護	변호	벵고	べんご	ㅂ=ㅂ

Ex 더 많은 예시들 : 두 번째 글자 초성 [ㅂ] 발음 변환   음성 7-11. ㅂ→ㅎ/ㅂ/ㅃ

일어 한자	한글 발음	일어 한글 발음	일어 발음	두 번째 단어 초성 자음
警報	경보	케이호우	けいほう	ㅂ=ㅎ
基本	기본	키홍	きほん	ㅂ=ㅎ
開放	개방	카이호우	かいほう	ㅂ=ㅎ
開発	개발	카이하쯔	かいはつ	ㅂ=ㅎ
浪費	낭비	로우히	ろうひ	ㅂ=ㅎ

일어 한자	한글 발음	일어 한글 발음	일어 발음	두 번째 단어 초성 자음
明白	명백	메이하꾸	めいはく	ㅂ=ㅎ
消費	소비	쇼우히	しょうひ	ㅂ=ㅎ
往復	왕복	오우후꾸	おうふく	ㅂ=ㅎ
洋服	양복	요우후꾸	ようふく	ㅂ=ㅎ
予報	예보	요호우	よほう	ㅂ=ㅎ
違反	위반	이항	いはん	ㅂ=ㅎ
政府	정부	제이후	せいふ	ㅂ=ㅎ
祖父	조부	소후	そふ	ㅂ=ㅎ
周辺	주변	슈우헹	しゅうへん	ㅂ=ㅎ
支配	지배	시하이	しはい	ㅂ=ㅎ
情報	정보	죠우호우	じょうほう	ㅂ=ㅎ
地方	지방	치호우	ちほう	ㅂ=ㅎ
摘発	적발	테끼하쯔	てきはつ	ㅂ=ㅎ
追放	추방	츠이호우	ついほう	ㅂ=ㅎ
爆発	폭발	바꾸하쯔	ばくはつ	ㅂ=ㅎ
豊富	풍부	호우후	ほうふ	ㅂ=ㅎ
皮膚	피부	히후	ひふ	ㅂ=ㅎ
幸福	행복	코우후꾸	こうふく	ㅂ=ㅎ
恢復	회복	카이후꾸	かいふく	ㅂ=ㅎ
確保	확보	카꾸호	かくほ	ㅂ=ㅎ
候補	후보	코우호	こうほ	ㅂ=ㅎ
後輩	후배	코우하이	こうはい	ㅂ=ㅎ
脅迫	협박	쿄우하꾸	きょうはく	ㅂ=ㅎ
解放	해방	카이호우	かいほう	ㅂ=ㅎ
後半	후반	코우항	こうはん	ㅂ=ㅎ
前半	전반	젱항	ぜんはん	ㅂ=ㅎ
区分	구분	쿠붕	くぶん	ㅂ=ㅂ
告別	고별	코꾸베쯔	こくべつ	ㅂ=ㅂ
区別	구별	쿠베쯔	くべつ	ㅂ=ㅂ
内部	내부	나이부	ないぶ	ㅂ=ㅂ
南北	남북	남보꾸	なんぼく	ㅂ=ㅂ
暖房	난방	담보우	だんぼう	ㅂ=ㅂ

일어 한자	한글 발음	일어 한글 발음	일어 발음	두 번째 단어 초성 자음
冷房	냉방	레이보우	れいぼう	ㅂ=ㅂ
答弁	답변	토우벵	とうべん	ㅂ=ㅂ
本部	본부	홈부	ほんぶ	ㅂ=ㅂ
設備	설비	세쯔비	せつび	ㅂ=ㅂ
守備	수비	슈우비	しゅび	ㅂ=ㅂ
成分	성분	세이붕	せいぶん	ㅂ=ㅂ
勝負	승부	쇼우부	しょうぶ	ㅂ=ㅂ
性別	성별	세이베쯔	せいべつ	ㅂ=ㅂ
識別	식별	시끼베쯔	しきべつ	ㅂ=ㅂ
死別	사별	시베쯔	しべつ	ㅂ=ㅂ
消防	소방	쇼우보우	しょうぼう	ㅂ=ㅂ
整備	정비	세이비	せいび	ㅂ=ㅂ
栽培	재배	사이바이	さいばい	ㅂ=ㅂ
準備	준비	줌비	じゅんび	ㅂ=ㅂ
全部	전부	젬부	ぜんぶ	ㅂ=ㅂ
処分	처분	쇼붕	しょぶん	ㅂ=ㅂ
差別	차별	사베쯔	さべつ	ㅂ=ㅂ
充分	충분	쥬우붕	じゅうぶん	ㅂ=ㅂ
特別	특별	토쿠베쯔	とくべつ	ㅂ=ㅂ
派閥	파벌	하바쯔	はばつ	ㅂ=ㅂ
幹部	간부	캄부	かんぶ	ㅂ=ㅂ
根本	근본	콤뽕	こんぽん	ㅂ=ㅃ
乾杯	건배	캄빠이	かんぱい	ㅂ=ㅃ
緊迫	긴박	킴빠꾸	きんぱく	ㅂ=ㅃ
反発	반발	함빠쯔	はんぱつ	ㅂ=ㅃ
先発	선발	셈빠쯔	せんぱつ	ㅂ=ㅃ
一方	일방	입뽀우	いっぽう	ㅂ=ㅃ
一般	일반	입빵	いっぱん	ㅂ=ㅃ
完璧	완벽	캄뻬끼	かんぺき	ㅂ=ㅃ
進歩	진보	심뽀	しんぽ	ㅂ=ㅃ
出発	출발	슙빠쯔	しゅっぱつ	ㅂ=ㅃ
合併	합병	갑뻬이	がっぺい	ㅂ=ㅃ

🎤 한글 자음 [ㅅ] 변환

❶ 첫 번째 글자 초성 발음 변환

한글 초성	변환	일어 초성	비율
ㅅ	▶	ㅅ	ㅈ 약20%
		ㅈ	ㅅ 약80%

▶ 한글 [ㅅ]이 첫 글자 초성으로 올 경우 큰 변화 없이 대부분 동일하게 [ㅅ]으로 발음되고, 나머지 20% 정도는 같은 언저리 잇소리인 [ㅈ]으로 발음됩니다.

※ 한글의 'ㅅ'이 일본어 'ㅈ'으로 발음되도록 한 것은 발음하는 혀의 위치와 입 모양이 비슷한 그룹이기 때문인 것으로 추정됩니다.

잇소리 ㅅ, ㅆ, ㅈ, ㅊ, ㅉ

→ 시 : 혀뿌리를 올려 굳은입천장 근처에 접근시키되 붙이지는 않고 그 사이로 기류를 마찰시켜 내는 소리
→ 즈 : 윗니와 아랫니를 맞물고 혀 끝을 앞으로 쭉~ 뻗쳐 윗니와 아랫니가 만나는 곳에 붙였다가 조금 떼면서 그 사이로 기류를 마찰시켜 내는 소리

❷ 두 번째 글자 초성 발음 변환

한글 초성	변환	일어 초성	비율
ㅅ	▶	ㅅ	ㅈ 약30%
		ㅈ	ㅅ 약70%

▶ 한글 [ㅅ]이 두 번째 글자 초성으로 올 경우 큰 변화 없이 대부분 동일하게 [ㅅ]으로 발음되고 나머지 30% 정도는 같은 언저리 잇소리인 [ㅈ]으로 발음됩니다.

더 많은 예시들 : 첫 번째 글자 초성 [ㅅ] 발음 변환 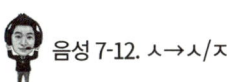 음성 7-12. ㅅ→ㅅ/ㅈ

일어 한자	한글 발음	일어 한글 발음	일어 발음	첫 번째 단어 초성 자음
成果	성과	세이까	せいか	ㅅ=ㅅ
成功	성공	세이꼬우	せいこう	ㅅ=ㅅ
設計	설계	섹께이	せっけい	ㅅ=ㅅ
世界	세계	세까이	せかい	ㅅ=ㅅ
神経	신경	싱께이	しんけい	ㅅ=ㅅ
選挙	선거	셍꾜	せんきょ	ㅅ=ㅅ
紹介	소개	쇼우까이	しょうかい	ㅅ=ㅅ
深刻	심각	싱꼬꾸	しんこく	ㅅ=ㅅ
性格	성격	세이까꾸	せいかく	ㅅ=ㅅ
首脳	수뇌	슈노우	しゅのう	ㅅ=ㅅ
新年	신년	신넹	しんねん	ㅅ=ㅅ
湿度	습도	시쯔도	しつど	ㅅ=ㅅ
速度	속도	소쿠도	そくど	ㅅ=ㅅ
世代	세대	세다이	せだい	ㅅ=ㅅ
食堂	식당	쇼꾸도우	しょくどう	ㅅ=ㅅ
相談	상담	소우당	そうだん	ㅅ=ㅅ
手段	수단	슈당	しゅだん	ㅅ=ㅅ
説得	설득	셋또꾸	せっとく	ㅅ=ㅅ
所得	소득	쇼또꾸	しょとく	ㅅ=ㅅ
先頭	선두	센또우	せんとう	ㅅ=ㅅ
成立	성립	세이리쯔	せいりつ	ㅅ=ㅅ
山林	산림	산링	さんりん	ㅅ=ㅅ
修理	수리	슈우리	しゅうり	ㅅ=ㅅ
書類	서류	쇼루이	しょるい	ㅅ=ㅅ
信頼	신뢰	신라이	しんらい	ㅅ=ㅅ
勢力	세력	세이료꾸	せいりょく	ㅅ=ㅅ
市民	시민	시밍	しみん	ㅅ=ㅅ
生命	생명	세이메이	せいめい	ㅅ=ㅅ
声明	성명	세이메이	せいめい	ㅅ=ㅅ

일어 한자	한글 발음	일어 한글 발음	일어 발음	첫 번째 단어 초성 자음
説明	설명	세쯔메이	せつめい	ㅅ＝ㅅ
新聞	신문	심붕	しんぶん	ㅅ＝ㅅ
死亡	사망	시보우	しぼう	ㅅ＝ㅅ
設備	설비	세쯔비	せつび	ㅅ＝ㅅ
守備	수비	슈비	しゅび	ㅅ＝ㅅ
成分	성분	세이붕	せいぶん	ㅅ＝ㅅ
勝負	승부	쇼우부	しょうぶ	ㅅ＝ㅅ
性別	성별	세이베쯔	せいべつ	ㅅ＝ㅅ
識別	식별	시끼베쯔	しきべつ	ㅅ＝ㅅ
死別	사별	시베쯔	しべつ	ㅅ＝ㅅ
消防	소방	쇼우보우	しょうぼう	ㅅ＝ㅅ
先発	선발	셈빠쯔	せんぱつ	ㅅ＝ㅅ
消費	소비	쇼우히	しょうひ	ㅅ＝ㅅ
損失	손실	손시쯔	そんしつ	ㅅ＝ㅅ
消息	소식	쇼우소꾸	しょうそく	ㅅ＝ㅅ
選手	선수	센슈	せんしゅ	ㅅ＝ㅅ
訴訟	소송	소쇼우	そしょう	ㅅ＝ㅅ
小説	소설	쇼우세쯔	しょうせつ	ㅅ＝ㅅ
施設	시설	시세쯔	しせつ	ㅅ＝ㅅ
先生	선생	센세이	せんせい	ㅅ＝ㅅ
首相	수상	슈쇼우	しゅしょう	ㅅ＝ㅅ
生産	생산	세이상	せいさん	ㅅ＝ㅅ
審査	심사	신사	しんさ	ㅅ＝ㅅ
捜査	수사	소우사	そうさ	ㅅ＝ㅅ
所属	소속	쇼조꾸	しょぞく	ㅅ＝ㅅ
食事	식사	쇼꾸지	しょくじ	ㅅ＝ㅅ
想像	상상	소우조우	そうぞう	ㅅ＝ㅅ
審議	심의	싱기	しんぎ	ㅅ＝ㅅ
失業	실업	시쯔교우	しつぎょう	ㅅ＝ㅅ
産業	산업	상교우	さんぎょう	ㅅ＝ㅅ
承認	승인	쇼우닝	しょうにん	ㅅ＝ㅅ

일어 한자	한글 발음	일어 한글 발음	일어 발음	첫 번째 단어 초성 자음
収入	수입	슈우뉴우	しゅうにゅう	ㅅ＝ㅅ
騒音	소음	소우옹	そうおん	ㅅ＝ㅅ
石油	석유	세끼유	せきゆ	ㅅ＝ㅅ
信用	신용	싱요우	しんよう	ㅅ＝ㅅ
使用	사용	시요우	しよう	ㅅ＝ㅅ
食欲	식욕	쇼꾸요꾸	しょくよく	ㅅ＝ㅅ
成人	성인	세이징	せいじん	ㅅ＝ㅅ
宣伝	선전	센뎅	せんでん	ㅅ＝ㅅ
商店	상점	쇼우뗑	しょうてん	ㅅ＝ㅅ
写真	사진	샤싱	しゃしん	ㅅ＝ㅅ
修正	수정	슈우세이	しゅうせい	ㅅ＝ㅅ
成績	성적	세이세끼	せいせき	ㅅ＝ㅅ
水準	수준	스이중	すいじゅん	ㅅ＝ㅅ
素材	소재	소자이	そざい	ㅅ＝ㅅ
市場	시장	시죠우	しじょう	ㅅ＝ㅅ
象徴	상징	쇼우쪼우	しょうちょう	ㅅ＝ㅅ
成長	성장	세이쪼우	せいちょう	ㅅ＝ㅅ
社長	사장	샤쪼우	しゃちょう	ㅅ＝ㅅ
申請	신청	신세이	しんせい	ㅅ＝ㅅ
設置	설치	셋찌	せっち	ㅅ＝ㅅ
新築	신축	신찌꾸	しんちく	ㅅ＝ㅅ
選択	선택	센따꾸	せんたく	ㅅ＝ㅅ
石炭	석탄	세끼땅	せきたん	ㅅ＝ㅅ
洗濯	세탁	센따꾸	せんたく	ㅅ＝ㅅ
失敗	실패	십빠이	しっぱい	ㅅ＝ㅅ
食品	식품	쇼꾸잉	しょくひん	ㅅ＝ㅅ
細胞	세포	사이호우	さいほう	ㅅ＝ㅅ
水平	수평	스이헤이	すいへい	ㅅ＝ㅅ
信号	신호	싱고우	しんごう	ㅅ＝ㅅ
損害	손해	송가이	そんがい	ㅅ＝ㅅ
社会	사회	샤까이	しゃかい	ㅅ＝ㅅ

일어 한자	한글 발음	일어 한글 발음	일어 발음	첫 번째 단어 초성 자음
生活	생활	세이까쯔	せいかつ	ㅅ＝さ
消化	소화	쇼우까	しょうか	ㅅ＝さ
試験	시험	시껭	しけん	ㅅ＝さ
試合	시합	시아이	しあい	ㅅ＝さ
税金	세금	제이낑	ぜいきん	ㅅ＝ざ
事故	사고	지꼬	じこ	ㅅ＝ざ
事件	사건	지껭	じけん	ㅅ＝ざ
時刻	시각	지꼬꾸	じこく	ㅅ＝ざ
実感	실감	직깡	じっかん	ㅅ＝ざ
時間	시간	지깡	じかん	ㅅ＝ざ
時代	시대	지다이	じだい	ㅅ＝ざ
実力	실력	지쯔료쿠	じつりょく	ㅅ＝ざ
事務	사무	지무	じむ	ㅅ＝ざ
常識	상식	죠우시끼	じょうしき	ㅅ＝ざ
実施	실시	짓씨	じっし	ㅅ＝ざ
上昇	상승	죠우쇼우	じょうしょう	ㅅ＝ざ
受賞	수상	쥬쇼우	じゅしょう	ㅅ＝ざ
事実	사실	지지쯔	じじつ	ㅅ＝ざ
授業	수업	쥬교우	じゅぎょう	ㅅ＝ざ
需要	수요	쥬요우	じゅよう	ㅅ＝ざ
上映	상영	죠우에이	じょうえい	ㅅ＝ざ
実際	실제	짓싸이	じっさい	ㅅ＝ざ
実績	실적	짓쎄끼	じっせき	ㅅ＝ざ
事情	사정	지죠우	じじょう	ㅅ＝ざ
状態	상태	죠우따이	じょうたい	ㅅ＝ざ
事態	사태	지따이	じたい	ㅅ＝ざ
状況	상황	죠우꾜우	じょうきょう	ㅅ＝ざ
実験	실험	직껭	じっけん	ㅅ＝ざ
事項	사항	지꼬우	じこう	ㅅ＝ざ

더 많은 예시들 : 두 번째 글자 초성 [ㅅ] 발음 변환 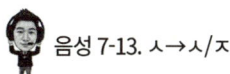 음성 7-13. ㅅ→ㅅ/ㅈ

일어 한자	한글 발음	일어 한글 발음	일어 발음	두 번째 단어 초성 자음
関心	관심	칸싱	かんしん	ㅅ=ㅅ
教室	교실	쿄우시쯔	きょうしつ	ㅅ=ㅅ
急速	급속	큐우소꾸	きゅうそく	ㅅ=ㅅ
告訴	고소	코꾸소	こくそ	ㅅ=ㅅ
起訴	기소	키소	きそ	ㅅ=ㅅ
干渉	간섭	칸쇼우	かんしょう	ㅅ=ㅅ
交渉	교섭	코우쇼우	こうしょう	ㅅ=ㅅ
構成	구성	코우세이	こうせい	ㅅ=ㅅ
建設	건설	켄세쯔	けんせつ	ㅅ=ㅅ
架設	가설	카세쯔	かせつ	ㅅ=ㅅ
開設	개설	카이세쯔	かいせつ	ㅅ=ㅅ
解説	해설	카이세쯔	かいせつ	ㅅ=ㅅ
教師	교사	쿄우시	きょうし	ㅅ=ㅅ
気象	기상	키쇼우	きしょう	ㅅ=ㅅ
感謝	감사	칸샤	かんしゃ	ㅅ=ㅅ
計算	계산	케이상	けいさん	ㅅ=ㅅ
検査	검사	켄사	けんさ	ㅅ=ㅅ
路線	노선	로셍	ろせん	ㅅ=ㅅ
独身	독신	도꾸싱	どくしん	ㅅ=ㅅ
答信	답신	토우싱	とうしん	ㅅ=ㅅ
都市	도시	토시	とし	ㅅ=ㅅ
多数	다수	타스우	たすう	ㅅ=ㅅ
図書	도서	토쇼	としょ	ㅅ=ㅅ
当選	당선	토우셍	とうせん	ㅅ=ㅅ
対象	대상	타이쇼우	たいしょう	ㅅ=ㅅ
無視	무시	무시	むし	ㅅ=ㅅ
文書	문서	분쇼	ぶんしょ	ㅅ=ㅅ
分析	분석	분세끼	ぶんせき	ㅅ=ㅅ
賠償	배상	바이쇼우	ばいしょう	ㅅ=ㅅ
方式	방식	호우시끼	ほうしき	ㅅ=ㅅ

일어 한자	한글 발음	일어 한글 발음	일어 발음	두 번째 단어 초성 자음
腐食	부식	후쇼꾸	ふしょく	ㅅ=ㅅ
復習	복습	후꾸슈우	ふくしゅう	ㅅ=ㅅ
放送	방송	호우소우	ほうそう	ㅅ=ㅅ
反省	반성	한세이	はんせい	ㅅ=ㅅ
宝石	보석	호우세끼	ほうせき	ㅅ=ㅅ
負傷	부상	후쇼우	ふしょう	ㅅ=ㅅ
博士	박사	하까세	はかせ	ㅅ=ㅅ
放射	방사	호우샤	ほうしゃ	ㅅ=ㅅ
反射	반사	한샤	はんしゃ	ㅅ=ㅅ
損失	손실	손시쯔	そんしつ	ㅅ=ㅅ
消息	소식	쇼우소꾸	しょうそく	ㅅ=ㅅ
選手	선수	센슈	せんしゅ	ㅅ=ㅅ
訴訟	소송	소쇼우	そしょう	ㅅ=ㅅ
小説	소설	쇼우세쯔	しょうせつ	ㅅ=ㅅ
施設	시설	시세쯔	しせつ	ㅅ=ㅅ
先生	선생	센세이	せんせい	ㅅ=ㅅ
首相	수상	슈쇼우	しゅしょう	ㅅ=ㅅ
生産	생산	세이상	せいさん	ㅅ=ㅅ
審査	심사	신사	しんさ	ㅅ=ㅅ
捜査	수사	소우사	そうさ	ㅅ=ㅅ
常識	상식	죠우시끼	じょうしき	ㅅ=ㅅ
上昇	상승	죠우쇼우	じょうしょう	ㅅ=ㅅ
受賞	수상	쥬쇼우	じゅしょう	ㅅ=ㅅ
認識	인식	닌시끼	にんしき	ㅅ=ㅅ
入試	입시	뉴우시	にゅうし	ㅅ=ㅅ
練習	연습	렌슈우	れんしゅう	ㅅ=ㅅ
歴史	역사	레끼시	れきし	ㅅ=ㅅ
安心	안심	안싱	あんしん	ㅅ=ㅅ
意識	의식	이시끼	いしき	ㅅ=ㅅ
予習	예습	요슈우	よしゅう	ㅅ=ㅅ
優勝	우승	유우쇼우	ゆうしょう	ㅅ=ㅅ
優秀	우수	유우슈우	ゆうしゅう	ㅅ=ㅅ

일어 한자	한글 발음	일어 한글 발음	일어 발음	두 번째 단어 초성 자음
約束	약속	야꾸소꾸	やくそく	ㅅ=ㅅ
要素	요소	요우소	ようそ	ㅅ=ㅅ
養成	양성	요우세이	ようせい	ㅅ=ㅅ
衛星	위성	에이세이	えいせい	ㅅ=ㅅ
優先	우선	유우셍	ゆうせん	ㅅ=ㅅ
衛生	위생	에이세이	えいせい	ㅅ=ㅅ
印象	인상	인쇼우	いんしょう	ㅅ=ㅅ
予想	예상	요소우	よそう	ㅅ=ㅅ
予算	예산	요상	よさん	ㅅ=ㅅ
人生	인생	진세이	じんせい	ㅅ=ㅅ
完成	완성	칸세이	かんせい	ㅅ=ㅅ
精神	정신	세이싱	せいしん	ㅅ=ㅅ
正式	정식	세이시끼	せいしき	ㅅ=ㅅ
指数	지수	시스우	しすう	ㅅ=ㅅ
姿勢	자세	시세이	しせい	ㅅ=ㅅ
住所	주소	쥬우쇼	じゅうしょ	ㅅ=ㅅ
財産	재산	자이상	ざいさん	ㅅ=ㅅ
中心	중심	츄우싱	ちゅうしん	ㅅ=ㅅ
知識	지식	치시끼	ちしき	ㅅ=ㅅ
調査	조사	쵸우사	ちょうさ	ㅅ=ㅅ
停止	제시	테이시	ていし	ㅅ=ㅅ
賛成	찬성	산세이	さんせい	ㅅ=ㅅ
親戚	친척	신세끼	しんせき	ㅅ=ㅅ
通信	통신	츠우싱	つうしん	ㅅ=ㅅ
破損	파손	하송	はそん	ㅅ=ㅅ
風速	풍속	후우소꾸	ふうそく	ㅅ=ㅅ
編成	편성	헨세이	へんせい	ㅅ=ㅅ
破産	파산	하상	はさん	ㅅ=ㅅ
学習	학습	가꾸슈우	がくしゅう	ㅅ=ㅅ
犠牲	희생	기세이	ぎせい	ㅅ=ㅅ
現象	현상	겐쇼우	げんしょう	ㅅ=ㅅ
形式	형식	케이시끼	けいしき	ㅅ=ㅅ

일어 한자	한글 발음	일어 한글 발음	일어 발음	두 번째 단어 초성 자음
解説	해설	카이세쯔	かいせつ	ㅅ=ㅅ
拡散	확산	카꾸상	かくさん	ㅅ=ㅅ
欠席	결석	켓쎄끼	けっせき	ㅅ=ㅆ
決算	결산	켓쌍	けっさん	ㅅ=ㅆ
発生	발생	핫쎄이	はっせい	ㅅ=ㅆ
発射	발사	핫쌰	はっしゃ	ㅅ=ㅆ
実施	실시	짓씨	じっし	ㅅ=ㅆ
出身	출신	슛씽	しゅっしん	ㅅ=ㅆ
出席	출석	슛쎄끼	しゅっせき	ㅅ=ㅆ
技術	기술	기쥬쯔	ぎじゅつ	ㅅ=ㅈ
美術	미술	비쥬쯔	びじゅつ	ㅅ=ㅈ
教授	교수	쿄우쥬	きょうじゅ	ㅅ=ㅈ
金属	금속	킨조꾸	きんぞく	ㅅ=ㅈ
継続	계속	케이조꾸	けいぞく	ㅅ=ㅈ
改善	개선	카이젱	かいぜん	ㅅ=ㅈ
工事	공사	코우지	こうじ	ㅅ=ㅈ
同時	동시	도우지	どうじ	ㅅ=ㅈ
銅像	동상	도우조우	どうぞう	ㅅ=ㅈ
当時	당시	토우지	とうじ	ㅅ=ㅈ
単純	단순	탄중	たんじゅん	ㅅ=ㅈ
東西	동서	토우자이	とうざい	ㅅ=ㅈ
武術	무술	부쥬쯔	ぶじゅつ	ㅅ=ㅈ
非常	비상	히죠우	ひじょう	ㅅ=ㅈ
所属	소속	쇼조꾸	しょぞく	ㅅ=ㅈ
食事	식사	쇼꾸지	しょくじ	ㅅ=ㅈ
想像	상상	소우조우	そうぞう	ㅅ=ㅈ
事実	사실	지지쯔	じじつ	ㅅ=ㅈ
芸術	예술	게이쥬쯔	げいじゅつ	ㅅ=ㅈ
日時	일시	니찌지	にちじ	ㅅ=ㅈ
日常	일상	니찌죠우	にちじょう	ㅅ=ㅈ
臨時	임시	린지	りんじ	ㅅ=ㅈ

일어 한자	한글 발음	일어 한글 발음	일어 발음	두 번째 단어 초성 자음
連続	연속	렌조꾸	れんぞく	ㅅ=ㅈ
演説	연설	엔제쯔	えんぜつ	ㅅ=ㅈ
屋上	옥상	오꾸죠우	おくじょう	ㅅ=ㅈ
以上	이상	이죠우	いじょう	ㅅ=ㅈ
人事	인사	진지	じんじ	ㅅ=ㅈ
指示	지시	시지	しじ	ㅅ=ㅈ
症状	증상	쇼우죠우	しょうじょう	ㅅ=ㅈ
残像	잔상	잔조우	ざんぞう	ㅅ=ㅈ
展示	전시	텐지	てんじ	ㅅ=ㅈ
充実	충실	쥬우지쯔	じゅうじつ	ㅅ=ㅈ
脱税	탈세	다쯔제이	だつぜい	ㅅ=ㅈ
誕生	탄생	탄죠우	たんじょう	ㅅ=ㅈ
現実	현실	겐지쯔	げんじつ	ㅅ=ㅈ
確実	확실	카꾸지쯔	かくじつ	ㅅ=ㅈ
刑事	형사	케이지	けいじ	ㅅ=ㅈ
向上	향상	코우죠우	こうじょう	ㅅ=ㅈ

한글 자음 [ㅇ] 변환

❶ 첫 번째 글자 초성 발음 변환

한글 초성	변환	일어 초성	비율
ㅇ	▸	ㅇ	ㄱ, ㄴ[두], ㅋ, ㅈ 약20% ㄹ[두] 약20% ㅇ 약60%
		ㄹ[두]	
		ㄱ, ㄴ[두], ㅋ, ㅋ	

▶ 한글 [ㅇ]이 첫 글자 초성으로 올 경우 큰 변화 없이 대부분 동일하게 [ㅇ]으로 발음되고, 나머지 20% 정도는 두음 법칙의 적용을 받아 [ㄹ]로 발음됩니다. 나머지 변환은 빈도가 낮습니다.

❷ 두 번째 글자 초성 발음 변환

한글 초성	변환	일어 초성	비율
ㅇ	≫	ㅇ	ㄴ[두] ㅈ,ㅅ 약20% ㄱ 약20% ㅇ 약60%
		ㄱ	
		ㄴ[두], ㅈ, ㅅ	

▶ 한글 [ㅇ]이 두 번째 글자 초성으로 올 경우 큰 변화 없이 대부분 동일하게 [ㅇ]으로 발음되고, 나머지 20% 정도는 독특하게 [ㄱ]으로 발음됩니다.

이는 아마도 목구멍 소리 [ㅇ]과 어금니 소리 [ㄱ]의 소리 나는 위치가 근접해 있기 때문인 것으로 추정되며 나머지 변환은 빈도가 낮습니다.

Ex 더 많은 예시들 : 첫 번째 글자 초성 [ㅇ] 발음 변환 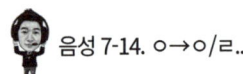 음성 7-14. ㅇ→ㅇ/ㄹ..

일어 한자	한글 발음	일어 한글 발음	일어 발음	첫 번째 단어 초성 자음
演劇	연극	엥게끼	えんげき	ㅇ=ㅇ
勇気	용기	유우끼	ゆうき	ㅇ=ㅇ
延期	연기	엥끼	えんき	ㅇ=ㅇ
預金	예금	요낑	よきん	ㅇ=ㅇ
野球	야구	야뀨우	やきゅう	ㅇ=ㅇ
要求	요구	요우뀨우	ようきゅう	ㅇ=ㅇ
薬局	약국	약꾜꾸	やっきょく	ㅇ=ㅇ
夜景	야경	야께이	やけい	ㅇ=ㅇ
意見	의견	이껭	いけん	ㅇ=ㅇ
案件	안건	앙껭	あんけん	ㅇ=ㅇ
案内	안내	안나이	あんない	ㅇ=ㅇ
運動	운동	운도우	うんどう	ㅇ=ㅇ
移動	이동	이도우	いどう	ㅇ=ㅇ
温度	온도	온도	おんど	ㅇ=ㅇ
医療	의료	이료우	いりょう	ㅇ=ㅇ
依頼	의뢰	이라이	いらい	ㅇ=ㅇ
压力	압력	아쯔료꾸	あつりょく	ㅇ=ㅇ

일어 한자	한글 발음	일어 한글 발음	일어 발음	첫 번째 단어 초성 자음
意味	의미	이미	いみ	ㅇ=ㅇ
有名	유명	유우메이	ゆうめい	ㅇ=ㅇ
応募	응모	오우보	おうぼ	ㅇ=ㅇ
一方	일방	입뽀우	いっぽう	ㅇ=ㅇ
一般	일반	입빵	いっぱん	ㅇ=ㅇ
往復	왕복	오우후꾸	おうふく	ㅇ=ㅇ
洋服	양복	요우후꾸	ようふく	ㅇ=ㅇ
予報	예보	요호우	よほう	ㅇ=ㅇ
違反	위반	이항	いはん	ㅇ=ㅇ
安心	안심	안싱	あんしん	ㅇ=ㅇ
意識	의식	이시끼	いしき	ㅇ=ㅇ
予習	예습	요슈우	よしゅう	ㅇ=ㅇ
優勝	우승	유우쇼우	ゆうしょう	ㅇ=ㅇ
優秀	우수	유우슈우	ゆうしゅう	ㅇ=ㅇ
約束	약속	야꾸소꾸	やくそく	ㅇ=ㅇ
要素	요소	요우소	ようそ	ㅇ=ㅇ
養成	양성	요우세이	ようせい	ㅇ=ㅇ
衛星	위성	에이세이	えいせい	ㅇ=ㅇ
優先	우선	유우셍	ゆうせん	ㅇ=ㅇ
衛生	위생	에이세이	えいせい	ㅇ=ㅇ
印象	인상	인쇼우	いんしょう	ㅇ=ㅇ
予想	예상	요소우	よそう	ㅇ=ㅇ
予算	예산	요상	よさん	ㅇ=ㅇ
演説	연설	엔제쯔	えんぜつ	ㅇ=ㅇ
屋上	옥상	오꾸죠우	おくじょう	ㅇ=ㅇ
以上	이상	이죠우	いじょう	ㅇ=ㅇ
営業	영업	에이교우	えいぎょう	ㅇ=ㅇ
英語	영어	에이고	えいご	ㅇ=ㅇ
音楽	음악	옹가꾸	おんがく	ㅇ=ㅇ
汚染	오염	오셍	おせん	ㅇ=ㅇ
要因	요인	요우잉	よういん	ㅇ=ㅇ
容易	용이	요우이	ようい	ㅇ=ㅇ

일어 한자	한글 발음	일어 한글 발음	일어 발음	첫 번째 단어 초성 자음
悪意	악의	아꾸이	あくい	ㅇ=ㅇ
余裕	여유	요유우	よゆう	ㅇ=ㅇ
委員	위원	이잉	いいん	ㅇ=ㅇ
医院	의원	이잉	いいん	ㅇ=ㅇ
応援	응원	오우엥	おうえん	ㅇ=ㅇ
意欲	의욕	이요꾸	いよく	ㅇ=ㅇ
運営	운영	웅에이	うんえい	ㅇ=ㅇ
栄養	영양	에이요우	えいよう	ㅇ=ㅇ
安定	안정	안떼이	あんてい	ㅇ=ㅇ
予定	예정	요떼이	よてい	ㅇ=ㅇ
要点	요점	요우뗑	ようてん	ㅇ=ㅇ
運転	운전	운뗑	うんてん	ㅇ=ㅇ
演奏	연주	엔소우	えんそう	ㅇ=ㅇ
依存	의존	이송	いそん	ㅇ=ㅇ
遺跡	유적	이세끼	いせき	ㅇ=ㅇ
維持	유지	이지	いじ	ㅇ=ㅇ
愛情	애정	아이죠우	あいじょう	ㅇ=ㅇ
安全	안전	안젱	あんぜん	ㅇ=ㅇ
余地	여지	요찌	よち	ㅇ=ㅇ
予測	예측	요소꾸	よそく	ㅇ=ㅇ
要請	요청	요우세이	ようせい	ㅇ=ㅇ
温泉	온천	온셍	おんせん	ㅇ=ㅇ
野菜	야채	야사이	やさい	ㅇ=ㅇ
一致	일치	잇찌	いっち	ㅇ=ㅇ
位置	위치	이찌	いち	ㅇ=ㅇ
安打	안타	안다	あんだ	ㅇ=ㅇ
郵便	우편	유우빙	ゆうびん	ㅇ=ㅇ
用品	용품	요우힝	ようひん	ㅇ=ㅇ
映画	영화	에이가	えいが	ㅇ=ㅇ
医学	의학	이가꾸	いがく	ㅇ=ㅇ
有効	유효	유우꼬우	ゆうこう	ㅇ=ㅇ
悪化	악화	악까	あっか	ㅇ=ㅇ

일어 한자	한글 발음	일어 한글 발음	일어 발음	첫 번째 단어 초성 자음
影響	영향	에이꼬우	えいきょう	ㅇ=ㅇ
運行	운행	웅꼬우	うんこう	ㅇ=ㅇ
以下	이하	이까	いか	ㅇ=ㅇ
役割	역할	야꾸와리	やくわり	ㅇ=ㅇ
料金	요금	료우낑	りょうきん	ㅇ=ㄹ(두)
両国	양국	료우꼬꾸	りょうこく	ㅇ=ㄹ(두)
旅館	여관	료깡	りょかん	ㅇ=ㄹ(두)
連係	연계	렝께이	れんけい	ㅇ=ㄹ(두)
旅客	여객	료까꾸	りょかく	ㅇ=ㄹ(두)
霊感	영감	레이깡	れいかん	ㅇ=ㄹ(두)
連帯	연대	렌따이	れんたい	ㅇ=ㄹ(두)
料理	요리	료우리	りょうり	ㅇ=ㄹ(두)
離陸	이륙	리리꾸	りりく	ㅇ=ㄹ(두)
理論	이론	리롱	りろん	ㅇ=ㄹ(두)
履歴	이력	리레끼	りれき	ㅇ=ㄹ(두)
練習	연습	렌슈우	れんしゅう	ㅇ=ㄹ(두)
歴史	역사	레끼시	れきし	ㅇ=ㄹ(두)
臨時	임시	린지	りんじ	ㅇ=ㄹ(두)
連続	연속	렌조꾸	れんぞく	ㅇ=ㄹ(두)
利益	이익	리에끼	りえき	ㅇ=ㄹ(두)
理由	이유	리유우	りゆう	ㅇ=ㄹ(두)
利用	이용	리요우	りよう	ㅇ=ㄹ(두)
恋愛	연애	렝아이	れんあい	ㅇ=ㄹ(두)
両親	양친	료우싱	りょうしん	ㅇ=ㄹ(두)
列車	열차	렛쌰	れっしゃ	ㅇ=ㄹ(두)
留学	유학	류우가꾸	りゅうがく	ㅇ=ㄹ(두)
離婚	이혼	리꽁	りこん	ㅇ=ㄹ(두)
旅行	여행	료꼬우	りょこう	ㅇ=ㄹ(두)
流行	유행	류우꼬우	りゅうこう	ㅇ=ㄹ(두)
理解	이해	리까이	りかい	ㅇ=ㄹ(두)
零下	영하	레이까	れいか	ㅇ=ㄹ(두)
元気	원기	겡끼	げんき	ㅇ=ㄱ

일어 한자	한글 발음	일어 한글 발음	일어 발음	첫 번째 단어 초성 자음
楽器	악기	각끼	がっき	ㅇ=ㄱ
外国	외국	가이꼬꾸	がいこく	ㅇ=ㄱ
外交	외교	가이꼬우	がいこう	ㅇ=ㄱ
芸術	예술	게이쥬쯔	げいじゅつ	ㅇ=ㄱ
牛乳	우유	규우뉴우	ぎゅうにゅう	ㅇ=ㄱ
原因	원인	겡잉	げんいん	ㅇ=ㄱ
業績	업적	교우세끼	ぎょうせき	ㅇ=ㄱ
原子	원자	겐시	げんし	ㅇ=ㄱ
午前	오전	고젱	ごぜん	ㅇ=ㄱ
原則	원칙	겐소꾸	げんそく	ㅇ=ㄱ
午後	오후	고고	ごご	ㅇ=ㄱ
議会	의회	기까이	ぎかい	ㅇ=ㄱ
銀行	은행	깅꼬우	ぎんこう	ㅇ=ㄱ
誤解	오해	고까이	ごかい	ㅇ=ㄱ
人間	인간	닝겡	にんげん	ㅇ=ㄴ(두)
人気	인기	닝끼	にんき	ㅇ=ㄴ(두)
年末	연말	넴마쯔	ねんまつ	ㅇ=ㄴ(두)
認識	인식	닌시끼	にんしき	ㅇ=ㄴ(두)
入試	입시	뉴우시	にゅうし	ㅇ=ㄴ(두)
日時	일자	니찌지	にちじ	ㅇ=ㄴ(두)
日常	일상	니찌죠우	にちじょう	ㅇ=ㄴ(두)
日程	일정	닡떼이	にってい	ㅇ=ㄴ(두)
入学	입학	뉴우가꾸	にゅうがく	ㅇ=ㄴ(두)
研究	연구	켕뀨우	けんきゅう	ㅇ=ㅋ
完了	완료	칸료우	かんりょう	ㅇ=ㅋ
完璧	완벽	캄뻬끼	かんぺき	ㅇ=ㅋ
完成	완성	칸세이	かんせい	ㅇ=ㅋ
危険	위험	키껭	きけん	ㅇ=ㅋ
人口	인구	징꼬우	じんこう	ㅇ=ㅈ
人類	인류	진루이	じんるい	ㅇ=ㅈ
人物	인물	짐부쯔	じんぶつ	ㅇ=ㅈ
人生	인생	진세이	じんせい	ㅇ=ㅈ

일어 한자	한글 발음	일어 한글 발음	일어 발음	첫 번째 단어 초성 자음
人事	인사	진지	じんじ	ㅇ=ㅈ
弱点	약점	쟈꾸뗑	じゃくてん	ㅇ=ㅈ

Ex 더 많은 예시들 : 두 번째 글자 초성 [ㅇ] 발음 변환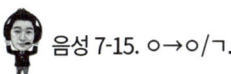

일어 한자	한글 발음	일어 한글 발음	일어 발음	두 번째 단어 초성 자음
撮影	촬영	사쯔에이	さつえい	ㅇ=ㅇ
運営	운영	웅에이	うんえい	ㅇ=ㅇ
上映	상영	죠우에이	じょうえい	ㅇ=ㅇ
経営	경영	케이에이	けいえい	ㅇ=ㅇ
国営	국영	코꾸에이	こくえい	ㅇ=ㅇ
太陽	태양	타이요우	たいよう	ㅇ=ㅇ
採用	채용	사이요우	さいよう	ㅇ=ㅇ
適応	적응	테끼오우	てきおう	ㅇ=ㅇ
中央	중앙	츄우오우	ちゅうおう	ㅇ=ㅇ
栄養	영양	에이요우	えいよう	ㅇ=ㅇ
利用	이용	리요우	りよう	ㅇ=ㅇ
信用	신용	싱요우	しんよう	ㅇ=ㅇ
使用	사용	시요우	しよう	ㅇ=ㅇ
費用	비용	히요우	ひよう	ㅇ=ㅇ
美容	미용	비요우	びよう	ㅇ=ㅇ
模様	모양	모요우	もよう	ㅇ=ㅇ
対応	대응	타이오우	たいおう	ㅇ=ㅇ
内容	내용	나이요우	ないよう	ㅇ=ㅇ
金融	금융	킹유우	きんゆう	ㅇ=ㅇ
雑音	잡음	자쯔옹	ざつおん	ㅇ=ㅇ
騒音	소음	소우옹	そうおん	ㅇ=ㅇ
発音	발음	하쯔옹	はつおん	ㅇ=ㅇ
録音	녹음	로꾸옹	ろくおん	ㅇ=ㅇ
万一	만일	망이찌	まんいち	ㅇ=ㅇ
統一	통일	토우이쯔	とういつ	ㅇ=ㅇ

일어 한자	한글 발음	일어 한글 발음	일어 발음	두 번째 단어 초성 자음
喫煙	흡연	키쯔엥	きつえん	ㅇ=ㅇ
体温	체온	타이옹	たいおん	ㅇ=ㅇ
出演	출연	슈쯔엥	しゅつえん	ㅇ=ㅇ
提案	제안	테이앙	ていあん	ㅇ=ㅇ
全員	전원	젱잉	ぜんいん	ㅇ=ㅇ
職員	직원	쇼꾸잉	しょくいん	ㅇ=ㅇ
要因	요인	요우잉	よういん	ㅇ=ㅇ
委員	위원	이잉	いいん	ㅇ=ㅇ
応援	응원	오우엥	おうえん	ㅇ=ㅇ
原因	원인	겡잉	げんいん	ㅇ=ㅇ
法案	법안	호우앙	ほうあん	ㅇ=ㅇ
不安	불안	후앙	ふあん	ㅇ=ㅇ
病院	병원	뵤우잉	びょういん	ㅇ=ㅇ
答案	답안	토우앙	とうあん	ㅇ=ㅇ
公園	공원	코우엥	こうえん	ㅇ=ㅇ
気温	기온	키옹	きおん	ㅇ=ㅇ
講演	강연	코우엥	こうえん	ㅇ=ㅇ
利益	이익	리에끼	りえき	ㅇ=ㅇ
貿易	무역	보우에끼	ぼうえき	ㅇ=ㅇ
区域	구역	쿠이끼	くいき	ㅇ=ㅇ
検疫	검역	켕에끼	けんえき	ㅇ=ㅇ
活躍	활약	카쯔야구	かつやく	ㅇ=ㅇ
体育	체육	타이이꾸	たいいく	ㅇ=ㅇ
条約	조약	죠우야꾸	じょうやく	ㅇ=ㅇ
制約	제약	제이야꾸	せいやく	ㅇ=ㅇ
意欲	의욕	이요꾸	いよく	ㅇ=ㅇ
食欲	식욕	쇼꾸요꾸	しょくよく	ㅇ=ㅇ
翻訳	번역	홍야꾸	ほんやく	ㅇ=ㅇ
教育	교육	쿄우이꾸	きょういく	ㅇ=ㅇ
記憶	기억	키오꾸	きおく	ㅇ=ㅇ
契約	계약	케이야꾸	けいやく	ㅇ=ㅇ
必要	필요	히쯔요우	ひつよう	ㅇ=ㅇ

일어 한자	한글 발음	일어 한글 발음	일어 발음	두 번째 단어 초성 자음
特有	특유	토꾸유우	とくゆう	ㅇ=ㅇ
注意	주의	츄우이	ちゅうい	ㅇ=ㅇ
自由	자유	지유우	じゆう	ㅇ=ㅇ
重要	중요	쥬우요우	じゅうよう	ㅇ=ㅇ
周囲	주위	슈우이	しゅうい	ㅇ=ㅇ
容易	용이	요우이	ようい	ㅇ=ㅇ
悪意	악의	아꾸이	あくい	ㅇ=ㅇ
余裕	여유	요유우	よゆう	ㅇ=ㅇ
理由	이유	리유우	りゆう	ㅇ=ㅇ
恋愛	연애	렝아이	れんあい	ㅇ=ㅇ
需要	수요	쥬요우	じゅよう	ㅇ=ㅇ
石油	석유	세끼유	せきゆ	ㅇ=ㅇ
俳優	배우	하이유우	はいゆう	ㅇ=ㅇ
防衛	방위	보우에이	ぼうえい	ㅇ=ㅇ
同意	동의	도우이	どうい	ㅇ=ㅇ
決意	결의	케쯔이	けつい	ㅇ=ㅇ
歓迎	환영	캉게이	かんげい	ㅇ=ㄱ
卒業	졸업	소쯔교우	そつぎょう	ㅇ=ㄱ
作業	작업	사교우	さぎょう	ㅇ=ㄱ
職業	직업	쇼꾸교유	しょくぎょう	ㅇ=ㄱ
営業	영업	에이교우	えいぎょう	ㅇ=ㄱ
授業	수업	쥬교우	じゅぎょう	ㅇ=ㄱ
失業	실업	지쯔교우	しつぎょう	ㅇ=ㄱ
産業	산업	상교우	さんぎょう	ㅇ=ㄱ
農業	농업	노우교우	のうぎょう	ㅇ=ㄱ
工業	공업	코우교우	こうぎょう	ㅇ=ㄱ
企業	기업	키교우	きぎょう	ㅇ=ㄱ
資源	자원	시겡	しげん	ㅇ=ㄱ
方言	방언	호우겡	ほうげん	ㅇ=ㄱ
発言	발언	하쯔겡	はつげん	ㅇ=ㄱ
音楽	음악	옹가꾸	おんがく	ㅇ=ㄱ
会議	회의	카이기	かいぎ	ㅇ=ㄱ

일어 한자	한글 발음	일어 한글 발음	일어 발음	두 번째 단어 초성 자음
協議	협의	쿄우기	きょうぎ	ㅇ=ㄱ
講義	강의	코우기	こうぎ	ㅇ=ㄱ
海外	해외	카이가이	かいがい	ㅇ=ㄱ
討議	토의	토우기	とうぎ	ㅇ=ㄱ
障碍	장애	쇼우가이	しょうがい	ㅇ=ㄱ
英語	영어	에이고	えいご	ㅇ=ㄱ
審議	심의	싱기	しんぎ	ㅇ=ㄱ
物議	물의	부쯔기	ぶつぎ	ㅇ=ㄱ
建議	건의	켕기	けんぎ	ㅇ=ㄱ
休日	휴일	큐우지쯔	きゅうじつ	ㅇ=ㅅ
平日	평일	헤이지쯔	へいじつ	ㅇ=ㅅ
祝日	축일	슈꾸지쯔	しゅくじつ	ㅇ=ㅅ
前日	전일	젠지쯔	ぜんじつ	ㅇ=ㅅ
同日	동일	도우지쯔	どうじつ	ㅇ=ㅅ
自然	자연	시젱	しぜん	ㅇ=ㅅ
成人	성인	세이징	せいじん	ㅇ=ㅅ
夫人	부인	후징	ふじん	ㅇ=ㅅ
別人	별인(딴사람)	베쯔징	べつじん	ㅇ=ㅅ
美人	미인	비징	びじん	ㅇ=ㅅ
当然	당연	토우젱	とうぜん	ㅇ=ㅅ
突然	돌연	토츠젱	とつぜん	ㅇ=ㅅ
老人	노인	로우징	ろうじん	ㅇ=ㅅ
個人	개인	코징	こじん	ㅇ=ㅅ
収入	수입	슈우뉴우	しゅうにゅう	ㅇ=ㄴ(두)
導入	도입	도우뉴우	どうにゅう	ㅇ=ㄴ(두)
投入	투입	토우뉴우	とうにゅう	ㅇ=ㄴ(두)
責任	책임	세끼닝	せきにん	ㅇ=ㄴ(두)
毎日	매일	마이니찌	まいにち	ㅇ=ㄴ(두)
確認	확인	카꾸닝	かくにん	ㅇ=ㄴ(두)
天然	천연	텐넹	てんねん	ㅇ=ㄴ(두)
承認	승인	쇼우닝	しょうにん	ㅇ=ㄴ(두)

일어 한자	한글 발음	일어 한글 발음	일어 발음	두 번째 단어 초성 자음
筋肉	근육	킨니꾸	きんにく	ㅇ=ㄴ(두)
牛乳	우유	규우뉴우	ぎゅうにゅう	ㅇ=ㄴ(두)
比率	비율	히리쯔	ひりつ	ㅇ=ㄹ(두)
汚染	오염	오셍	おせん	ㅇ=ㅅ
感染	감염	칸셍	かんせん	ㅇ=ㅅ

🔊 한글 자음 [ㅈ] 변환

❶ 첫 번째 글자 초성 발음 변환

한글 초성	변환	일어 초성	비율
ㅈ	▶	ㅅ	ㅅ 약50%
		ㅈ	ㅈ 약20%
		ㅊ, ㅌ, ㄷ	ㅊ, ㅌ, ㄷ 약30%

▶ 한글 [ㅈ]이 첫 글자 초성으로 올 경우 절반 정도는 [ㅅ]으로 발음되고 20% 정도는 동일하게 [ㅈ]으로, 나머지는 [ㅊ, ㅌ, ㄷ]으로도 변환되어 발음이 됩니다.

※ 주목할 점은 잇소리인 [ㅈ]이 혓소리인 [ㅌ/ㄷ]와 다른 소리 집단인데 변환돼서 발음하고 있습니다.

❷ 두 번째 글자 초성 발음 변환

한글 초성	변환	일어 초성	비율
ㅇ	▶	ㅅ	ㅅ 약60%
		ㅈ	ㅈ 약25%
		ㄸ	ㄸ 약20%
		ㅉ, ㄷ	ㅉ, ㄷ 약10%

▶ 한글 [ㅈ]이 두 번째 글자 초성으로 올 경우 절반 정도는 [ㅅ]으로 발음되고, 대략 25% 정도는 동일하게 [ㅈ]으로, 20% 정도는 된소리 [ㄸ]으로 발음됩니다.
추가로 [ㅉ, ㄷ]으로도 변환되어 발음이 되지만 빈도는 적습니다.

Ex 더 많은 예시들 : 첫 번째 글자 초성 [ㅈ] 발음 변환   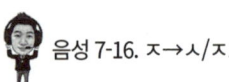 음성 7-16. ㅈ→ㅅ/ㅈ..

일어 한자	한글 발음	일어 한글 발음	일어 발음	첫 번째 단어 초성 자음
刺激	자극	시게끼	しげき	ㅈ=ㅅ
専攻	전공	셍꼬우	せんこう	ㅈ=ㅅ
資金	자금	시낑	しきん	ㅈ=ㅅ
政権	정권	세이껭	せいけん	ㅈ=ㅅ
証券	증권	쇼우껭	しょうけん	ㅈ=ㅅ
週間	주간	슈우깡	しゅうかん	ㅈ=ㅅ
積極	적극	섹꼬꾸	せっきょく	ㅈ=ㅅ
資格	자격	시까꾸	しかく	ㅈ=ㅅ
証拠	증거	쇼우꼬	しょうこ	ㅈ=ㅅ
昨年	작년	사꾸넹	さくねん	ㅈ=ㅅ
集団	집단	슈우당	しゅうだん	ㅈ=ㅅ
診断	진단	신당	しんだん	ㅈ=ㅅ
指導	지도	시도우	しどう	ㅈ=ㅅ
制度	제도	세이도	せいど	ㅈ=ㅅ
整頓	정돈	세이똥	せいとん	ㅈ=ㅅ
占領	점령	센료우	せんりょう	ㅈ=ㅅ
戰略	전략	센랴꾸	せんりゃく	ㅈ=ㅅ
整理	정리	세이리	せいり	ㅈ=ㅅ
種類	종류	슈루이	しゅるい	ㅈ=ㅅ
終了	종료	슈우료우	しゅうりょう	ㅈ=ㅅ
診療	진료	진료우	しんりょう	ㅈ=ㅅ
資料	자료	시료우	しりょう	ㅈ=ㅅ
将来	장래	쇼우라이	しょうらい	ㅈ=ㅅ
照明	조명	쇼우메이	しょうめい	ㅈ=ㅅ
週末	주말	슈우마쯔	しゅうまつ	ㅈ=ㅅ

일어 한자	한글 발음	일어 한글 발음	일어 발음	첫 번째 단어 초성 자음
質問	질문	시쯔몽	しつもん	ㅈ=ㅅ
專門	전문	셈몽	せんもん	ㅈ=ㅅ
正面	정면	쇼우멩	しょうめん	ㅈ=ㅅ
種目	종목	슈모꾸	しゅもく	ㅈ=ㅅ
整備	정비	세이비	せいび	ㅈ=ㅅ
栽培	재배	사이바이	さいばい	ㅈ=ㅅ
進步	진보	심뽀	しんぽ	ㅈ=ㅅ
周邊	주변	슈우헹	しゅうへん	ㅈ=ㅅ
政府	정부	세이후	せいふ	ㅈ=ㅅ
祖父	조부	소후	そふ	ㅈ=ㅅ
支配	지배	시하이	しはい	ㅈ=ㅅ
精神	정신	세이싱	せいしん	ㅈ=ㅅ
正式	정식	세이시끼	せいしき	ㅈ=ㅅ
指數	지수	시스우	しすう	ㅈ=ㅅ
姿勢	자세	시세이	しせい	ㅈ=ㅅ
症狀	증상	쇼우죠우	しょうじょう	ㅈ=ㅅ
支持	지지	시지	しじ	ㅈ=ㅅ
指示	지시	시지	しじ	ㅈ=ㅅ
卒業	졸업	소쯔교우	そつぎょう	ㅈ=ㅅ
作業	작업	사교우	さぎょう	ㅈ=ㅅ
職業	직업	쇼꾸교유	しょくぎょう	ㅈ=ㅅ
資源	자원	시겡	しげん	ㅈ=ㅅ
障碍	장애	쇼우가이	しょうがい	ㅈ=ㅅ
職員	직원	쇼꾸잉	しょくいん	ㅈ=ㅅ
制約	제약	세이야꾸	せいやく	ㅈ=ㅅ
周圍	주위	슈우이	しゅうい	ㅈ=ㅅ
自然	자연	시젱	しぜん	ㅈ=ㅅ
指定	지정	시떼이	してい	ㅈ=ㅅ
終點	종점	슈우뗑	しゅうてん	ㅈ=ㅅ
支店	지점	시뗑	してん	ㅈ=ㅅ
戰爭	전쟁	센소우	せんそう	ㅈ=ㅅ
作戰	작전	사꾸셍	さくせん	ㅈ=ㅅ

일어 한자	한글 발음	일어 한글 발음	일어 발음	첫 번째 단어 초성 자음
操作	조작	소우사	そうさ	ㅈ＝ㅅ
組織	조직	소시끼	そしき	ㅈ＝ㅅ
製作	제작	세이사꾸	せいさく	ㅈ＝ㅅ
製造	제조	세이조우	せいぞう	ㅈ＝ㅅ
存在	존재	손자이	そんざい	ㅈ＝ㅅ
折衝	절충	셋쑈우	せっしょう	ㅈ＝ㅅ
進出	진출	신슈쯔	しんしゅつ	ㅈ＝ㅅ
接触	접촉	셋쑈꾸	せっしょく	ㅈ＝ㅅ
政治	정치	세이지	せいじ	ㅈ＝ㅅ
裝置	장치	소우찌	そうち	ㅈ＝ㅅ
戰鬪	전투	센또우	せんとう	ㅈ＝ㅅ
裁判	재판	사이방	さいばん	ㅈ＝ㅅ
作品	작품	사꾸힝	さくひん	ㅈ＝ㅅ
製品	제품	세이힝	せいひん	ㅈ＝ㅅ
綜合	종합	소우고우	そうごう	ㅈ＝ㅅ
制限	제한	세이겡	せいげん	ㅈ＝ㅅ
進学	진학	싱가꾸	しんがく	ㅈ＝ㅅ
障害	장해	쇼유가이	しょうがい	ㅈ＝ㅅ
災害	재해	사이가이	さいがい	ㅈ＝ㅅ
執行	집행	식꼬우	しっこう	ㅈ＝ㅅ
進行	진행	싱꼬우	しんこう	ㅈ＝ㅅ
正確	정확	세이까꾸	せいかく	ㅈ＝ㅅ
進化	진화	싱까	しんか	ㅈ＝ㅅ
条件	조건	죠우껭	じょうけん	ㅈ＝ㅈ
全国	전국	젱꼬꾸	ぜんこく	ㅈ＝ㅈ
自覚	자각	지까꾸	じかく	ㅈ＝ㅈ
自己	자기	지꼬	じこ	ㅈ＝ㅈ
増加	증가	조우까	ぞうか	ㅈ＝ㅈ
自動	자동	지도우	じどう	ㅈ＝ㅈ
増大	증대	조우다이	ぞうだい	ㅈ＝ㅈ
重大	중대	쥬우다이	じゅうだい	ㅈ＝ㅈ
絶対	절대	젯따이	ぜったい	ㅈ＝ㅈ

일어 한자	한글 발음	일어 한글 발음	일어 발음	첫 번째 단어 초성 자음
全力	전력	젠료꾸	ぜんりょく	ス=ざ
材料	재료	자이료우	ざいりょう	ス=ざ
住民	주민	쥬우밍	じゅうみん	ス=ざ
前面	전면	젬멩	ぜんめん	ス=ざ
字幕	자막	지마꾸	じまく	ス=ざ
絶望	절망	제쯔보우	ぜつぼう	ス=ざ
前半	전반	젱항	ぜんはん	ス=ざ
準備	준비	쥼비	じゅんび	ス=ざ
全部	전부	젬부	ぜんぶ	ス=ざ
情報	정보	죠우호우	じょうほう	ス=ざ
地震	지진	지싱	じしん	ス=ざ
財産	재산	자이상	ざいさん	ス=ざ
住所	주소	쥬우쇼	じゅうしょ	ス=ざ
残像	잔상	잔조우	ざんぞう	ス=ざ
雑音	잡음	자쯔옹	ざつおん	ス=ざ
全員	전원	젱잉	ぜんいん	ス=ざ
条約	조약	죠우야꾸	じょうやく	ス=ざ
自由	자유	지유우	じゅう	ス=ざ
重要	중요	쥬우요우	じゅうよう	ス=ざ
前日	전일	젠지쯔	ぜんじつ	ス=ざ
雑誌	잡지	잣씨	ざっし	ス=ざ
全体	전체	젠따이	ぜんたい	ス=ざ
住宅	주택	쥬우따꾸	じゅうたく	ス=ざ
自宅	자택	지따꾸	じたく	ス=ざ
前後	전후	젱고	ぜんご	ス=ざ
絶好	절호	젝꼬우	ぜっこう	ス=ざ
中国	중국	츄우고꾸	ちゅうごく	ス=ち
貯金	저금	쵸킹	ちょきん	ス=ち
地球	지구	치뀨우	ちきゅう	ス=ち
中継	중개	츄우께이	ちゅうけい	ス=ち
注文	주문	츄우몽	ちゅうもん	ス=ち
注目	주목	츄우모꾸	ちゅうもく	ス=ち

일어 한자	한글 발음	일어 한글 발음	일어 발음	첫 번째 단어 초성 자음
地方	지방	치호우	ちほう	ス=ㅊ
中心	중심	츄우숭	ちゅうしん	ス=ㅊ
知識	지식	치시끼	ちしき	ス=ㅊ
調査	조사	쵸우사	ちょうさ	ス=ㅊ
中央	중앙	츄우오우	ちゅうおう	ス=ㅊ
注意	주의	츄우이	ちゅうい	ス=ㅊ
調整	조정	쵸우세이	ちょうせい	ス=ㅊ
直接	직접	쵸꾸세쯔	ちょくせつ	ス=ㅊ
直後	직후	쵸꾸고	ちょくご	ス=ㅊ
地下	지하	치까	ちか	ス=ㅊ
提供	제공	테이꾜우	ていきょう	ス=ㅌ
展開	전개	텡까이	てんかい	ス=ㅌ
程度	정도	테이도	ていど	ス=ㅌ
適当	적당	테끼또우	てきとう	ス=ㅌ
停留	정류	테이류우	ていりゅう	ス=ㅌ
摘発	적발	테끼하쯔	てきはつ	ス=ㅌ
提示	제시	테이지	ていじ	ス=ㅌ
展示	전시	텐지	てんじ	ス=ㅌ
適応	적응	테끼오우	てきおう	ス=ㅌ
提案	제안	테이앙	ていあん	ス=ㅌ
停止	정지	테이시	ていし	ス=ㅌ
提出	제출	테이슈쯔	ていしゅつ	ス=ㅌ
停車	정차	테이샤	ていしゃ	ス=ㅌ
転換	전환	텡깡	てんかん	ス=ㅌ
低下	저하	테이까	ていか	ス=ㅌ
電気	전기	뎅끼	でんき	ス=ㄷ
電流	전류	덴류우	でんりゅう	ス=ㄷ
電車	전차	덴샤	でんしゃ	ス=ㄷ
伝統	전통	덴또우	でんとう	ス=ㄷ
電波	전파	뎀빠	でんぱ	ス=ㄷ
電話	전화	뎅와	でんわ	ス=ㄷ

더 많은 예시들 : 두 번째 글자 초성 [ㅈ] 발음 변환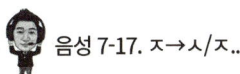

일어 한자	한글 발음	일어 한글 발음	일어 발음	두 번째 단어 초성 자음
改正	개정	카이세이	かいせい	ㅈ=ㅅ
観衆	관중	칸슈우	かんしゅう	ㅈ=ㅅ
競争	경쟁	쿄우소우	きょうそう	ㅈ=ㅅ
故障	고장	고쇼우	こしょう	ㅈ=ㅅ
国籍	국적	코꾸세끼	こくせき	ㅈ=ㅅ
奇跡	기적	키세끼	きせき	ㅈ=ㅅ
禁止	금지	킨시	きんし	ㅈ=ㅅ
強制	강제	쿄우세이	きょうせい	ㅈ=ㅅ
規制	규제	키세이	きせい	ㅈ=ㅅ
記者	기자	키샤	きしゃ	ㅈ=ㅅ
冷静	냉정	레이세이	れいせい	ㅈ=ㅅ
動作	동작	도우사	どうさ	ㅈ=ㅅ
読者	독자	도꾸샤	どくしゃ	ㅈ=ㅅ
挑戦	도전	쵸우셍	ちょうせん	ㅈ=ㅅ
大衆	대중	타이슈우	たいしゅう	ㅈ=ㅅ
面接	면접	멘세쯔	めんせつ	ㅈ=ㅅ
面積	면적	멘세끼	めんせき	ㅈ=ㅅ
毎週	매주	마이슈우	まいしゅう	ㅈ=ㅅ
文章	문장	분쇼우	ぶんしょう	ㅈ=ㅅ
武装	무장	부소우	ぶそう	ㅈ=ㅅ
募集	모집	보슈우	ぼしゅう	ㅈ=ㅅ
防止	방지	보우시	ぼうし	ㅈ=ㅅ
保証	보증	호쇼우	ほしょう	ㅈ=ㅅ
紛争	분쟁	훈소우	ふんそう	ㅈ=ㅅ
服装	복장	후꾸소우	ふくそう	ㅈ=ㅅ
不足	부족	후소꾸	ふそく	ㅈ=ㅅ
修正	수정	슈우세이	しゅうせい	ㅈ=ㅅ
写真	사진	샤싱	しゃしん	ㅈ=ㅅ
成績	성적	세이세끼	せいせき	ㅈ=ㅅ
業績	업적	교우세끼	ぎょうせき	ㅈ=ㅅ

일어 한자	한글 발음	일어 한글 발음	일어 발음	두 번째 단어 초성 자음
原子	원자	겐시	げんし	ㅈ＝ㅅ
依存	의존	이송	いそん	ㅈ＝ㅅ
遺跡	유적	이세끼	いせき	ㅈ＝ㅅ
演奏	연주	엔소우	えんそう	ㅈ＝ㅅ
戰爭	전쟁	센소우	せんそう	ㅈ＝ㅅ
作戰	작전	사꾸셍	さくせん	ㅈ＝ㅅ
操作	조작	소우사	そうさ	ㅈ＝ㅅ
組織	조직	소시끼	そしき	ㅈ＝ㅅ
製作	제작	세이사꾸	せいさく	ㅈ＝ㅅ
地震	지진	지싱	じしん	ㅈ＝ㅅ
調整	조정	쵸우세이	ちょうせい	ㅈ＝ㅅ
直接	직접	쵸꾸세쯔	ちょくせつ	ㅈ＝ㅅ
停止	정지	테이시	ていし	ㅈ＝ㅅ
最終	최종	사이슈우	さいしゅう	ㅈ＝ㅅ
親切	친절	신세쯔	しんせつ	ㅈ＝ㅅ
促進	촉진	소꾸싱	そくしん	ㅈ＝ㅅ
就職	취직	슈우쇼꾸	しゅうしょく	ㅈ＝ㅅ
創作	창작	소우사꾸	そうさく	ㅈ＝ㅅ
追跡	추적	츠이세끼	ついせき	ㅈ＝ㅅ
體操	체조	타이소우	たいそう	ㅈ＝ㅅ
體制	체제	타이세이	たいせい	ㅈ＝ㅅ
天才	천재	텐사이	てんさい	ㅈ＝ㅅ
打者	타자	다샤	だしゃ	ㅈ＝ㅅ
鬪爭	투쟁	토우소우	とうそう	ㅈ＝ㅅ
特殊	특집	토꾸슈우	とくしゅう	ㅈ＝ㅅ
退職	퇴직	타이쇼꾸	たいしょく	ㅈ＝ㅅ
投資	투자	토우시	とうし	ㅈ＝ㅅ
編集	편집	헨슈우	へんしゅう	ㅈ＝ㅅ
品質	품질	힌시쯔	ひんしつ	ㅈ＝ㅅ
敗戰	패전	하이셍	はいせん	ㅈ＝ㅅ
行政	행정	교우세이	ぎょうせい	ㅈ＝ㅅ

일어 한자	한글 발음	일어 한글 발음	일어 발음	두 번째 단어 초성 자음
火災	화재	카사이	かさい	ㅈ=ㅅ
決戦	결전	켓쎙	けっせん	ㅈ=ㅆ
密接	밀접	밋쎄쯔	みっせつ	ㅈ=ㅆ
実績	실적	짓쎄끼	じっせき	ㅈ=ㅆ
実際	실제	짓싸이	じっさい	ㅈ=ㅆ
雑誌	잡지	잣씨	ざっし	ㅈ=ㅆ
急増	급증	큐우조우	きゅうぞう	ㅈ=ㅈ
感情	감정	칸죠우	かんじょう	ㅈ=ㅈ
工場	공장	코우죠우	こうじょう	ㅈ=ㅈ
基準	기준	키중	きじゅん	ㅈ=ㅈ
家族	가족	카조꾸	かぞく	ㅈ=ㅈ
改造	개조	카이조우	かいぞう	ㅈ=ㅈ
経済	경제	케이자이	けいざい	ㅈ=ㅈ
冷蔵	냉장	레이조우	れいぞう	ㅈ=ㅈ
登場	등장	토우죠우	とうじょう	ㅈ=ㅈ
満足	만족	만조꾸	まんぞく	ㅈ=ㅈ
民族	민족	민조꾸	みんぞく	ㅈ=ㅈ
木造	목조	모꾸조우	もくぞう	ㅈ=ㅈ
複雑	복잡	후꾸자쯔	ふくざつ	ㅈ=ㅈ
保存	보존	호종	ほぞん	ㅈ=ㅈ
保持	보지	호지	ほじ	ㅈ=ㅈ
犯罪	범죄	한자이	はんざい	ㅈ=ㅈ
補助	보조	호죠	ほじょ	ㅈ=ㅈ
市場	시장	시죠우	しじょう	ㅈ=ㅈ
水準	수준	스이중	すいじゅん	ㅈ=ㅈ
素材	소재	소자이	そざい	ㅈ=ㅈ
事情	사정	지죠우	じじょう	ㅈ=ㅈ
午前	오전	고젱	ごぜん	ㅈ=ㅈ
愛情	애정	아이죠우	あいじょう	ㅈ=ㅈ
安全	안전	안젱	あんぜん	ㅈ=ㅈ
維持	유지	이지	いじ	ㅈ=ㅈ

일어 한자	한글 발음	일어 한글 발음	일어 발음	두 번째 단어 초성 자음
製造	제조	세이조우	せいぞう	ㅈ=ㅈ
存在	존재	손자이	そんざい	ㅈ=ㅈ
創造	창조	소우조우	そうぞう	ㅈ=ㅈ
取材	취재	슈자이	しゅざい	ㅈ=ㅈ
表情	표정	효우죠우	ひょうじょう	ㅈ=ㅈ
標準	표준	효우즁	ひょうじゅん	ㅈ=ㅈ
現在	현재	겐자이	げんざい	ㅈ=ㅈ
工程	공정	코우떼이	こうてい	ㅈ=ㄸ
決定	결정	켇떼이	けってい	ㅈ=ㄸ
家庭	가정	카떼이	かてい	ㅈ=ㄸ
課程	과정	카떼이	かてい	ㅈ=ㄸ
規定	규정	키떼이	きてい	ㅈ=ㄸ
観点	관점	칸뗑	かんてん	ㅈ=ㄸ
強敵	강적	쿄우떼끼	きょうてき	ㅈ=ㄸ
得点	득점	토꾸뗑	とくてん	ㅈ=ㄸ
目的	목적	모꾸떼끼	もくてき	ㅈ=ㄸ
不定	부정	후떼이	ふてい	ㅈ=ㄸ
本店	본점	혼뗑	ほんてん	ㅈ=ㄸ
発展	발전	핟뗑	はってん	ㅈ=ㄸ
商店	상점	쇼우뗑	しょうてん	ㅈ=ㄸ
日程	일정	닏떼이	にってい	ㅈ=ㄸ
安定	안정	안떼이	あんてい	ㅈ=ㄸ
予定	예정	요떼이	よてい	ㅈ=ㄸ
要点	요점	요우뗑	ようてん	ㅈ=ㄸ
運転	운전	운뗑	うんてん	ㅈ=ㄸ
弱点	약점	쟈꾸뗑	じゃくてん	ㅈ=ㄸ
指定	지정	시떼이	してい	ㅈ=ㄸ
終点	종점	슈우뗑	しゅうてん	ㅈ=ㄸ
支店	지점	시뗑	してん	ㅈ=ㄸ
推定	추정	스이떼이	すいてい	ㅈ=ㄸ
最低	최저	사이떼이	さいてい	ㅈ=ㄸ
徹底	철저	텐떼이	てってい	ㅈ=ㄸ

일어 한자	한글 발음	일어 한글 발음	일어 발음	두 번째 단어 초성 자음
限定	한정	겐떼이	げんてい	ㅈ=ㄸ
回転	회전	카이뗑	かいてん	ㅈ=ㄸ
確定	확정	카꾸떼이	かくてい	ㅈ=ㄸ
緊張	긴장	킨쬬우	きんちょう	ㅈ=ㅉ
各地	각지	카꾸찌	かくち	ㅈ=ㅉ
強調	강조	쿄우쬬우	きょうちょう	ㅈ=ㅉ
途中	도중	토쮸우	とちゅう	ㅈ=ㅉ
象徴	상징	쇼우쬬우	しょうちょう	ㅈ=ㅉ
成長	성장	세이쬬우	せいちょう	ㅈ=ㅉ
社長	사장	샤쬬우	しゃちょう	ㅈ=ㅉ
余地	여지	요찌	よち	ㅈ=ㅉ
出張	출장	슛쬬우	しゅっちょう	ㅈ=ㅉ
通帳	통장	츠우쬬우	つうちょう	ㅈ=ㅉ
特徴	특징	토꾸쬬우	とくちょう	ㅈ=ㅉ
土地	토지	토찌	とち	ㅈ=ㅉ
課題	과제	카다이	かだい	ㅈ=ㄷ
問題	문제	몬다이	もんだい	ㅈ=ㄷ
宣伝	선전	센뎅	せんでん	ㅈ=ㄷ
充電	충전	쥬우뎅	じゅうでん	ㅈ=ㄷ
話題	화제	와다이	わだい	ㅈ=ㄷ

한글 자음 [ㅊ] 변환

❶ 첫 번째 글자 초성 발음 변환

한글 초성	변환	일어 초성	비율
ㅊ	▸	ㅅ	ㅅ 약70%, ㅌ 약20%, ㅊ,ㅈ 약10%
		ㅌ	
		ㅊ, ㅈ	

● 한글 [ㅊ]이 첫 글자 초성으로 올 경우 대부분 유사 발음 그룹(잇소리)인 [ㅅ]으로 변환되어 발음되고, 20% 정도는 [ㅌ], 빈도는 적지만 나머지는 [ㅊ, ㅈ]으로도 변환되어 발음이 됩니다.

❷ 두 번째 글자 초성 발음 변환

한글 초성	변환	일어 초성	비율
ㅊ	▶	ㅅ	ㄸ, ㅈ 약10%
		ㅉ	ㅉ 약20%
		ㄸ, ㅈ	ㅅ 약70%

● 한글 [ㅈ]이 두 번째 글자 초성으로 올 경우 대부분 유사 발음 그룹(잇소리)인 [ㅅ]으로 발음되고, 20% 정도는 된소리 발음 [ㅉ], 빈도는 적지만 나머지는 [ㄸ, ㅈ]으로도 변환되어 발음이 됩니다.

Ex 더 많은 예시들 : 첫 번째 글자 초성 [ㅊ] 발음 변환   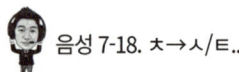 음성 7-18. ㅊ→ㅅ/ㅌ..

일어 한자	한글 발음	일어 한글 발음	일어 발음	첫 번째 단어 초성 자음
初級	초급	쇼뀨우	しょきゅう	ㅊ=ㅅ
淸潔	청결	세이께쯔	せいけつ	ㅊ=ㅅ
採決	채결	사이께쯔	さいけつ	ㅊ=ㅅ
最近	최근	사이낑	さいきん	ㅊ=ㅅ
初期	초기	쇼끼	しょき	ㅊ=ㅅ
請求	청구	세이뀨우	せいきゅう	ㅊ=ㅅ
參考	참고	상꼬우	さんこう	ㅊ=ㅅ
最高	최고	사이꼬우	さいこう	ㅊ=ㅅ
倉庫	창고	소우꼬	そうこ	ㅊ=ㅅ
參加	참가	상까	さんか	ㅊ=ㅅ
靑年	청년	세이넹	せいねん	ㅊ=ㅅ
最大	최대	사이다이	さいだい	ㅊ=ㅅ

일어 한자	한글 발음	일어 한글 발음	일어 발음	첫 번째 단어 초성 자음
衝突	충돌	쇼우또쯔	しょうとつ	ㅊ=ㅅ
創立	창립	소우리쯔	そうりつ	ㅊ=ㅅ
侵略	침략	신랴꾸	しんりゃく	ㅊ=ㅅ
処理	처리	쇼리	しょり	ㅊ=ㅅ
推理	추리	스이리	すいり	ㅊ=ㅅ
差別	차별	사베쯔	さべつ	ㅊ=ㅅ
処分	처분	쇼붕	しょぶん	ㅊ=ㅅ
出発	출발	슙빠쯔	しゅっぱつ	ㅊ=ㅅ
賛成	찬성	산세이	さんせい	ㅊ=ㅅ
出身	출신	슛씽	しゅっしん	ㅊ=ㅅ
出席	출석	슛쎄끼	しゅっせき	ㅊ=ㅅ
親戚	친척	신세끼	しんせき	ㅊ=ㅅ
責任	책임	세끼닝	せきにん	ㅊ=ㅅ
撮影	촬영	사쯔에이	さつえい	ㅊ=ㅅ
採用	채용	사이요우	さいよう	ㅊ=ㅅ
出演	출연	슈쯔엥	しゅつえん	ㅊ=ㅅ
祝日	축일	슈꾸지쯔	しゅくじつ	ㅊ=ㅅ
推定	추정	스이떼이	すいてい	ㅊ=ㅅ
最低	최저	사이떼이	さいてい	ㅊ=ㅅ
最終	최종	사이슈우	さいしゅう	ㅊ=ㅅ
親切	친절	신세쯔	しんせつ	ㅊ=ㅅ
促進	촉진	소꾸싱	そくしん	ㅊ=ㅅ
就職	취직	슈우쇼꾸	しゅうしょく	ㅊ=ㅅ
創作	창작	소우사꾸	そうさく	ㅊ=ㅅ
創造	창조	소우조우	そうぞう	ㅊ=ㅅ
取材	취재	슈자이	しゅざい	ㅊ=ㅅ
出張	출장	슛쪼우	しゅっちょう	ㅊ=ㅅ
青春	청춘	세이슝	せいしゅん	ㅊ=ㅅ
推薦	추천	스이셍	すいせん	ㅊ=ㅅ
最初	최초	사이쇼	さいしょ	ㅊ=ㅅ
採択	채택	사이따꾸	さいたく	ㅊ=ㅅ
出版	출판	슙빵	しゅっぱん	ㅊ=ㅅ

일어 한자	한글 발음	일어 한글 발음	일어 발음	첫 번째 단어 초성 자음
最後	최후	사이고	さいご	ㅊ=ㅅ
招待	초대	쇼우따이	しょうたい	ㅊ=ㅅ
鉄鋼	철광	텍꼬우	てっこう	ㅊ=ㅌ
締結	체결	테이께쯔	ていけつ	ㅊ=ㅌ
鉄道	철도	테쯔도우	てつどう	ㅊ=ㅌ
天然	천연	텐넹	てんねん	ㅊ=ㅌ
体温	체온	타이옹	たいおん	ㅊ=ㅌ
体育	체육	타이이꾸	たいいく	ㅊ=ㅌ
徹底	철저	텔떼이	てってい	ㅊ=ㅌ
体操	체조	타이소우	たいそう	ㅊ=ㅌ
体制	체제	타이세이	たいせい	ㅊ=ㅌ
天才	천재	텐사이	てんさい	ㅊ=ㅌ
逮捕	체포	타이호	たいほ	ㅊ=ㅌ
体験	체험	타이껭	たいけん	ㅊ=ㅌ
追求	추구	츠이뀨우	ついきゅう	ㅊ=ㅊ
着陸	착륙	챠꾸리꾸	ちゃくりく	ㅊ=ㅊ
治療	치료	치료우	ちりょう	ㅊ=ㅊ
追放	추방	츠이호우	ついほう	ㅊ=ㅊ
追跡	추적	츠이세끼	ついせき	ㅊ=ㅊ
充分	충분	쥬우붕	じゅうぶん	ㅊ=ㅈ
充実	충실	쥬우지쯔	じゅうじつ	ㅊ=ㅈ
充電	충전	쥬우뎅	じゅうでん	ㅊ=ㅈ

Ex 더 많은 예시들 : 두 번째 글자 초성 [ㅊ] 발음 변환   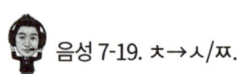 음성 7-19. ㅊ→ㅅ/ㅉ..

일어 한자	한글 발음	일어 한글 발음	일어 발음	두 번째 단어 초성 자음
高層	고층	코우소우	こうそう	ㅊ=ㅅ
警察	경찰	케이사쯔	けいさつ	ㅊ=ㅅ
検察	검찰	켄사쯔	けんさつ	ㅊ=ㅅ
観察	관찰	칸사쯔	かんさつ	ㅊ=ㅅ
観測	관측	칸소꾸	かんそく	ㅊ=ㅅ

일어 한자	한글 발음	일어 한글 발음	일어 발음	두 번째 단어 초성 자음
開催	개최	카이사이	かいさい	ち=ㅅ
農村	농촌	노우송	のうそん	ち=ㅅ
短縮	단축	탄슈꾸	たんしゅく	ち=ㅅ
対策	대책	타이사꾸	たいさく	ち=ㅅ
対処	대처	타이쇼	たいしょ	ち=ㅅ
方針	방침	호우싱	ほうしん	ち=ㅅ
申請	신청	신세이	しんせい	ち=ㅅ
原則	원칙	겐소꾸	げんそく	ち=ㅅ
両親	양친	료우싱	りょうしん	ち=ㅅ
要請	요청	요우세이	ようせい	ち=ㅅ
温泉	온천	온셍	おんせん	ち=ㅅ
予測	예측	요소꾸	よそく	ち=ㅅ
野菜	야채	야사이	やさい	ち=ㅅ
電車	전차	덴샤	でんしゃ	ち=ㅅ
進出	진출	신슈쯔	しんしゅつ	ち=ㅅ
提出	제출	테이슈쯔	ていしゅつ	ち=ㅅ
停車	정차	테이샤	ていしゃ	ち=ㅅ
青春	청춘	세이슝	せいしゅん	ち=ㅅ
推薦	추천	스이셍	すいせん	ち=ㅅ
最初	최초	사이쇼	さいしょ	ち=ㅅ
下車	하차	게샤	げしゃ	ち=ㅅ
列車	열차	렛샤	れっしゃ	ち=ㅆ
折衝	절충	셋쇼우	せっしょう	ち=ㅆ
接触	접촉	셋쇼꾸	せっしょく	ち=ㅆ
建築	건축	켄찌꾸	けんちく	ち=ㅉ
到着	도착	토우쨔꾸	とうちゃく	ち=ㅉ
配置	배치	하이찌	はいち	ち=ㅉ
新築	신축	신찌꾸	しんちく	ち=ㅉ
設置	설치	셋찌	せっち	ち=ㅉ
一致	일치	잇찌	いっち	ち=ㅉ
位置	위치	이찌	いち	ち=ㅉ
装置	장치	소우찌	そうち	ち=ㅉ

일어 한자	한글 발음	일어 한글 발음	일어 발음	두 번째 단어 초성 자음
具体	구체	구따이	ぐたい	ㅊ=ㄸ
団体	단체	단따이	だんたい	ㅊ=ㄸ
全体	전체	젠따이	ぜんたい	ㅊ=ㄸ
政治	정치	세이지	せいじ	ㅊ=ㅈ

한글 자음 [ㅌ] 변환

❶ 첫 번째 글자 초성 발음 변환

한글 초성	변환	일어 초성	비율
ㅌ	≫	ㅌ	ㅊ 약15% ㄷ 약15% ㅌ 약70%
		ㄷ	
		ㅊ	

▷ 한글 [ㅌ]이 첫 글자 초성으로 올 경우 일본어도 대부분 동일하게 [ㅌ]으로 발음되고, 나머지는 [ㄷ, ㅊ]으로 변환되어 발음이 됩니다

❷ 두 번째 글자 초성 발음 변환

한글 초성	변환	일어 초성	비율
ㅌ	≫	ㄸ	ㄷ 약15% ㅉ 약15% ㄸ 약70%
		ㅉ	
		ㄷ	

▷ 한글 [ㅌ]이 두 번째 글자 초성으로 올 경우 된소리 현상이 적용되어 일본어는 대부분 [ㄸ]으로 발음되고, 나머지는 [ㅉ, ㄷ]으로 변환되어 발음이 됩니다.

더 많은 예시들 : 첫 번째 글자 초성 [ㅌ] 발음 변환 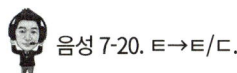 음성 7-20. ㅌ→ㅌ/ㄷ..

일어 한자	한글 발음	일어 한글 발음	일어 발음	첫 번째 단어 초성 자음
特急	특급	톡뀨우	とっきゅう	ㅌ=ㅌ
態度	태도	타이도	たいど	ㅌ=ㅌ
討論	토론	토우롱	とうろん	ㅌ=ㅌ
透明	투명	토우메이	とうめい	ㅌ=ㅌ
特別	특별	토쿠베쯔	とくべつ	ㅌ=ㅌ
誕生	탄생	탄죠우	たんじょう	ㅌ=ㅌ
討議	토의	토우기	とうぎ	ㅌ=ㅌ
投入	투입	토우뉴우	とうにゅう	ㅌ=ㅌ
太陽	태양	타이요우	たいよう	ㅌ=ㅌ
統一	통일	토우이쯔	とういつ	ㅌ=ㅌ
特有	특유	토꾸유우	とくゆう	ㅌ=ㅌ
鬪爭	투쟁	토우소우	とうそう	ㅌ=ㅌ
特殊	특집	토꾸슈우	とくしゅう	ㅌ=ㅌ
退職	퇴직	타이쇼꾸	たいしょく	ㅌ=ㅌ
投資	투자	토우시	とうし	ㅌ=ㅌ
特徵	특징	토꾸쬬우	とくちょう	ㅌ=ㅌ
土地	토지	토찌	とち	ㅌ=ㅌ
台風	태풍	타이후우	たいふう	ㅌ=ㅌ
投票	투표	토우효우	とうひょう	ㅌ=ㅌ
弾力	탄력	단료꾸	だんりょく	ㅌ=ㄷ
脱税	탈세	다쯔제이	だつぜい	ㅌ=ㄷ
打者	타자	다샤	だしゃ	ㅌ=ㄷ
脱退	탈퇴	닫따이	だったい	ㅌ=ㄷ
通關	통관	츠우깡	つうかん	ㅌ=ㅊ
通過	통과	츠우까	つうか	ㅌ=ㅊ
通信	통신	츠우싱	つうしん	ㅌ=ㅊ
通帳	통장	츠우쬬우	つうちょう	ㅌ=ㅊ

더 많은 예시들 : 두 번째 글자 초성 [ㅌ] 발음 변환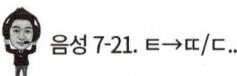

일어 한자	한글 발음	일어 한글 발음	일어 발음	두 번째 단어 초성 자음
検討	검토	켄또우	けんとう	ㅌ=ㄸ
石炭	석탄	세끼땅	せきたん	ㅌ=ㄸ
選択	선택	센따꾸	せんたく	ㅌ=ㄸ
洗濯	세탁	센따꾸	せんたく	ㅌ=ㄸ
状態	상태	죠우따이	じょうたい	ㅌ=ㄸ
事態	사태	지따이	じたい	ㅌ=ㄸ
伝統	전통	덴또우	でんとう	ㅌ=ㄸ
戦闘	전투	센또우	せんとう	ㅌ=ㄸ
住宅	주택	쥬우따꾸	じゅうたく	ㅌ=ㄸ
自宅	자택	지따꾸	じたく	ㅌ=ㄸ
採択	채택	사이따꾸	さいたく	ㅌ=ㄸ
脱退	탈퇴	닫따이	だったい	ㅌ=ㄸ
安打	안타	안다	あんだ	ㅌ=ㄷ
爆弾	폭탄	바꾸당	ばくだん	ㅌ=ㄷ
交通	교통	코우쯔우	こうつう	ㅌ=ㅉ
頭痛	두통	즈쯔우	ずつう	ㅌ=ㅉ
普通	보통	후쯔우	ふつう	ㅌ=ㅉ

한글 자음 [ㅍ] 변환

❶ 첫 번째 글자 초성 발음 변환

한글 초성	변환	일어 초성	비율
ㅍ		ㅎ	ㅂ 약15%
		ㅂ	ㅎ 약85%

▶ 한글 [ㅍ]이 첫 글자 초성으로 올 경우 일본어는 [ㅎ]으로 변환되어 발음되고, 나머지는 [ㅂ]으로 변환되어 발음이 됩니다.

❷ 두 번째 글자 초성 발음 변환

한글 초성	변환	일어 초성	비율
ㅍ	➤	ㅎ	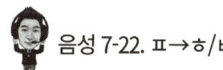
		ㅂ	약20% (ㅂ), 약20% (ㅃ), 약60% (ㅎ)
		ㅃ	

▶ 한글 [ㅍ]이 두 번째 글자 초성으로 올 경우에도 일본어는 대부분 [ㅎ]으로 변환되어 발음 되고, 나머지는 [ㅂ, ㅃ]으로 변환되어 발음이 됩니다.

Ex 더 많은 예시들 : 첫 번째 글자 초성 [ㅍ] 발음 변환   음성 7-22. ㅍ→ㅎ/ㅂ

일어 한자	한글 발음	일어 한글 발음	일어 발음	첫 번째 단어 초성 자음
平均	평균	헤이낑	へいきん	ㅍ=ㅎ
派遣	파견	하껭	はけん	ㅍ=ㅎ
廃棄	폐기	하이끼	はいき	ㅍ=ㅎ
破壊	파괴	하까이	はかい	ㅍ=ㅎ
評価	평가	효우까	ひょうか	ㅍ=ㅎ
避難	피난	히낭	ひなん	ㅍ=ㅎ
判断	판단	한당	はんだん	ㅍ=ㅎ
疲労	피로	히로우	ひろう	ㅍ=ㅎ
表面	표면	효우멩	ひょうめん	ㅍ=ㅎ
販売	판매	함바이	はんばい	ㅍ=ㅎ
派閥	파벌	하바쯔	はばつ	ㅍ=ㅎ
豊富	풍부	호우후	ほうふ	ㅍ=ㅎ
皮膚	피부	히후	ひふ	ㅍ=ㅎ
編成	편성	헨세이	へんせい	ㅍ=ㅎ
破損	파손	하송	はそん	ㅍ=ㅎ
破産	파산	하상	はさん	ㅍ=ㅎ
風速	풍속	후우소꾸	ふうそく	ㅍ=ㅎ
必要	필요	히쯔요우	ひつよう	ㅍ=ㅎ
平日	평일	헤이지쯔	へいじつ	ㅍ=ㅎ

일어 한자	한글 발음	일어 한글 발음	일어 발음	첫 번째 단어 초성 자음
編集	편집	헨슈우	へんしゅう	ㅍ=ㅎ
品質	품질	힌시쯔	ひんしつ	ㅍ=ㅎ
敗戰	패전	하이셍	はいせん	ㅍ=ㅎ
表情	표정	효우죠우	ひょうじょう	ㅍ=ㅎ
標準	표준	효우즁	ひょうじゅん	ㅍ=ㅎ
表示	표지	효우지	ひょうじ	ㅍ=ㅎ
評判	평판	효우방	ひょうばん	ㅍ=ㅎ
破片	파편	하헹	はへん	ㅍ=ㅎ
表現	표현	효우겡	ひょうげん	ㅍ=ㅎ
被害	피해	히가이	ひがい	ㅍ=ㅎ
平行	평행	헤이꼬우	へいこう	ㅍ=ㅎ
平和	평화	헤이와	へいわ	ㅍ=ㅎ
爆擊	폭격	바꾸게끼	ばくげき	ㅍ=ㅂ
暴力	폭력	보우료꾸	ぼうりょく	ㅍ=ㅂ
便利	편리	벤리	べんり	ㅍ=ㅂ
爆発	폭발	바꾸하쯔	ばくはつ	ㅍ=ㅂ
爆弾	폭탄	바꾸당	ばくだん	ㅍ=ㅂ

Ex 더 많은 예시들 : 두 번째 글자 초성 [ㅍ] 발음 변환   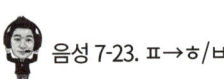 음성 7-23. ㅍ→ㅎ/ㅂ

일어 한자	한글 발음	일어 한글 발음	일어 발음	두 번째 단어 초성 자음
恐怖	공포	쿄우후	きょうふ	ㅍ=ㅎ
代表	대표	다이효우	だいひょう	ㅍ=ㅎ
塗布	도포	토후	とふ	ㅍ=ㅎ
目標	목표	모꾸효우	もくひょう	ㅍ=ㅎ
部品	부품	부힝	ぶひん	ㅍ=ㅎ
批評	비평	히효우	ひひょう	ㅍ=ㅎ
批判	비판	히항	ひはん	ㅍ=ㅎ
腐敗	부패	후하이	ふはい	ㅍ=ㅎ
水平	수평	스이헤이	すいへい	ㅍ=ㅎ
食品	식품	쇼꾸힝	しょくひん	ㅍ=ㅎ

일어 한자	한글 발음	일어 한글 발음	일어 발음	두 번째 단어 초성 자음
細胞	세포	사이호우	さいほう	ㅍ=ㅎ
用品	용품	요우힝	ようひん	ㅍ=ㅎ
作品	작품	사꾸힝	さくひん	ㅍ=ㅎ
製品	제품	세이힝	せいひん	ㅍ=ㅎ
逮捕	체포	타이호	たいほ	ㅍ=ㅎ
台風	태풍	타이후우	たいふう	ㅍ=ㅎ
投票	투표	토우효우	とうひょう	ㅍ=ㅎ
破片	파편	하헹	はへん	ㅍ=ㅎ
看板	간판	캄방	かんばん	ㅍ=ㅂ
乱暴	난폭	람보우	らんぼう	ㅍ=ㅂ
郵便	우편	유우빙	ゆうびん	ㅍ=ㅂ
裁判	재판	사이방	さいばん	ㅍ=ㅂ
評判	평판	표우방	ひょうばん	ㅍ=ㅂ
突破	돌파	톱빠	とっぱ	ㅍ=ㅃ
発表	발표	합뽀우	はっぴょう	ㅍ=ㅃ
失敗	실패	십빠이	しっぱい	ㅍ=ㅃ
電波	전파	뎀빠	でんぱ	ㅍ=ㅃ
出版	출판	슙빵	しゅっぱん	ㅍ=ㅃ

한글 자음 [ㅎ] 변환

❶ 첫 번째 글자 초성 발음 변환

한글 초성	변환	일어 초성	비율
ㅎ	≫	ㅋ	ㅇ 약5% ㄱ 약20% ㅋ 약75%
		ㄱ	
		ㅇ	

▶ 한글 [ㅎ]이 첫 글자 초성으로 올 경우 일본어는 대부분 [ㅋ]으로 변환되어 발음되고, 나머지는 [ㄱ, ㅇ]으로 변환되어 발음이 됩니다.

❷ 두 번째 글자 초성 발음 변환

한글 초성	변환	일어 초성	비율
ㅎ	⋯➤	ㄲ	약10% ㅇ 약30% ㄱ 약60% ㄲ
		ㄱ	
		ㅇ	

▶ 한글 [ㅎ]이 두 번째 글자 초성으로 올 경우 된소리 현상이 적용되어 일본어는 [ㄲ]으로 변환되어 발음되고, 나머지는 [ㄱ, ㅇ]으로 변환되어 발음이 됩니다.

Ex 더 많은 예시들 : 첫 번째 글자 초성 [ㅎ] 발음 변환 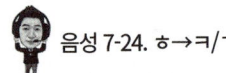 음성 7-24. ㅎ→ㅋ/ㄱ

일어 한자	한글 발음	일어 한글 발음	일어 발음	첫 번째 단어 초성 자음
化学	화학	카가꾸	かがく	ㅎ=ㅋ
火災	화재	카사이	かさい	ㅎ=ㅋ
回転	회전	카이뗑	かいてん	ㅎ=ㅋ
確定	확정	카꾸떼이	かくてい	ㅎ=ㅋ
休日	휴일	큐우지쯔	きゅうじつ	ㅎ=ㅋ
喫煙	흡연	키쯔엥	きつえん	ㅎ=ㅋ
活躍	활약	카쯔야구	かつやく	ㅎ=ㅋ
確認	확인	카꾸닝	かくにん	ㅎ=ㅋ
歓迎	환영	캉게이	かんげい	ㅎ=ㅋ
会議	회의	카이기	かいぎ	ㅎ=ㅋ
協議	협의	쿄우기	きょうぎ	ㅎ=ㅋ
行為	행위	코우이	こうい	ㅎ=ㅋ
海外	해외	카이가이	かいがい	ㅎ=ㅋ
向上	향상	코우죠우	こうじょう	ㅎ=ㅋ
確実	확실	카꾸지쯔	かくじつ	ㅎ=ㅋ
刑事	형사	케이지	けいじ	ㅎ=ㅋ
解説	해설	카이세쯔	かいせつ	ㅎ=ㅋ
拡散	확산	카꾸상	かくさん	ㅎ=ㅋ

일어 한자	한글 발음	일어 한글 발음	일어 발음	첫 번째 단어 초성 자음
形式	형식	케이시끼	けいしき	ㅎ=ㅋ
解放	해방	카이호우	かいほう	ㅎ=ㅋ
後半	후반	코우항	こうはん	ㅎ=ㅋ
幸福	행복	코우후꾸	こうふく	ㅎ=ㅋ
恢復	회복	카이후꾸	かいふく	ㅎ=ㅋ
脅迫	협박	쿄우하꾸	きょうはく	ㅎ=ㅋ
確保	확보	카꾸호	かくほ	ㅎ=ㅋ
候補	후보	코우호	こうほ	ㅎ=ㅋ
後輩	후배	코우하이	こうはい	ㅎ=ㅋ
希望	희망	키보우	きぼう	ㅎ=ㅋ
革命	혁명	카꾸메이	かくめい	ㅎ=ㅋ
項目	항목	코우모꾸	こうもく	ㅎ=ㅋ
興味	흥미	쿄우미	きょうみ	ㅎ=ㅋ
訓練	훈련	쿤렝	くんれん	ㅎ=ㅋ
協力	협력	쿄우료꾸	きょうりょく	ㅎ=ㅋ
回答	회답	카이또우	かいとう	ㅎ=ㅋ
解答	해답	카이또우	かいとう	ㅎ=ㅋ
獲得	획득	카꾸또꾸	かくとく	ㅎ=ㅋ
携帶	휴대	케이따이	けいたい	ㅎ=ㅋ
行動	행동	코우도우	こうどう	ㅎ=ㅋ
活動	활동	카쯔도우	かつどう	ㅎ=ㅋ
拡大	확대	카꾸다이	かくだい	ㅎ=ㅋ
航空	항공	코우꾸우	こうくう	ㅎ=ㅋ
環境	환경	캉꾜우	かんきょう	ㅎ=ㅋ
解決	해결	카이께쯔	かいけつ	ㅎ=ㅋ
換気	환기	캉끼	かんき	ㅎ=ㅋ
効果	효과	코우까	こうか	ㅎ=ㅋ
許可	허가	쿄까	きょか	ㅎ=ㅋ
休暇	휴가	큐우까	きゅうか	ㅎ=ㅋ
下車	하차	게샤	げしゃ	ㅎ=ㄱ
現在	현재	겐자이	げんざい	ㅎ=ㄱ

일어 한자	한글 발음	일어 한글 발음	일어 발음	첫 번째 단어 초성 자음
行政	행정	교우세이	ぎょうせい	ㅎ=ㄱ
限定	한정	겐떼이	げんてい	ㅎ=ㄱ
現実	현실	겐지쯔	げんじつ	ㅎ=ㄱ
犠牲	희생	기세이	ぎせい	ㅎ=ㄱ
現象	현상	겐쇼우	げんしょう	ㅎ=ㄱ
学習	학습	가꾸슈우	がくしゅう	ㅎ=ㄱ
合併	합병	갑뻬이	がっぺい	ㅎ=ㄱ
合理	합리	고우리	ごうり	ㅎ=ㄱ
合同	합동	고우도우	ごうどう	ㅎ=ㄱ
限度	한도	겐도	げんど	ㅎ=ㄱ
現金	현금	겡낑	げんきん	ㅎ=ㄱ
玄関	현관	겡깡	げんかん	ㅎ=ㄱ
学校	학교	각꼬우	がっこう	ㅎ=ㄱ
話題	화제	와다이	わだい	ㅎ=ㅇ
横断	횡단	오우당	おうだん	ㅎ=ㅇ

Ex 더 많은 예시들 : 두 번째 글자 초성 [ㅎ] 발음 변환   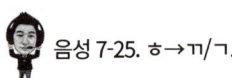 음성 7-25. ㅎ→ㄲ/ㄱ..

일어 한자	한글 발음	일어 한글 발음	일어 발음	두 번째 단어 초성 자음
激化	격화	게끼까	げきか	ㅎ=ㄲ
故郷	고향	코꾜우	こきょう	ㅎ=ㄲ
傾向	경향	케이꼬우	けいこう	ㅎ=ㄲ
急行	급행	큐우꼬우	きゅうこう	ㅎ=ㄲ
経験	경험	케이껭	けいけん	ㅎ=ㄲ
交換	교환	코우깡	こうかん	ㅎ=ㄲ
結婚	결혼	켁꽁	けっこん	ㅎ=ㄲ
貢献	공헌	코우껭	こうけん	ㅎ=ㄲ
計画	계획	케이까꾸	けいかく	ㅎ=ㄲ
改革	개혁	카이까꾸	かいかく	ㅎ=ㄲ
機会	기회	키까이	きかい	ㅎ=ㄲ

일어 한자	한글 발음	일어 한글 발음	일어 발음	두 번째 단어 초성 자음
強化	강화	쿄우까	きょうか	ㅎ=ㄲ
大会	대회	타이까이	たいかい	ㅎ=ㄲ
免許	면허	멩꼬	めんきょ	ㅎ=ㄲ
文化	문화	붕까	ぶんか	ㅎ=ㄲ
不況	불황	후꾜우	ふきょう	ㅎ=ㄲ
方向	방향	호우꼬우	ほうこう	ㅎ=ㄲ
飛行	비행	히꼬우	ひこう	ㅎ=ㄲ
保健	보험	호껭	ほけん	ㅎ=ㄲ
変化	변화	헹까	へんか	ㅎ=ㄲ
試験	시험	시껭	しけん	ㅎ=ㄲ
生活	생활	세이까쯔	せいかつ	ㅎ=ㄲ
社会	사회	샤까이	しゃかい	ㅎ=ㄲ
消化	소화	쇼우까	しょうか	ㅎ=ㄲ
状況	상황	죠우꾜우	じょうきょう	ㅎ=ㄲ
事項	사항	지꼬우	じこう	ㅎ=ㄲ
実験	실험	직껭	じっけん	ㅎ=ㄲ
銀行	은행	깅꼬우	ぎんこう	ㅎ=ㄲ
議会	의회	기까이	ぎかい	ㅎ=ㄲ
誤解	오해	고까이	ごかい	ㅎ=ㄲ
旅行	여행	료꼬우	りょこう	ㅎ=ㄲ
流行	유행	류우꼬우	りゅうこう	ㅎ=ㄲ
離婚	이혼	리꽁	りこん	ㅎ=ㄲ
理解	이해	리까이	りかい	ㅎ=ㄲ
零下	영하	레이까	れいか	ㅎ=ㄲ
影響	영향	에이꾜우	えいきょう	ㅎ=ㄲ
運行	운행	웅꼬우	うんこう	ㅎ=ㄲ
有効	유효	유우꼬우	ゆうこう	ㅎ=ㄲ
悪化	악화	악까	あっか	ㅎ=ㄲ
以下	이하	이까	いか	ㅎ=ㄲ
危険	위험	키껭	きけん	ㅎ=ㄲ
執行	집행	식꼬우	しっこう	ㅎ=ㄲ

일어 한자	한글 발음	일어 한글 발음	일어 발음	두 번째 단어 초성 자음
進行	진행	싱꼬우	しんこう	ㅎ=ㄲ
正確	정확	세이까꾸	せいかく	ㅎ=ㄲ
進化	진화	싱까	しんか	ㅎ=ㄲ
絶好	절호	젝꼬우	ぜっこう	ㅎ=ㄲ
地下	지하	치까	ちか	ㅎ=ㄲ
転換	전환	텡깡	てんかん	ㅎ=ㄲ
低下	저하	테이까	ていか	ㅎ=ㄲ
体験	체험	타이껭	たいけん	ㅎ=ㄲ
平行	평행	헤이꼬우	へいこう	ㅎ=ㄲ
空港	공항	쿠우꼬우	くうこう	ㅎ=ㄲ
期限	기한	키겡	きげん	ㅎ=ㄱ
科学	과학	카가꾸	かがく	ㅎ=ㄱ
看護	간호	캉고	かんご	ㅎ=ㄱ
大学	대학	다이가꾸	だいがく	ㅎ=ㄱ
文学	문학	붕가꾸	ぶんがく	ㅎ=ㄱ
番号	번호	방고우	ばんごう	ㅎ=ㄱ
弁護	변호	벵고	べんご	ㅎ=ㄱ
保護	보호	호고	ほご	ㅎ=ㄱ
信号	신호	싱고우	しんごう	ㅎ=ㄱ
損害	손해	송가이	そんがい	ㅎ=ㄱ
午後	오후	고고	ごご	ㅎ=ㄱ
入学	입학	뉴우가꾸	にゅうがく	ㅎ=ㄱ
留学	유학	류우가꾸	りゅうがく	ㅎ=ㄱ
医学	의학	이가꾸	いがく	ㅎ=ㄱ
映画	영화	에이가	えいが	ㅎ=ㄱ
綜合	종합	소우고우	そうごう	ㅎ=ㄱ
制限	제한	세이겡	せいげん	ㅎ=ㄱ
進学	진학	싱가꾸	しんがく	ㅎ=ㄱ
障害	장해	쇼유가이	しょうがい	ㅎ=ㄱ
災害	재해	사이가이	さいがい	ㅎ=ㄱ
前後	전후	젱고	ぜんご	ㅎ=ㄱ

일어 한자	한글 발음	일어 한글 발음	일어 발음	두 번째 단어 초성 자음
直後	직후	쵸꾸고	ちょくご	ㅎ=ㄱ
最後	최후	사이고	さいご	ㅎ=ㄱ
表現	표현	효우겡	ひょうげん	ㅎ=ㄱ
被害	피해	히가이	ひがい	ㅎ=ㄱ
化学	화학	카가꾸	かがく	ㅎ=ㄱ
試合	시합	시아이	しあい	ㅎ=ㅇ
役割	역할	야꾸와리	やくわり	ㅎ=ㅇ
電話	전화	뎅와	でんわ	ㅎ=ㅇ
平和	평화	헤이와	へいわ	ㅎ=ㅇ

04. 한글 "모음" 변환

4.1 모음 발음 변환_[한글 일본어]

모음은 받침이나 자음 변환보다 경우의 수가 많고 복잡하지만, 비율이 높은 변환 위주로 익숙해지다 보면 크게 어렵지 않게 많은 한글을 일본어 발음으로 변환하는데 훨씬 쉬워지고 단어 습득 속도도 엄청나게 빨라질 것입니다.

※ 모음의 가장 기본이 되는 [ㅏ/ㅣ/ㅜ/ㅓ/ㅗ]가 가장 활용이 많은 단어로 해당 단어에 집중할 수 있도록 합니다.

🎤 한글 모음 [ㅏ] 변환

비율이 가장 높은 [ㅏ ➡ ㅏ] 변환에 집중하여 단어 말하기 훈련을 합니다.

한글 초성	변환	일어 초성	비율
ㅏ	➤	ㅏ	ㅏ 약56%
		ㅗ	ㅗ 약20%
		ㅣ	ㅣ 약12%
		ㅛ, ㅑ, ㅔ	ㅛ, ㅑ, ㅔ 약12%

(한글) (일본어)　　(한글) (일본어)
가(価) ➤ 카(か)　　단(段) ➤ 당(だん)

Ex 더 많은 예시들 : 첫 번째 글자 한글 모음 [ㅏ] 발음 변환 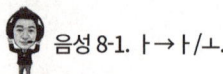 음성 8-1. ㅏ→ㅏ/ㅗ..

일어 한자	한글 발음	일어 한글 발음	일어 발음	첫자음	단모음	받침	첫자음	단모음	받침
反撃	반격	항게끼	はんげき	ㅂ=ㅎ	ㅏ=ㅏ	ㄴ=ㅇ(ん)	ㄱ=ㄱ	ㅕ=ㅔ	ㄱ=끼(き)
可決	가결	카께쯔	かけつ	ㄱ=ㅋ	ㅏ=ㅏ		ㄱ=ㄲ	ㅕ=ㅔ	ㄹ=쯔(つ)
派遣	파견	하껭	はけん	ㅍ=ㅎ	ㅏ=ㅏ		ㄱ=ㄲ	ㅕ=ㅔ	ㄴ=ㅇ(ん)
案件	안건	앙껭	あんけん	ㅇ=ㅇ	ㅏ=ㅏ	ㄴ=ㅇ(ん)	ㄱ=ㄲ	ㅕ=ㅔ	ㄴ=ㅇ(ん)
発見	발견	학껭	はっけん	ㅂ=ㅎ	ㅏ=ㅏ	ㄹ=ㄱ(っ)	ㄱ=ㄲ	ㅕ=ㅔ	ㄴ=ㅇ(ん)
楽観	낙관	락깡	らっかん	ㄴ=ㄹ(두)	ㅏ=ㅏ	ㄱ=ㄱ(っ)	ㄱ=ㄲ	ㅘ=ㅏ	ㄴ=ㅇ(ん)
感覚	감각	캉까꾸	かんかく	ㄱ=ㅋ	ㅏ=ㅏ	ㅁ=ㅇ(ん)	ㄱ=ㄲ	ㅏ=ㅏ	ㄱ=꾸(く)
価格	가격	카까꾸	かかく	ㄱ=ㅋ	ㅏ=ㅏ		ㄱ=ㄲ	ㅏ=ㅏ	ㄱ=꾸(く)
学校	학교	각꼬우	がっこう	ㅎ=ㄱ	ㅏ=ㅏ	ㄱ=ㄱ(っ)	ㄱ=ㄲ	ㅛ=ㅗㅜ	
破壊	파괴	하까이	はかい	ㅍ=ㅎ	ㅏ=ㅏ		ㄱ=ㄲ	ㅚ=ㅏㅣ	
参考	참고	상꼬우	さんこう	ㅊ=ㅅ	ㅏ=ㅏ	ㅁ=ㅇ(ん)	ㄱ=ㄲ	ㅗ=ㅗㅜ	
参加	참가	상까	さんか	ㅊ=ㅅ	ㅏ=ㅏ	ㅁ=ㅇ(ん)	ㄱ=ㄲ	ㅏ=ㅏ	
楽器	악기	각끼	がっき	ㅇ=ㄱ	ㅏ=ㅏ	ㄱ=ㄱ(っ)	ㄱ=ㄲ	ㅣ=ㅣ	
段階	단계	당까이	だんかい	ㄷ=ㄷ	ㅏ=ㅏ	ㄴ=ㅇ(ん)	ㄱ=ㄲ	ㅖ=ㅏㅣ	
可能	가능	카노우	かのう	ㄱ=ㅋ	ㅏ=ㅏ		ㄴ=ㄴ	ㅡ=ㅗ	ㅇ=우(장음)
昨年	작년	사꾸넹	さくねん	ㅈ=ㅅ	ㅏ=ㅏ	ㄱ=꾸(く)	ㄴ=ㄴ	ㅕ=ㅔ	ㄴ=ㅇ(ん)
案内	안내	안나이	あんない	ㅇ=ㅇ	ㅏ=ㅏ	ㄴ=ㄴ(ん)	ㄴ=ㄴ	ㅐ=ㅏㅣ	
感動	감동	칸도우	かんどう	ㄱ=ㅋ	ㅏ=ㅏ	ㅁ=ㄴ(ん)	ㄷ=ㄷ	ㅗ=ㅗ	ㅇ=우(장음)
判断	판단	한당	はんだん	ㅍ=ㅎ	ㅏ=ㅏ	ㄴ=ㄴ(ん)	ㄷ=ㄷ	ㅏ=ㅏ	ㄴ=ㅇ(ん)
角度	각도	카꾸도	かくど	ㄱ=ㅋ	ㅏ=ㅏ	ㄱ=꾸(く)	ㄷ=ㄷ	ㅗ=ㅗ	
担当	담당	탄또우	たんとう	ㄷ=ㅌ	ㅏ=ㅏ	ㅁ=ㄴ(ん)	ㄷ=ㄸ	ㅏ=ㅏ	ㅇ=우(장음)
発達	발달	핫따쯔	はったつ	ㅂ=ㅎ	ㅏ=ㅏ	ㄹ=ㄷ(っ)	ㄷ=ㄸ	ㅏ=ㅏ	ㄹ=쯔(つ)
簡単	간단	칸땅	かんたん	ㄱ=ㅋ	ㅏ=ㅏ	ㄴ=ㄴ(ん)	ㄷ=ㄸ	ㅏ=ㅏ	ㄴ=ㅇ(ん)
納得	납득	낟또꾸	なっとく	ㄴ=ㄴ	ㅏ=ㅏ	ㅂ=(ㄷ)っ	ㄷ=ㄸ	ㅡ=ㅗ	ㄱ=꾸(く)
監督	감독	칸또꾸	かんとく	ㄱ=ㅋ	ㅏ=ㅏ	ㅁ=ㄴ(ん)	ㄷ=ㄸ	ㅗ=ㅗ	ㄱ=꾸(く)
反対	반대	한따이	はんたい	ㅂ=ㅎ	ㅏ=ㅏ	ㄴ=ㄴ(ん)	ㄷ=ㄸ	ㅐ=ㅏㅣ	
山林	산림	산링	さんりん	ㅅ=ㅅ	ㅏ=ㅏ	ㄴ=ㄴ(ん)	ㄹ=ㄹ	ㅣ=ㅣ	ㅁ=ㅇ(ん)
弾力	탄력	단료꾸	だんりょく	ㅌ=ㄷ	ㅏ=ㅏ	ㄴ=ㄴ(ん)	ㄹ=ㄹ	ㅕ=ㅛ	ㄱ=꾸(く)

일어 한자	한글 발음	일어 한글 발음	일어 발음	첫자음	단모음	받침	첫자음	단모음	받침
压力	압력	아쯔료꾸	あつりょく	ㅇ=ㅇ	ㅏ=ㅏ	ㅂ=쯔(つ)	ㄹ=ㄹ	ㅕ=ㅛ	ㄱ=꾸(く)
迫力	박력	하꾸료꾸	はくりょく	ㅂ=ㅎ	ㅏ=ㅏ	ㄱ=꾸(く)	ㄹ=ㄹ	ㅕ=ㅛ	ㄱ=꾸(く)
伴侶	반려	한료	はんりょ	ㅂ=ㅎ	ㅏ=ㅏ	ㄴ=ㄴ(ん)	ㄹ=ㄹ	ㅕ=ㅛ	
加盟	가맹	카메이	かめい	ㄱ=ㅋ	ㅏ=ㅏ		ㅁ=ㅁ	ㅐ=ㅔ	ㅇ=이(장음)
難民	난민	남밍	なんみん	ㄴ=ㄴ	ㅏ=ㅏ	ㄴ=ㅁ(ん)	ㅁ=ㅁ	ㅣ=ㅣ	ㄴ=ㅇ(ん)
博物	박물	하꾸부쯔	はくぶつ	ㅂ=ㅎ	ㅏ=ㅏ	ㄱ=꾸(く)	ㅁ=ㅂ	ㅜ=ㅜ	ㄹ=쯔(つ)
販売	판매	함바이	はんばい	ㅍ=ㅎ	ㅏ=ㅏ	ㄴ=ㅁ(ん)	ㅁ=ㅂ	ㅐ=ㅏㅣ	
暖房	난방	담보우	だんぼう	ㄴ=ㄷ	ㅏ=ㅏ	ㄴ=ㅁ(ん)	ㅂ=ㅂ	ㅏ=ㅗ	ㅇ=우(장음)
派閥	파벌	하바쯔	はばつ	ㅍ=ㅎ	ㅏ=ㅏ		ㅂ=ㅂ	ㅓ=ㅏ	ㄹ=쯔(つ)
差別	차별	사베쯔	さべつ	ㅊ=ㅅ	ㅏ=ㅏ		ㅂ=ㅂ	ㅕ=ㅔ	ㄹ=쯔(つ)
南北	남북	남보꾸	なんぼく	ㄴ=ㄴ	ㅏ=ㅏ	ㅁ=ㅁ(ん)	ㅂ=ㅂ	ㅜ=ㅗ	ㄱ=꾸(く)
合併	합병	갑뻬이	がっぺい	ㅎ=ㄱ	ㅏ=ㅏ	ㅂ=ㅂ(っ)	ㅂ=ㅃ	ㅕ=ㅔ	ㅇ=이(장음)
反発	반발	함빠쯔	はんぱつ	ㅂ=ㅎ	ㅏ=ㅏ	ㄴ=ㅁ(ん)	ㅂ=ㅃ	ㅏ=ㅏ	ㄹ=쯔(つ)
幹部	간부	캄부	かんぶ	ㄱ=ㅋ	ㅏ=ㅏ	ㄴ=ㅁ(ん)	ㅂ=ㅂ	ㅜ=ㅜ	
賛成	찬성	산세이	さんせい	ㅊ=ㅅ	ㅏ=ㅏ	ㄴ=ㄴ(ん)	ㅅ=ㅅ	ㅓ=ㅔ	ㅇ=이(장음)
反省	반성	한세이	はんせい	ㅂ=ㅎ	ㅏ=ㅏ	ㄴ=ㄴ(ん)	ㅅ=ㅅ	ㅓ=ㅔ	ㅇ=이(장음)
発生	발생	핫쎄이	はっせい	ㅂ=ㅎ	ㅏ=ㅏ	ㄹ=ㅅ(っ)	ㅅ=ㅆ	ㅐ=ㅔ	ㅇ=이(장음)
学習	학습	가꾸슈우	がくしゅう	ㅎ=ㄱ	ㅏ=ㅏ	ㄱ=꾸(く)	ㅅ=ㅅ	ㅡ=ㅠ	ㅂ=우(장음)
干渉	간섭	칸쇼우	かんしょう	ㄱ=ㅋ	ㅏ=ㅏ	ㄴ=ㄴ(ん)	ㅅ=ㅅ	ㅓ=ㅛ	ㅂ=우(장음)
安心	안심	안싱	あんしん	ㅇ=ㅇ	ㅏ=ㅏ	ㄴ=ㄴ(ん)	ㅅ=ㅅ	ㅣ=ㅣ	ㅁ=ㅇ(ん)
架設	가설	카세쯔	かせつ	ㄱ=ㅋ	ㅏ=ㅏ		ㅅ=ㅅ	ㅓ=ㅔ	ㄹ=쯔(つ)
破損	파손	하송	はそん	ㅍ=ㅎ	ㅏ=ㅏ		ㅅ=ㅅ	ㅗ=ㅗ	ㄴ=ㅇ(ん)
破産	파산	하상	はさん	ㅍ=ㅎ	ㅏ=ㅏ		ㅅ=ㅅ	ㅏ=ㅏ	ㄴ=ㅇ(ん)
博士	박사	하까세	はかせ	ㅂ=ㅎ	ㅏ=ㅏ	ㄱ=까(か)	ㅅ=ㅅ	ㅏ=ㅔ	
発車	발차	핫샤	はっしゃ	ㅂ=ㅎ	ㅏ=ㅏ	ㄹ=ㅅ(っ)	ㅅ=ㅆ	ㅏ=ㅑ	
反射	반사	한샤	はんしゃ	ㅂ=ㅎ	ㅏ=ㅏ	ㄴ=ㄴ(ん)	ㅅ=ㅅ	ㅏ=ㅑ	
多数	다수	타스우	たすう	ㄷ=ㅌ	ㅏ=ㅏ		ㅅ=ㅅ	ㅜ=ㅜ	
感謝	감사	칸샤	かんしゃ	ㄱ=ㅋ	ㅏ=ㅏ	ㅁ=ㄴ(ん)	ㅅ=ㅅ	ㅏ=ㅑ	
誕生	탄생	탄죠우	たんじょう	ㅌ=ㅌ	ㅏ=ㅏ	ㄴ=ㄴ(ん)	ㅅ=ㅈ	ㅐ=ㅛ	ㅇ=우(장음)
残像	잔상	잔조우	ざんぞう	ㅈ=ㅈ	ㅏ=ㅏ	ㄴ=ㄴ(ん)	ㅅ=ㅈ	ㅏ=ㅗ	ㅇ=우(장음)

일어 한자	한글 발음	일어 한글 발음	일어 발음	첫자음	단모음	받침	첫자음	단모음	받침
単純	단순	탄쥰	たんじゅん	ㄷ=ㅌ	ㅏ=ㅏ	ㄴ=ㄴ(ん)	ㅅ=ㅈ	ㅜ=ㅠ	ㄴ=ㅇ(ん)
脱税	탈세	다쯔제이	だつぜい	ㅌ=ㄷ	ㅏ=ㅏ	ㄹ=쯔(つ)	ㅅ=ㅈ	ㅔ=ㅔㅣ	
作業	작업	사교우	さぎょう	ㅈ=ㅅ	ㅏ=ㅏ	ㄱ=사라짐	ㅇ=ㄱ	ㅓ=ㅛ	ㅂ=우(장음)
産業	산업	상교우	さんぎょう	ㅅ=ㅅ	ㅏ=ㅏ	ㄴ=ㅇ(ん)	ㅇ=ㄱ	ㅓ=ㅛ	ㅂ=우(장음)
発言	발언	하쯔겐	はつげん	ㅂ=ㅎ	ㅏ=ㅏ	ㄹ=쯔(つ)	ㅇ=ㄱ	ㅓ=ㅔ	ㄴ=ㅇ(ん)
感染	감염	칸셍	かんせん	ㄱ=ㅋ	ㅏ=ㅏ	ㅁ=ㄴ(ん)	ㅇ=ㅅ	ㅕ=ㅔ	ㅁ=ㅇ(ん)
雜音	잡음	자쯔옹	ざつおん	ㅈ=ㅈ	ㅏ=ㅏ	ㅂ=쯔(つ)	ㅇ=ㅇ	ㅡ=ㅗ	ㅁ=ㅇ(ん)
発音	발음	하쯔옹	はつおん	ㅂ=ㅎ	ㅏ=ㅏ	ㄹ=쯔(つ)	ㅇ=ㅇ	ㅡ=ㅗ	ㅁ=ㅇ(ん)
万一	만일	망이찌	まんいち	ㅁ=ㅁ	ㅏ=ㅏ	ㄴ=ㅇ(ん)	ㅇ=ㅇ	ㅣ=ㅣ	ㄹ=찌(ち)
悪意	악의	아꾸이	あくい	ㅇ=ㅇ	ㅏ=ㅏ	ㄱ=꾸(く)	ㅇ=ㅇ	ㅣ=ㅣ	
安定	안정	안떼이	あんてい	ㅇ=ㅇ	ㅏ=ㅏ	ㄴ=ㄴ(ん)	ㅈ=ㄸ	ㅓ=ㅔ	ㅇ=이(장음)
家庭	가정	카떼이	かてい	ㄱ=ㅋ	ㅏ=ㅏ		ㅈ=ㄸ	ㅓ=ㅔ	ㅇ=이(장음)
発展	발전	핫뗑	はってん	ㅂ=ㅎ	ㅏ=ㅏ	ㄹ=ㄷ(っ)	ㅈ=ㄸ	ㅓ=ㅔ	ㄴ=ㅇ(ん)
作戦	작전	사꾸셍	さくせん	ㅈ=ㅅ	ㅏ=ㅏ	ㄱ=꾸(く)	ㅈ=ㅅ	ㅓ=ㅔ	ㄴ=ㅇ(ん)
打者	타자	다샤	だしゃ	ㅌ=ㄷ	ㅏ=ㅏ		ㅈ=ㅅ	ㅏ=ㅑ	
雜誌	잡지	잣씨	ざっし	ㅈ=ㅈ	ㅏ=ㅏ	ㅂ=ㅅ(っ)	ㅈ=ㅆ	ㅣ=ㅣ	
感情	감정	칸죠우	かんじょう	ㄱ=ㅋ	ㅏ=ㅏ	ㅁ=ㄴ(ん)	ㅈ=ㅈ	ㅓ=ㅛ	ㅇ=우(장음)
安全	안전	안젱	あんぜん	ㅇ=ㅇ	ㅏ=ㅏ	ㄴ=ㄴ(ん)	ㅈ=ㅈ	ㅓ=ㅔ	ㄴ=ㅇ(ん)
満足	만족	만조꾸	まんぞく	ㅁ=ㅁ	ㅏ=ㅏ	ㄴ=ㄴ(ん)	ㅈ=ㅈ	ㅗ=ㅗ	ㄱ=꾸(く)
家族	가족	카조꾸	かぞく	ㄱ=ㅋ	ㅏ=ㅏ		ㅈ=ㅈ	ㅗ=ㅗ	ㄱ=꾸(く)
各地	각지	카꾸찌	かくち	ㄱ=ㅋ	ㅏ=ㅏ	ㄱ=꾸(く)	ㅈ=ㅉ	ㅣ=ㅣ	
団体	단체	단따이	だんたい	ㄷ=ㄷ	ㅏ=ㅏ	ㄴ=ㄴ(ん)	ㅊ=ㄸ	ㅔ=ㅏㅣ	
短縮	단축	탄슈꾸	たんしゅく	ㄷ=ㅌ	ㅏ=ㅏ	ㄴ=ㄴ(ん)	ㅊ=ㅅ	ㅜ=ㅠ	ㄱ=꾸(く)
歌曲	가곡	카꾜꾸	かきょく	ㄱ=ㅋ	ㅏ=ㅏ		ㄱ=ㄲ	ㅗ=ㅛ	ㄱ=꾸(く)
安打	안타	안다	あんだ	ㅇ=ㅇ	ㅏ=ㅏ	ㄴ=ㄴ(ん)	ㅌ=ㄷ	ㅏ=ㅏ	
脱退	탈퇴	닫따이	だったい	ㅌ=ㄷ	ㅏ=ㅏ	ㄹ=ㄷ(っ)	ㅌ=ㄸ	ㅚ=ㅏㅣ	
看板	간판	캄방	かんばん	ㄱ=ㅋ	ㅏ=ㅏ	ㄴ=ㅁ(ん)	ㅍ=ㅂ	ㅏ=ㅏ	ㄴ=ㅇ(ん)
乱暴	난폭	람보우	らんぼう	ㄴ=ㄹ(두)	ㅏ=ㅏ	ㄴ=ㅁ(ん)	ㅍ=ㅂ	ㅗ=ㅗ	ㄱ=우(장음)
発表	발표	합뽀우	はっぴょう	ㅂ=ㅎ	ㅏ=ㅏ	ㄹ=ㅂ(っ)	ㅍ=ㅃ	ㅛ=ㅛㅜ	
作品	작품	사꾸힝	さくひん	ㅈ=ㅅ	ㅏ=ㅏ	ㄱ=꾸(く)	ㅍ=ㅎ	ㅜ=ㅣ	ㅁ=ㅇ(ん)

일어 한자	한글 발음	일어 한글 발음	일어 발음	첫자음	단모음	받침	첫자음	단모음	받침
破片	파편	하헹	はへん	ㅍ=ㅎ	ㅏ=ㅏ		ㅍ=ㅎ	ㅕ=ㅔ	ㄴ=ㅇ(ん)
看護	간호	캉고	かんご	ㄱ=ㅋ	ㅏ=ㅏ	ㄴ=ㅇ(ん)	ㅎ=ㄱ	ㅗ=ㅗ	
悪化	악화	악까	あっか	ㅇ=ㅇ	ㅏ=ㅏ	ㄱ=ㄱ(っ)	ㅎ=ㄲ	ㅘ=ㅏ	
航空	항공	코우꾸우	こうくう	ㅎ=ㅋ	ㅏ=ㅗ	ㅇ=우(장음)	ㄱ=ㄲ	ㅗ=ㅜ	ㅇ=우(장음)
倉庫	창고	소우꼬	そうこ	ㅊ=ㅅ	ㅏ=ㅗ	ㅇ=우(장음)	ㄱ=ㄲ	ㅗ=ㅗ	
納期	납기	노우끼	のうき	ㄴ=ㄴ		ㅂ=우(장음)	ㄱ=ㄲ	ㅣ=ㅣ	
合同	합동	고우도우	ごうどう	ㅎ=ㄱ	ㅏ=ㅗ	ㅂ=우(장음)	ㄷ=ㄷ	ㅗ=ㅗ	ㅇ=우(장음)
講堂	강당	코우도우	こうどう	ㄱ=ㅋ	ㅏ=ㅗ	ㅇ=우(장음)	ㄷ=ㄷ	ㅏ=ㅗ	ㅇ=우(장음)
相談	상담	소우당	そうだん	ㅅ=ㅅ	ㅏ=ㅗ	ㅇ=우(장음)	ㄷ=ㄷ	ㅏ=ㅏ	ㅁ=ㅇ(ん)
懇談	간담	콘당	こんだん	ㄱ=ㅋ	ㅏ=ㅗ	ㄴ=ㄴ(ん)	ㄷ=ㄷ	ㅏ=ㅏ	ㅁ=ㅇ(ん)
創立	창립	소우리쯔	そうりつ	ㅊ=ㅅ	ㅏ=ㅗ	ㅇ=우(장음)	ㄹ=ㄹ	ㅣ=ㅣ	ㅂ=쯔(つ)
合理	합리	고우리	ごうり	ㅎ=ㄱ	ㅏ=ㅗ	ㅂ=우(장음)	ㄹ=ㄹ	ㅣ=ㅣ	
訪問	방문	호우몽	ほうもん	ㅂ=ㅎ	ㅏ=ㅗ	ㅇ=우(장음)	ㅁ=ㅁ	ㅜ=ㅗ	ㄴ=ㅇ(ん)
方面	방면	호우멩	ほうめん	ㅂ=ㅎ	ㅏ=ㅗ	ㅇ=우(장음)	ㅁ=ㅁ	ㅕ=ㅔ	ㄴ=ㅇ(ん)
浪漫	낭만	로우망	ろうまん	ㄴ=ㄹ(두)	ㅏ=ㅗ	ㅇ=우(장음)	ㅁ=ㅁ	ㅏ=ㅏ	ㄴ=ㅇ(ん)
項目	항목	코우모꾸	こうもく	ㅎ=ㅋ	ㅏ=ㅗ	ㅇ=우(장음)	ㅁ=ㅁ	ㅗ=ㅗ	ㄱ=꾸(く)
答弁	답변	토우벵	とうべん	ㄷ=ㅌ	ㅏ=ㅗ	ㅂ=우(장음)	ㅂ=ㅂ	ㅕ=ㅔ	ㄴ=ㅇ(ん)
放送	방송	호우소우	ほうそう	ㅂ=ㅎ	ㅏ=ㅗ	ㅇ=우(장음)	ㅅ=ㅅ	ㅗ=ㅗ	ㅇ=우(장음)
答信	답신	토우싱	とうしん	ㄷ=ㅌ	ㅏ=ㅗ	ㅂ=우(장음)	ㅅ=ㅅ	ㅣ=ㅣ	ㄴ=ㅇ(ん)
当選	당선	토우셍	とうせん	ㄷ=ㅌ	ㅏ=ㅗ	ㅇ=우(장음)	ㅅ=ㅅ	ㅓ=ㅔ	ㄴ=ㅇ(ん)
方式	방식	호우시끼	ほうしき	ㅂ=ㅎ	ㅏ=ㅗ	ㅇ=우(장음)	ㅅ=ㅅ	ㅣ=ㅣ	ㄱ=끼(き)
放射	방사	호우샤	ほうしゃ	ㅂ=ㅎ	ㅏ=ㅗ	ㅇ=우(장음)	ㅅ=ㅅ	ㅏ=ㅑ	
想像	상상	소우조우	そうぞう	ㅅ=ㅅ	ㅏ=ㅗ	ㅇ=우(장음)	ㅅ=ㅈ	ㅏ=ㅗ	ㅇ=우(장음)
当時	당시	토우지	とうじ	ㄷ=ㅌ	ㅏ=ㅗ	ㅇ=우(장음)	ㅅ=ㅈ	ㅣ=ㅣ	
方言	방언	호우겡	ほうげん	ㅂ=ㅎ	ㅏ=ㅗ	ㅇ=우(장음)	ㅇ=ㄱ	ㅓ=ㅔ	ㄴ=ㅇ(ん)
答案	답안	토우앙	とうあん	ㄷ=ㅌ	ㅏ=ㅗ	ㅂ=우(장음)	ㅇ=ㅇ	ㅏ=ㅏ	ㄴ=ㅇ(ん)
講演	강연	코우엥	こうえん	ㄱ=ㅋ	ㅏ=ㅗ	ㅇ=우(장음)	ㅇ=ㅇ	ㅕ=ㅔ	ㄴ=ㅇ(ん)
防衛	방위	보우에이	ぼうえい	ㅂ=ㅂ	ㅏ=ㅗ	ㅇ=우(장음)	ㅇ=ㅇ	ㅟ=ㅔㅣ	
当然	당연	토우젱	とうぜん	ㄷ=ㅌ	ㅏ=ㅗ	ㅇ=우(장음)	ㅇ=ㅈ	ㅕ=ㅔ	ㄴ=ㅇ(ん)
創作	창작	소우사꾸	そうさく	ㅊ=ㅅ	ㅏ=ㅗ	ㅇ=우(장음)	ㅈ=ㅅ	ㅏ=ㅏ	ㄱ=꾸(く)

일어 한자	한글 발음	일어 한글 발음	일어 발음	첫자음	단모음	받침	첫자음	단모음	받침
発足	발족	홋쏘꾸	ほっそく	ㅂ=ㅎ	ㅏ=ㅗ	ㄹ=ㅅ(っ)	ㅈ=ㅆ	ㅗ=ㅗ	ㄱ=꾸(く)
防止	방지	보우시	ぼうし	ㅂ=ㅂ	ㅏ=ㅗ	ㅇ=우(장음)	ㅈ=ㅅ	ㅣ=ㅣ	
創造	창조	소우조우	そうぞう	ㅊ=ㅅ	ㅏ=ㅗ	ㅇ=우(장음)	ㅈ=ㅈ	ㅗ=ㅗㅜ	
方針	방침	호우싱	ほうしん	ㅂ=ㅎ	ㅏ=ㅗ	ㅇ=우(장음)	ㅊ=ㅅ	ㅣ=ㅣ	ㅁ=ㅇ(ん)
装置	장치	소우찌	そうち	ㅈ=ㅅ	ㅏ=ㅗ	ㅇ=우(장음)	ㅊ=ㅉ	ㅣ=ㅣ	
方向	방향	호우꼬우	ほうこう	ㅂ=ㅎ	ㅏ=ㅗ	ㅇ=우(장음)	ㅎ=ㄲ	ㅑ=ㅗ	ㅇ=우(장음)
刺激	자극	시게끼	しげき	ㅈ=ㅅ	ㅏ=ㅣ		ㄱ=ㄱ	ㅡ=ㅔ	ㄱ=끼(き)
資金	자금	시낑	しきん	ㅈ=ㅅ	ㅏ=ㅣ		ㄱ=ㄲ	ㅡ=ㅔ	ㅁ=ㅇ(ん)
事件	사건	지껭	じけん	ㅅ=ㅈ	ㅏ=ㅣ		ㄱ=ㄲ	ㅓ=ㅔ	ㄴ=ㅇ(ん)
自覚	자각	지까꾸	じかく	ㅈ=ㅈ	ㅏ=ㅣ		ㄱ=ㄲ	ㅏ=ㅏ	ㄱ=꾸(く)
資格	자격	시까꾸	しかく	ㅈ=ㅅ	ㅏ=ㅣ		ㄱ=ㄲ	ㅕ=ㅏ	ㄱ=꾸(く)
事故	사고	지꼬	じこ	ㅅ=ㅈ	ㅏ=ㅣ		ㄱ=ㄲ	ㅗ=ㅗ	
自動	자동	지도우	じどう	ㅈ=ㅈ	ㅏ=ㅣ		ㄷ=ㄷ	ㅗ=ㅗ	ㅇ=우(장음)
字幕	자막	지마꾸	じまく	ㅈ=ㅈ	ㅏ=ㅣ		ㅁ=ㅁ	ㅏ=ㅏ	ㄱ=꾸(く)
事務	사무	지무	じむ	ㅅ=ㅈ	ㅏ=ㅣ		ㅁ=ㅁ	ㅜ=ㅜ	
死別	사별	시베쯔	しべつ	ㅅ=ㅅ	ㅏ=ㅣ		ㅂ=ㅂ	ㅕ=ㅔ	ㄹ=쯔(つ)
姿勢	자세	시세이	しせい	ㅈ=ㅅ	ㅏ=ㅣ		ㅅ=ㅅ	ㅔ=ㅔㅣ	
事実	사실	지지쯔	じじつ	ㅈ=ㅈ	ㅏ=ㅣ		ㅅ=ㅈ	ㅣ=ㅣ	ㄹ=쯔(つ)
資源	자원	시겡	しげん	ㅈ=ㅅ	ㅏ=ㅣ		ㅇ=ㄱ	ㅝ=ㅔ	ㄴ=ㅇ(ん)
自由	자유	지유우	じゆう	ㅈ=ㅈ	ㅏ=ㅣ		ㅇ=ㅇ	ㅠ=ㅠㅜ	
自然	자연	시젱	しぜん	ㅈ=ㅅ	ㅏ=ㅣ		ㅇ=ㅈ	ㅕ=ㅔ	ㄴ=ㅇ(ん)
自宅	자택	지따꾸	じたく	ㅈ=ㅈ	ㅏ=ㅣ		ㅌ=ㄸ	ㅐ=ㅏ	ㄱ=꾸(く)
事態	사태	지따이	じたい	ㅅ=ㅈ	ㅏ=ㅣ		ㅌ=ㄸ	ㅐ=ㅏㅣ	
事項	사항	지꼬우	じこう	ㅅ=ㅈ	ㅏ=ㅣ		ㅎ=ㄲ	ㅏ=ㅗ	ㅇ=우(장음)
将来	장래	쇼우라이	しょうらい	ㅅ=ㅅ	ㅏ=ㅛ	ㅇ=우(장음)	ㄹ=ㄹ	ㅐ=ㅏㅣ	
上昇	상승	죠우쇼우	じょうしょう	ㅅ=ㅈ	ㅏ=ㅛ	ㅇ=우(장음)	ㅅ=ㅅ	ㅡ=ㅗ	ㅇ=우(장음)
常識	상식	죠우시끼	じょうしき	ㅅ=ㅈ	ㅏ=ㅛ	ㅇ=우(장음)	ㅅ=ㅅ	ㅣ=ㅣ	ㄱ=끼(き)
障碍	장애	쇼우가이	しょうがい	ㅅ=ㅅ	ㅏ=ㅛ	ㅇ=우(장음)	ㅇ=ㄱ	ㅐ=ㅏㅣ	
上映	상영	죠우에이	じょうえい	ㅅ=ㅈ	ㅏ=ㅛ	ㅇ=우(장음)	ㅇ=ㅇ	ㅕ=ㅔ	ㅇ=이(장음)
商店	상점	쇼우뗑	しょうてん	ㅅ=ㅅ	ㅏ=ㅛ	ㅇ=우(장음)	ㅈ=ㄸ	ㅓ=ㅔ	ㅁ=ㅇ(ん)

일어한자	한글발음	일어한글발음	일어발음	첫자음	단모음	받침	첫자음	단모음	받침
強敵	강적	쿄우떼끼	きょうてき	ㄱ=ㅋ	ㅏ=ㅛ	ㅇ=우(장음)	ㅈ=ㄸ	ㅓ=ㅔ	ㄱ=끼(き)
強制	강제	쿄우세이	きょうせい	ㄱ=ㅋ	ㅏ=ㅛ	ㅇ=우(장음)	ㅈ=ㅅ	ㅔ=ㅔㅣ	
象徵	상징	쇼우쬬우	しょうちょう	ㅅ=ㅅ	ㅏ=ㅛ	ㅇ=우(장음)	ㅈ=ㅉ	ㅣ=ㅛ	ㅇ=우(장음)
強調	강조	쿄우쬬우	きょうちょう	ㄱ=ㅋ	ㅏ=ㅛ	ㅇ=우(장음)	ㅈ=ㅉ	ㅗ=ㅛㅜ	
狀態	상태	죠우따이	じょうたい	ㅅ=ㅈ	ㅏ=ㅛ	ㅇ=우(장음)	ㅌ=ㄸ	ㅐ=ㅏㅣ	
障害	장해	쇼우가이	しょうがい	ㅈ=ㅅ	ㅏ=ㅛ	ㅇ=우(장음)	ㅎ=ㄱ	ㅐ=ㅏㅣ	
狀況	상황	죠우꾜우	じょうきょう	ㅅ=ㅈ	ㅏ=ㅛ	ㅇ=우(장음)	ㅎ=ㄲ	ㅘ=ㅛ	ㅇ=우(장음)
強化	강화	쿄우까	きょうか	ㄱ=ㅋ	ㅏ=ㅛ	ㅇ=우(장음)	ㅎ=ㄲ	ㅘ=ㅏ	
着陸	착륙	챠꾸리꾸	ちゃくりく	ㅊ=ㅊ	ㅏ=ㅑ	ㄱ=꾸(く)	ㄹ=ㄹ	ㅠ=ㅣ	ㄱ=꾸(く)
寫眞	사진	샤싱	しゃしん	ㅅ=ㅅ	ㅏ=ㅑ		ㅈ=ㅅ	ㅣ=ㅣ	ㄴ=ㅇ(ん)
社長	사장	샤쬬우	しゃちょう	ㅅ=ㅅ	ㅏ=ㅑ		ㅈ=ㅉ	ㅏ=ㅛ	ㅇ=우(장음)
社會	사회	샤까이	しゃかい	ㅅ=ㅅ	ㅏ=ㅑ		ㅎ=ㄲ	ㅚ=ㅏㅣ	
限度	한도	겐도	げんど	ㅎ=ㄱ	ㅏ=ㅔ	ㄴ=ㄴ(ん)	ㄷ=ㄷ	ㅗ=ㅗ	
限定	한정	겐떼이	げんてい	ㅎ=ㄱ	ㅏ=ㅔ	ㄴ=ㄴ(ん)	ㅈ=ㄸ	ㅓ=ㅔ	ㅇ=이(장음)
下車	하차	게샤	げしゃ	ㅎ=ㄱ	ㅏ=ㅔ		ㅊ=ㅅ	ㅏ=ㅑ	

Ex 더 많은 예시들 : 두 번째 글자 한글 모음 [ㅏ] 발음 변환 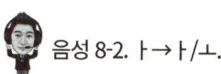 음성 8-2. ㅏ→ㅏ/ㅗ..

일어한자	한글발음	일어한글발음	일어발음	첫자음	단모음	받침	첫자음	단모음	받침
感覺	감각	캉까꾸	かんかく	ㄱ=ㅋ	ㅏ=ㅏ	ㅁ=ㅇ(ん)	ㄱ=ㄲ	ㅏ=ㅏ	ㄱ=꾸(く)
參加	참가	상까	さんか	ㅊ=ㅅ	ㅏ=ㅏ	ㅁ=ㅇ(ん)	ㄱ=ㄲ	ㅏ=ㅏ	
判斷	판단	한당	はんだん	ㅍ=ㅎ	ㅏ=ㅏ	ㄴ=ㄴ(ん)	ㄷ=ㄷ	ㅏ=ㅏ	ㄴ=ㅇ(ん)
發達	발달	핟따쯔	はったつ	ㅂ=ㅎ	ㅏ=ㅏ	ㄹ=ㄷ(っ)	ㄷ=ㄸ	ㅏ=ㅏ	ㄹ=쯔(つ)
簡單	간단	칸땅	かんたん	ㄱ=ㅋ	ㅏ=ㅏ	ㄴ=ㄴ(ん)	ㄷ=ㄸ	ㅏ=ㅏ	ㄴ=ㅇ(ん)
反發	반발	함빠쯔	はんぱつ	ㅂ=ㅎ	ㅏ=ㅏ	ㄴ=ㅁ(ん)	ㅂ=ㅃ	ㅏ=ㅏ	ㄹ=쯔(つ)
破産	파산	하상	はさん	ㅍ=ㅎ	ㅏ=ㅏ		ㅅ=ㅅ	ㅏ=ㅏ	ㄴ=ㅇ(ん)
安打	안타	안다	あんだ	ㅇ=ㅇ	ㅏ=ㅏ	ㄴ=ㄴ(ん)	ㅌ=ㄷ	ㅏ=ㅏ	
看板	간판	캄방	かんばん	ㄱ=ㅋ	ㅏ=ㅏ	ㄴ=ㅁ(ん)	ㅍ=ㅂ	ㅏ=ㅏ	ㄴ=ㅇ(ん)
相談	상담	소우당	そうだん	ㅅ=ㅅ	ㅏ=ㅗ	ㅇ=우(장음)	ㄷ=ㄷ	ㅏ=ㅏ	ㅁ=ㅇ(ん)
懇談	간담	콘당	こんだん	ㄱ=ㅋ	ㅏ=ㅗ	ㄴ=ㄴ(ん)	ㄷ=ㄷ	ㅏ=ㅏ	ㅁ=ㅇ(ん)

일어 한자	한글 발음	일어 한글 발음	일어 발음	첫자음	단모음	받침	첫자음	단모음	받침
浪漫	낭만	로우망	ろうまん	ㄴ=ㄹ(두)	ㅏ=ㅗ	ㅇ=우(장음)	ㅁ=ㅁ	ㅏ=ㅏ	ㄴ=ㅇ(ん)
答案	답안	토우앙	とうあん	ㄷ=ㅌ	ㅏ=ㅗ	ㅂ=우(장음)	ㅇ=ㅇ	ㅏ=ㅏ	ㄴ=ㅇ(ん)
創作	창작	소우사꾸	そうさく	ㅊ=ㅅ	ㅏ=ㅗ	ㅇ=우(장음)	ㅈ=ㅅ	ㅏ=ㅏ	ㄱ=꾸(く)
自覚	자각	지까꾸	じかく	ㅈ=ㅈ	ㅏ=ㅣ		ㄱ=ㄲ	ㅏ=ㅏ	ㄱ=꾸(く)
字幕	자막	지마꾸	じまく	ㅈ=ㅈ	ㅏ=ㅣ		ㅁ=ㅁ	ㅏ=ㅏ	ㄱ=꾸(く)
開発	개발	카이하쯔	かいはつ	ㄱ=ㅋ	ㅐ=ㅏㅣ		ㅂ=ㅎ	ㅏ=ㅏ	ㄹ=쯔(つ)
配達	배달	하이따쯔	はいたつ	ㅂ=ㅎ	ㅐ=ㅏㅣ		ㄷ=ㄸ	ㅏ=ㅏ	ㄹ=쯔(つ)
開幕	개막	카이마꾸	かいまく	ㄱ=ㅋ	ㅐ=ㅏㅣ		ㅁ=ㅁ	ㅏ=ㅏ	ㄱ=꾸(く)
財産	재산	자이상	ざいさん	ㅈ=ㅈ	ㅐ=ㅏㅣ		ㅅ=ㅅ	ㅏ=ㅏ	ㄴ=ㅇ(ん)
裁判	재판	사이방	さいばん	ㅈ=ㅅ	ㅐ=ㅏㅣ		ㅍ=ㅂ	ㅏ=ㅏ	ㄴ=ㅇ(ん)
大学	대학	다이가꾸	だいがく	ㄷ=ㄷ	ㅐ=ㅏㅣ		ㅎ=ㄱ	ㅏ=ㅏ	ㄱ=꾸(く)
生産	생산	세이상	せいさん	ㅅ=ㅅ	ㅐ=ㅔ	ㅇ=이(장음)	ㅅ=ㅅ	ㅏ=ㅏ	ㄴ=ㅇ(ん)
前半	전반	젱항	ぜんはん	ㅈ=ㅈ	ㅓ=ㅔ	ㄴ=ㅇ(ん)	ㅂ=ㅎ	ㅏ=ㅏ	ㄴ=ㅇ(ん)
先発	선발	셈빠쯔	せんぱつ	ㅅ=ㅅ	ㅓ=ㅔ	ㄴ=ㅁ(ん)	ㅂ=ㅃ	ㅏ=ㅏ	ㄹ=쯔(つ)
摘発	적발	테끼하쯔	てきはつ	ㅈ=ㅌ	ㅓ=ㅔ	ㄱ=끼(き)	ㅂ=ㅎ	ㅏ=ㅏ	ㄹ=쯔(つ)
検査	검사	켄사	けんさ	ㄱ=ㅋ	ㅓ=ㅔ	ㅁ=ㄴ(ん)	ㅅ=ㅅ	ㅏ=ㅏ	
検察	검찰	켄사쯔	けんさつ	ㄱ=ㅋ	ㅓ=ㅔ	ㅁ=ㄴ(ん)	ㅊ=ㅅ	ㅏ=ㅏ	ㄹ=쯔(つ)
石炭	석탄	세끼땅	せきたん	ㅅ=ㅅ	ㅓ=ㅔ	ㄱ=끼(き)	ㅌ=ㄸ	ㅏ=ㅏ	ㄴ=ㅇ(ん)
洗濯	세탁	센따꾸	せんたく	ㅅ=ㅅ	ㅓ=ㅔ	ㄴ(ん)생김	ㅌ=ㄸ	ㅏ=ㅏ	ㄱ=꾸(く)
電波	전파	뎀빠	でんぱ	ㅈ=ㄷ	ㅓ=ㅔ	ㄴ=ㅁ(ん)	ㅍ=ㅃ	ㅏ=ㅏ	
低下	저하	테이까	ていか	ㅈ=ㅌ	ㅓ=ㅔㅣ		ㅎ=ㄲ	ㅏ=ㅏ	
法案	법안	호우앙	ほうあん	ㅂ=ㅎ	ㅓ=ㅗ	ㅂ=우(장음)	ㅇ=ㅇ	ㅏ=ㅏ	ㄴ=ㅇ(ん)
許可	허가	쿄까	きょか	ㅎ=ㅋ	ㅓ=ㅛ		ㄱ=ㄲ	ㅏ=ㅏ	
提案	제안	테이앙	ていあん	ㅈ=ㅌ	ㅔ=ㅔㅣ		ㅇ=ㅇ	ㅏ=ㅏ	ㄴ=ㅇ(ん)
製作	제작	세이사꾸	せいさく	ㅈ=ㅅ	ㅔ=ㅔㅣ		ㅈ=ㅅ	ㅏ=ㅏ	ㄱ=꾸(く)
霊感	영감	레이깡	れいかん	ㅇ=ㄹ(두)	ㅕ=ㅔ	ㅇ=이(장음)	ㄱ=ㄲ	ㅏ=ㅏ	ㅁ=ㅇ(ん)
年末	연말	넴마쯔	ねんまつ	ㅇ=ㄴ(두)	ㅕ=ㅔ	ㄴ=ㅁ(ん)	ㅁ=ㅁ	ㅏ=ㅏ	ㄹ=쯔(つ)
競馬	경마	케이바	けいば	ㄱ=ㅋ	ㅕ=ㅔ	ㅇ=이(장음)	ㅁ=ㅂ	ㅏ=ㅏ	
決算	결산	켓쌍	けっさん	ㄱ=ㅋ	ㅕ=ㅔ	ㄹ=ㅅ(っ)	ㅅ=ㅆ	ㅏ=ㅏ	ㄴ=ㅇ(ん)
零下	영하	레이까	れいか	ㅇ=ㄹ(두)	ㅕ=ㅔ	ㅇ=이(장음)	ㅎ=ㄲ	ㅏ=ㅏ	
警察	경찰	케이사쯔	けいさつ	ㄱ=ㅋ	ㅕ=ㅔㅣ	ㅇ=이(장음)	ㅊ=ㅅ	ㅏ=ㅏ	ㄹ=쯔(つ)

일어 한자	한글 발음	일어 한글 발음	일어 발음	첫자음	단모음	받침	첫자음	단모음	받침
評価	평가	표우까	ひょうか	ㅍ=ㅎ	ㅕ=ㅛ	ㅇ=우(장음)	ㄱ=ㄲ	ㅏ=ㅏ	
評判	평판	표우방	ひょうばん	ㅍ=ㅎ	ㅕ=ㅛ	ㅇ=우(장음)	ㅍ=ㅂ	ㅏ=ㅏ	ㄴ=ㅇ(ん)
階段	계단	카이당	かいだん	ㄱ=ㅋ	ㅖ=ㅏㅣ		ㄷ=ㄷ	ㅏ=ㅏ	ㄴ=ㅇ(ん)
計算	계산	케이상	けいさん	ㄱ=ㅋ	ㅖ=ㅔㅣ		ㅅ=ㅅ	ㅏ=ㅏ	ㄴ=ㅇ(ん)
予算	예산	요상	よさん	ㅇ=ㅇ	ㅖ=ㅛ		ㅅ=ㅅ	ㅏ=ㅏ	ㄴ=ㅇ(ん)
爆発	폭발	바꾸하쯔	ばくはつ	ㅍ=ㅂ	ㅗ=ㅏ	ㄱ=ㄲ(く)	ㅂ=ㅎ	ㅏ=ㅏ	ㄹ=쯔(つ)
爆弾	폭탄	바꾸당	ばくだん	ㅍ=ㅂ	ㅗ=ㅏ	ㄱ=ㄲ(く)	ㅌ=ㄷ	ㅏ=ㅏ	ㄴ=ㅇ(ん)
農家	농가	노우까	のうか	ㄴ=ㄴ	ㅗ=ㅗ	ㅇ=우(장음)	ㄱ=ㄲ	ㅏ=ㅏ	
東南	동남	토우낭	とうなん	ㄷ=ㅌ	ㅗ=ㅗ	ㅇ=우(장음)	ㄴ=ㄴ	ㅏ=ㅏ	ㅁ=ㅇ(ん)
突破	돌파	톱빠	とっぱ	ㄷ=ㅌ	ㅗ=ㅗ	ㄹ=ㅂ(っ)	ㅍ=ㅃ	ㅏ=ㅏ	
操作	조작	소우사	そうさ	ㅈ=ㅅ	ㅗ=ㅗㅜ		ㅈ=ㅅ	ㅏ=ㅏ	ㄱ=사라짐
動作	동작	도우사	どうさ	ㄷ=ㄷ	ㅗ=ㅗ	ㅇ=우(장음)	ㅈ=ㅅ	ㅏ=ㅏ	ㄱ=사라짐
調査	조사	쵸우사	ちょうさ	ㅈ=ㅊ	ㅗ=ㅗㅜ		ㅅ=ㅅ	ㅏ=ㅏ	
複雑	복잡	후꾸자쯔	ふくざつ	ㅂ=ㅎ	ㅗ=ㅜ	ㄱ=ㄲ(く)	ㅈ=ㅈ	ㅏ=ㅏ	ㅂ=츠(つ)
拡散	확산	카꾸상	かくさん	ㅎ=ㅋ	ㅘ=ㅏ	ㄱ=ㄲ(く)	ㅅ=ㅅ	ㅏ=ㅏ	ㄴ=ㅇ(ん)
観察	관찰	칸사쯔	かんさつ	ㄱ=ㅋ	ㅘ=ㅏ	ㄴ=ㄴ(ん)	ㅊ=ㅅ	ㅏ=ㅏ	ㄹ=쯔(つ)
化学	화학	카가꾸	かがく	ㅎ=ㅋ	ㅘ=ㅏ		ㅎ=ㄱ	ㅏ=ㅏ	ㄱ=ㄲ(く)
科学	과학	카가꾸	かがく	ㄱ=ㅋ	ㅘ=ㅏ		ㅎ=ㄱ	ㅏ=ㅏ	ㄱ=ㄲ(く)
会談	회담	카이당	かいだん	ㄱ=ㅋ	ㅚ=ㅏㅣ		ㄷ=ㄷ	ㅏ=ㅏ	ㅁ=ㅇ(ん)
横断	횡단	오우당	おうだん	ㅎ=ㅇ	ㅚ=ㅗ	ㅇ=우(장음)	ㄷ=ㄷ	ㅏ=ㅏ	ㄴ=ㅇ(ん)
国家	국가	콕까	こっか	ㄱ=ㅋ	ㅜ=ㅗ	ㄱ=ㄱ(っ)	ㄱ=ㄲ	ㅏ=ㅏ	
後半	후반	코우항	こうはん	ㅎ=ㅋ	ㅜ=ㅗㅜ		ㅂ=ㅎ	ㅏ=ㅏ	ㄴ=ㅇ(ん)
捜査	수사	소우사	そうさ	ㅅ=ㅅ	ㅜ=ㅗㅜ		ㅅ=ㅅ	ㅏ=ㅏ	
物価	물가	북까	ぶっか	ㅁ=ㅂ	ㅜ=ㅜ	ㄹ=ㄱ(っ)	ㄱ=ㄲ	ㅏ=ㅏ	
負担	부담	후땅	ふたん	ㅂ=ㅎ	ㅜ=ㅜ		ㄷ=ㄸ	ㅏ=ㅏ	ㅁ=ㅇ(ん)
不安	불안	후앙	ふあん	ㅂ=ㅎ	ㅜ=ㅜ	ㄹ=사라짐	ㅇ=ㅇ	ㅏ=ㅏ	ㄴ=ㅇ(ん)
文学	문학	붕가꾸	ぶんがく	ㅁ=ㅂ	ㅜ=ㅜ	ㄴ=ㅇ(ん)	ㅎ=ㄱ	ㅏ=ㅏ	ㄱ=ㄲ(く)
手段	수단	슈당	しゅだん	ㅅ=ㅅ	ㅜ=ㅠ		ㄷ=ㄷ	ㅏ=ㅏ	ㄴ=ㅇ(ん)
出発	출발	슙빠쯔	しゅっぱつ	ㅊ=ㅅ	ㅜ=ㅠ	ㄹ=ㅂ(っ)	ㅂ=ㅃ	ㅏ=ㅏ	ㄹ=쯔(つ)
出版	출판	슙빵	しゅっぱん	ㅊ=ㅅ	ㅜ=ㅠ	ㄹ=ㅂ(っ)	ㅍ=ㅃ	ㅏ=ㅏ	ㄴ=ㅇ(ん)
週間	주간	슈우깡	しゅうかん	ㅈ=ㅅ	ㅜ=ㅠㅜ		ㄱ=ㄲ	ㅏ=ㅏ	ㄴ=ㅇ(ん)

일어 한자	한글 발음	일어 한글 발음	일어 발음	첫자음	단모음	받침	첫자음	단모음	받침
週末	주말	슈우마쯔	しゅうまつ	ス=ㅅ	ㅜ=ㅠㅜ		ㅁ=ㅁ	ㅏ=ㅏ	ㄹ=쯔(つ)
違反	위반	이항	いはん	ㅇ=ㅇ	ㅟ=ㅣ		ㅂ=ㅎ	ㅏ=ㅏ	ㄴ=ㅇ(ん)
休假	휴가	큐우까	きゅうか	ㅎ=ㅋ	ㅠ=ㅠㅜ		ㄱ=ㄲ	ㅏ=ㅏ	
留学	유학	류우가꾸	りゅうがく	ㅇ=ㄹ(두)	ㅠ=ㅠㅜ		ㅎ=ㄱ	ㅏ=ㅏ	ㄱ=꾸(く)
増加	증가	조우까	ぞうか	ㅈ=ㅈ	ㅡ=ㅗ	ㅇ=우(장음)	ㄱ=ㄲ	ㅏ=ㅏ	
音楽	음악	옹가꾸	おんがく	ㅇ=ㅇ	ㅡ=ㅗ	ㅁ=ㅇ(ん)	ㅇ=ㄱ	ㅏ=ㅏ	ㄱ=꾸(く)
医学	의학	이가꾸	いがく	ㅇ=ㅇ	ㅢ=ㅣ		ㅎ=ㄱ	ㅏ=ㅏ	ㄱ=꾸(く)
集団	집단	슈우당	しゅうだん	ス=ㅅ	ㅣ=ㅠ	ㅂ=우(장음)	ㄷ=ㄷ	ㅏ=ㅏ	ㄴ=ㅇ(ん)
入学	입학	뉴우가꾸	にゅうがく	ㅇ=ㄴ(두)	ㅣ=ㅠ	ㅂ=우(장음)	ㅎ=ㄱ	ㅏ=ㅏ	ㄱ=꾸(く)
実感	실감	직깡	じっかん	ㅅ=ㅈ	ㅣ=ㅣ	ㄹ=ㄱ(っ)	ㄱ=ㄲ	ㅏ=ㅏ	ㅁ=ㅇ(ん)
時間	시간	지깡	じかん	ㅅ=ㅈ	ㅣ=ㅣ		ㄱ=ㄲ	ㅏ=ㅏ	ㄴ=ㅇ(ん)
敏感	민감	빙깡	びんかん	ㅁ=ㅂ	ㅣ=ㅣ	ㄴ=ㅇ(ん)	ㄱ=ㄲ	ㅏ=ㅏ	ㅁ=ㅇ(ん)
民間	민간	밍깡	みんかん	ㅁ=ㅁ	ㅣ=ㅣ	ㄴ=ㅇ(ん)	ㄱ=ㄲ	ㅏ=ㅏ	ㄴ=ㅇ(ん)
期間	기간	키깡	きかん	ㄱ=ㅋ	ㅣ=ㅣ		ㄱ=ㄲ	ㅏ=ㅏ	ㄴ=ㅇ(ん)
避難	피난	히낭	ひなん	ㅍ=ㅎ	ㅣ=ㅣ		ㄴ=ㄴ	ㅏ=ㅏ	ㄴ=ㅇ(ん)
非難	비난	히낭	ひなん	ㅂ=ㅎ	ㅣ=ㅣ		ㄴ=ㄴ	ㅏ=ㅏ	ㄴ=ㅇ(ん)
診断	진단	신당	しんだん	ㅈ=ㅅ	ㅣ=ㅣ	ㄴ=ㄴ(ん)	ㄷ=ㄷ	ㅏ=ㅏ	ㄴ=ㅇ(ん)
一般	일반	입빵	いっぱん	ㅇ=ㅇ	ㅣ=ㅣ	ㄹ=ㅂ(っ)	ㅂ=ㅃ	ㅏ=ㅏ	ㄴ=ㅇ(ん)
緊迫	긴박	킴빠꾸	きんぱく	ㄱ=ㅋ	ㅣ=ㅣ	ㄴ=ㅁ(ん)	ㅂ=ㅃ	ㅏ=ㅏ	ㄱ=꾸(く)
審査	심사	신사	しんさ	ㅅ=ㅅ	ㅣ=ㅣ	ㅁ=ㄴ(ん)	ㅅ=ㅅ	ㅏ=ㅏ	
批判	비판	히항	ひはん	ㅂ=ㅎ	ㅣ=ㅣ		ㅍ=ㅎ	ㅏ=ㅏ	ㄴ=ㅇ(ん)
進学	진학	싱가꾸	しんがく	ㅈ=ㅅ	ㅣ=ㅣ	ㄴ=ㅇ(ん)	ㅎ=ㄱ	ㅏ=ㅏ	ㄱ=꾸(く)
地下	지하	치까	ちか	ㅈ=ㅊ	ㅣ=ㅣ		ㅎ=ㄲ	ㅏ=ㅏ	
以下	이하	이까	いか	ㅇ=ㅇ	ㅣ=ㅣ		ㅎ=ㄲ	ㅏ=ㅏ	
試合	시합	시아이	しあい	ㅅ=ㅅ	ㅣ=ㅣ		ㅎ=ㅇ	ㅏ=ㅏ	ㅂ=이(장음)
脅迫	협박	쿄우하꾸	きょうはく	ㅎ=ㅋ	ㅕ=ㅛ	ㅂ=우(장음)	ㅂ=ㅎ	ㅏ=ㅏ	ㄱ=꾸(く)
担当	담당	탄또우	たんとう	ㄷ=ㅌ	ㅏ=ㅏ	ㅁ=ㄴ(ん)	ㄷ=ㄸ	ㅗ=ㅗ	ㅇ=우(장음)
死亡	사망	시보우	しぼう	ㅅ=ㅅ	ㅏ=ㅣ		ㅁ=ㅂ	ㅗ=ㅗ	ㅇ=우(장음)
暖房	난방	담보우	だんぼう	ㄴ=ㄷ	ㅏ=ㅏ	ㄴ=ㅁ(ん)	ㅂ=ㅂ	ㅗ=ㅗ	ㅇ=우(장음)
残像	잔상	잔조우	ざんぞう	ㅈ=ㅈ	ㅏ=ㅏ	ㄴ=ㄴ(ん)	ㅅ=ㅈ	ㅗ=ㅗ	ㅇ=우(장음)
講堂	강당	코우도우	こうどう	ㄱ=ㅋ	ㅏ=ㅗ	ㅇ=우(장음)	ㄷ=ㄷ	ㅗ=ㅗ	ㅇ=우(장음)

일어 한자	한글 발음	일어 한글 발음	일어 발음	첫자음	단모음	받침	첫자음	단모음	받침
想像	상상	소우조우	そうぞう	ㅅ=ㅅ	ㅏ=ㅗ	ㅇ=우(장음)	ㅅ=ㅈ	ㅏ=ㅗ	ㅇ=우(장음)
事項	사항	지꼬우	じこう	ㅅ=ㅈ	ㅏ=ㅣ		ㅎ=ㄲ	ㅏ=ㅗ	ㅇ=우(장음)
開放	개방	카이호우	かいほう	ㄱ=ㅋ	ㅐ=ㅏㅣ		ㅂ=ㅎ	ㅏ=ㅗ	ㅇ=우(장음)
解放	해방	카이호우	かいほう	ㅎ=ㅋ	ㅐ=ㅏㅣ		ㅂ=ㅎ	ㅏ=ㅗ	ㅇ=우(장음)
冷房	냉방	레이보우	れいぼう	ㄴ=ㄹ(두)	ㅐ=ㅔ	ㅇ=이(장음)	ㅂ=ㅂ	ㅏ=ㅗ	ㅇ=우(장음)
冷蔵	냉장	레이조우	れいぞう	ㄴ=ㄹ(두)	ㅐ=ㅔ	ㅇ=이(장음)	ㅈ=ㅈ	ㅏ=ㅗ	ㅇ=우(장음)
健康	건강	켕꼬우	けんこう	ㄱ=ㅋ	ㅓ=ㅔ	ㄴ=ㅇ(ん)	ㄱ=ㄲ	ㅏ=ㅗ	ㅇ=우(장음)
適當	적당	테끼또우	てきとう	ㅈ=ㅌ	ㅓ=ㅔ	ㄱ=ㄲ(き)	ㄷ=ㄸ	ㅏ=ㅗ	ㅇ=우(장음)
絶望	절망	제쯔보우	ぜつぼう	ㅈ=ㅈ	ㅓ=ㅔ	ㄹ=ㅉ(つ)	ㅁ=ㅂ	ㅏ=ㅗ	ㅇ=우(장음)
予想	예상	요소우	よそう	ㅇ=ㅇ	ㅖ=ㅛ		ㅅ=ㅅ	ㅏ=ㅗ	ㅇ=우(장음)
銅像	동상	도우조우	どうぞう	ㄷ=ㄷ	ㅗ=ㅗ	ㅇ=우(장음)	ㅅ=ㅈ	ㅏ=ㅗ	ㅇ=우(장음)
綜合	종합	소우고우	そうごう	ㅈ=ㅅ	ㅗ=ㅗ	ㅇ=우(장음)	ㅎ=ㄱ	ㅏ=ㅗ	ㅂ=우(장음)
消防	소방	쇼우보우	しょうぼう	ㅅ=ㅅ	ㅗ=ㅛㅜ		ㅂ=ㅂ	ㅏ=ㅗ	ㅇ=우(장음)
服装	복장	후꾸소우	ふくそう	ㅂ=ㅎ	ㅗ=ㅜ	ㄱ=ㄲ(く)	ㅈ=ㅅ	ㅏ=ㅗ	ㅇ=우(장음)
空港	공항	쿠우꼬우	くうこう	ㄱ=ㅋ	ㅗ=ㅜ	ㅇ=우(장음)	ㅎ=ㅋ	ㅏ=ㅗ	ㅇ=우(장음)
回答	회답	카이또우	かいとう	ㅎ=ㅋ	ㅚ=ㅏㅣ		ㄷ=ㄸ	ㅏ=ㅗ	ㅂ=우(장음)
解答	해답	카이또우	かいとう	ㅎ=ㅋ	ㅐ=ㅏㅣ		ㄷ=ㄸ	ㅏ=ㅗ	ㅂ=우(장음)
武裝	무장	부소우	ぶそう	ㅁ=ㅂ	ㅜ=ㅜ		ㅈ=ㅅ	ㅏ=ㅗ	ㅇ=우(장음)
中央	중앙	츄우오우	ちゅうおう	ㅈ=ㅊ	ㅜ=ㅠ	ㅇ=우(장음)	ㅇ=ㅇ	ㅏ=ㅗ	ㅇ=우(장음)
追放	추방	츠이호우	ついほう	ㅊ=ㅊ	ㅜ=ㅡㅣ		ㅂ=ㅎ	ㅏ=ㅗ	ㅇ=우(장음)
希望	희망	키보우	きぼう	ㅎ=ㅋ	ㅢ=ㅣ		ㅁ=ㅂ	ㅏ=ㅗ	ㅇ=우(장음)
食堂	식당	쇼꾸도우	しょくどう	ㅅ=ㅅ	ㅣ=ㅛ	ㄱ=ㄲ(く)	ㄷ=ㄷ	ㅏ=ㅗ	ㅇ=우(장음)
時刻	시각	지꼬꾸	じこく	ㅅ=ㅈ	ㅣ=ㅣ		ㄱ=ㄲ	ㅏ=ㅗ	ㄱ=꾸(く)
深刻	심각	싱꼬꾸	しんこく	ㅅ=ㅈ	ㅣ=ㅣ	ㅁ=ㅇ(ん)	ㄱ=ㄲ	ㅏ=ㅗ	ㄱ=꾸(く)
一方	일방	입뽀우	いっぽう	ㅇ=ㅇ	ㅣ=ㅣ	ㄹ=ㅂ(っ)	ㅂ=ㅃ	ㅏ=ㅗ	ㅇ=우(장음)
地方	지방	치호우	ちほう	ㅈ=ㅊ	ㅣ=ㅣ		ㅂ=ㅎ	ㅏ=ㅗ	ㅇ=우(장음)
社長	사장	샤쬬우	しゃちょう	ㅅ=ㅅ	ㅏ=ㅑ		ㅈ=ㅉ	ㅏ=ㅛ	ㅇ=우(장음)
賠償	배상	바이쇼우	ばいしょう	ㅂ=ㅂ	ㅐ=ㅏㅣ		ㅅ=ㅅ	ㅏ=ㅛ	ㅇ=우(장음)
対象	대상	타이쇼우	たいしょう	ㄷ=ㅌ	ㅐ=ㅏㅣ		ㅅ=ㅅ	ㅏ=ㅛ	ㅇ=우(장음)
向上	향상	코우죠우	こうじょう	ㅎ=ㅋ	ㅑ=ㅗ	ㅇ=우(장음)	ㅅ=ㅈ	ㅏ=ㅛ	ㅇ=우(장음)
成長	성장	세이쬬우	せいちょう	ㅅ=ㅅ	ㅓ=ㅔ	ㅇ=이(장음)	ㅈ=ㅉ	ㅏ=ㅛ	ㅇ=우(장음)

일어 한자	한글 발음	일어 한글 발음	일어 발음	첫자음	단모음	받침	첫자음	단모음	받침
現象	현상	겐쇼우	げんしょう	ㅎ=ㄱ	ㅕ=ㅔ	ㄴ=ㄴ(ん)	ㅅ=ㅅ	ㅏ=ㅛ	ㅇ=우(장음)
屋上	옥상	오꾸죠우	おくじょう	ㅇ=ㅇ	ㅗ=ㅗ	ㄱ=꾸(く)	ㅅ=ㅈ	ㅏ=ㅛ	ㅇ=우(장음)
故障	고장	고쇼우	こしょう	ㄱ=ㅋ	ㅗ=ㅗ		ㅈ=ㅅ	ㅏ=ㅛ	ㅇ=우(장음)
工場	공장	코우죠우	こうじょう	ㄱ=ㅋ	ㅗ=ㅗ	ㅇ=우(장음)	ㅈ=ㅈ	ㅏ=ㅛ	ㅇ=우(장음)
通帳	통장	츠우쬬우	つうちょう	ㅌ=ㅊ	ㅗ=ㅗ	ㅇ=우(장음)	ㅈ=ㅉ	ㅏ=ㅛ	ㅇ=우(장음)
負傷	부상	후쇼우	ふしょう	ㅂ=ㅎ	ㅜ=ㅜ		ㅅ=ㅅ	ㅏ=ㅛ	ㅇ=우(장음)
文章	문장	분쇼우	ぶんしょう	ㅁ=ㅂ	ㅜ=ㅜ	ㄴ=ㄴ(ん)	ㅅ=ㅅ	ㅏ=ㅛ	ㅇ=우(장음)
受賞	수상	쥬쇼우	じゅしょう	ㅅ=ㅈ	ㅜ=ㅜ		ㅅ=ㅅ	ㅏ=ㅛ	ㅇ=우(장음)
首相	수상	슈쇼우	しゅしょう	ㅅ=ㅅ	ㅜ=ㅜ		ㅅ=ㅅ	ㅏ=ㅛ	ㅇ=우(장음)
出張	출장	슛쬬우	しゅっちょう	ㅊ=ㅅ	ㅜ=ㅠ	ㄹ=ㄷ(っ)	ㅈ=ㅉ	ㅏ=ㅛ	ㅇ=우(장음)
登場	등장	토우죠우	とうじょう	ㄷ=ㅌ	ㅡ=ㅗ	ㅇ=우(장음)	ㅈ=ㅈ	ㅏ=ㅛ	ㅇ=우(장음)
症狀	증상	쇼우죠우	しょうじょう	ㅈ=ㅅ	ㅡ=ㅛ	ㅇ=우(장음)	ㅅ=ㅈ	ㅏ=ㅛ	ㅇ=우(장음)
印象	인상	인쇼우	いんしょう	ㅇ=ㅇ	ㅣ=ㅣ	ㄴ=ㄴ(ん)	ㅅ=ㅅ	ㅏ=ㅛ	ㅇ=우(장음)
氣象	기상	키쇼우	きしょう	ㄱ=ㅋ	ㅣ=ㅣ		ㅅ=ㅅ	ㅏ=ㅛ	ㅇ=우(장음)
以上	이상	이죠우	いじょう	ㅇ=ㅇ	ㅣ=ㅣ		ㅅ=ㅈ	ㅏ=ㅛ	ㅇ=우(장음)
日常	일상	니찌죠우	にちじょう	ㅇ=ㄴ(두)	ㅣ=ㅣ	ㄹ=찌(ち)	ㅅ=ㅈ	ㅏ=ㅛ	ㅇ=우(장음)
非常	비상	히죠우	ひじょう	ㅂ=ㅎ	ㅣ=ㅣ		ㅅ=ㅈ	ㅏ=ㅛ	ㅇ=우(장음)
市場	시장	시죠우	しじょう	ㅅ=ㅅ	ㅣ=ㅣ		ㅈ=ㅈ	ㅏ=ㅛ	ㅇ=우(장음)
緊張	긴장	킨쬬우	きんちょう	ㄱ=ㅋ	ㅣ=ㅣ	ㄴ=ㄴ(ん)	ㅈ=ㅉ	ㅏ=ㅛ	ㅇ=우(장음)
記者	기자	키샤	きしゃ	ㄱ=ㅋ	ㅣ=ㅣ		ㅈ=ㅅ	ㅏ=ㅑ	
發車	발사	핫샤	はっしゃ	ㅂ=ㅎ	ㅏ=ㅏ	ㄹ=ㅅ(っ)	ㅅ=ㅆ	ㅏ=ㅑ	
反射	반사	한샤	はんしゃ	ㅂ=ㅎ	ㅏ=ㅏ	ㄴ=ㄴ(ん)	ㅅ=ㅅ	ㅏ=ㅑ	
感謝	감사	칸샤	かんしゃ	ㄱ=ㅋ	ㅏ=ㅏ	ㅁ=ㄴ(ん)	ㅅ=ㅅ	ㅏ=ㅑ	
打者	타자	다샤	だしゃ	ㅌ=ㄷ	ㅏ=ㅏ		ㅈ=ㅅ	ㅏ=ㅑ	
下車	하차	게샤	げしゃ	ㅎ=ㄱ	ㅏ=ㅔ		ㅊ=ㅅ	ㅏ=ㅑ	
放射	방사	호우샤	ほうしゃ	ㅂ=ㅎ	ㅏ=ㅗ	ㅇ=우(장음)	ㅅ=ㅅ	ㅏ=ㅑ	
停車	정차	테이샤	ていしゃ	ㅈ=ㅌ	ㅓ=ㅔ	ㅇ=이(장음)	ㅊ=ㅅ	ㅏ=ㅑ	
電車	전차	덴샤	でんしゃ	ㅈ=ㄷ	ㅓ=ㅔ	ㄴ=ㄴ(ん)	ㅊ=ㅅ	ㅏ=ㅑ	
列車	열차	렛쌰	れっしゃ	ㅇ=ㄹ(두)	ㅕ=ㅔ	ㄹ=ㅅ(っ)	ㅊ=ㅆ	ㅏ=ㅑ	
讀者	독자	도꾸샤	どくしゃ	ㄷ=ㄷ	ㅗ=ㅗ	ㄱ=꾸(く)	ㅈ=ㅅ	ㅏ=ㅑ	

일어 한자	한글 발음	일어 한글 발음	일어 발음	첫자음	단모음	받침	첫자음	단모음	받침
到着	도착	토우짜꾸	とうちゃく	ㄷ=ㅌ	ㅗ=ㅜ		ㅊ=ㅉ	ㅏ=ㅑ	ㄱ=꾸(く)
歷史	역사	레끼시	れきし	ㅇ=ㄹ(두)	ㅕ=ㅔ	ㄱ=끼(き)	ㅅ=ㅅ	ㅏ=ㅣ	
刑事	형사	케이지	けいじ	ㅎ=ㅋ	ㅕ=ㅔ	ㅇ=이(장음)	ㅅ=ㅈ	ㅏ=ㅣ	
工事	공사	코우지	こうじ	ㄱ=ㅋ	ㅗ=ㅗ	ㅇ=우(장음)	ㅅ=ㅈ	ㅏ=ㅣ	
教師	교사	쿄우시	きょうし	ㄱ=ㅋ	ㅛ=ㅛㅜ		ㅅ=ㅅ	ㅏ=ㅣ	
投資	투자	토우시	とうし	ㅌ=ㅌ	ㅜ=ㅗㅜ		ㅈ=ㅅ	ㅏ=ㅣ	
原子	원자	겐시	げんし	ㅇ=ㄱ	ㅝ=ㅔ	ㄴ=ㄴ(ん)	ㅈ=ㅅ	ㅏ=ㅣ	
食事	식사	쇼꾸지	しょくじ	ㅅ=ㅅ	ㅣ=ㅛ	ㄱ=꾸(く)	ㅅ=ㅈ	ㅏ=ㅣ	
人事	인사	진지	じんじ	ㅇ=ㅈ	ㅣ=ㅣ	ㄴ=ㄴ(ん)	ㅅ=ㅈ	ㅏ=ㅣ	
博士	박사	하까세	はかせ	ㅂ=ㅎ	ㅏ=ㅏ	ㄱ=까(か)	ㅅ=ㅅ	ㅏ=ㅔ	
制限	제한	세이겡	せいげん	ㅈ=ㅅ	ㅔ=ㅔㅣ		ㅎ=ㄱ	ㅏ=ㅔ	ㄴ=ㅇ(ん)
人間	인간	닝겡	にんげん	ㅇ=ㄴ(두)	ㅣ=ㅣ	ㄴ=ㅇ(ん)	ㄱ=ㄱ	ㅏ=ㅔ	ㄴ=ㅇ(ん)
期限	기한	키겡	きげん	ㄱ=ㅋ	ㅣ=ㅣ		ㅎ=ㄱ	ㅏ=ㅔ	ㄴ=ㅇ(ん)
役割	역할	야꾸와리	やくわり	ㅇ=ㅇ	ㅕ=ㅑ	ㄱ=꾸(く)	ㅎ=ㅇ	ㅏ=ㅘ	ㄹ=리

🎤 한글 모음 [ㅣ] 변환

비율이 가장 높은 [ㅣ ⇒ ㅣ] 변환에 집중하여 단어 말하기 훈련을 합니다.

한글 초성	변환	일어 초성	비율
ㅣ	⇒	ㅣ / ㅛ / ㅟ	ㅛ, ㅟ 약8% ㅣ 약92%

(한글) (일본어)   (한글) (일본어)
시(時) ⇒ 지(じ)   진(診) ⇒ 싱(ん)

Ex 더 많은 예시들 : 첫 번째 글자 한글 모음 [ㅣ] 발음 변환 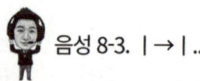 음성 8-3. ㅣ→ㅣ..

일어 한자	한글 발음	일어 한글 발음	일어 발음	첫자음	단모음	받침	첫자음	단모음	받침
実感	실감	직깡	じっかん	ㅅ=ㅈ	ㅣ=ㅣ	ㄹ=(ㄱ)っ	ㄱ=ㄲ	ㅏ=ㅏ	ㅁ=ㅇ(ん)
時間	시간	지깡	じかん	ㅅ=ㅈ	ㅣ=ㅣ		ㄱ=ㄲ	ㅏ=ㅏ	ㄴ=ㅇ(ん)
敏感	민감	빙깡	びんかん	ㅁ=ㅂ	ㅣ=ㅣ	ㄴ=ㅇ(ん)	ㄱ=ㄲ	ㅏ=ㅏ	ㅁ=ㅇ(ん)
民間	민간	밍깡	みんかん	ㅁ=ㅁ	ㅣ=ㅣ	ㄴ=ㅇ(ん)	ㄱ=ㄲ	ㅏ=ㅏ	ㄴ=ㅇ(ん)
期間	기간	키깡	きかん	ㄱ=ㅋ	ㅣ=ㅣ		ㄱ=ㄲ	ㅏ=ㅏ	ㄴ=ㅇ(ん)
避難	피난	히낭	ひなん	ㅍ=ㅎ	ㅣ=ㅣ		ㄴ=ㄴ	ㅏ=ㅏ	ㄴ=ㅇ(ん)
非難	비난	히낭	ひなん	ㅂ=ㅎ	ㅣ=ㅣ		ㄴ=ㄴ	ㅏ=ㅏ	ㄴ=ㅇ(ん)
診断	진단	신당	しんだん	ㅈ=ㅅ	ㅣ=ㅣ	ㄴ=ㄴ(ん)	ㄷ=ㄷ	ㅏ=ㅏ	ㄴ=ㅇ(ん)
一般	일반	입빵	いっぱん	ㅇ=ㅇ	ㅣ=ㅣ	ㄹ=(ㅂ)っ	ㅂ=ㅃ	ㅏ=ㅏ	ㄴ=ㅇ(ん)
緊迫	긴박	킴빠꾸	きんぱく	ㄱ=ㅋ	ㅣ=ㅣ	ㄴ=ㅁ(ん)	ㅂ=ㅃ	ㅏ=ㅏ	ㄱ=꾸(く)
審査	심사	신사	しんさ	ㅅ=ㅅ	ㅣ=ㅣ	ㅁ=ㄴ(ん)	ㅅ=ㅅ	ㅏ=ㅏ	
記者	기자	키샤	きしゃ	ㄱ=ㅋ	ㅣ=ㅣ		ㅈ=ㅅ	ㅏ=ㅑ	
批判	비판	히항	ひはん	ㅂ=ㅎ	ㅣ=ㅣ		ㅍ=ㅎ	ㅏ=ㅏ	ㄴ=ㅇ(ん)
進学	진학	싱가꾸	しんがく	ㅈ=ㅅ	ㅣ=ㅣ	ㄴ=ㅇ(ん)	ㅎ=ㄱ	ㅏ=ㅏ	ㄱ=꾸(く)
地下	지하	치까	ちか	ㅈ=ㅊ	ㅣ=ㅣ		ㅎ=ㄲ	ㅏ=ㅏ	
以下	이하	이까	いか	ㅇ=ㅇ	ㅣ=ㅣ		ㅎ=ㄲ	ㅏ=ㅏ	
試合	시합	시아이	しあい	ㅅ=ㅅ	ㅣ=ㅣ		ㅎ=ㅇ	ㅏ=ㅏ	ㅂ=이(장음)
人間	인간	닝겡	にんげん	ㅇ=ㄴ(두)	ㅣ=ㅣ	ㄴ=ㅇ(ん)	ㄱ=ㄱ	ㅏ=ㅔ	ㄴ=ㅇ(ん)
期限	기한	키겡	きげん	ㄱ=ㅋ	ㅣ=ㅣ		ㅎ=ㄱ	ㅏ=ㅔ	ㄴ=ㅇ(ん)
時刻	시각	지꼬꾸	じこく	ㅅ=ㅈ	ㅣ=ㅣ		ㄱ=ㄲ	ㅏ=ㅗ	ㄱ=꾸(く)
深刻	심각	싱꼬꾸	しんこく	ㅅ=ㅅ	ㅣ=ㅣ	ㅁ=ㅇ(ん)	ㄱ=ㄲ	ㅏ=ㅗ	ㄱ=꾸(く)
一方	일방	입뽀우	いっぽう	ㅇ=ㅇ	ㅣ=ㅣ	ㄹ=(ㅂ)っ	ㅂ=ㅃ	ㅏ=ㅗ	ㅇ=우(장음)
地方	지방	치호우	ちほう	ㅈ=ㅊ	ㅣ=ㅣ		ㅂ=ㅎ	ㅏ=ㅗ	ㅇ=우(장음)
印象	인상	인쇼우	いんしょう	ㅇ=ㅇ	ㅣ=ㅣ	ㄴ=ㄴ(ん)	ㅅ=ㅅ	ㅏ=ㅛ	ㅇ=우(장음)
気象	기상	키쇼우	きしょう	ㄱ=ㅋ	ㅣ=ㅣ		ㅅ=ㅅ	ㅏ=ㅛ	ㅇ=우(장음)
以上	이상	이죠우	いじょう	ㅇ=ㅇ	ㅣ=ㅣ		ㅅ=ㅈ	ㅏ=ㅛ	ㅇ=우(장음)
日常	일상	니찌죠우	にちじょう	ㅇ=ㄴ(두)	ㅣ=ㅣ	ㄹ=찌(ち)	ㅅ=ㅈ	ㅏ=ㅛ	ㅇ=우(장음)
非常	비상	히죠우	ひじょう	ㅂ=ㅎ	ㅣ=ㅣ		ㅅ=ㅈ	ㅏ=ㅛ	ㅇ=우(장음)

일어 한자	한글 발음	일어 한글 발음	일어 발음	첫자음	단모음	받침	첫자음	단모음	받침
市場	시장	시죠우	しじょう	ㅅ=ㅅ	ㅣ=ㅣ		ㅈ=ㅈ	ㅏ=ㅛ	ㅇ=우(장음)
緊張	긴장	킨쬬우	きんちょう	ㄱ=ㅋ	ㅣ=ㅣ	ㄴ=ㄴ(ん)	ㅈ=ㅉ	ㅏ=ㅛ	ㅇ=우(장음)
人事	인사	진지	じんじ	ㅇ=ㅈ	ㅣ=ㅣ	ㄴ=ㄴ(ん)	ㅅ=ㅈ	ㅏ=ㅣ	
失敗	실패	십빠이	しっぱい	ㅅ=ㅅ	ㅣ=ㅣ	ㄹ=(ㅂ)っ	ㅍ=ㅃ	ㅐ=ㅏㅣ	
時代	시대	지다이	じだい	ㅅ=ㅈ	ㅣ=ㅣ		ㄷ=ㄷ	ㅐ=ㅏㅣ	
期待	기대	키따이	きたい	ㄱ=ㅋ	ㅣ=ㅣ		ㄷ=ㄸ	ㅐ=ㅏㅣ	
未来	미래	미라이	みらい	ㅁ=ㅁ	ㅣ=ㅣ		ㄹ=ㄹ	ㅐ=ㅏㅣ	
支配	지배	시하이	しはい	ㅈ=ㅅ	ㅣ=ㅣ		ㅂ=ㅎ	ㅐ=ㅏㅣ	
被害	피해	히가이	ひがい	ㅍ=ㅎ	ㅣ=ㅣ		ㅎ=ㄱ	ㅐ=ㅏㅣ	
理解	이해	리까이	りかい	ㅇ=ㄹ(두)	ㅣ=ㅣ		ㅎ=ㄲ	ㅐ=ㅏㅣ	
人生	인생	진세이	じんせい	ㅇ=ㅈ	ㅣ=ㅣ	ㄴ=ㄴ(ん)	ㅅ=ㅅ	ㅐ=ㅔ	ㅇ=이(장음)
執行	집행	식꼬우	しっこう	ㅈ=ㅅ	ㅣ=ㅣ	ㅂ=(ㄱ)っ	ㅎ=ㄲ	ㅐ=ㅗ	ㅇ=우(장음)
進行	진행	싱꼬우	しんこう	ㅈ=ㅅ	ㅣ=ㅣ	ㄴ=ㅇ(ん)	ㅎ=ㄲ	ㅐ=ㅗ	ㅇ=우(장음)
飛行	비행	히꼬우	ひこう	ㅂ=ㅎ	ㅣ=ㅣ		ㅎ=ㄲ	ㅐ=ㅗ	ㅇ=우(장음)
侵略	침략	신랴꾸	しんりゃく	ㅊ=ㅅ	ㅣ=ㅣ	ㅁ=ㄴ(ん)	ㄹ=ㄹ	ㅑ=ㅑ	ㄱ=꾸(く)
施設	시설	시세쯔	しせつ	ㅅ=ㅅ	ㅣ=ㅣ		ㅅ=ㅅ	ㅓ=ㅔ	ㄹ=쯔(つ)
親戚	친척	신세끼	しんせき	ㅊ=ㅅ	ㅣ=ㅣ	ㄴ=ㄴ(ん)	ㅊ=ㅅ	ㅓ=ㅔ	ㄱ=끼(き)
指定	지정	시떼이	してい	ㅈ=ㅅ	ㅣ=ㅣ		ㅈ=ㄸ	ㅓ=ㅔ	ㅇ=이(장음)
日程	일정	닏떼이	にってい	ㅇ=ㄴ(두)	ㅣ=ㅣ	ㄹ=(ㄷ)っ	ㅈ=ㄸ	ㅓ=ㅔ	ㅇ=이(장음)
支店	지점	시뗑	してん	ㅈ=ㅅ	ㅣ=ㅣ		ㅈ=ㄸ	ㅓ=ㅔ	ㅁ=ㅇ(ん)
親切	친절	신세쯔	しんせつ	ㅊ=ㅅ	ㅣ=ㅣ	ㄴ=ㄴ(ん)	ㅊ=ㅅ	ㅓ=ㅔ	ㄹ=쯔(つ)
密接	밀접	밋쎄쯔	みっせつ	ㅁ=ㅁ	ㅣ=ㅣ	ㄹ=(ㅅ)っ	ㅈ=ㅆ	ㅓ=ㅔ	ㅂ=쯔(つ)
実績	실적	짓쎄끼	じっせき	ㅅ=ㅈ	ㅣ=ㅣ	ㄹ=(ㅅ)っ	ㅈ=ㅆ	ㅓ=ㅔ	ㄱ=끼(き)
奇跡	기적	키세끼	きせき	ㄱ=ㅋ	ㅣ=ㅣ		ㅈ=ㅅ	ㅓ=ㅔ	ㄱ=끼(き)
申請	신청	신세이	しんせい	ㅅ=ㅅ	ㅣ=ㅣ	ㄴ=ㄴ(ん)	ㅊ=ㅅ	ㅓ=ㅔ	ㅇ=이(장음)
実験	실험	직껭	じっけん	ㅅ=ㅈ	ㅣ=ㅣ	ㄹ=(ㄱ)っ	ㅎ=ㄲ	ㅓ=ㅔ	ㅁ=ㅇ(ん)
試験	시험	시껭	しけん	ㅅ=ㅅ	ㅣ=ㅣ		ㅎ=ㄲ	ㅓ=ㅔ	ㅁ=ㅇ(ん)
記憶	기억	키오꾸	きおく	ㄱ=ㅋ	ㅣ=ㅣ		ㅇ=ㅇ	ㅓ=ㅗ	ㄱ=꾸(く)
失業	실업	시쯔교우	しつぎょう	ㅅ=ㅅ	ㅣ=ㅣ	ㄹ=쯔(つ)	ㅇ=ㄱ	ㅓ=ㅛ	ㅂ=우(장음)
企業	기업	키교우	きぎょう	ㄱ=ㅋ	ㅣ=ㅣ		ㅇ=ㄱ	ㅓ=ㅛ	ㅂ=우(장음)

일어 한자	한글 발음	일어 한글 발음	일어 발음	첫자음	단모음	받침	첫자음	단모음	받침
実際	실제	짓싸이	じっさい	ㅅ=ㅈ	ㅣ=ㅣ	ㄹ=(ㅅ)っ	ㅈ=ㅆ	ㅔ=ㅏㅣ	
神経	신경	싱께이	しんけい	ㅅ=ㅅ	ㅣ=ㅣ	ㄴ=ㅇ(ん)	ㄱ=ㄲ	ㅕ=ㅔ	ㅇ=이(장음)
新年	신년	신넹	しんねん	ㅅ=ㅅ	ㅣ=ㅣ	ㄴ=ㄴ(ん)	ㄴ=ㄴ	ㅕ=ㅔ	ㄴ=ㅇ(ん)
履歴	이력	리레끼	りれき	ㅇ=ㄹ(두)	ㅣ=ㅣ		ㄹ=ㄹ	ㅕ=ㅔ	ㄱ=끼(き)
識別	식별	시끼베쯔	しきべつ	ㅅ=ㅅ	ㅣ=ㅣ	ㄱ=끼(き)	ㅂ=ㅂ	ㅕ=ㅔ	ㄹ=쯔(つ)
実力	실력	지쯔료쿠	じつりょく	ㅅ=ㅈ	ㅣ=ㅣ	ㄹ=쯔(つ)	ㄹ=ㄹ	ㅕ=ㅛ	ㄱ=꾸(く)
批評	비평	히효우	ひひょう	ㅂ=ㅎ	ㅣ=ㅣ		ㅍ=ㅎ	ㅕ=ㅛ	ㅇ=우(장음)
機械	기계	키까이	きかい	ㄱ=ㅋ	ㅣ=ㅣ		ㄱ=ㄲ	ㅖ=ㅏㅣ	
移動	이동	이도우	いどう	ㅇ=ㅇ	ㅣ=ㅣ		ㄷ=ㄷ	ㅗ=ㅗ	ㅇ=우(장음)
理論	이론	리롱	りろん	ㅇ=ㄹ(두)	ㅣ=ㅣ		ㄹ=ㄹ	ㅗ=ㅗ	ㄴ=ㅇ(ん)
記録	기록	키로꾸	きろく	ㄱ=ㅋ	ㅣ=ㅣ		ㄹ=ㄹ	ㅗ=ㅗ	ㄱ=꾸(く)
進歩	진보	심뽀	しんぽ	ㅅ=ㅅ	ㅣ=ㅣ	ㄴ=ㅁ(ん)	ㅂ=ㅃ	ㅗ=ㅗ	
基本	기본	키홍	きほん	ㄱ=ㅋ	ㅣ=ㅣ		ㅂ=ㅎ	ㅗ=ㅗ	ㄴ=ㅇ(ん)
起訴	기소	키소	きそ	ㄱ=ㅋ	ㅣ=ㅣ		ㅅ=ㅅ	ㅗ=ㅗ	
気温	기온	키옹	きおん	ㄱ=ㅋ	ㅣ=ㅣ		ㅇ=ㅇ	ㅗ=ㅗ	ㄴ=ㅇ(ん)
民族	민족	민조꾸	みんぞく	ㅁ=ㅁ	ㅣ=ㅣ	ㄴ=ㄴ(ん)	ㅈ=ㅈ	ㅗ=ㅗ	ㄱ=꾸(く)
離婚	이혼	리꽁	りこん	ㅇ=ㄹ(두)	ㅣ=ㅣ		ㅎ=ㄲ	ㅗ=ㅗ	ㄴ=ㅇ(ん)
指導	지도	시도우	しどう	ㅅ=ㅅ	ㅣ=ㅣ		ㄷ=ㄷ	ㅗ=ㅗㅜ	
疲労	피로	히로우	ひろう	ㅍ=ㅎ	ㅣ=ㅣ		ㄹ=ㄹ	ㅗ=ㅗㅜ	
信号	신호	싱고우	しんごう	ㅅ=ㅅ	ㅣ=ㅣ	ㄴ=ㅇ(ん)	ㅎ=ㄱ	ㅗ=ㅗㅜ	
進化	진화	싱까	しんか	ㅅ=ㅅ	ㅣ=ㅣ	ㄴ=ㅇ(ん)	ㅎ=ㄲ	ㅘ=ㅏ	
信頼	신뢰	신라이	しんらい	ㅅ=ㅅ	ㅣ=ㅣ	ㄴ=ㄴ(ん)	ㄹ=ㄹ	ㅚ=ㅏㅣ	
机会	기회	키까이	きかい	ㄱ=ㅋ	ㅣ=ㅣ		ㅎ=ㄲ	ㅚ=ㅏㅣ	
比較	비교	히까꾸	ひかく	ㅂ=ㅎ	ㅣ=ㅣ		ㄱ=ㄲ	ㅛ=ㅏ	꾸(く) 생김
利用	이용	리요우	りよう	ㅇ=ㄹ(두)	ㅣ=ㅣ		ㅇ=ㅇ	ㅛ=ㅛ	ㅇ=우(장음)
信用	신용	싱요우	しんよう	ㅅ=ㅅ	ㅣ=ㅣ	ㄴ=ㅇ(ん)	ㅇ=ㅇ	ㅛ=ㅛ	ㅇ=우(장음)
費用	비용	히요우	ひよう	ㅂ=ㅎ	ㅣ=ㅣ		ㅇ=ㅇ	ㅛ=ㅛ	ㅇ=우(장음)
美容	미용	비요우	びよう	ㅁ=ㅂ	ㅣ=ㅣ		ㅇ=ㅇ	ㅛ=ㅛ	ㅇ=우(장음)
治療	치료	치료우	ちりょう	ㅊ=ㅊ	ㅣ=ㅣ		ㄹ=ㄹ	ㅛ=ㅛㅜ	
診療	진료	진료우	しんりょう	ㅅ=ㅅ	ㅣ=ㅣ	ㄴ=ㄴ(ん)	ㄹ=ㄹ	ㅛ=ㅛㅜ	

일어 한자	한글 발음	일어 한글 발음	일어 발음	첫자음	단모음	받침	첫자음	단모음	받침
微妙	미묘	비묘우	びみょう	ㅁ=ㅂ	ㅣ=ㅣ		ㅁ=ㅁ	ㅛ=ㅛㅜ	
必要	필요	히쯔요우	ひつよう	ㅍ=ㅎ	ㅣ=ㅣ	ㄹ=쯔(つ)	ㅇ=ㅇ	ㅛ=ㅛㅜ	
質問	질문	시쯔몽	しつもん	ㅈ=ㅅ	ㅣ=ㅣ	ㄹ=쯔(つ)	ㅁ=ㅁ	ㅜ=ㅗ	ㄴ=ㅇ(ん)
人口	인구	징꼬우	じんこう	ㅇ=ㅈ	ㅣ=ㅣ	ㄴ=ㅇ(ん)	ㄱ=ㄲ	ㅜ=ㅗㅜ	
気候	기구	키꼬우	きこう	ㄱ=ㅋ	ㅣ=ㅣ		ㄱ=ㄲ	ㅜ=ㅗㅜ	
人物	인물	짐부쯔	じんぶつ	ㅇ=ㅈ	ㅣ=ㅣ	ㄴ=ㅁ(ん)	ㅁ=ㅂ	ㅜ=ㅜ	ㄹ=쯔(つ)
新聞	신문	심붕	しんぶん	ㅅ=ㅅ	ㅣ=ㅣ	ㄴ=ㅁ(ん)	ㅁ=ㅂ	ㅜ=ㅜ	ㄴ=ㅇ(ん)
皮膚	피부	히후	ひふ	ㅍ=ㅎ	ㅣ=ㅣ		ㅂ=ㅎ	ㅜ=ㅜ	
基準	기준	키중	きじゅん	ㄱ=ㅋ	ㅣ=ㅣ		ㅈ=ㅈ	ㅜ=ㅠ	ㄴ=ㅇ(ん)
美術	미술	비쥬쯔	びじゅつ	ㅁ=ㅂ	ㅣ=ㅣ		ㅅ=ㅈ	ㅜ=ㅠ	ㄹ=쯔(つ)
技術	기술	기쥬쯔	ぎじゅつ	ㄱ=ㄱ	ㅣ=ㅣ		ㅅ=ㅈ	ㅜ=ㅠ	ㄹ=쯔(つ)
進出	진출	신슈쯔	しんしゅつ	ㅈ=ㅅ	ㅣ=ㅣ	ㄴ=ㄴ(ん)	ㅊ=ㅅ	ㅜ=ㅠ	ㄹ=쯔(つ)
地球	지구	치큐우	ちきゅう	ㅈ=ㅊ	ㅣ=ㅣ		ㄱ=ㄲ	ㅜ=ㅠㅜ	
指数	지수	시스우	しすう	ㅈ=ㅅ	ㅣ=ㅣ		ㅅ=ㅅ	ㅜ=ㅡㅜ	
新築	신축	신찌꾸	しんちく	ㅅ=ㅅ	ㅣ=ㅣ	ㄴ=ㄴ(ん)	ㅊ=ㅉ	ㅜ=ㅣ	ㄱ=꾸(く)
人類	인류	진루이	じんるい	ㅇ=ㅈ	ㅣ=ㅣ	ㄴ=ㄴ(ん)	ㄹ=ㄹ	ㅠ=ㅜㅣ	
理由	이유	리유우	りゆう	ㅇ=ㄹ(두)	ㅣ=ㅣ		ㅇ=ㅇ	ㅠ=ㅠㅜ	
離陸	이륙	리리꾸	りりく	ㅇ=ㄹ(두)	ㅣ=ㅣ		ㄹ=ㄹ	ㅠ=ㅣ	ㄱ=꾸(く)
比率	비율	히리쯔	ひりつ	ㅂ=ㅎ	ㅣ=ㅣ		ㅇ=ㄹ(두)	ㅠ=ㅣ	ㄹ=쯔(つ)
悲劇	비극	히게끼	ひげき	ㅂ=ㅎ	ㅣ=ㅣ		ㄱ=ㄱ	ㅡ=ㅔ	ㄱ=끼(き)
機能	기능	키노우	きのう	ㄱ=ㅋ	ㅣ=ㅣ		ㄴ=ㄴ	ㅡ=ㅗ	ㅇ=우(장음)
緊急	긴급	킹뀨우	きんきゅう	ㄱ=ㅋ	ㅣ=ㅣ	ㄴ=ㅇ(ん)	ㄱ=ㄲ	ㅡ=ㅠ	ㅂ=우(장음)
審議	심의	싱기	しんぎ	ㅅ=ㅅ	ㅣ=ㅣ	ㅁ=ㅇ(ん)	ㅇ=ㄱ	ㅢ=ㅣ	
利益	이익	리에끼	りえき	ㅇ=ㄹ(두)	ㅣ=ㅣ		ㅇ=ㅇ	ㅣ=ㅔ	ㄱ=끼(き)
人気	인기	닝끼	にんき	ㅇ=ㄴ(두)	ㅣ=ㅣ	ㄴ=ㅇ(ん)	ㄱ=ㄲ	ㅣ=ㅣ	
秘密	비밀	히미쯔	ひみつ	ㅂ=ㅎ	ㅣ=ㅣ		ㅁ=ㅁ	ㅣ=ㅣ	ㄹ=쯔(つ)
緊密	긴밀	킴미쯔	きんみつ	ㄱ=ㅋ	ㅣ=ㅣ	ㄴ=ㅁ(ん)	ㅁ=ㅁ	ㅣ=ㅣ	ㄹ=쯔(つ)
市民	시민	시밍	しみん	ㅅ=ㅅ	ㅣ=ㅣ		ㅁ=ㅁ	ㅣ=ㅣ	ㄴ=ㅇ(ん)
知識	지식	치시끼	ちしき	ㅈ=ㅊ	ㅣ=ㅣ		ㅅ=ㅅ	ㅣ=ㅣ	ㄱ=끼(き)
認識	인식	닌시끼	にんしき	ㅇ=ㄴ(두)	ㅣ=ㅣ	ㄴ=ㄴ(ん)	ㅅ=ㅅ	ㅣ=ㅣ	ㄱ=끼(き)

일어 한자	한글 발음	일어 한글 발음	일어 발음	첫자음	단모음	받침	첫자음	단모음	받침
実施	실시	짓씨	じっし	ㅅ=ㅈ	ㅣ=ㅣ	ㄹ=(ㅅ)っ	ㅅ=ㅆ	ㅣ=ㅣ	
支持	지지	시지	しじ	ㅈ=ㅅ	ㅣ=ㅣ		ㅈ=ㅈ	ㅣ=ㅣ	
指示	지시	시지	しじ	ㅈ=ㅅ	ㅣ=ㅣ		ㅅ=ㅈ	ㅣ=ㅣ	
臨時	임시	린지	りんじ	ㅇ=ㄹ(두)	ㅣ=ㅣ	ㅁ=ㄴ(ん)	ㅅ=ㅈ	ㅣ=ㅣ	
日時	일시	니찌지	にちじ	ㅇ=ㄴ(두)	ㅣ=ㅣ	ㄹ=찌(ち)	ㅅ=ㅈ	ㅣ=ㅣ	
美人	미인	비징	びじん	ㅁ=ㅂ	ㅣ=ㅣ		ㅇ=ㅈ	ㅣ=ㅣ	ㄴ=ㅇ(ん)
地震	지진	지싱	じしん	ㅈ=ㅈ	ㅣ=ㅣ		ㅈ=ㅅ	ㅣ=ㅣ	ㄴ=ㅇ(ん)
一致	일치	잇찌	いっち	ㅇ=ㅇ	ㅣ=ㅣ	ㄹ=(ㄷ)っ	ㅊ=ㅉ	ㅣ=ㅣ	
食堂	식당	쇼꾸도우	しょくどう	ㅅ=ㅅ	ㅣ=ㅛ	ㄱ=꾸(く)	ㄷ=ㄷ	ㅏ=ㅗ	ㅇ=우(장음)
食事	식사	쇼꾸지	しょくじ	ㅅ=ㅅ	ㅣ=ㅛ	ㄱ=꾸(く)	ㅅ=ㅈ	ㅏ=ㅣ	
直接	직접	쵸꾸세쯔	ちょくせつ	ㅈ=ㅊ	ㅣ=ㅛ	ㄱ=꾸(く)	ㅈ=ㅅ	ㅓ=ㅔ	ㅂ=츠(つ)
職業	직업	쇼꾸교우	しょくぎょう	ㅈ=ㅅ	ㅣ=ㅛ	ㄱ=꾸(く)	ㅇ=ㄱ	ㅓ=ㅛ	ㅂ=우(장음)
食欲	식욕	쇼꾸요꾸	しょくよく	ㅅ=ㅅ	ㅣ=ㅛ	ㄱ=꾸(く)	ㅇ=ㅇ	ㅛ=ㅛ	ㄱ=꾸(く)
直後	직후	쵸꾸고	ちょくご	ㅈ=ㅊ	ㅣ=ㅛ	ㄱ=꾸(く)	ㅎ=ㄱ	ㅜ=ㅗ	
食品	식품	쇼꾸힝	しょくひん	ㅅ=ㅅ	ㅣ=ㅛ	ㄱ=꾸(く)	ㅍ=ㅎ	ㅜ=ㅣ	ㅁ=ㅇ(ん)
職員	직원	쇼꾸잉	しょくいん	ㅈ=ㅅ	ㅣ=ㅛ	ㄱ=꾸(く)	ㅇ=ㅇ	ㅝ=ㅣ	ㄴ=ㅇ(ん)
集團	집단	슈우당	しゅうだん	ㅅ=ㅅ	ㅣ=ㅠ	ㅂ=우(장음)	ㄷ=ㄷ	ㅏ=ㅏ	ㄴ=ㅇ(ん)
入学	입학	뉴우가꾸	にゅうがく	ㅇ=ㄴ(두)	ㅣ=ㅠ	ㅂ=우(장음)	ㅎ=ㄱ	ㅏ=ㅏ	ㄱ=꾸(く)
入試	입시	뉴우시	にゅうし	ㅇ=ㄴ(두)	ㅣ=ㅠ	ㅂ=우(장음)	ㅅ=ㅅ	ㅣ=ㅣ	

Ex 더 많은 예시들 : 두 번째 글자 한글 모음 [ㅣ] 발음 변환   음성 8-4. ㅣ → ㅣ ..

일어 한자	한글 발음	일어 한글 발음	일어 발음	첫자음	단모음	받침	첫자음	단모음	받침
人気	인기	닝끼	にんき	ㅇ=ㄴ(두)	ㅣ=ㅣ	ㄴ=ㅇ(ん)	ㄱ=ㄲ	ㅣ=ㅣ	
秘密	비밀	히미쯔	ひみつ	ㅂ=ㅎ	ㅣ=ㅣ		ㅁ=ㅁ	ㅣ=ㅣ	ㄹ=쯔(つ)
緊密	긴밀	킴미쯔	きんみつ	ㄱ=ㅋ	ㅣ=ㅣ	ㄴ=ㅁ(ん)	ㅁ=ㅁ	ㅣ=ㅣ	ㄹ=쯔(つ)
市民	시민	시밍	しみん	ㅅ=ㅅ	ㅣ=ㅣ		ㅁ=ㅁ	ㅣ=ㅣ	ㄴ=ㅇ(ん)
知識	지식	치시끼	ちしき	ㅈ=ㅊ	ㅣ=ㅣ		ㅅ=ㅅ	ㅣ=ㅣ	ㄱ=끼(き)
認識	인식	닌시끼	にんしき	ㅇ=ㄴ(두)	ㅣ=ㅣ	ㄴ=ㄴ(ん)	ㅅ=ㅅ	ㅣ=ㅣ	ㄱ=끼(き)

일어 한자	한글 발음	일어 한글 발음	일어 발음	첫자음	단모음	받침	첫자음	단모음	받침
実施	실시	짓씨	じっし	ㅅ=ㅈ	ㅣ=ㅣ	ㄹ=ㅅ(っ)	ㅅ=ㅆ	ㅣ=ㅣ	
支持	지지	시지	しじ	ㅈ=ㅅ	ㅣ=ㅣ		ㅈ=ㅈ	ㅣ=ㅣ	
指示	지시	시지	しじ	ㅈ=ㅅ	ㅣ=ㅣ		ㅅ=ㅈ	ㅣ=ㅣ	
臨時	임시	린지	りんじ	ㅇ=ㄹ	ㅣ=ㅣ	ㅁ=ㄴ(ん)	ㅅ=ㅈ	ㅣ=ㅣ	
日時	일시	니찌지	にちじ	ㅇ=ㄴ	ㅣ=ㅣ	ㄹ=찌(ち)	ㅅ=ㅈ	ㅣ=ㅣ	
美人	미인	비징	びじん	ㅁ=ㅂ	ㅣ=ㅣ		ㅇ=ㅈ	ㅣ=ㅣ	ㄴ=ㅇ(ん)
地震	지진	지싱	じしん	ㅈ=ㅈ	ㅣ=ㅣ		ㅈ=ㅅ	ㅣ=ㅣ	ㄴ=ㅇ(ん)
禁止	금지	킨시	きんし	ㄱ=ㅋ	ㅡ=ㅣ	ㅁ=ㄴ(ん)	ㅈ=ㅅ	ㅣ=ㅣ	
一致	일치	잇찌	いっち	ㅇ=ㅇ	ㅣ=ㅣ	ㄹ=ㄷ(っ)	ㅊ=ㅉ	ㅣ=ㅣ	
入試	입시	뉴우시	にゅうし	ㅇ=ㄴ	ㅣ=ㅠ	ㅂ=우(장음)	ㅅ=ㅅ	ㅣ=ㅣ	
意味	의미	이미	いみ	ㅇ=ㅇ	ㅢ=ㅣ		ㅁ=ㅁ		
意識	의식	이시끼	いしき	ㅇ=ㅇ	ㅢ=ㅣ		ㅅ=ㅅ	ㅣ=ㅣ	ㄱ=ㄲ(き)
興味	흥미	쿄우미	きょうみ	ㅎ=ㅋ	ㅡ=ㅛ	ㅇ=우(장음)	ㅁ=ㅁ	ㅣ=ㅣ	
承認	승인	쇼우닝	しょうにん	ㅅ=ㅅ	ㅡ=ㅛ	ㅇ=우(장음)	ㅇ=ㄴ(두)	ㅣ=ㅣ	ㄴ=ㅇ(ん)
維持	유지	이지	いじ	ㅇ=ㅇ	ㅠ=ㅣ		ㅈ=ㅈ	ㅣ=ㅣ	
休日	휴일	큐우지쯔	きゅうじつ	ㅎ=ㅋ	ㅠ=ㅠㅜ		ㅇ=ㅈ	ㅣ=ㅣ	ㄹ=쯔(つ)
位置	위치	이찌	いち	ㅇ=ㅇ	ㅟ=ㅣ		ㅊ=ㅉ	ㅣ=ㅣ	
元気	원기	겡끼	げんき	ㅇ=ㄱ	ㅝ=ㅔ	ㄴ=ㅇ(ん)	ㄱ=ㄲ	ㅣ=ㅣ	
権利	권리	켄리	けんり	ㄱ=ㅋ	ㅝ=ㅔ	ㄴ=ㄴ(ん)	ㄹ=ㄹ	ㅣ=ㅣ	
原因	원인	겡잉	げんいん	ㅇ=ㄱ	ㅝ=ㅔ	ㄴ=ㅇ(ん)	ㅇ=ㅇ	ㅣ=ㅣ	ㄴ=ㅇ(ん)
品質	품질	힌시쯔	ひんしつ	ㅍ=ㅎ	ㅜ=ㅣ	ㅁ=ㄴ(ん)	ㅈ=ㅅ	ㅣ=ㅣ	ㄹ=쯔(つ)
推理	추리	스이리	すいり	ㅊ=ㅅ	ㅜ=ㅡㅣ		ㄹ=ㄹ	ㅣ=ㅣ	
修理	수리	슈우리	しゅうり	ㅅ=ㅅ	ㅜ=ㅠㅜ		ㄹ=ㄹ	ㅣ=ㅣ	
住民	주민	쥬우밍	じゅうみん	ㅈ=ㅈ	ㅜ=ㅠㅜ		ㅁ=ㅁ	ㅣ=ㅣ	ㄴ=ㅇ(ん)
守備	수비	슈우비	しゅび	ㅅ=ㅅ	ㅜ=ㅠㅜ		ㅂ=ㅂ	ㅣ=ㅣ	
準備	준비	쥼비	じゅんび	ㅈ=ㅈ	ㅜ=ㅠ	ㄴ=ㅁ(ん)	ㅂ=ㅂ	ㅣ=ㅣ	
中心	중심	츄우숭	ちゅうしん	ㅈ=ㅊ	ㅜ=ㅠ	ㅇ=우(장음)	ㅅ=ㅅ	ㅣ=ㅣ	ㅁ=ㅇ(ん)
出身	출신	슛씽	しゅっしん	ㅊ=ㅅ	ㅜ=ㅠ	ㄹ=ㅅ(っ)	ㅅ=ㅆ	ㅣ=ㅣ	ㄴ=ㅇ(ん)
充実	충실	쥬우지쯔	じゅうじつ	ㅊ=ㅈ	ㅜ=ㅠ	ㅇ=우(장음)	ㅅ=ㅈ	ㅣ=ㅣ	ㄹ=쯔(つ)
武器	무기	부끼	ぶき	ㅁ=ㅂ	ㅜ=ㅜ		ㄱ=ㄲ	ㅣ=ㅣ	

일어 한자	한글 발음	일어 한글 발음	일어 발음	첫자음	단모음	받침	첫자음	단모음	받침
距離	분리	분리	ぶんり	ㅂ=ㅂ	ㅜ=ㅜ	ㄴ=ㄴ(ん)	ㄹ=ㄹ	ㅣ=ㅣ	
無理	무리	무리	むり	ㅁ=ㅁ	ㅜ=ㅜ		ㄹ=ㄹ	ㅣ=ㅣ	
無視	무시	무시	むし	ㅁ=ㅁ	ㅜ=ㅜ		ㅅ=ㅅ	ㅣ=ㅣ	
祝日	축일	슈꾸지쯔	しゅくじつ	ㅊ=ㅅ	ㅜ=ㅠ	ㄱ=꾸(く)	ㅇ=ㅈ	ㅣ=ㅣ	ㄹ=쯔(つ)
夫人	부인	후징	ふじん	ㅂ=ㅎ	ㅜ=ㅜ		ㅇ=ㅈ	ㅣ=ㅣ	ㄴ=ㅇ(ん)
国民	국민	코꾸밍	こくみん	ㄱ=ㅋ	ㅜ=ㅗ	ㄱ=꾸(く)	ㅁ=ㅁ	ㅣ=ㅣ	ㄴ=ㅇ(ん)
勇気	용기	유우끼	ゆうき	ㅇ=ㅇ	ㅛ=ㅠ	ㅇ=우(장음)	ㄱ=ㄲ	ㅣ=ㅣ	
料理	요리	료우리	りょうり	ㅇ=ㄹ(두)	ㅛ=ㅛㅜ		ㄹ=ㄹ	ㅣ=ㅣ	
教室	교실	쿄우시쯔	きょうしつ	ㄱ=ㅋ	ㅛ=ㅛㅜ		ㅅ=ㅅ	ㅣ=ㅣ	ㄹ=쯔(つ)
要因	요인	요우잉	よういん	ㅇ=ㅇ	ㅛ=ㅛㅜ		ㅇ=ㅇ	ㅣ=ㅣ	ㄴ=ㅇ(ん)
表示	표지	효우지	ひょうじ	ㅍ=ㅎ	ㅛ=ㅛㅜ		ㅈ=ㅈ	ㅣ=ㅣ	
容易	용이	요우이	ようい	ㅇ=ㅇ	ㅛ=ㅛ	ㅇ=우(장음)	ㅇ=ㅇ	ㅣ=ㅣ	
会議	회의	카이기	かいぎ	ㅎ=ㅋ	ㅚ=ㅏㅣ		ㅇ=ㄱ	ㅣ=ㅣ	
換気	환기	캉끼	かんき	ㅎ=ㅋ	ㅘ=ㅏ	ㄴ=ㅇ(ん)	ㄱ=ㄲ	ㅣ=ㅣ	
管理	관리	칸리	かんり	ㄱ=ㅋ	ㅘ=ㅏ	ㄴ=ㄴ(ん)	ㄹ=ㄹ	ㅣ=ㅣ	
関心	관심	칸싱	かんしん	ㄱ=ㅋ	ㅘ=ㅏ	ㄴ=ㄴ(ん)	ㅅ=ㅅ	ㅣ=ㅣ	ㅁ=ㅇ(ん)
確実	확실	카꾸지쯔	かくじつ	ㅎ=ㅋ	ㅘ=ㅏ	ㄱ=꾸(く)	ㅅ=ㅈ	ㅣ=ㅣ	ㄹ=쯔(つ)
確認	확인	카꾸닝	かくにん	ㅎ=ㅋ	ㅘ=ㅏ	ㄱ=꾸(く)	ㅇ=ㄴ(두)	ㅣ=ㅣ	ㄴ=ㅇ(ん)
通信	통신	츠우싱	つうしん	ㅌ=ㅊ	ㅗ=ㅡ	ㅇ=우(장음)	ㅅ=ㅅ	ㅣ=ㅣ	ㄴ=ㅇ(ん)
空気	공기	쿠우끼	くうき	ㄱ=ㅋ	ㅗ=ㅜ	ㅇ=우(장음)	ㄱ=ㄲ	ㅣ=ㅣ	
消費	소비	쇼우히	しょうひ	ㅅ=ㅅ	ㅗ=ㅛㅜ		ㅂ=ㅎ	ㅣ=ㅣ	
初期	초기	쇼끼	しょき	ㅊ=ㅅ	ㅗ=ㅛ		ㄱ=ㄲ	ㅣ=ㅣ	
老人	노인	로우징	ろうじん	ㄴ=ㄹ(두)	ㅗ=ㅗㅜ		ㅇ=ㅈ	ㅣ=ㅣ	ㄴ=ㅇ(ん)
装置	조치	소우찌	そうち	ㅈ=ㅅ	ㅗ=ㅗㅜ		ㅊ=ㅉ	ㅣ=ㅣ	
独立	독립	도꾸리쯔	どくりつ	ㄷ=ㄷ	ㅗ=ㅗ	ㄱ=꾸(く)	ㄹ=ㄹ	ㅣ=ㅣ	ㄹ=쯔(つ)
農民	농민	노우밍	のうみん	ㄴ=ㄴ	ㅗ=ㅗ	ㅇ=우(장음)	ㅁ=ㅁ	ㅣ=ㅣ	ㄴ=ㅇ(ん)
浪費	낭비	로우히	ろうひ	ㄴ=ㄹ(두)	ㅗ=ㅗ	ㅇ=우(장음)	ㅂ=ㅎ		
損失	손실	손시쯔	そんしつ	ㅅ=ㅅ	ㅗ=ㅗ	ㄴ=ㄴ(ん)	ㅅ=ㅅ	ㅣ=ㅣ	ㄹ=쯔(つ)
独身	독신	도꾸싱	どくしん	ㄷ=ㄷ	ㅗ=ㅗ	ㄱ=꾸(く)	ㅅ=ㅅ	ㅣ=ㅣ	ㄴ=ㅇ(ん)
都市	도시	토시	とし	ㄷ=ㅌ	ㅗ=ㅗ		ㅅ=ㅅ	ㅣ=ㅣ	

일어한자	한글발음	일어한글 발음	일어발음	첫자음	단모음	받침	첫자음	단모음	받침
同時	동시	도우지	どうじ	ㄷ=ㄷ	ㅗ=ㅗ	ㅇ=우(장음)	ㅅ=ㅈ	ㅣ=ㅣ	
統一	통일	토우이쯔	とういつ	ㅌ=ㅌ	ㅗ=ㅗ	ㅇ=우(장음)	ㅇ=ㅇ	ㅣ=ㅣ	ㄹ=쯔(つ)
同意	동의	도우이	どうい	ㄷ=ㄷ	ㅗ=ㅗ	ㅇ=우(장음)	ㅇ=ㅇ	ㅣ=ㅣ	
同日	동일	도우지쯔	どうじつ	ㄷ=ㄷ	ㅗ=ㅗ	ㅇ=우(장음)	ㅇ=ㅈ	ㅣ=ㅣ	ㄹ=쯔(つ)
促進	촉진	소꾸싱	そくしん	ㅊ=ㅅ	ㅗ=ㅗ	ㄱ=꾸(く)	ㅈ=ㅅ	ㅣ=ㅣ	ㄴ=ㅇ(ん)
組織	조직	소시끼	そしき	ㅈ=ㅅ	ㅗ=ㅗ		ㅈ=ㅅ	ㅣ=ㅣ	ㄱ=끼(き)
保持	보지	호지	ほじ	ㅂ=ㅎ	ㅗ=ㅗ		ㅈ=ㅈ	ㅣ=ㅣ	
土地	토지	토찌	とち	ㅌ=ㅌ	ㅗ=ㅗ		ㅈ=ㅉ	ㅣ=ㅣ	
廢棄	폐기	하이끼	はいき	ㅍ=ㅎ	ㅖ=ㅏㅣ		ㄱ=ㄲ	ㅣ=ㅣ	
競技	경기	쿄우기	きょうぎ	ㄱ=ㅋ	ㅕ=ㅛ	ㅇ=우(장음)	ㄱ=ㄱ	ㅣ=ㅣ	
餘地	여지	요찌	よち	ㅇ=ㅇ	ㅕ=ㅛ		ㅈ=ㅉ	ㅣ=ㅣ	
延期	연기	엥끼	えんき	ㅇ=ㅇ	ㅕ=ㅔ	ㄴ=ㅇ(ん)	ㄱ=ㄲ	ㅣ=ㅣ	
景氣	경기	케이끼	けいき	ㄱ=ㅋ	ㅕ=ㅔ	ㅇ=이(장음)	ㄱ=ㄲ	ㅣ=ㅣ	
便利	편리	벤리	べんり	ㅍ=ㅂ	ㅕ=ㅔ	ㄴ=ㄴ(ん)	ㄹ=ㄹ	ㅣ=ㅣ	
形式	형식	케이시끼	けいしき	ㅎ=ㅋ	ㅕ=ㅔ	ㅇ=이(장음)	ㅅ=ㅅ	ㅣ=ㅣ	ㄱ=끼(き)
現實	현실	겐지쯔	げんじつ	ㅎ=ㄱ	ㅕ=ㅔ	ㄴ=ㄴ(ん)	ㅅ=ㅈ	ㅣ=ㅣ	ㄹ=쯔(つ)
平日	평일	헤이지쯔	へいじつ	ㅍ=ㅎ	ㅕ=ㅔ	ㅇ=이(장음)	ㅇ=ㅈ	ㅣ=ㅣ	ㄹ=쯔(つ)
別人	별인	베쯔징	べつじん	ㅂ=ㅂ	ㅕ=ㅔ	ㄹ=쯔(つ)	ㅇ=ㅈ	ㅣ=ㅣ	ㄴ=ㅇ(ん)
隔離	격리	카꾸리	かくり	ㄱ=ㅋ	ㅕ=ㅏ	ㄱ=꾸(く)	ㄹ=ㄹ	ㅣ=ㅣ	
停止	정지	테이시	ていし	ㅈ=ㅌ	ㅕ=ㅔ	ㅇ=이(장음)	ㅈ=ㅅ	ㅣ=ㅣ	
處理	처리	쇼리	しょり	ㅊ=ㅅ	ㅕ=ㅛ		ㄹ=ㄹ	ㅣ=ㅣ	
距離	거리	쿄리	きょり	ㄱ=ㅋ	ㅕ=ㅛ		ㄹ=ㄹ	ㅣ=ㅣ	
電氣	전기	뎅끼	でんき	ㅈ=ㄷ	ㅕ=ㅔ	ㄴ=ㅇ(ん)	ㄱ=ㄲ	ㅣ=ㅣ	
成立	성립	세이리쯔	せいりつ	ㅅ=ㅅ	ㅕ=ㅔ	ㅇ=이(장음)	ㄹ=ㄹ	ㅣ=ㅣ	ㅂ=쯔(つ)
整理	정리	세이리	せいり	ㅈ=ㅅ	ㅕ=ㅔ	ㅇ=이(장음)	ㄹ=ㄹ	ㅣ=ㅣ	
整備	정비	세이비	せいび	ㅈ=ㅅ	ㅕ=ㅔ	ㅇ=이(장음)	ㅂ=ㅂ	ㅣ=ㅣ	
設備	설비	세쯔비	せつび	ㅅ=ㅅ	ㅕ=ㅔ	ㄹ=쯔(つ)	ㅂ=ㅂ	ㅣ=ㅣ	
精神	정신	세이싱	せいしん	ㅈ=ㅅ	ㅕ=ㅔ	ㅇ=이(장음)	ㅅ=ㅅ	ㅣ=ㅣ	ㄴ=ㅇ(ん)
正式	정식	세이시끼	せいしき	ㅈ=ㅅ	ㅕ=ㅔ	ㅇ=이(장음)	ㅅ=ㅅ	ㅣ=ㅣ	ㄱ=끼(き)
展示	전시	텐지	てんじ	ㅈ=ㅌ	ㅕ=ㅔ	ㄴ=ㄴ(ん)	ㅅ=ㅈ	ㅣ=ㅣ	

일어 한자	한글 발음	일어 한글 발음	일어 발음	첫자음	단모음	받침	첫자음	단모음	받침
前日	전일	젠지쯔	ぜんじつ	ㅈ=ざ	ㅓ=ㅔ	ㄴ=ㄴ(ん)	ㅇ=ㅈ	ㅣ=ㅣ	ㄹ=쯔(つ)
成人	성인	세이징	せいじん	ㅅ=さ	ㅓ=ㅔ	ㅇ=이(장음)	ㅇ=ㅈ	ㅣ=ㅣ	ㄴ=ㅇ(ん)
政治	정치	세이지	せいじ	ㅈ=さ	ㅓ=ㅔ	ㅇ=이(장음)	ㅊ=ㅈ	ㅣ=ㅣ	
設置	설치	셋찌	せっち	ㅅ=さ	ㅓ=ㅔ	ㄹ=ㄷ(っ)	ㅊ=ㅉ		
両親	양친	료우싱	りょうしん	ㅇ=ㄹ(두)	ㅑ=ㅛ	ㅇ=우(장음)	ㅊ=ㅅ	ㅣ=ㅣ	ㄴ=ㅇ(ん)
個人	개인	코징	こじん	ㄱ=ㅋ	ㅐ=ㅗ		ㅇ=ㅈ	ㅣ=ㅣ	ㄴ=ㅇ(ん)
責任	책임	세끼닝	せきにん	ㅊ=ㅅ	ㅐ=ㅔ	ㄱ=끼(き)	ㅇ=ㄴ(두)	ㅣ=ㅣ	ㅁ=ㅇ(ん)
対立	대립	타이리쯔	たいりつ	ㄷ=ㅌ	ㅐ=ㅏㅣ		ㄹ=ㄹ	ㅣ=ㅣ	ㅂ=쯔(つ)
毎日	매일	마이니찌	まいにち	ㅁ=ㅁ	ㅐ=ㅏㅣ		ㅇ=ㄴ(두)	ㅣ=ㅣ	ㄹ=찌(ち)
配置	배치	하이찌	はいち	ㅂ=ㅎ	ㅐ=ㅏㅣ		ㅊ=ㅉ	ㅣ=ㅣ	
地震	지진	지싱	じしん	ㅈ=ざ	ㅣ=ㅣ		ㅊ=ㅅ	ㅣ=ㅣ	ㄴ=ㅇ(ん)
事実	사실	지지쯔	じじつ	ㅅ=ざ	ㅏ=ㅣ		ㅅ=ㅈ	ㅣ=ㅣ	ㄹ=쯔(つ)
常識	상식	죠우시끼	じょうしき	ㅅ=ざ	ㅏ=ㅛ	ㅇ=우(장음)	ㅅ=ㅅ	ㅣ=ㅣ	ㄱ=끼(き)
納期	납기	노우끼	のうき	ㄴ=ㄴ	ㅏ=ㅗ	ㅂ=우(장음)	ㄱ=ㄲ	ㅣ=ㅣ	
創立	창립	소우리쯔	そうりつ	ㅊ=ㅅ	ㅏ=ㅗ	ㅇ=우(장음)	ㄹ=ㄹ	ㅣ=ㅣ	ㅂ=쯔(つ)
合理	합리	고우리	ごうり	ㅎ=ㄱ	ㅏ=ㅗ	ㅂ=우(장음)	ㄹ=ㄹ	ㅣ=ㅣ	
答信	답신	토우싱	とうしん	ㄷ=ㅌ	ㅏ=ㅗ	ㅂ=우(장음)	ㅅ=ㅅ	ㅣ=ㅣ	ㄴ=ㅇ(ん)
方式	방식	호우시끼	ほうしき	ㅂ=ㅎ	ㅏ=ㅗ	ㅇ=우(장음)	ㅅ=ㅅ	ㅣ=ㅣ	ㄱ=끼(き)
当時	당시	토우지	とうじ	ㄷ=ㅌ	ㅏ=ㅗ	ㅇ=우(장음)	ㅅ=ㅈ	ㅣ=ㅣ	
防止	방지	보우시	ぼうし	ㅂ=ㅂ	ㅏ=ㅗ	ㅇ=우(장음)	ㅈ=ㅅ	ㅣ=ㅣ	
方針	방침	호우싱	ほうしん	ㅂ=ㅎ	ㅏ=ㅗ	ㅇ=우(장음)	ㅊ=ㅅ	ㅣ=ㅣ	ㅁ=ㅇ(ん)
装置	장치	소우찌	そうち	ㅈ=ㅅ	ㅏ=ㅗ	ㅇ=우(장음)	ㅊ=ㅉ	ㅣ=ㅣ	
写真	사진	샤싱	しゃしん	ㅅ=ㅅ	ㅏ=ㅑ		ㅈ=ㅅ	ㅣ=ㅣ	ㄴ=ㅇ(ん)
楽器	악기	각끼	がっき	ㅇ=ㄱ	ㅏ=ㅏ	ㄱ=ㄱ(っ)	ㄱ=ㄲ	ㅣ=ㅣ	
山林	산림	산링	さんりん	ㅅ=ㅅ	ㅏ=ㅏ	ㄴ=ㄴ(ん)	ㄹ=ㄹ	ㅣ=ㅣ	ㅁ=ㅇ(ん)
難民	난민	남밍	なんみん	ㄴ=ㄴ	ㅏ=ㅏ	ㄴ=ㅁ(ん)	ㅁ=ㅁ	ㅣ=ㅣ	ㄴ=ㅇ(ん)
安心	안심	안싱	あんしん	ㅇ=ㅇ	ㅏ=ㅏ	ㄴ=ㄴ(ん)	ㅅ=ㅅ	ㅣ=ㅣ	ㅁ=ㅇ(ん)
万一	만일	망이찌	まんいち	ㅁ=ㅁ	ㅏ=ㅏ	ㄴ=ㅇ(ん)	ㅇ=ㅇ	ㅣ=ㅣ	ㄹ=찌(ち)
悪意	악의	아꾸이	あくい	ㅇ=ㅇ	ㅏ=ㅏ	ㄱ=꾸(く)	ㅇ=ㅇ	ㅣ=ㅣ	
雑誌	잡지	잣씨	ざっし	ㅈ=ざ	ㅏ=ㅏ	ㅂ=ㅅ(っ)	ㅈ=っし	ㅣ=ㅣ	

일어 한자	한글 발음	일어 한글 발음	일어 발음	첫자음	단모음	받침	첫자음	단모음	받침
各地	각지	카꾸찌	かくち	ㄱ=ㅋ	ㅏ=ㅏ	ㄱ=꾸(く)	ㅈ=ㅉ	ㅣ=ㅣ	
収入	수입	슈우뉴우	しゅうにゅう	ㅅ=ㅅ	ㅜ=ㅠㅜ		ㅇ=ㄴ(두)	ㅣ=ㅠ	ㅂ=우(장음)
投入	투입	토우뉴우	とうにゅう	ㅌ=ㅌ	ㅜ=ㅗㅜ		ㅇ=ㄴ(두)	ㅣ=ㅠ	ㅂ=우(장음)
導入	도입	도우뉴우	どうにゅう	ㄷ=ㄷ	ㅗ=ㅗㅜ		ㅇ=ㄴ(두)	ㅣ=ㅠ	ㅂ=우(장음)
募集	모집	보슈우	ぼしゅう	ㅁ=ㅂ	ㅗ=ㅗ		ㅈ=ㅅ	ㅣ=ㅠ	ㅂ=우(장음)
編集	편집	헨슈우	へんしゅう	ㅍ=ㅎ	ㅕ=ㅔ	ㄴ=ㄴ(ん)	ㅈ=ㅅ	ㅣ=ㅠ	ㅂ=우(장음)
特殊	특집	토꾸슈우	とくしゅう	ㅌ=ㅌ	ㅡ=ㅗ	ㄱ=꾸(く)	ㅈ=ㅅ	ㅣ=ㅠ	ㅂ=우(장음)
特徴	특징	토꾸쬬우	とくちょう	ㅌ=ㅌ	ㅡ=ㅗ	ㄱ=꾸(く)	ㅈ=ㅉ	ㅣ=ㅛ	ㅇ=우(장음)
就職	취직	슈우쇼꾸	しゅうしょく	ㅊ=ㅅ	ㅟ=ㅠㅜ		ㅈ=ㅅ	ㅣ=ㅛ	ㄱ=꾸(く)
腐食	부식	후쇼꾸	ふしょく	ㅂ=ㅎ	ㅜ=ㅜ		ㅅ=ㅅ	ㅣ=ㅛ	ㄱ=꾸(く)
退職	퇴직	타이쇼꾸	たいしょく	ㅌ=ㅌ	ㅚ=ㅏㅣ		ㅈ=ㅅ	ㅣ=ㅛ	ㄱ=꾸(く)
象徴	상징	쇼우쬬우	しょうちょう	ㅅ=ㅅ	ㅏ=ㅛ	ㅇ=우(장음)	ㅈ=ㅉ	ㅣ=ㅛ	ㅇ=우(장음)
自己	자기	지꼬	じこ	ㅈ=ㅈ	ㅏ=ㅣ		ㄱ=ㄲ	ㅣ=ㅗ	
原則	원칙	겐소꾸	げんそく	ㅇ=ㄱ	ㅝ=ㅔ	ㄴ=ㄴ(ん)	ㅊ=ㅅ	ㅣ=ㅗ	ㄱ=꾸(く)
消息	소식	쇼우소꾸	しょうそく	ㅅ=ㅅ	ㅗ=ㅛㅜ		ㅅ=ㅅ	ㅣ=ㅗ	ㄱ=꾸(く)
発足	벌칙	핫쏘꾸	はっそく	ㅂ=ㅎ	ㅓ=ㅏ	ㄹ=ㅅ(っ)	ㅊ=ㅆ	ㅣ=ㅗ	ㄱ=꾸(く)
利益	이익	리에끼	りえき	ㅇ=ㄹ(두)	ㅣ=ㅣ		ㅇ=ㅇ	ㅣ=ㅔ	ㄱ=끼(き)

🎤 한글 모음 [ㅜ] 변환

가장 비율이 높은 변환에 집중하여 단어 말하기 훈련을 합니다.

한글 초성	변환	일어 초성	비율
ㅜ	⋮▶	ㅜ	ㅡㅣ, ㅗ, ㅡ, ㅣ 약13%
		ㅠ, ㅠㅜ, ㅗㅜ	ㅜ 약40%
		ㅡㅣ, ㅗ, ㅡ, ㅣ	ㅠ, ㅠㅜ, ㅗㅜ 약47%

（한글）　　（일본어）　　　　　（한글）　　（일본어）

부(負) ▷ 후(ふ)　　　　　운(運) ▷ 웅(うん)

Ex 더 많은 예시들 : 첫 번째 글자 한글 모음 [ㅜ] 발음 변환　　　음성 8-5. ㅜ→ㅜ/ㅠ..

일어 한자	한글 발음	일어 한글 발음	일어 발음	첫자음	단모음	받침	첫자음	단모음	받침
附近	부근	후낑	ふきん	ㅂ=ㅎ	ㅜ=ㅜ		ㄱ=ㄲ	ㅡ=ㅣ	ㄴ=ㅇ(ん)
不況	불황	후꾜우	ふきょう	ㅂ=ㅎ	ㅜ=ㅜ	ㄹ=사라짐	ㅎ=ㄲ	ㅘ=ㅛ	ㅇ=우(장음)
武器	무기	부끼	ぶき	ㅁ=ㅂ	ㅜ=ㅜ		ㄱ=ㄲ	ㅣ=ㅣ	
物価	물가	북까	ぶっか	ㅁ=ㅂ	ㅜ=ㅜ	ㄹ=ㄱ(っ)	ㄱ=ㄲ	ㅏ=ㅏ	
運動	운동	운도우	うんどう	ㅇ=ㅇ	ㅜ=ㅜ	ㄴ=ㄴ(ん)	ㄷ=ㄷ	ㅗ=ㅗ	ㅇ=우(장음)
負担	부담	후땅	ふたん	ㅂ=ㅎ	ㅜ=ㅜ		ㄷ=ㄸ	ㅏ=ㅏ	ㅁ=ㅇ(ん)
舞台	무대	부따이	ぶたい	ㅁ=ㅂ	ㅜ=ㅜ		ㄷ=ㄸ	ㅐ=ㅣ	
軍隊	군대	군따이	ぐんたい	ㄱ=ㄱ	ㅜ=ㅜ	ㄴ=ㄴ(ん)	ㄷ=ㄸ	ㅐ=ㅣ	
不良	불량	후료우	ふりょう	ㅂ=ㅎ	ㅜ=ㅜ	ㄹ=사라짐	ㄹ=ㄹ	ㅑ=ㅛ	ㅇ=우(장음)
訓練	훈련	쿤렝	くんれん	ㅎ=ㅋ	ㅜ=ㅜ	ㄴ=ㄴ(ん)	ㄹ=ㄹ	ㅕ=ㅔ	ㄴ=ㅇ(ん)
距離	분리	분리	ぶんり	ㅂ=ㅂ	ㅜ=ㅜ	ㄴ=ㄴ(ん)	ㄹ=ㄹ	ㅣ=ㅣ	
物流	물류	부쯔류우	ぶつりゅう	ㅁ=ㅂ	ㅜ=ㅜ	ㄹ=쯔(つ)	ㄹ=ㄹ	ㅠ=ㅠ	
無理	무리	무리	むり	ㅁ=ㅁ	ㅜ=ㅜ		ㄹ=ㄹ	ㅣ=ㅣ	
無料	무료	무료우	むりょう	ㅁ=ㅁ	ㅜ=ㅜ		ㄹ=ㄹ	ㅛ=ㅛ	
部門	부분	부몽	ぶもん	ㅂ=ㅂ	ㅜ=ㅜ		ㅁ=ㅁ	ㅜ=ㅗ	ㄴ=ㅇ(ん)
区別	구별	쿠베쯔	くべつ	ㄱ=ㅋ	ㅜ=ㅜ		ㅂ=ㅂ	ㅕ=ㅔ	ㄹ=쯔(つ)
区分	구분	쿠붕	くぶん	ㄱ=ㅋ	ㅜ=ㅜ		ㅂ=ㅂ	ㅜ=ㅜ	ㄴ=ㅇ(ん)
負傷	부상	후쇼우	ふしょう	ㅂ=ㅎ	ㅜ=ㅜ		ㅅ=ㅅ	ㅏ=ㅛ	ㅇ=우(장음)
分析	분석	분세끼	ぶんせき	ㅂ=ㅂ	ㅜ=ㅜ	ㄴ=ㄴ(ん)	ㅅ=ㅅ	ㅓ=ㅔ	ㄱ=ㄲ(き)
風速	풍속	후우소꾸	ふうそく	ㅍ=ㅎ	ㅜ=ㅜ	ㅇ=우(장음)	ㅅ=ㅅ	ㅗ=ㅗ	ㄱ=ㄲ(く)
腐食	부식	후쇼꾸	ふしょく	ㅂ=ㅎ	ㅜ=ㅜ		ㅅ=ㅅ	ㅣ=ㅛ	ㄱ=ㄲ(く)
文書	문서	분쇼	ぶんしょ	ㅁ=ㅂ	ㅜ=ㅜ	ㄴ=ㄴ(ん)	ㅅ=ㅅ	ㅓ=ㅛ	
無視	무시	무시	むし	ㅁ=ㅁ	ㅜ=ㅜ		ㅅ=ㅅ	ㅣ=ㅣ	

일어 한자	한글 발음	일어 한글 발음	일어 발음	첫자음	단모음	받침	첫자음	단모음	받침
武術	무술	부쥬쯔	ぶじゅつ	ㅁ=ㅂ	ㅜ=ㅜ		ㅅ=ㅈ	ㅜ=ㅠ	ㄹ=쯔(つ)
物議	물의	부쯔기	ぶつぎ	ㅁ=ㅂ	ㅜ=ㅜ	ㄹ=쯔(つ)	ㅇ=ㄱ	ㅢ=ㅣ	
運営	운영	웅에이	うんえい	ㅇ=ㅇ	ㅜ=ㅜ	ㄴ=ㅇ(ん)	ㅇ=ㅇ	ㅕ=ㅔ	ㅇ=이(장음)
不安	불안	후앙	ふあん	ㅂ=ㅎ	ㅜ=ㅜ	ㄹ=사라짐	ㅇ=ㅇ	ㅏ=ㅏ	ㄴ=ㅇ(ん)
区域	구역	쿠이끼	くいき	ㄱ=ㅋ	ㅜ=ㅜ		ㅇ=ㅇ	ㅕ=ㅣ	ㄱ=끼(き)
夫人	부인	후징	ふじん	ㅂ=ㅎ	ㅜ=ㅜ		ㅇ=ㅈ	ㅣ=ㅣ	ㄴ=ㅇ(ん)
不定	부정	후떼이	ふてい	ㅂ=ㅎ	ㅜ=ㅜ		ㅈ=ㄸ	ㅕ=ㅔ	ㅇ=이(장음)
運転	운전	운뗑	うんてん	ㅇ=ㅇ	ㅜ=ㅜ	ㄴ=ㄴ(ん)	ㅈ=ㄸ	ㅕ=ㅔ	ㄴ=ㅇ(ん)
紛争	분쟁	분소우	ふんそう	ㅂ=ㅎ	ㅜ=ㅜ	ㄴ=ㄴ(ん)	ㅈ=ㅅ	ㅐ=ㅗ	ㅇ=우(장음)
文章	문장	분쇼우	ぶんしょう	ㅁ=ㅂ	ㅜ=ㅜ	ㄴ=ㄴ(ん)	ㅈ=ㅅ	ㅏ=ㅛ	ㅇ=우(장음)
武装	무장	부소우	ぶそう	ㅁ=ㅂ	ㅜ=ㅜ		ㅈ=ㅅ	ㅏ=ㅗ	ㅇ=우(장음)
不足	부족	후소꾸	ふそく	ㅂ=ㅎ	ㅜ=ㅜ		ㅈ=ㅅ	ㅗ=ㅗ	ㄱ=꾸(く)
具体	구체	구따이	ぐたい	ㄱ=ㄱ	ㅜ=ㅜ		ㅊ=ㄸ	ㅔ=ㅏㅣ	
部品	부품	부힝	ぶひん	ㅂ=ㅂ	ㅜ=ㅜ		ㅍ=ㅎ	ㅜ=ㅣ	ㅁ=ㅇ(ん)
腐敗	부패	후하이	ふはい	ㅂ=ㅎ	ㅜ=ㅜ		ㅍ=ㅎ	ㅐ=ㅏㅣ	
文学	문학	붕가꾸	ぶんがく	ㅁ=ㅂ	ㅜ=ㅜ	ㄴ=ㅇ(ん)	ㅎ=ㄱ	ㅏ=ㅏ	ㄱ=꾸(く)
運行	운행	웅꼬우	うんこう	ㅇ=ㅇ	ㅜ=ㅜ	ㄴ=ㅇ(ん)	ㅎ=ㄲ	ㅐ=ㅗ	ㅇ=우(장음)
不況	불황	후꾜우	ふきょう	ㅂ=ㅎ	ㅜ=ㅜ	ㄹ=사라짐	ㅎ=ㄲ	ㅘ=ㅛ	ㅇ=우(장음)
文化	문화	붕까	ぶんか	ㅁ=ㅂ	ㅜ=ㅜ	ㄴ=ㅇ(ん)	ㅎ=ㄲ	ㅘ=ㅏ	
祝日	축일	슈꾸지쯔	しゅくじつ	ㅊ=ㅅ	ㅜ=ㅠ	ㄱ=꾸(く)	ㅇ=ㅈ	ㅣ=ㅣ	ㄹ=쯔(つ)
中国	중국	츄우고꾸	ちゅうごく	ㅈ=ㅊ	ㅜ=ㅠ	ㅇ=우(장음)	ㄱ=ㄱ	ㅜ=ㅗ	ㄱ=꾸(く)
中継	중계	츄우께이	ちゅうけい	ㅈ=ㅊ	ㅜ=ㅠ	ㅇ=우(장음)	ㄱ=ㄲ	ㅖ=ㅔㅣ	
首脳	수뇌	슈노우	しゅのう	ㅅ=ㅅ	ㅜ=ㅠ		ㄴ=ㄴ	ㅚ=ㅗㅜ	
手段	수단	슈당	しゅだん	ㅅ=ㅅ	ㅜ=ㅠ		ㄷ=ㄷ	ㅏ=ㅏ	ㄴ=ㅇ(ん)
重大	중대	쥬우따이	じゅうだい	ㅈ=ㅈ	ㅜ=ㅠ	ㅇ=우(장음)	ㄷ=ㄷ	ㅐ=ㅏㅣ	
充分	충분	쥬우붕	じゅうぶん	ㅊ=ㅈ	ㅜ=ㅠ	ㅇ=우(장음)	ㅂ=ㅂ	ㅜ=ㅜ	ㄴ=ㅇ(ん)
準備	준비	쥼비	じゅんび	ㅈ=ㅈ	ㅜ=ㅠ	ㄴ=ㅁ(ん)	ㅂ=ㅂ	ㅣ=ㅣ	
出発	출발	슙빠쯔	しゅっぱつ	ㅊ=ㅅ	ㅜ=ㅠ	ㄹ=ㅂ(っ)	ㅂ=ㅃ	ㅏ=ㅏ	ㄹ=쯔(つ)
受賞	수상	쥬쇼우	じゅしょう	ㅅ=ㅈ	ㅜ=ㅠ		ㅅ=ㅅ	ㅏ=ㅛ	ㅇ=우(장음)
首相	수상	슈쇼우	しゅしょう	ㅅ=ㅅ	ㅜ=ㅠ		ㅅ=ㅅ	ㅏ=ㅛ	ㅇ=우(장음)

일어 한자	한글 발음	일어 한글 발음	일어 발음	첫자음	단모음	받침	첫자음	단모음	받침
中心	중심	츄우슝	ちゅうしん	ㅈ=ㅊ	ㅜ=ㅠ	ㅇ=우(장음)	ㅅ=ㅅ	ㅣ=ㅣ	ㅁ=ㅇ(ん)
出身	출신	슛씽	しゅっしん	ㅊ=ㅅ	ㅜ=ㅠ	ㄹ=ㅅ(っ)	ㅅ=ㅆ	ㅣ=ㅣ	ㄴ=ㅇ(ん)
出席	출석	슛쎄끼	しゅっせき	ㅊ=ㅅ	ㅜ=ㅠ	ㄹ=ㅅ(っ)	ㅅ=ㅆ	ㅓ=ㅔ	ㄱ=끼(き)
充実	충실	쥬우지쯔	じゅうじつ	ㅊ=ㅈ	ㅜ=ㅠ	ㅇ=우(장음)	ㅅ=ㅈ	ㅣ=ㅣ	ㄹ=쯔(つ)
授業	수업	쥬교우	じゅぎょう	ㅅ=ㅈ	ㅜ=ㅠ		ㅇ=ㄱ	ㅓ=ㅛ	ㅂ=우(장음)
中央	중앙	츄우오우	ちゅうおう	ㅈ=ㅊ	ㅜ=ㅠ	ㅇ=우(장음)	ㅇ=ㅇ	ㅏ=ㅗ	ㅇ=우(장음)
出演	출연	슈쯔엥	しゅつえん	ㅊ=ㅅ	ㅜ=ㅠ	ㄹ=쯔(つ)	ㅇ=ㅇ	ㅕ=ㅔ	ㄴ=ㅇ(ん)
重要	중요	쥬우요우	じゅうよう	ㅈ=ㅈ	ㅜ=ㅠ	ㅇ=우(장음)	ㅇ=ㅇ	ㅛ=ㅜ	
需要	수요	쥬요우	じゅよう	ㅅ=ㅈ	ㅜ=ㅠ		ㅇ=ㅇ	ㅛ=ㅜ	
充電	충전	쥬우뎅	じゅうでん	ㅊ=ㅈ	ㅜ=ㅠ	ㅇ=우(장음)	ㅈ=ㄷ	ㅓ=ㅔ	ㄴ=ㅇ(ん)
出張	출장	슛쬬우	しゅっちょう	ㅊ=ㅅ	ㅜ=ㅠ	ㄹ=ㄷ(っ)	ㅈ=ㅉ	ㅏ=ㅛ	ㅇ=우(장음)
出版	출판	슙빵	しゅっぱん	ㅊ=ㅅ	ㅜ=ㅠ	ㄹ=ㅂ(っ)	ㅍ=ㅃ	ㅏ=ㅏ	ㄴ=ㅇ(ん)
守備	수비	슈비	しゅび	ㅅ=ㅅ	ㅜ=ㅠ		ㅂ=ㅂ	ㅣ=ㅣ	
週間	주간	슈우깡	しゅうかん	ㅈ=ㅅ	ㅜ=ㅠ		ㄱ=ㄲ	ㅏ=ㅏ	ㄴ=ㅇ(ん)
修理	수리	슈우리	しゅうり	ㅅ=ㅅ	ㅜ=ㅠ		ㄹ=ㄹ	ㅣ=ㅣ	
週末	주말	슈우마쯔	しゅうまつ	ㅈ=ㅅ	ㅜ=ㅠ		ㅁ=ㅁ	ㅏ=ㅏ	ㄹ=쯔(つ)
注文	주문	츄우몽	ちゅうもん	ㅈ=ㅊ	ㅜ=ㅠ		ㅁ=ㅁ	ㅜ=ㅗ	ㄴ=ㅇ(ん)
住民	주민	쥬우밍	じゅうみん	ㅈ=ㅈ	ㅜ=ㅠ		ㅁ=ㅁ	ㅣ=ㅣ	ㄴ=ㅇ(ん)
注目	주목	츄우모꾸	ちゅうもく	ㅈ=ㅊ	ㅜ=ㅠ		ㅁ=ㅁ	ㅗ=ㅗ	ㄱ=꾸(く)
周辺	주변	슈우헹	しゅうへん	ㅈ=ㅅ	ㅜ=ㅠ		ㅂ=ㅎ	ㅕ=ㅔ	ㄴ=ㅇ(ん)
優勝	우승	유우쇼우	ゆうしょう	ㅇ=ㅇ	ㅜ=ㅠ		ㅅ=ㅅ	ㅡ=ㅛ	ㅇ=우(장음)
優先	우선	유우셍	ゆうせん	ㅇ=ㅇ	ㅜ=ㅠ		ㅅ=ㅅ	ㅓ=ㅔ	ㄴ=ㅇ(ん)
住所	주소	쥬우쇼	じゅうしょ	ㅈ=ㅈ	ㅜ=ㅠ		ㅅ=ㅅ	ㅡ=ㅛ	
優秀	우수	유우슈우	ゆうしゅう	ㅇ=ㅇ	ㅜ=ㅠ		ㅅ=ㅅ	ㅜ=ㅠ	
収入	수입	슈우뉴우	しゅうにゅう	ㅅ=ㅅ	ㅜ=ㅠ		ㅇ=ㄴ(두)	ㅣ=ㅠ	ㅂ=우(장음)
牛乳	우유	규우뉴우	ぎゅうにゅう	ㅇ=ㄱ	ㅜ=ㅠ		ㅇ=ㄴ(두)	ㅠ=ㅠ	
注意	주의	츄우이	ちゅうい	ㅈ=ㅊ	ㅜ=ㅠ		ㅇ=ㅇ	ㅢ=ㅣ	
周囲	주위	슈우이	しゅうい	ㅈ=ㅅ	ㅜ=ㅠ		ㅇ=ㅇ	ㅟ=ㅣ	
修正	수정	슈우세이	しゅうせい	ㅅ=ㅅ	ㅜ=ㅠ		ㅈ=ㅅ	ㅓ=ㅔ	ㅇ=이(장음)
住宅	주택	쥬우따꾸	じゅうたく	ㅈ=ㅈ	ㅜ=ㅠ		ㅌ=ㄸ	ㅐ=ㅏ	ㄱ=꾸(く)

일어 한자	한글 발음	일어 한글 발음	일어 발음	첫자음	단모음	받침	첫자음	단모음	받침
郵便	우편	유우빙	ゆうびん	ㅇ=ㅇ	ㅜ=ㅠㅜ		ㅍ=ㅂ	ㅕ=ㅣ	ㄴ=ㅇ(ん)
透明	투명	토우메이	とうめい	ㅌ=ㅌ	ㅜ=ㅗㅜ		ㅁ=ㅁ	ㅕ=ㅔ	ㅇ=이(장음)
購買	구매	코우바이	こうばい	ㄱ=ㅋ	ㅜ=ㅗㅜ		ㅁ=ㅂ	ㅐ=ㅏㅣ	
後半	후반	코우항	こうはん	ㅎ=ㅋ	ㅜ=ㅗㅜ		ㅂ=ㅎ	ㅏ=ㅏ	ㄴ=ㅇ(ん)
候補	후보	코우호	こうほ	ㅎ=ㅋ	ㅜ=ㅗㅜ		ㅂ=ㅎ	ㅗ=ㅗ	
後輩	후배	코우하이	こうはい	ㅎ=ㅋ	ㅜ=ㅗㅜ		ㅂ=ㅎ	ㅐ=ㅏㅣ	
構成	구성	코우세이	こうせい	ㄱ=ㅋ	ㅜ=ㅗㅜ		ㅅ=ㅅ	ㅕ=ㅔ	ㅇ=이(장음)
搜査	수사	소우사	そうさ	ㅅ=ㅅ	ㅜ=ㅗㅜ		ㅅ=ㅅ	ㅏ=ㅏ	
投入	투입	토우뉴우	とうにゅう	ㅌ=ㅌ	ㅜ=ㅗㅜ		ㅇ=ㄴ(두)	ㅣ=ㅠ	ㅂ=사라짐
貿易	무역	보우에끼	ぼうえき	ㅁ=ㅂ	ㅜ=ㅗㅜ		ㅇ=ㅇ	ㅕ=ㅔ	ㄱ=끼(き)
鬪爭	투쟁	토우소우	とうそう	ㅌ=ㅌ	ㅜ=ㅗㅜ		ㅈ=ㅅ	ㅐ=ㅗ	ㅇ=우(장음)
投資	투자	토우시	とうし	ㅌ=ㅌ	ㅜ=ㅗㅜ		ㅈ=ㅅ	ㅏ=ㅣ	
投票	투표	토우효우	とうひょう	ㅌ=ㅌ	ㅜ=ㅗㅜ		ㅍ=ㅎ	ㅛ=ㅛㅜ	
推薦	추천	스이셍	すいせん	ㅊ=ㅅ	ㅜ=ㅡㅣ		ㅊ=ㅅ	ㅕ=ㅔ	ㄴ=ㅇ(ん)
推理	추리	스이리	すいり	ㅊ=ㅅ	ㅜ=ㅡㅣ		ㄹ=ㄹ	ㅣ=ㅣ	
推定	추정	스이떼이	すいてい	ㅊ=ㅅ	ㅜ=ㅡㅣ		ㅈ=ㄸ	ㅕ=ㅔ	ㅇ=이(장음)
追放	추방	츠이호우	ついほう	ㅊ=ㅊ	ㅜ=ㅡㅣ		ㅂ=ㅎ	ㅏ=ㅗ	ㅇ=우(장음)
追求	추구	츠이뀨우	ついきゅう	ㅊ=ㅊ	ㅜ=ㅡㅣ		ㄱ=ㄲ	ㅜ=ㅠㅜ	
追跡	추적	츠이세끼	ついせき	ㅊ=ㅊ	ㅜ=ㅡㅣ		ㅈ=ㅅ	ㅕ=ㅔ	ㄱ=끼(き)
水準	수준	스이즁	すいじゅん	ㅅ=ㅅ	ㅜ=ㅡㅣ		ㅈ=ㅈ	ㅜ=ㅠ	ㄴ=ㅇ(ん)
水平	수평	스이헤이	すいへい	ㅅ=ㅅ	ㅜ=ㅡㅣ		ㅍ=ㅎ	ㅕ=ㅔ	ㅇ=이(장음)
國家	국가	콕까	こっか	ㄱ=ㅋ	ㅜ=ㅗ	ㄱ=ㄱ(っ)	ㄱ=ㄲ	ㅏ=ㅏ	
國內	국내	코꾸나이	こくない	ㄱ=ㅋ	ㅜ=ㅗ	ㄱ=꾸(く)	ㄴ=ㄴ	ㅐ=ㅏㅣ	
國民	국민	코꾸밍	こくみん	ㄱ=ㅋ	ㅜ=ㅗ	ㄱ=꾸(く)	ㅁ=ㅁ	ㅣ=ㅣ	ㄴ=ㅇ(ん)
國營	국영	코꾸에이	こくえい	ㄱ=ㅋ	ㅜ=ㅗ	ㄱ=꾸(く)	ㅇ=ㅇ	ㅕ=ㅔ	ㅇ=이(장음)
國籍	국적	코꾸세끼	こくせき	ㄱ=ㅋ	ㅜ=ㅗ	ㄱ=꾸(く)	ㅈ=ㅅ	ㅕ=ㅔ	ㄱ=끼(き)
豊富	풍부	호우후	ほうふ	ㅍ=ㅎ	ㅜ=ㅗ	ㅇ=우(장음)	ㅂ=ㅎ	ㅜ=ㅜ	
問題	문제	몬다이	もんだい	ㅁ=ㅁ	ㅜ=ㅗ	ㄴ=ㄴ(ん)	ㅈ=ㄷ	ㅔ=ㅏㅣ	
頭腦	두뇌	즈노우	ずのう	ㄷ=ㅈ	ㅜ=ㅡ		ㄴ=ㄴ	ㅚ=ㅗㅜ	
頭痛	두통	쯔쯔우	ずつう	ㄷ=ㅈ	ㅜ=ㅡ		ㅌ=ㅉ	ㅗ=ㅡ	ㅇ=우(장음)

일어 한자	한글 발음	일어 한글 발음	일어 발음	첫자음	단모음	받침	첫자음	단모음	받침
品質	품질	힌시쯔	ひんしつ	ㅍ=ㅎ	ㅜ=ㅣ	ㅁ=ㄴ(ん)	ㅈ=ㅅ	ㅣ=ㅣ	ㄹ=쯔(つ)
衝突	충돌	쇼우또쯔	しょうとつ	ㅊ=ㅅ	ㅜ=ㅛㅜ	ㅇ=우(장음)	ㄷ=ㄸ	ㅗ=ㅗ	ㄹ=쯔(つ)

Ex 더 많은 예시들 : 두 번째 글자 한글 모음 [ㅜ] 발음 변환 음성 8-6. ㅜ→ㅜ/ㅠ..

일어 한자	한글 발음	일어 한글 발음	일어 발음	첫자음	단모음	받침	첫자음	단모음	받침
幹部	간부	캄부	かんぶ	ㄱ=ㅋ	ㅏ=ㅏ	ㄴ=ㅁ(ん)	ㅂ=ㅂ	ㅜ=ㅜ	
事務	사무	지무	じむ	ㅅ=ㅈ	ㅏ=ㅣ		ㅁ=ㅁ	ㅜ=ㅜ	
内部	내부	나이부	ないぶ	ㄴ=ㄴ	ㅐ=ㅏㅣ		ㅂ=ㅂ	ㅜ=ㅜ	
台風	태풍	타이후우	たいふう	ㅌ=ㅌ	ㅐ=ㅏㅣ		ㅍ=ㅎ	ㅜ=ㅜ	ㅇ=우(장음)
成分	성분	세이붕	せいぶん	ㅅ=ㅅ	ㅓ=ㅔ	ㅇ=이(장음)	ㅂ=ㅂ	ㅜ=ㅜ	ㄴ=ㅇ(ん)
全部	전부	젬부	ぜんぶ	ㅈ=ㅈ	ㅓ=ㅔ	ㄴ=ㅁ(ん)	ㅂ=ㅂ	ㅜ=ㅜ	
政府	정부	제이후	せいふ	ㅈ=ㅅ	ㅓ=ㅔ	ㅇ=이(장음)	ㅂ=ㅎ	ㅜ=ㅜ	
処分	처분	쇼붕	しょぶん	ㅊ=ㅅ	ㅓ=ㅛ		ㅂ=ㅂ	ㅜ=ㅜ	ㄴ=ㅇ(ん)
公務	공무	코우무	こうむ	ㄱ=ㅋ	ㅗ=ㅗ	ㅇ=우(장음)	ㅁ=ㅁ	ㅜ=ㅜ	
動物	동물	도우부쯔	どうぶつ	ㄷ=ㄷ	ㅗ=ㅗ	ㅇ=우(장음)	ㅂ=ㅂ	ㅜ=ㅜ	ㄹ=쯔(つ)
論文	논문	롬붕	ろんぶん	ㄴ=ㄹ(두)	ㅗ=ㅗ	ㄴ=ㅁ(ん)	ㅁ=ㅂ	ㅜ=ㅜ	ㄴ=ㅇ(ん)
本部	본부	홈부	ほんぶ	ㅂ=ㅎ	ㅗ=ㅗ	ㄴ=ㅁ(ん)	ㅂ=ㅂ	ㅜ=ㅜ	
祖父	조부	소후	そふ	ㅈ=ㅅ	ㅗ=ㅗ		ㅂ=ㅎ	ㅜ=ㅜ	
豊富	풍부	호우후	ほうふ	ㅍ=ㅎ	ㅜ=ㅗ	ㅇ=우(장음)	ㅂ=ㅎ	ㅜ=ㅜ	
区分	구분	쿠붕	くぶん	ㄱ=ㅋ	ㅜ=ㅜ		ㅂ=ㅂ	ㅜ=ㅜ	ㄴ=ㅇ(ん)
充分	충분	쥬우붕	じゅうぶん	ㅊ=ㅈ	ㅜ=ㅠ	ㅇ=우(장음)	ㅂ=ㅂ	ㅜ=ㅜ	ㄴ=ㅇ(ん)
勝負	승부	쇼우부	しょうぶ	ㅅ=ㅅ	ㅡ=ㅛ	ㅇ=우(장음)	ㅂ=ㅂ	ㅜ=ㅜ	
勤務	근무	킴무	きんむ	ㄱ=ㅋ	ㅡ=ㅣ	ㄴ=ㅁ(ん)	ㅁ=ㅁ	ㅜ=ㅜ	
義務	의무	기무	ぎむ	ㅇ=ㄱ	ㅢ=ㅣ		ㅁ=ㅁ	ㅜ=ㅜ	
人物	인물	짐부쯔	じんぶつ	ㅇ=ㅈ	ㅣ=ㅣ	ㄴ=ㅁ(ん)	ㅁ=ㅂ	ㅜ=ㅜ	ㄹ=쯔(つ)
新聞	신문	심붕	しんぶん	ㅅ=ㅅ	ㅣ=ㅣ	ㄴ=ㅁ(ん)	ㅁ=ㅂ	ㅜ=ㅜ	ㄴ=ㅇ(ん)
皮膚	피부	히후	ひふ	ㅍ=ㅎ	ㅣ=ㅣ		ㅂ=ㅎ	ㅜ=ㅜ	
基準	기준	키중	きじゅん	ㄱ=ㅋ	ㅣ=ㅣ		ㅈ=ㅈ	ㅜ=ㅠ	ㄴ=ㅇ(ん)

일어 한자	한글 발음	일어 한글 발음	일어 발음	첫자음	단모음	받침	첫자음	단모음	받침
単純	단순	탄쥰	たんじゅん	ㄷ=ㅌ	ㅏ=ㅏ	ㄴ=ㄴ(ん)	ㅅ=ㅈ	ㅜ=ㅠ	ㄴ=ㅇ(ん)
短縮	단축	탄슈꾸	たんしゅく	ㄷ=ㅌ	ㅏ=ㅏ	ㄴ=ㄴ(ん)	ㅊ=ㅅ	ㅜ=ㅠ	ㄱ=꾸(く)
大衆	대중	타이슈우	たいしゅう	ㄷ=ㅌ	ㅐ=ㅏㅣ		ㅈ=ㅅ	ㅜ=ㅠ	ㅇ=우(장음)
選手	선수	센슈	せんしゅ	ㅅ=ㅅ	ㅓ=ㅔ	ㄴ=ㄴ(ん)	ㅅ=ㅅ	ㅜ=ㅠ	
青春	청춘	세이슝	せいしゅん	ㅊ=ㅅ	ㅓ=ㅔ	ㅇ=이(장음)	ㅊ=ㅅ	ㅜ=ㅠ	ㄴ=ㅇ(ん)
提出	제출	테이슈쯔	ていしゅつ	ㅈ=ㅌ	ㅔ=ㅔㅣ		ㅊ=ㅅ	ㅜ=ㅠ	ㄹ=쯔(つ)
芸術	예술	게이쥬쯔	げいじゅつ	ㅇ=ㄱ	ㅖ=ㅔㅣ		ㅅ=ㅈ	ㅜ=ㅠ	ㄹ=쯔(つ)
故宮	고궁	코뀨우	こきゅう	ㄱ=ㅋ	ㅗ=ㅗ		ㄱ=ㄲ	ㅜ=ㅠ	ㅇ=우(장음)
途中	도중	토쮸우	とちゅう	ㄷ=ㅌ	ㅗ=ㅗ		ㅈ=ㅉ	ㅜ=ㅠ	ㅇ=우(장음)
観衆	관중	칸슈우	かんしゅう	ㄱ=ㅋ	ㅘ=ㅏ	ㄴ=ㄴ(ん)	ㅅ=ㅅ	ㅜ=ㅠ	ㅇ=우(장음)
教授	교수	쿄우쥬	きょうじゅ	ㄱ=ㅋ	ㅛ=ㅛㅜ		ㅅ=ㅈ	ㅜ=ㅠ	
標準	표준	효우즁	ひょうじゅん	ㅍ=ㅎ	ㅛ=ㅛㅜ		ㅈ=ㅈ	ㅜ=ㅠ	ㄴ=ㅇ(ん)
武術	무술	부쥬쯔	ぶじゅつ	ㅁ=ㅂ	ㅜ=ㅜ		ㅅ=ㅈ	ㅜ=ㅠ	ㄹ=쯔(つ)
水準	수준	스이즁	すいじゅん	ㅅ=ㅅ	ㅜ=ㅡㅣ		ㅈ=ㅈ	ㅜ=ㅠ	ㄴ=ㅇ(ん)
美術	미술	비쥬쯔	びじゅつ	ㅁ=ㅂ	ㅣ=ㅣ		ㅅ=ㅈ	ㅜ=ㅠ	ㄹ=쯔(つ)
技術	기술	기쥬쯔	ぎじゅつ	ㄱ=ㄱ	ㅣ=ㅣ		ㅅ=ㅈ	ㅜ=ㅠ	ㄹ=쯔(つ)
進出	진출	신슈쯔	しんしゅつ	ㅈ=ㅅ	ㅣ=ㅣ	ㄴ=ㄴ(ん)	ㅊ=ㅅ	ㅜ=ㅠ	ㄹ=쯔(つ)
南北	남북	남보꾸	なんぼく	ㄴ=ㄴ	ㅏ=ㅏ	ㅁ=ㅁ(ん)	ㅂ=ㅂ	ㅜ=ㅗ	ㄱ=꾸(く)
访问	방문	호우몽	ほうもん	ㅂ=ㅎ	ㅏ=ㅗ	ㅇ=우(장음)	ㅁ=ㅁ	ㅜ=ㅗ	ㄴ=ㅇ(ん)
全国	전국	젱꼬꾸	ぜんこく	ㅈ=ㅈ	ㅓ=ㅔ	ㄴ=ㅇ(ん)	ㄱ=ㄲ	ㅜ=ㅗ	ㄱ=꾸(く)
専門	전문	셈몽	せんもん	ㅈ=ㅅ	ㅓ=ㅔ	ㄴ=ㅁ(ん)	ㅁ=ㅁ	ㅜ=ㅗ	ㄴ=ㅇ(ん)
前後	전후	젱고	ぜんご	ㅈ=ㅈ	ㅓ=ㅔ	ㄴ=ㅇ(ん)	ㅎ=ㄱ	ㅜ=ㅗ	
午後	오후	고고	ごご	ㅇ=ㄱ	ㅗ=ㅗ		ㅎ=ㄱ	ㅜ=ㅗ	
外国	외국	가이꼬꾸	がいこく	ㅇ=ㄱ	ㅚ=ㅏㅣ		ㄱ=ㄲ	ㅜ=ㅗ	ㄱ=꾸(く)
最後	최후	사이고	さいご	ㅊ=ㅅ	ㅚ=ㅏㅣ		ㅎ=ㄱ	ㅜ=ㅗ	
部門	부문	부몽	ぶもん	ㅂ=ㅂ	ㅜ=ㅜ		ㅁ=ㅁ	ㅜ=ㅗ	
中国	중국	츄우고꾸	ちゅうごく	ㅈ=ㅊ	ㅜ=ㅠ	ㅇ=우(장음)	ㄱ=ㄱ	ㅜ=ㅗ	ㄱ=꾸(く)
注文	주문	츄우몽	ちゅうもん	ㅈ=ㅊ	ㅜ=ㅠㅜ		ㅁ=ㅁ	ㅜ=ㅗ	ㄴ=ㅇ(ん)
直後	직후	쵸꾸고	ちょくご	ㅈ=ㅊ	ㅣ=ㅛ	ㄱ=꾸(く)	ㅎ=ㄱ	ㅜ=ㅗ	
質問	질문	시쯔몽	しつもん	ㅈ=ㅅ	ㅣ=ㅣ	ㄹ=쯔(つ)	ㅁ=ㅁ	ㅜ=ㅗ	ㄴ=ㅇ(ん)

일어 한자	한글 발음	일어 한글 발음	일어 발음	첫자음	단모음	받침	첫자음	단모음	받침
兩国	양국	료우꼬꾸	りょうこく	ㅇ=ㄹ(두)	ㅑ=ㅛ	ㅇ=우(장음)	ㄱ=ㄲ	ㅜ=ㅗ	ㄱ=꾸(く)
排球	배구	하이뀨우	はいきゅう	ㅂ=ㅎ	ㅐ=ㅏㅣ		ㄱ=ㄲ	ㅜ=ㅠㅜ	
俳優	배우	하이유우	はいゆう	ㅂ=ㅎ	ㅐ=ㅏㅣ		ㅇ=ㅇ	ㅜ=ㅠㅜ	
毎週	매주	마이슈우	まいしゅう	ㅁ=ㅁ	ㅐ=ㅏㅣ		ㅈ=ㅅ	ㅜ=ㅠㅜ	
野球	야구	야뀨우	やきゅう	ㅇ=ㅇ	ㅑ=ㅑ		ㄱ=ㄲ	ㅜ=ㅠㅜ	
請求	청구	세이뀨우	せいきゅう	ㅊ=ㅅ	ㅓ=ㅔ	ㅇ=이(장음)	ㄱ=ㄲ	ㅜ=ㅠㅜ	
要求	요구	요우뀨우	ようきゅう	ㅇ=ㅇ	ㅛ=ㅛㅜ		ㄱ=ㄲ	ㅜ=ㅠㅜ	
優秀	우수	유우슈우	ゆうしゅう	ㅇ=ㅇ	ㅜ=ㅠㅜ		ㅅ=ㅅ	ㅜ=ㅠㅜ	
追求	추구	츠이뀨우	ついきゅう	ㅊ=ㅊ	ㅜ=ㅡㅣ		ㄱ=ㄲ	ㅜ=ㅠㅜ	
地球	지구	치뀨우	ちきゅう	ㅈ=ㅊ	ㅣ=ㅣ		ㄱ=ㄲ	ㅜ=ㅠㅜ	
作品	작품	사꾸힝	さくひん	ㅈ=ㅅ	ㅏ=ㅏ	ㄱ=꾸(く)	ㅍ=ㅎ	ㅜ=ㅣ	ㅁ=ㅇ(ん)
建築	건축	켄찌꾸	けんちく	ㄱ=ㅋ	ㅓ=ㅔ	ㄴ=ㄴ(ん)	ㅊ=ㅉ	ㅜ=ㅣ	ㄱ=꾸(く)
製品	제품	세이힝	せいひん	ㅈ=ㅅ	ㅔ=ㅔㅣ		ㅍ=ㅎ	ㅜ=ㅣ	ㅁ=ㅇ(ん)
用品	용품	요우힝	ようひん	ㅇ=ㅇ	ㅛ=ㅛㅜ	ㅇ=우(장음)	ㅍ=ㅎ	ㅜ=ㅣ	ㅁ=ㅇ(ん)
部品	부품	부힝	ぶひん	ㅂ=ㅂ	ㅜ=ㅜ		ㅍ=ㅎ	ㅜ=ㅣ	ㅁ=ㅇ(ん)
食品	식품	쇼꾸힝	しょくひん	ㅅ=ㅅ	ㅣ=ㅛ	ㄱ=꾸(く)	ㅍ=ㅎ	ㅜ=ㅣ	ㅁ=ㅇ(ん)
新築	신축	신찌꾸	しんちく	ㅅ=ㅅ	ㅣ=ㅣ	ㄴ=ㄴ(ん)	ㅊ=ㅉ	ㅜ=ㅣ	ㄱ=꾸(く)
戦闘	전투	센또우	せんとう	ㅈ=ㅅ	ㅓ=ㅔ	ㄴ=ㄴ(ん)	ㅌ=ㄸ	ㅜ=ㅗㅜ	
演奏	연주	엔소우	えんそう	ㅇ=ㅇ	ㅕ=ㅔ	ㄴ=ㄴ(ん)	ㅈ=ㅅ	ㅜ=ㅗㅜ	
先頭	선두	센또우	せんとう	ㅅ=ㅅ	ㅓ=ㅔ	ㄴ=ㄴ(ん)	ㄷ=ㄸ	ㅜ=ㅗㅜ	
人口	인구	징꼬우	じんこう	ㅇ=ㅈ	ㅣ=ㅣ	ㄴ=ㅇ(ん)	ㄱ=ㄲ	ㅜ=ㅗㅜ	
気候	기후	키꼬우	きこう	ㄱ=ㅋ	ㅣ=ㅣ		ㅎ=ㄲ	ㅜ=ㅗㅜ	
薬局	약국	약꼬꾸	やっきょく	ㅇ=ㅇ	ㅑ=ㅑ	ㄱ=ㄱ(っ)	ㄱ=ㄲ	ㅜ=ㅛ	ㄱ=꾸(く)
結局	결국	켁꼬꾸	けっきょく	ㄱ=ㅋ	ㅕ=ㅔ	ㄹ=ㄱ(っ)	ㄱ=ㄲ	ㅜ=ㅛ	ㄱ=꾸(く)
折衝	절충	셋쑈우	せっしょう	ㅈ=ㅅ	ㅓ=ㅔ	ㄹ=ㅅ(っ)	ㅊ=ㅆ	ㅜ=ㅛ	ㅇ=우(장음)
多数	다수	타스우	たすう	ㄷ=ㅌ	ㅏ=ㅏ		ㅅ=ㅅ	ㅜ=ㅜ	
指数	지수	시스우	しすう	ㅈ=ㅅ	ㅣ=ㅣ		ㅅ=ㅅ	ㅜ=ㅡㅜ	
博物	박물	하꾸부쯔	はくぶつ	ㅂ=ㅎ	ㅏ=ㅏ	ㄱ=꾸(く)	ㅁ=ㅂ	ㅜ=ㅜ	ㄹ=쯔(つ)

한글 모음 [ㅓ] 변환

가장 비율이 높은 [ㅓ➡ㅔ] 변환에 집중하여 단어 말하기 훈련을 합니다.

특히 [ㅓ]에서 [ㅔ]로 변환되는 경우 [ㅓ]에 받침[ㄱ, ㄴ, ㄹ, ㅁ, ㅂ, ㅇ]이 있는 경우가 대부분입니다.

한글 초성	변환	일어 초성	비율
ㅜ	➤	ㅔ	ㅗ, ㅏ, ㅓ, ㅖ 약 10%
		ㅛ	ㅛ 약 10%
		ㅗ, ㅏ, ㅓ, ㅖ	ㅔ 약 80%

(한글) (일본어)　　　　　(한글) (일본어)
성(性) ➤ 세(せ)이(い)　　절(絶) ➤ 제(ぜ)쯔(つ)

Ex 더 많은 예시들 : 첫 번째 글자 한글 모음 [ㅓ] 발음 변환 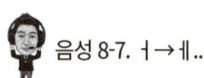 음성 8-7. ㅓ→ㅔ..

일어 한자	한글 발음	일어 한글 발음	일어 발음	첫자음	단모음	받침	첫자음	단모음	받침
性格	성격	세이까꾸	せいかく	ㅅ=さ	ㅓ=ㅔ	ㅇ=이(장음)	ㄱ=ㄲ	ㅕ=ㅏ	ㄱ=꾸(く)
前半	전반	젱항	ぜんはん	ㅈ=ざ	ㅓ=ㅔ	ㄴ=ㅇ(ん)	ㅂ=ㅎ	ㅏ=ㅏ	ㄴ=ㅇ(ん)
先発	선발	셈빠쯔	せんぱつ	ㅅ=さ	ㅓ=ㅔ	ㄴ=ㅁ(ん)	ㅂ=ㅃ	ㅏ=ㅏ	ㄹ=쯔(つ)
摘発	적발	테끼하쯔	てきはつ	ㅈ=て	ㅓ=ㅔ	ㄱ=ㄲ(き)	ㅂ=ㅎ	ㅏ=ㅏ	ㄹ=쯔(つ)
検査	검사	켄사	けんさ	ㄱ=ㅋ	ㅓ=ㅔ	ㅁ=ㄴ(ん)	ㅅ=さ	ㅏ=ㅏ	
検察	검찰	켄사쯔	けんさつ	ㄱ=ㅋ	ㅓ=ㅔ	ㅁ=ㄴ(ん)	ㅊ=さ	ㅏ=ㅏ	ㄹ=쯔(つ)
石炭	석탄	세끼땅	せきたん	ㅅ=さ	ㅓ=ㅔ	ㄱ=ㄲ(き)	ㅌ=ㄸ	ㅏ=ㅏ	ㄴ=ㅇ(ん)
電波	전파	뎀빠	でんぱ	ㅈ=で	ㅓ=ㅔ	ㄴ=ㅁ(ん)	ㅍ=ㅃ	ㅏ=ㅏ	
停車	정차	테이샤	ていしゃ	ㅈ=て	ㅓ=ㅔ	ㅇ=이(장음)	ㅊ=さ	ㅏ=ㅑ	
電車	전차	덴샤	でんしゃ	ㅈ=で	ㅓ=ㅔ	ㄴ=ㄴ(ん)	ㅊ=さ	ㅏ=ㅑ	

일어 한자	한글 발음	일어 한글 발음	일어 발음	첫자음	단모음	받침	첫자음	단모음	받침
健康	건강	켕꼬우	けんこう	ㄱ=ㅋ	ㅓ=ㅔ	ㄴ=ㅇ(ん)	ㄱ=ㄲ	ㅏ=ㅗ	ㅇ=우(장음)
適當	적당	테끼또우	てきとう	ㅈ=ㅌ	ㅓ=ㅔ	ㄱ=ㄲ(き)	ㄷ=ㄸ	ㅏ=ㅗ	ㅇ=우(장음)
絶望	절망	제쯔보우	ぜつぼう	ㅈ=ㅈ	ㅓ=ㅔ	ㄹ=쯔(つ)	ㅁ=ㅂ	ㅏ=ㅗ	ㅇ=우(장음)
成長	성장	세이쬬우	せいちょう	ㅅ=ㅅ	ㅓ=ㅔ	ㅇ=이(장음)	ㅈ=ㅉ	ㅏ=ㅛ	ㅇ=우(장음)
選擇	선택	센따꾸	せんたく	ㅅ=ㅅ	ㅓ=ㅔ	ㄴ=ㄴ(ん)	ㅌ=ㄸ	ㅐ=ㅏ	ㄱ=꾸(く)
展開	전개	텡까이	てんかい	ㅈ=ㅌ	ㅓ=ㅔ	ㄴ=ㅇ(ん)	ㄱ=ㄲ	ㅐ=ㅏㅣ	
天才	천재	텐사이	てんさい	ㅊ=ㅌ	ㅓ=ㅔ	ㄴ=ㄴ(ん)	ㅈ=ㅅ	ㅐ=ㅏㅣ	
絶對	절대	젣따이	ぜったい	ㅈ=ㅈ	ㅓ=ㅔ	ㄹ=ㄷ(っ)	ㄷ=ㄸ	ㅐ=ㅏㅣ	
先生	선생	센세이	せんせい	ㅅ=ㅅ	ㅓ=ㅔ	ㄴ=ㄴ(ん)	ㅅ=ㅅ	ㅐ=ㅔ	ㅇ=이(장음)
戰爭	전쟁	센소우	せんそう	ㅅ=ㅅ	ㅓ=ㅔ	ㄴ=ㄴ(ん)	ㅅ=ㅅ	ㅐ=ㅗ	ㅇ=우(장음)
戰略	전략	센랴꾸	せんりゃく	ㅅ=ㅅ	ㅓ=ㅔ	ㄴ=ㄴ(ん)	ㄹ=ㄹ	ㅑ=ㅑ	ㄱ=꾸(く)
建設	건설	켄세쯔	けんせつ	ㄱ=ㅋ	ㅓ=ㅔ	ㄴ=ㄴ(ん)	ㅅ=ㅅ	ㅓ=ㅔ	ㄹ=쯔(つ)
宣傳	선전	센뎅	せんでん	ㅅ=ㅅ	ㅓ=ㅔ	ㄴ=ㄴ(ん)	ㅈ=ㄷ	ㅓ=ㅔ	ㄴ=ㅇ(ん)
成績	성적	세이세끼	せいせき	ㅅ=ㅅ	ㅓ=ㅔ	ㅇ=이(장음)	ㅈ=ㅅ	ㅓ=ㅔ	ㄱ=끼(き)
徹底	철저	텐떼이	てってい	ㅊ=ㅌ	ㅓ=ㅔ	ㄹ=ㄷ(っ)	ㅈ=ㄸ	ㅓ=ㅔㅣ	
選擧	선거	셍꼬	せんきょ	ㅅ=ㅅ	ㅓ=ㅔ	ㄴ=ㅇ(ん)	ㄱ=ㄲ	ㅓ=ㅛ	
檢擧	검거	켕꼬	けんきょ	ㄱ=ㅋ	ㅓ=ㅔ	ㅁ=ㅇ(ん)	ㄱ=ㄲ	ㅓ=ㅛ	
全體	전체	젠따이	ぜんたい	ㅈ=ㅈ	ㅓ=ㅔ	ㄴ=ㄴ(ん)	ㅊ=ㄸ	ㅔ=ㅏㅣ	
淸潔	청결	세이께쯔	せいけつ	ㅊ=ㅅ	ㅓ=ㅔ	ㅇ=이(장음)	ㄱ=ㄲ	ㅕ=ㅔ	ㄹ=쯔(つ)
靑年	청년	세이넹	せいねん	ㅊ=ㅅ	ㅓ=ㅔ	ㅇ=이(장음)	ㄴ=ㄴ	ㅕ=ㅔ	ㄴ=ㅇ(ん)
聲明	성명	세이메이	せいめい	ㅅ=ㅅ	ㅓ=ㅔ	ㅇ=이(장음)	ㅁ=ㅁ	ㅕ=ㅔ	ㅇ=이(장음)
說明	설명	세쯔메이	せつめい	ㅅ=ㅅ	ㅓ=ㅔ	ㄹ=쯔(つ)	ㅁ=ㅁ	ㅕ=ㅔ	ㅇ=이(장음)
前面	전면	젬멩	ぜんめん	ㅈ=ㅈ	ㅓ=ㅔ	ㄴ=ㅁ(ん)	ㅁ=ㅁ	ㅕ=ㅔ	ㄴ=ㅇ(ん)
性別	성별	세이베쯔	せいべつ	ㅅ=ㅅ	ㅓ=ㅔ	ㅇ=이(장음)	ㅂ=ㅂ	ㅕ=ㅔ	ㄹ=쯔(つ)
天然	천연	텐넹	てんねん	ㅊ=ㅌ	ㅓ=ㅔ	ㄴ=ㄴ(ん)	ㅇ=ㄴ(두)	ㅕ=ㅔ	ㄴ=ㅇ(ん)
檢疫	검역	켕에끼	けんえき	ㄱ=ㅋ	ㅓ=ㅔ	ㅁ=ㅇ(ん)	ㅇ=ㅇ	ㅕ=ㅔ	ㄱ=끼(き)
占領	점령	센료우	せんりょう	ㅈ=ㅅ	ㅓ=ㅔ	ㅁ=ㄴ(ん)	ㄹ=ㄹ	ㅕ=ㅛ	ㅇ=우(장음)
全力	전력	젠료꾸	ぜんりょく	ㅈ=ㅈ	ㅓ=ㅔ	ㄴ=ㄴ(ん)	ㄹ=ㄹ	ㅕ=ㅛ	ㄱ=꾸(く)
設計	설계	섹께이	せっけい	ㅅ=ㅅ	ㅓ=ㅔ	ㄹ=ㄱ(っ)	ㄱ=ㄲ	ㅖ=ㅔㅣ	
專攻	전공	셍꼬우	せんこう	ㅈ=ㅅ	ㅓ=ㅔ	ㄴ=ㅇ(ん)	ㄱ=ㄲ	ㅗ=ㅗ	ㅇ=우(장음)

일어 한자	한글 발음	일어 한글 발음	일어 발음	첫자음	단모음	받침	첫자음	단모음	받침
成功	성공	세이꼬우	せいこう	ㅅ=ㅅ	ㅓ=ㅔ	ㅇ=이(장음)	ㄱ=ㄲ	ㅗ=ㅗ	ㅇ=우(장음)
程度	정도	테이도	ていど	ㅈ=ㅌ	ㅓ=ㅔ	ㅇ=이(장음)	ㄷ=ㄷ	ㅗ=ㅗ	
整頓	정돈	세이똥	せいとん	ㅈ=ㅅ	ㅓ=ㅔ	ㅇ=이(장음)	ㄷ=ㄸ	ㅗ=ㅗ	ㄴ=ㅇ(ん)
伝統	전통	덴또우	でんとう	ㅈ=ㄷ	ㅓ=ㅔ	ㄴ=ㄴ(ん)	ㅌ=ㄸ	ㅗ=ㅗ	ㅇ=우(장음)
鉄道	철도	테쯔도우	てつどう	ㅊ=ㅌ	ㅓ=ㅔ	ㄹ=쯔(つ)	ㄷ=ㄷ	ㅗ=ㅗㅜ	
検討	검토	켄또우	けんとう	ㄱ=ㅋ	ㅓ=ㅔ	ㅁ=ㄴ(ん)	ㅌ=ㄸ	ㅗ=ㅗㅜ	
絶好	절호	젝꼬우	ぜっこう	ㅈ=ㅈ	ㅓ=ㅔ	ㄹ=ㄱ(っ)	ㅎ=ㄲ	ㅗ=ㅗㅜ	
接触	접촉	셋쇼꾸	せっしょく	ㅈ=ㅅ	ㅓ=ㅔ	ㅂ=ㅅ(っ)	ㅊ=ㅆ	ㅗ=ㅛ	ㄱ=꾸(く)
成果	성과	세이까	せいか	ㅅ=ㅅ	ㅓ=ㅔ	ㅇ=이(장음)	ㄱ=ㄲ	ㅘ=ㅏ	
転換	전환	텡깡	てんかん	ㅈ=ㅌ	ㅓ=ㅔ	ㄴ=ㅇ(ん)	ㅎ=ㄲ	ㅘ=ㅏ	ㄴ=ㅇ(ん)
正確	정확	세이까꾸	せいかく	ㅈ=ㅅ	ㅓ=ㅔ	ㅇ=이(장음)	ㅎ=ㄲ	ㅘ=ㅏ	ㄱ=꾸(く)
鉄鋼	철광	텍꼬우	てっこう	ㅊ=ㅌ	ㅓ=ㅔ	ㄹ=ㄱ(っ)	ㄱ=ㄲ	ㅘ=ㅗ	ㅇ=우(장음)
電話	전화	뎅와	でんわ	ㅈ=ㄷ	ㅓ=ㅔ	ㄴ=ㅇ(ん)	ㅎ=ㅇ	ㅘ=ㅘ	
全国	전국	젱꼬꾸	ぜんこく	ㅈ=ㅈ	ㅓ=ㅔ	ㄴ=ㅇ(ん)	ㄱ=ㄲ	ㅜ=ㅗ	ㄱ=꾸(く)
専門	전문	셈몽	せんもん	ㅈ=ㅅ	ㅓ=ㅔ	ㄴ=ㅁ(ん)	ㅁ=ㅁ	ㅜ=ㅗ	ㄴ=ㅇ(ん)
前後	전후	젱고	ぜんご	ㅈ=ㅈ	ㅓ=ㅔ	ㄴ=ㅇ(ん)	ㅎ=ㄱ	ㅜ=ㅗ	
戦闘	전투	센또우	せんとう	ㅈ=ㅅ	ㅓ=ㅔ	ㄴ=ㄴ(ん)	ㅌ=ㄸ	ㅜ=ㅗㅜ	
先頭	선두	센또우	せんとう	ㅅ=ㅅ	ㅓ=ㅔ	ㄴ=ㄴ(ん)	ㄷ=ㄸ	ㅜ=ㅗㅜ	
折衝	절충	셋쇼우	せっしょう	ㅈ=ㅅ	ㅓ=ㅔ	ㄹ=ㅅ(っ)	ㅊ=ㅆ	ㅜ=ㅛ	ㅇ=우(장음)
成分	성분	세이붕	せいぶん	ㅅ=ㅅ	ㅓ=ㅔ	ㅇ=이(장음)	ㅂ=ㅂ	ㅜ=ㅜ	ㄴ=ㅇ(ん)
全部	전부	젬부	ぜんぶ	ㅈ=ㅈ	ㅓ=ㅔ	ㄴ=ㅁ(ん)	ㅂ=ㅂ	ㅜ=ㅜ	
政府	정부	세이후	せいふ	ㅈ=ㅅ	ㅓ=ㅔ	ㅇ=이(장음)	ㅂ=ㅎ	ㅜ=ㅜ	
選手	선수	센슈	せんしゅ	ㅅ=ㅅ	ㅓ=ㅔ	ㄴ=ㄴ(ん)	ㅅ=ㅅ	ㅜ=ㅠ	
青春	청춘	세이슝	せいしゅん	ㅊ=ㅅ	ㅓ=ㅔ	ㅇ=이(장음)	ㅊ=ㅅ	ㅜ=ㅠ	ㄴ=ㅇ(ん)
請求	청구	세이뀨우	せいきゅう	ㅊ=ㅅ	ㅓ=ㅔ	ㅇ=이(장음)	ㄱ=ㄲ	ㅜ=ㅠㅜ	
建築	건축	켄찌꾸	けんちく	ㄱ=ㅋ	ㅓ=ㅔ	ㄴ=ㄴ(ん)	ㅊ=ㅉ	ㅜ=ㅣ	ㄱ=꾸(く)
政権	정권	세이껭	せいけん	ㅈ=ㅅ	ㅓ=ㅔ	ㅇ=이(장음)	ㄱ=ㄲ	ㅝ=ㅔ	ㄴ=ㅇ(ん)
全員	전원	젱잉	ぜんいん	ㅈ=ㅈ	ㅓ=ㅔ	ㄴ=ㅇ(ん)	ㅇ=ㅇ	ㅝ=ㅣ	ㄴ=ㅇ(ん)
石油	석유	세끼유	せきゆ	ㅅ=ㅅ	ㅓ=ㅔ	ㄱ=ㄲ(き)	ㅇ=ㅇ	ㅠ=ㅠ	
停留	정류	테이류우	ていりゅう	ㅈ=ㅌ	ㅓ=ㅔ	ㅇ=이(장음)	ㄹ=ㄹ	ㅠ=ㅠㅜ	

일어 한자	한글 발음	일어 한글 발음	일어 발음	첫자음	단모음	받침	첫자음	단모음	받침
電流	전류	덴류우	でんりゅう	ㅈ=ㄷ	ㅓ=ㅔ	ㄴ=ㄴ(ん)	ㄹ=ㄹ	ㅠ=ㅠㅜ	
説得	설득	셋또꾸	せっとく	ㅅ=ㅅ	ㅓ=ㅔ	ㄹ=ㄷ(っ)	ㄷ=ㄸ	ㅡ=ㅗ	ㄱ=꾸(く)
適應	적응	테끼오우	てきおう	ㅈ=ㅌ	ㅓ=ㅔ	ㄱ=ㄲ(き)	ㅇ=ㅇ	ㅡ=ㅗ	ㅇ=우(장음)
積極	적극	섹꾜꾸	せっきょく	ㅈ=ㅅ	ㅓ=ㅔ	ㄱ=ㄱ(っ)	ㄱ=ㄲ	ㅡ=ㅛ	ㄱ=꾸(く)
建議	건의	켕기	けんぎ	ㄱ=ㅋ	ㅓ=ㅔ	ㄴ=ㅇ(ん)	ㅇ=ㄱ	ㅓ=ㅣ	
電気	전기	뎅끼	でんき	ㅈ=ㄷ	ㅓ=ㅔ	ㄴ=ㅇ(ん)	ㄱ=ㄲ	ㅣ=ㅣ	
成立	성립	세이리쯔	せいりつ	ㅅ=ㅅ	ㅓ=ㅔ	ㅇ=이(장음)	ㄹ=ㄹ	ㅣ=ㅣ	ㅂ=쯔(つ)
整理	정리	세이리	せいり	ㅈ=ㅅ	ㅓ=ㅔ	ㅇ=이(장음)	ㄹ=ㄹ	ㅣ=ㅣ	
整備	정비	세이비	せいび	ㅈ=ㅅ	ㅓ=ㅔ	ㅇ=이(장음)	ㅂ=ㅂ	ㅣ=ㅣ	
設備	설비	세쯔비	せつび	ㅅ=ㅅ	ㅓ=ㅔ	ㄹ=쯔(つ)	ㅂ=ㅂ	ㅣ=ㅣ	
精神	정신	세이싱	せいしん	ㅈ=ㅅ	ㅓ=ㅔ	ㅇ=이(장음)	ㅅ=ㅅ	ㅣ=ㅣ	ㄴ=ㅇ(ん)
正式	정식	세이시끼	せいしき	ㅈ=ㅅ	ㅓ=ㅔ	ㅇ=이(장음)	ㅅ=ㅅ	ㅣ=ㅣ	ㄱ=ㄲ(き)
展示	전시	텐지	てんじ	ㅈ=ㅌ	ㅓ=ㅔ	ㄴ=ㄴ(ん)	ㅅ=ㅈ	ㅣ=ㅣ	
前日	전일	젠지쯔	ぜんじつ	ㅈ=ㅈ	ㅓ=ㅈ	ㄴ=ㄴ(ん)	ㅇ=ㅈ	ㅣ=ㅣ	ㄹ=쯔(つ)
成人	성인	세이징	せいじん	ㅅ=ㅅ	ㅓ=ㅔ	ㅇ=이(장음)	ㅇ=ㅈ	ㅣ=ㅣ	ㄴ=ㅇ(ん)
停止	정지	테이시	ていし	ㅈ=ㅌ	ㅓ=ㅔ	ㅇ=이(장음)	ㅈ=ㅅ	ㅣ=ㅣ	
政治	정치	세이지	せいじ	ㅈ=ㅅ	ㅓ=ㅔ	ㅇ=이(장음)	ㅊ=ㅈ	ㅣ=ㅣ	
設置	설치	셋찌	せっち	ㅅ=ㅅ	ㅓ=ㅔ	ㄹ=ㄷ(っ)	ㅊ=ㅉ	ㅣ=ㅣ	
許可	허가	쿄까	きょか	ㅎ=ㅋ	ㅓ=ㅛ		ㄱ=ㄲ	ㅏ=ㅏ	
巨大	거대	쿄다이	きょだい	ㄱ=ㅋ	ㅓ=ㅛ		ㄷ=ㄷ	ㅐ=ㅏㅣ	
業績	업적	교우세끼	ぎょうせき	ㅇ=ㄱ	ㅓ=ㅛ	ㅂ=우(장음)	ㅈ=ㅅ	ㅓ=ㅔ	ㄱ=ㄲ(き)
正面	정면	쇼우멩	しょうめん	ㅈ=ㅅ	ㅓ=ㅛ	ㅇ=우(장음)	ㅁ=ㅁ	ㅕ=ㅔ	ㄴ=ㅇ(ん)
情報	정보	죠우호우	じょうほう	ㅈ=ㅈ	ㅓ=ㅛ	ㅇ=우(장음)	ㅂ=ㅎ	ㅗ=ㅗㅜ	
処分	처분	쇼붕	しょぶん	ㅊ=ㅅ	ㅓ=ㅛ		ㅂ=ㅂ	ㅜ=ㅜ	ㄴ=ㅇ(ん)
書類	서류	쇼루이	しょるい	ㅅ=ㅅ	ㅓ=ㅛ		ㄹ=ㄹ	ㅠ=ㅜㅣ	
貯金	저금	쵸낑	ちょきん	ㅈ=ㅊ	ㅓ=ㅛ		ㄱ=ㄲ	ㅡ=ㅣ	ㅁ=ㅇ(ん)
処理	처리	쇼리	しょり	ㅊ=ㅅ	ㅓ=ㅛ		ㄹ=ㄹ	ㅣ=ㅣ	
距離	거리	쿄리	きょり	ㄱ=ㅋ	ㅓ=ㅛ		ㄹ=ㄹ	ㅣ=ㅣ	
法案	법안	호우앙	ほうあん	ㅂ=ㅎ	ㅓ=ㅗ	ㅂ=우(장음)	ㅇ=ㅇ	ㅏ=ㅏ	ㄴ=ㅇ(ん)
翻訳	번역	홍양꾸	ほんやく	ㅂ=ㅎ	ㅓ=ㅗ	ㄴ=ㅇ(ん)	ㅇ=ㅇ	ㅕ=ㅑ	ㄱ=꾸(く)

일어 한자	한글 발음	일어 한글 발음	일어 발음	첫자음	단모음	받침	첫자음	단모음	받침
法律	법률	호우리쯔	ほうりつ	ㅂ=ㅎ	ㅓ=ㅗ	ㅂ=우(장음)	ㄹ=ㄹ	ㅠ=ㅣ	ㄹ=쯔(つ)
番号	번호	방고우	ばんごう	ㅂ=ㅂ	ㅓ=ㅏ	ㄴ=ㅇ(ん)	ㅎ=ㄱ	ㅗ=ㅗㅜ	
犯罪	범죄	한자이	はんざい	ㅂ=ㅎ	ㅓ=ㅏ	ㅁ=ㄴ(ん)	ㅈ=ㅈ	ㅚ=ㅏㅣ	
発足	벌칙	핫쏘꾸	はっそく	ㅂ=ㅎ	ㅓ=ㅏ	ㄹ=ㅅ(っ)	ㅊ=ㅆ	ㅣ=ㅗ	ㄱ=꾸(く)
低下	저하	테이까	ていか	ㅈ=ㅌ	ㅓ=ㅔㅣ		ㅎ=ㄲ	ㅏ=ㅏ	

Ex 더 많은 예시들 : 두 번째 글자 한글 모음 [ㅓ] 발음 변환   음성 8-8. ㅓ→ㅔ..

일어 한자	한글 발음	일어 한글 발음	일어 발음	첫자음	단모음	받침	첫자음	단모음	받침
施設	시설	시세쯔	しせつ	ㅅ=ㅅ	ㅣ=ㅣ		ㅅ=ㅅ	ㅓ=ㅔ	ㄹ=쯔(つ)
親戚	친척	신세끼	しんせき	ㅊ=ㅅ	ㅣ=ㅣ	ㄴ=ㄴ(ん)	ㅊ=ㅅ	ㅓ=ㅔ	ㄱ=끼(き)
指定	지정	시떼이	してい	ㅈ=ㅅ	ㅣ=ㅣ		ㅈ=ㄸ	ㅓ=ㅔ	ㅇ=이(장음)
日程	일정	닛떼이	にってい	ㅇ=ㄴ(두)	ㅣ=ㅣ	ㄹ=ㄷ(っ)	ㅈ=ㄸ	ㅓ=ㅔ	ㅇ=이(장음)
支店	지점	시뗑	してん	ㅈ=ㅅ	ㅣ=ㅣ		ㅈ=ㄸ	ㅓ=ㅔ	ㅁ=ㅇ(ん)
親切	친절	신세쯔	しんせつ	ㅊ=ㅅ	ㅣ=ㅣ	ㄴ=ㄴ(ん)	ㅊ=ㅅ	ㅓ=ㅔ	ㄹ=쯔(つ)
密接	밀접	밋쎄쯔	みっせつ	ㅁ=ㅁ	ㅣ=ㅣ	ㄹ=ㅅ(っ)	ㅈ=ㅆ	ㅓ=ㅔ	ㅂ=쯔(つ)
遺跡	유적	이세끼	いせき	ㅇ=ㅇ	ㅠ=ㅣ		ㅈ=ㅅ	ㅓ=ㅔ	ㄱ=끼(き)
実績	실적	짓쎄끼	じっせき	ㅅ=ㅈ	ㅣ=ㅣ	ㄹ=ㅅ(っ)	ㅈ=ㅆ	ㅓ=ㅔ	ㄱ=끼(き)
奇跡	기적	키세끼	きせき	ㄱ=ㅋ	ㅣ=ㅣ		ㅈ=ㅅ	ㅓ=ㅔ	ㄱ=끼(き)
申請	신청	신세이	しんせい	ㅅ=ㅅ	ㅣ=ㅣ	ㄴ=ㄴ(ん)	ㅊ=ㅅ	ㅓ=ㅔ	ㅇ=이(장음)
実験	실험	짓껭	じっけん	ㅅ=ㅈ	ㅣ=ㅣ	ㄹ=ㄱ(っ)	ㅎ=ㄲ	ㅓ=ㅔ	ㅁ=ㅇ(ん)
試験	시험	시껭	しけん	ㅅ=ㅅ	ㅣ=ㅣ		ㅎ=ㄲ	ㅓ=ㅔ	ㅁ=ㅇ(ん)
直接	직접	쵸꾸세쯔	ちょくせつ	ㅈ=ㅊ	ㅣ=ㅛ	ㄱ=꾸(く)	ㅈ=ㅅ	ㅓ=ㅔ	ㅂ=츠(つ)
得点	득점	토꾸뗑	とくてん	ㄷ=ㅌ	ㅡ=ㅗ	ㄱ=꾸(く)	ㅈ=ㄸ	ㅓ=ㅔ	ㅁ=ㅇ(ん)
規定	규정	키떼이	きてい	ㄱ=ㅋ	ㅠ=ㅣ		ㅈ=ㄸ	ㅓ=ㅔ	ㅇ=이(장음)
危険	위험	키껭	きけん	ㅇ=ㅋ	ㅟ=ㅣ		ㅎ=ㄲ	ㅓ=ㅔ	ㅁ=ㅇ(ん)
衛星	위성	에이세이	えいせい	ㅇ=ㅇ	ㅟ=ㅔㅣ		ㅅ=ㅅ	ㅓ=ㅔ	ㅇ=이(장음)
推定	추정	스이떼이	すいてい	ㅊ=ㅅ	ㅜ=ㅡㅣ		ㅈ=ㄸ	ㅓ=ㅔ	ㅇ=이(장음)
追跡	추적	츠이세끼	ついせき	ㅊ=ㅊ	ㅜ=ㅡㅣ		ㅈ=ㅅ	ㅓ=ㅔ	ㄱ=끼(き)

일어 한자	한글 발음	일어 한글 발음	일어 발음	첫자음	단모음	받침	첫자음	단모음	받침
推薦	추천	스이셍	すいせん	ㅊ=ㅅ	ㅜ=ㅣ		ㅊ=ㅅ	ㅓ=ㅔ	ㄴ=ㅇ(ん)
優先	우선	유우셍	ゆうせん	ㅇ=ㅇ	ㅜ=ㅠ		ㅅ=ㅅ	ㅓ=ㅔ	ㄴ=ㅇ(ん)
修正	수정	슈우세이	しゅうせい	ㅅ=ㅅ	ㅜ=ㅠ		ㅈ=ㅅ	ㅓ=ㅔ	ㅇ=이(장음)
出席	출석	슛쎄끼	しゅっせき	ㅊ=ㅅ	ㅜ=ㅠ	ㄹ=ㅅ(っ)	ㅅ=ㅆ	ㅓ=ㅔ	ㄱ=끼(き)
充電	충전	쥬우뎅	じゅうでん	ㅊ=ㅈ	ㅜ=ㅠ	ㅇ=우(장음)	ㅈ=ㄷ	ㅓ=ㅔ	ㄴ=ㅇ(ん)
分析	분석	분세끼	ぶんせき	ㅂ=ㅂ	ㅜ=ㅜ	ㄴ=ㄴ(ん)	ㅅ=ㅅ	ㅓ=ㅔ	ㄱ=끼(き)
不定	부정	후떼이	ふてい	ㅂ=ㅎ	ㅜ=ㅜ		ㅈ=ㄸ	ㅓ=ㅔ	ㅇ=이(장음)
運転	운전	운뗑	うんてん	ㅇ=ㅇ	ㅜ=ㅜ	ㄴ=ㄴ(ん)	ㅈ=ㄸ	ㅓ=ㅔ	ㄴ=ㅇ(ん)
構成	구성	코우세이	こうせい	ㄱ=ㅋ	ㅜ=ㅗㅜ		ㅅ=ㅅ	ㅓ=ㅔ	ㅇ=이(장음)
国籍	국적	코꾸세끼	こくせき	ㄱ=ㅋ	ㅜ=ㅗ	ㄱ=꾸(く)	ㅈ=ㅅ	ㅓ=ㅔ	ㄱ=끼(き)
要点	요점	요우뗑	ようてん	ㅇ=ㅇ	ㅛ=ㅛㅜ		ㅈ=ㄸ	ㅓ=ㅔ	ㅁ=ㅇ(ん)
要請	요청	요우세이	ようせい	ㅇ=ㅇ	ㅛ=ㅛㅜ		ㅊ=ㅅ	ㅓ=ㅔ	ㅇ=이(장음)
回転	회전	카이뗑	かいてん	ㅎ=ㅋ	ㅚ=ㅏㅣ		ㅈ=ㄸ	ㅓ=ㅔ	ㄴ=ㅇ(ん)
完成	완성	칸세이	かんせい	ㅇ=ㅋ	ㅘ=ㅏ	ㄴ=ㄴ(ん)	ㅅ=ㅅ	ㅓ=ㅔ	ㅇ=이(장음)
確定	확정	카꾸떼이	かくてい	ㅎ=ㅋ	ㅘ=ㅏ	ㄱ=꾸(く)	ㅈ=ㄸ	ㅓ=ㅔ	ㅇ=이(장음)
課程	과정	카떼이	かてい	ㄱ=ㅋ	ㅘ=ㅏ		ㅈ=ㄸ	ㅓ=ㅔ	ㅇ=이(장음)
観点	관점	칸뗑	かんてん	ㄱ=ㅋ	ㅘ=ㅏ	ㄴ=ㄴ(ん)	ㅈ=ㄸ	ㅓ=ㅔ	ㅁ=ㅇ(ん)
終点	종점	슈우뗑	しゅうてん	ㅈ=ㅅ	ㅗ=ㅠ	ㅇ=우(장음)	ㅈ=ㄸ	ㅓ=ㅔ	ㅁ=ㅇ(ん)
条件	조건	죠우껭	じょうけん	ㅈ=ㅈ	ㅗ=ㅛㅜ		ㄱ=ㄲ	ㅓ=ㅔ	ㄴ=ㅇ(ん)
小説	소설	쇼우세쯔	しょうせつ	ㅅ=ㅅ	ㅗ=ㅛㅜ		ㅅ=ㅅ	ㅓ=ㅔ	ㄹ=쯔(つ)
調整	조정	쵸우세이	ちょうせい	ㅈ=ㅊ	ㅗ=ㅛㅜ		ㅅ=ㅅ	ㅓ=ㅔ	ㅇ=이(장음)
挑戦	도전	쵸우셍	ちょうせん	ㄷ=ㅊ	ㅗ=ㅛㅜ		ㅅ=ㅅ	ㅓ=ㅔ	ㄴ=ㅇ(ん)
宝石	보석	호우세끼	ほうせき	ㅂ=ㅎ	ㅗ=ㅛㅜ		ㅅ=ㅅ	ㅓ=ㅔ	ㄱ=끼(き)
保健	보건	호껭	ほけん	ㅂ=ㅎ	ㅗ=ㅗ		ㄱ=ㄲ	ㅓ=ㅔ	ㄴ=ㅇ(ん)
路線	노선	로셍	ろせん	ㄴ=ㄹ(두)	ㅗ=ㅗ		ㅅ=ㅅ	ㅓ=ㅔ	ㄴ=ㅇ(ん)
工程	공정	코우떼이	こうてい	ㄱ=ㅋ	ㅗ=ㅗ	ㅇ=우(장음)	ㅈ=ㄸ	ㅓ=ㅔ	ㅇ=이(장음)
本店	본점	혼뗑	ほんてん	ㅂ=ㅎ	ㅗ=ㅗ	ㄴ=ㄴ(ん)	ㅈ=ㄸ	ㅓ=ㅔ	ㅁ=ㅇ(ん)
独占	독점	도꾸셍	どくせん	ㄷ=ㄷ	ㅗ=ㅗ	ㄱ=꾸(く)	ㅈ=ㅅ	ㅓ=ㅔ	ㅁ=ㅇ(ん)
目的	목적	모꾸떼끼	もくてき	ㅁ=ㅁ	ㅗ=ㅗ	ㄱ=꾸(く)	ㅈ=ㄸ	ㅓ=ㅔ	ㄱ=끼(き)
午前	오전	고젱	ごぜん	ㅇ=ㄱ	ㅗ=ㅗ		ㅈ=ㅈ	ㅓ=ㅔ	ㄴ=ㅇ(ん)

일어 한자	한글 발음	일어 한글 발음	일어 발음	첫자음	단모음	받침	첫자음	단모음	받침
温泉	온천	온셍	おんせん	ㅇ=ㅇ	ㅗ=ㅗ	ㄴ=ㄴ(ん)	ㅊ=ㅅ	ㅓ=ㅔ	ㄴ=ㅇ(ん)
保健	보험	호껭	ほけん	ㅂ=ㅎ	ㅗ=ㅗ		ㅎ=ㄲ	ㅓ=ㅔ	ㅁ=ㅇ(ん)
貢献	공헌	코우껭	こうけん	ㄱ=ㅋ	ㅗ=ㅗ	ㅇ=우(장음)	ㅎ=ㄲ	ㅓ=ㅔ	ㄴ=ㅇ(ん)
予定	예정	요떼이	よてい	ㅇ=ㅇ	ㅖ=ㅛ		ㅈ=ㄸ	ㅓ=ㅔ	ㅇ=이(장음)
編成	편성	헨세이	へんせい	ㅍ=ㅎ	ㅕ=ㅔ	ㄴ=ㄴ(ん)	ㅅ=ㅅ	ㅓ=ㅔ	ㅇ=이(장음)
欠席	결석	켓쎄끼	けっせき	ㄱ=ㅋ	ㅕ=ㅔ	ㄹ=ㅅ(っ)	ㅅ=ㅆ	ㅓ=ㅔ	ㄱ=끼(き)
演説	연설	엔제쯔	えんぜつ	ㅇ=ㅇ	ㅕ=ㅔ	ㄴ=ㄴ(ん)	ㅅ=ㅈ	ㅓ=ㅔ	ㄹ=쯔(つ)
決定	결정	켓떼이	けってい	ㄱ=ㅋ	ㅕ=ㅔ	ㄹ=ㄷ(っ)	ㅈ=ㄸ	ㅓ=ㅔ	ㅇ=이(장음)
面接	면접	멘세쯔	めんせつ	ㅁ=ㅁ	ㅕ=ㅔ	ㄴ=ㄴ(ん)	ㅈ=ㅅ	ㅓ=ㅔ	ㅂ=쯔(つ)
決戦	결전	켓셍	けっせん	ㄱ=ㅋ	ㅕ=ㅔ	ㄹ=ㅅ(っ)	ㅈ=ㅆ	ㅓ=ㅔ	ㄴ=ㅇ(ん)
面積	면적	멘세끼	めんせき	ㅁ=ㅁ	ㅕ=ㅔ	ㄴ=ㄴ(ん)	ㅈ=ㅅ	ㅓ=ㅔ	ㄱ=끼(き)
経験	경험	케이껭	けいけん	ㄱ=ㅋ	ㅕ=ㅔ	ㅇ=이(장음)	ㅎ=ㄲ	ㅓ=ㅔ	ㅁ=ㅇ(ん)
体験	체험	타이껭	たいけん	ㅊ=ㅌ	ㅔ=ㅏㅣ		ㅎ=ㄲ	ㅓ=ㅔ	ㅁ=ㅇ(ん)
業績	업적	교우세끼	ぎょうせき	ㅇ=ㄱ	ㅓ=ㅛ	ㅂ=우(장음)	ㅈ=ㅅ	ㅓ=ㅔ	ㄱ=끼(き)
建設	건설	켄세쯔	けんせつ	ㄱ=ㅋ	ㅓ=ㅔ	ㄴ=ㄴ(ん)	ㅅ=ㅅ	ㅓ=ㅔ	ㄹ=쯔(つ)
宣伝	선전	센뎅	せんでん	ㅅ=ㅅ	ㅓ=ㅔ	ㄴ=ㄴ(ん)	ㅈ=ㄷ	ㅓ=ㅔ	ㄴ=ㅇ(ん)
成績	성적	세이세끼	せいせき	ㅅ=ㅅ	ㅓ=ㅔ	ㅇ=이(장음)	ㅈ=ㅅ	ㅓ=ㅔ	ㄱ=끼(き)
養成	양성	요우세이	ようせい	ㅇ=ㅇ	ㅑ=ㅛ	ㅇ=우(장음)	ㅅ=ㅅ	ㅓ=ㅔ	ㅇ=이(장음)
弱点	약점	쟈꾸뗑	じゃくてん	ㅇ=ㅈ	ㅑ=ㅑ	ㄱ=꾸(く)	ㅈ=ㄸ	ㅓ=ㅔ	ㅁ=ㅇ(ん)
行政	행정	교우세이	ぎょうせい	ㅎ=ㄱ	ㅐ=ㅛ	ㅇ=우(장음)	ㅈ=ㅅ	ㅓ=ㅔ	ㅇ=이(장음)
冷静	냉정	레이세이	れいせい	ㄴ=ㄹ(두)	ㅐ=ㅔ	ㅇ=이(장음)	ㅈ=ㅅ	ㅓ=ㅔ	ㅇ=이(장음)
解説	해설	카이세쯔	かいせつ	ㅎ=ㅋ	ㅐ=ㅏㅣ		ㅅ=ㅅ	ㅓ=ㅔ	ㄹ=쯔(つ)
開設	개설	카이세쯔	かいせつ	ㄱ=ㅋ	ㅐ=ㅏㅣ		ㅅ=ㅅ	ㅓ=ㅔ	ㄹ=쯔(つ)
改正	개정	카이세이	かいせい	ㄱ=ㅋ	ㅐ=ㅏㅣ		ㅈ=ㅅ	ㅓ=ㅔ	ㅇ=이(장음)
敗戦	패전	하이셍	はいせん	ㅍ=ㅎ	ㅐ=ㅏㅣ		ㅈ=ㅅ	ㅓ=ㅔ	ㄴ=ㅇ(ん)
改善	개선	카이젱	かいぜん	ㄱ=ㅋ	ㅐ=ㅏㅣ		ㅅ=ㅈ	ㅓ=ㅔ	ㄴ=ㅇ(ん)
事件	사건	지껭	じけん	ㅅ=ㅈ	ㅏ=ㅣ		ㄱ=ㄲ	ㅓ=ㅔ	ㄴ=ㅇ(ん)
商店	상점	쇼우뗑	しょうてん	ㅅ=ㅅ	ㅏ=ㅛ	ㅇ=우(장음)	ㅈ=ㄸ	ㅓ=ㅔ	ㅁ=ㅇ(ん)
強敵	강적	쿄우떼끼	きょうてき	ㄱ=ㅋ	ㅏ=ㅛ	ㅇ=우(장음)	ㅈ=ㄸ	ㅓ=ㅔ	ㄱ=끼(き)
当選	당선	토우셍	とうせん	ㄷ=ㅌ	ㅏ=ㅗ	ㅇ=우(장음)	ㅅ=ㅅ	ㅓ=ㅔ	ㄴ=ㅇ(ん)

일어한자	한글발음	일어한글 발음	일어발음	첫자음	단모음	받침	첫자음	단모음	받침
方言	방언	호우겡	ほうげん	ㅂ=ㅎ	ㅏ=ㅗ	ㅇ=우(장음)	ㅇ=ㄱ	ㅓ=ㅔ	ㄴ=ㅇ(ん)
限定	한정	겐떼이	げんてい	ㅎ=ㄱ	ㅏ=ㅔ	ㄴ=ㄴ(ん)	ㅈ=ㄸ	ㅓ=ㅔ	ㅇ=이(장음)
案件	안건	안껭	あんけん	ㅇ=ㅇ	ㅏ=ㅏ	ㄴ=ㅇ(ん)	ㄱ=ㄲ	ㅓ=ㅔ	ㄴ=ㅇ(ん)
賛成	찬성	산세이	さんせい	ㅊ=ㅅ	ㅏ=ㅏ	ㄴ=ㄴ(ん)	ㅅ=ㅅ	ㅓ=ㅔ	ㅇ=이(장음)
反省	반성	한세이	はんせい	ㅂ=ㅎ	ㅏ=ㅏ	ㄴ=ㄴ(ん)	ㅅ=ㅅ	ㅓ=ㅔ	ㅇ=이(장음)
架設	가설	카세쯔	かせつ	ㄱ=ㅋ	ㅏ=ㅏ		ㅅ=ㅅ	ㅓ=ㅔ	ㄹ=쯔(つ)
発言	발언	하쯔겡	はつげん	ㅂ=ㅎ	ㅏ=ㅏ	ㄹ=쯔(つ)	ㅇ=ㄱ	ㅓ=ㅔ	ㄴ=ㅇ(ん)
安定	안정	안떼이	あんてい	ㅇ=ㅇ	ㅏ=ㅏ	ㄴ=ㄴ(ん)	ㅈ=ㄸ	ㅓ=ㅔ	ㅇ=이(장음)
家庭	가정	카떼이	かてい	ㄱ=ㅋ	ㅏ=ㅏ		ㅈ=ㄸ	ㅓ=ㅔ	ㅇ=이(장음)
発展	발전	핫뗑	はってん	ㅂ=ㅎ	ㅏ=ㅏ	ㄹ=ㄷ(っ)	ㅈ=ㄸ	ㅓ=ㅔ	ㄴ=ㅇ(ん)
作戦	작전	사꾸셍	さくせん	ㅈ=ㅅ	ㅏ=ㅏ	ㄱ=꾸(く)	ㅅ=ㅅ	ㅓ=ㅔ	ㄴ=ㅇ(ん)
安全	안전	안젱	あんぜん	ㅇ=ㅇ	ㅏ=ㅏ	ㄴ=ㄴ(ん)	ㅈ=ㅈ	ㅓ=ㅔ	ㄴ=ㅇ(ん)
失業	실업	지쯔교우	しつぎょう	ㅅ=ㅅ	ㅣ=ㅣ	ㄹ=쯔(つ)	ㅇ=ㄱ	ㅓ=ㅛ	ㅂ=우(장음)
企業	기업	키교우	きぎょう	ㄱ=ㅋ	ㅣ=ㅣ		ㅇ=ㄱ	ㅓ=ㅛ	ㅂ=우(장음)
職業	직업	쇼꾸교우	しょくぎょう	ㅈ=ㅅ	ㅣ=ㅛ	ㄱ=꾸(く)	ㅇ=ㄱ	ㅓ=ㅛ	ㅂ=우(장음)
根拠	근거	콩꾜	こんきょ	ㄱ=ㅋ	ㅡ=ㅗ	ㄴ=ㅇ(ん)	ㄱ=ㄲ	ㅓ=ㅛ	
授業	수업	쥬교우	じゅぎょう	ㅅ=ㅈ	ㅜ=ㅠ		ㅇ=ㄱ	ㅓ=ㅛ	ㅂ=우(장음)
文書	문서	분쇼	ぶんしょ	ㅁ=ㅂ	ㅜ=ㅜ	ㄴ=ㄴ(ん)	ㅅ=ㅅ	ㅓ=ㅛ	
表情	표정	효우죠우	ひょうじょう	ㅍ=ㅎ	ㅛ=ㅛ		ㅈ=ㅈ	ㅓ=ㅛ	ㅇ=우(장음)
交渉	교섭	코우쇼우	こうしょう	ㄱ=ㅋ	ㅛ=ㅛ		ㅅ=ㅅ	ㅓ=ㅛ	ㅂ=우(장음)
図書	도서	토쇼	としょ	ㄷ=ㅌ	ㅗ=ㅗ		ㅅ=ㅅ	ㅓ=ㅛ	
卒業	졸업	소쯔교우	そつぎょう	ㅈ=ㅅ	ㅗ=ㅗ	ㄹ=쯔(つ)	ㅇ=ㄱ	ㅓ=ㅛ	ㅂ=우(장음)
農業	농업	노우교우	のうぎょう	ㄴ=ㄴ	ㅗ=ㅗ	ㅇ=우(장음)	ㅇ=ㄱ	ㅓ=ㅛ	ㅂ=우(장음)
工業	공업	코우교우	こうぎょう	ㄱ=ㅋ	ㅗ=ㅗ	ㅇ=우(장음)	ㅇ=ㄱ	ㅓ=ㅛ	ㅂ=우(장음)
営業	영업	에이교우	えいぎょう	ㅇ=ㅇ	ㅕ=ㅔ	ㅇ=이(장음)	ㅇ=ㄱ	ㅓ=ㅛ	ㅂ=우(장음)
免許	면허	멩꾜	めんきょ	ㅁ=ㅁ	ㅕ=ㅔ	ㄴ=ㅇ(ん)	ㅎ=ㄲ	ㅓ=ㅛ	
選挙	선거	셍꾜	せんきょ	ㅅ=ㅅ	ㅓ=ㅔ	ㄴ=ㅇ(ん)	ㄱ=ㄲ	ㅓ=ㅛ	
検挙	검거	켕꼬	けんきょ	ㄱ=ㅋ	ㅓ=ㅔ	ㅁ=ㅇ(ん)	ㄱ=ㄲ	ㅓ=ㅛ	
愛情	애정	아이죠우	あいじょう	ㅇ=ㅇ	ㅐ=ㅏㅣ		ㅈ=ㅈ	ㅓ=ㅛ	ㅇ=우(장음)
対処	대처	타이쇼	たいしょ	ㄷ=ㅌ	ㅐ=ㅏㅣ		ㅊ=ㅅ	ㅓ=ㅛ	

일어 한자	한글 발음	일어 한글 발음	일어 발음	첫자음	단모음	받침	첫자음	단모음	받침
干渉	간섭	칸쇼우	かんしょう	ㄱ=ㅋ	ㅏ=ㅏ	ㄴ=ㄴ(ん)	ㅅ=ㅅ	ㅓ=ㅛ	ㅂ=우(장음)
作業	작업	사교우	さぎょう	ㅈ=ㅅ	ㅏ=ㅏ	ㄱ=사라짐	ㅇ=ㄱ	ㅓ=ㅛ	ㅂ=우(장음)
産業	산업	상교우	さんぎょう	ㅅ=ㅅ	ㅏ=ㅏ	ㄴ=ㅇ(ん)	ㅇ=ㄱ	ㅓ=ㅛ	ㅂ=우(장음)
事情	사정	지죠우	じじょう	ㅅ=ㅈ	ㅏ=ㅣ		ㅈ=ㅈ	ㅓ=ㅛ	ㅇ=우(장음)
感情	감정	칸죠우	かんじょう	ㄱ=ㅋ	ㅏ=ㅏ	ㅁ=ㄴ(ん)	ㅈ=ㅈ	ㅓ=ㅛ	ㅇ=우(장음)
記憶	기억	키오꾸	きおく	ㄱ=ㅋ	ㅣ=ㅣ		ㅇ=ㅇ	ㅓ=ㅗ	ㄱ=꾸(く)
証拠	증거	쇼우꼬	しょうこ	ㅈ=ㅅ	ㅡ=ㅛ	ㅇ=우(장음)	ㄱ=ㄲ	ㅓ=ㅗ	
過去	과거	카꼬	かこ	ㄱ=ㅋ	ㅘ=ㅏ		ㄱ=ㄲ	ㅓ=ㅗ	
英語	영어	에이고	えいご	ㅇ=ㅇ	ㅕ=ㅔ	ㅇ=이(장음)	ㅇ=ㄱ	ㅓ=ㅗ	
最低	최저	사이떼이	さいてい	ㅊ=ㅅ	ㅚ=ㅏㅣ		ㅈ=ㄸ	ㅓ=ㅔㅣ	
徹底	철저	텔떼이	てってい	ㅊ=ㅌ	ㅓ=ㅔ	ㄹ=ㄷ(っ)	ㅈ=ㄸ	ㅓ=ㅔㅣ	
東西	동서	토우자이	とうざい	ㄷ=ㅌ	ㅗ=ㅗ	ㅇ=우(장음)	ㅅ=ㅈ	ㅓ=ㅏㅣ	
派閥	파벌	하바쯔	はばつ	ㅍ=ㅎ	ㅏ=ㅏ		ㅂ=ㅂ	ㅓ=ㅏ	ㄹ=쯔(つ)

🎤 한글 모음 [ㅗ] 변환

가장 비율이 높은 변환에 집중하여 단어 말하기 훈련을 합니다.

[ㅗ]는 기본적으로 [ㅗ]로 동일한 변환이나, 발음이 모호하여 앞에 발음의 발동을 걸 수 있는 [ㅗ]나 [ㅛ]로 시작하고 마지막에 장음을 더하여 [ㅜ]나 [ㅠ] 발음으로 끝내는 변환 형태를 보입니다.

한글 초성	변환	일어 초성	비율
ㅗ	▶	ㅗ	ㅛ, ㅡ, ㅏ 약5%
		ㅗㅜ, ㅛㅜ, ㅜ, ㅠ	ㅗㅜ, ㅛㅜ, ㅜ, ㅠ 약35%
		ㅛ, ㅡ, ㅏ	ㅗ 약60%

(한글) (일본어) (한글) (일본어)
보(保) ▶ 호(ほ)　　　농(農) ▶ 노(の)우(う)

Ex 더 많은 예시들 : 첫 번째 글자 한글 모음 [ㅗ] 발음 변환   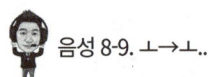 음성 8-9. ㅗ→ㅗ..

일어 한자	한글 발음	일어 한글 발음	일어 발음	첫자음	단모음	받침	첫자음	단모음	받침
攻擊	공격	코우게끼	こうげき	ㄱ=ㅋ	ㅗ=ㅗ	ㅇ=우(장음)	ㄱ=ㄱ	ㅕ=ㅔ	ㄱ=끼(き)
故宮	고궁	코뀨우	こきゅう	ㄱ=ㅋ	ㅗ=ㅗ		ㄱ=ㄲ	ㅜ=ㅠ	ㅇ=우(장음)
保健	보건	호껭	ほけん	ㅂ=ㅎ	ㅗ=ㅗ		ㄱ=ㄲ	ㅓ=ㅔ	ㄴ=ㅇ(ん)
顧客	고객	코꺄쿠	こきゃく	ㄱ=ㅋ	ㅗ=ㅗ		ㄱ=ㄲ	ㅐ=ㅑ	ㄱ=꾸(く)
冬季	동계	토우끼	とうき	ㄷ=ㅌ	ㅗ=ㅗ	ㅇ=우(장음)	ㄱ=ㄲ	ㅖ=ㅣ	
農家	농가	노우까	のうか	ㄴ=ㄴ	ㅗ=ㅗ	ㅇ=우(장음)	ㄱ=ㄲ	ㅏ=ㅏ	
公開	공개	코우까이	こうかい	ㄱ=ㅋ	ㅗ=ㅗ	ㅇ=우(장음)	ㄱ=ㄲ	ㅐ=ㅏㅣ	
東南	동남	토우낭	とうなん	ㄷ=ㅌ	ㅗ=ㅗ	ㅇ=우(장음)	ㄴ=ㄴ	ㅏ=ㅏ	ㅁ=ㅇ(ん)
孤獨	고독	코도꾸	こどく	ㄱ=ㅋ	ㅗ=ㅗ		ㄷ=ㄷ	ㅗ=ㅗ	ㄱ=꾸(く)
溫度	온도	온도	おんど	ㅇ=ㅇ	ㅗ=ㅗ	ㄴ=ㄴ(ん)	ㄷ=ㄷ	ㅗ=ㅗ	
速度	속도	소쿠도	そくど	ㅅ=ㅅ	ㅗ=ㅗ	ㄱ=꾸(く)	ㄷ=ㄷ	ㅗ=ㄷ	
步道	보도	호도우	ほどう	ㅂ=ㅎ	ㅗ=ㅗ		ㄷ=ㄷ	ㅗ=ㅗㅜ	
獨立	독립	도꾸리쯔	どくりつ	ㄷ=ㄷ	ㅗ=ㅗ	ㄱ=꾸(く)	ㄹ=ㄹ	ㅣ=ㅣ	ㄹ=쯔(つ)
暴力	폭력	보우료꾸	ぼうりょく	ㅍ=ㅂ	ㅗ=ㅗ	ㄱ=우(장음)	ㄹ=ㄹ	ㅕ=ㅛ	ㄱ=꾸(く)
努力	노력	도료꾸	どりょく	ㄴ=ㄷ	ㅗ=ㅗ		ㄹ=ㄹ	ㅕ=ㅛ	ㄱ=꾸(く)
保留	보류	호류우	ほりゅう	ㅂ=ㅎ	ㅗ=ㅗ		ㄹ=ㄹ	ㅠ=ㅠㅜ	
同盟	동맹	도우메이	どうめい	ㄷ=ㄷ	ㅗ=ㅗ	ㅇ=우(장음)	ㅁ=ㅁ	ㅐ=ㅔ	ㅇ=이(장음)
路面	노면	로멩	ろめん	ㄴ=ㄹ(두)	ㅗ=ㅗ		ㅁ=ㅁ	ㅕ=ㅔ	ㄴ=ㅇ(ん)
農民	농민	노우밍	のうみん	ㄴ=ㄴ	ㅗ=ㅗ	ㅇ=우(장음)	ㅁ=ㅁ	ㅣ=ㅣ	ㄴ=ㅇ(ん)
公務	공무	코우무	こうむ	ㄱ=ㅋ	ㅗ=ㅗ	ㅇ=우(장음)	ㅁ=ㅁ	ㅜ=ㅜ	
動物	동물	도우부쯔	どうぶつ	ㄷ=ㄷ	ㅗ=ㅗ	ㅇ=우(장음)	ㅁ=ㅂ	ㅜ=ㅜ	ㄹ=쯔(つ)
論文	논문	롬붕	ろんぶん	ㄴ=ㄹ(두)	ㅗ=ㅗ	ㄴ=ㅁ(ん)	ㅁ=ㅂ	ㅜ=ㅜ	ㄴ=ㅇ(ん)
告別	고별	코꾸베쯔	こくべつ	ㄱ=ㅋ	ㅗ=ㅗ	꾸(く) 생김	ㅂ=ㅂ	ㅕ=ㅔ	ㄹ=쯔(つ)

일어 한자	한글 발음	일어 한글 발음	일어 발음	첫자음	단모음	받침	첫자음	단모음	받침
本部	본부	홈부	ほんぶ	ㅂ=ㅎ	ㅗ=ㅗ	ㄴ=ㅁ(ん)	ㅂ=ㅂ	ㅜ=ㅜ	
祖父	조부	소후	そふ	ㅈ=ㅅ	ㅗ=ㅗ		ㅂ=ㅎ	ㅜ=ㅜ	
訴訟	소송	소쇼우	そしょう	ㅅ=ㅅ	ㅗ=ㅗ		ㅅ=ㅅ	ㅗ=ㅛ	ㅇ=우(장음)
損失	손실	손시쯔	そんしつ	ㅅ=ㅅ	ㅗ=ㅗ	ㄴ=ㄴ(ん)	ㅅ=ㅅ	ㅣ=ㅣ	ㄹ=쯔(つ)
独身	독신	도꾸싱	どくしん	ㄷ=ㄷ	ㅗ=ㅗ	ㄱ=꾸(く)	ㅅ=ㅅ	ㅣ=ㅣ	ㄴ=ㅇ(ん)
路線	노선	로셍	ろせん	ㄴ=ㄹ(두)	ㅗ=ㅗ		ㅅ=ㅅ	ㅓ=ㅔ	ㄴ=ㅇ(ん)
都市	도시	토시	とし	ㄷ=ㅌ	ㅗ=ㅗ		ㅅ=ㅅ	ㅣ=ㅣ	
図書	도서	토쇼	としょ	ㄷ=ㅌ	ㅗ=ㅗ		ㅅ=ㅅ	ㅓ=ㅛ	
屋上	옥상	오꾸죠우	おくじょう	ㅇ=ㅇ	ㅗ=ㅗ	ㄱ=꾸(く)	ㅅ=ㅈ	ㅏ=ㅗ	ㅇ=우(장음)
銅像	동상	도우조우	どうぞう	ㄷ=ㄷ	ㅗ=ㅗ	ㅇ=우(장음)	ㅅ=ㅈ	ㅏ=ㅗ	ㅇ=우(장음)
東西	동서	토우자이	とうざい	ㄷ=ㅌ	ㅗ=ㅗ	ㅇ=우(장음)	ㅅ=ㅈ	ㅓ=ㅏㅣ	
同時	동시	도우지	どうじ	ㄷ=ㄷ	ㅗ=ㅗ	ㅇ=우(장음)	ㅅ=ㅈ	ㅣ=ㅣ	
工事	공사	코우지	こうじ	ㄱ=ㅋ	ㅗ=ㅗ	ㅇ=우(장음)	ㅅ=ㅈ	ㅏ=ㅣ	
卒業	졸업	소쯔교우	そつぎょう	ㅈ=ㅅ	ㅗ=ㅗ	ㄹ=쯔(つ)	ㅇ=ㄱ	ㅓ=ㅛ	ㅂ=우(장음)
農業	농업	노우교우	のうぎょう	ㄴ=ㄴ	ㅗ=ㅗ	ㅇ=우(장음)	ㅇ=ㄱ	ㅓ=ㅛ	ㅂ=우(장음)
工業	공업	코우교우	こうぎょう	ㄱ=ㅋ	ㅗ=ㅗ	ㅇ=우(장음)	ㅇ=ㄱ	ㅓ=ㅛ	ㅂ=우(장음)
汚染	오염	오셍	おせん	ㅇ=ㅇ	ㅗ=ㅗ		ㅇ=ㅅ	ㅕ=ㅔ	ㅁ=ㅇ(ん)
模様	모양	모요우	もよう	ㅁ=ㅁ	ㅗ=ㅗ		ㅇ=ㅇ	ㅑ=ㅛ	ㅇ=우(장음)
録音	녹음	로꾸옹	ろくおん	ㄴ=ㄹ(두)	ㅗ=ㅗ	ㄱ=꾸(く)	ㅇ=ㅇ	ㅡ=ㅗ	ㅁ=ㅇ(ん)
統一	통일	토우이쯔	とういつ	ㅌ=ㅌ	ㅗ=ㅗ	ㅇ=우(장음)	ㅇ=ㅇ	ㅣ=ㅣ	ㄹ=쯔(つ)
公園	공원	코우엥	こうえん	ㄱ=ㅋ	ㅗ=ㅗ	ㅇ=우(장음)	ㅇ=ㅇ	ㅟ=ㅔ	ㄴ=ㅇ(ん)
同意	동의	도우이	どうい	ㄷ=ㄷ	ㅗ=ㅗ	ㅇ=우(장음)	ㅇ=ㅇ	ㅣ=ㅣ	
同日	동일	도우지쯔	どうじつ	ㄷ=ㄷ	ㅗ=ㅗ	ㅇ=우(장음)	ㅇ=ㅈ	ㅣ=ㅣ	ㄹ=쯔(つ)
突然	돌연	토츠젱	とつぜん	ㄷ=ㅌ	ㅗ=ㅗ	ㄹ=쯔(つ)	ㅇ=ㅈ	ㅕ=ㅔ	ㄴ=ㅇ(ん)
工程	공정	코우떼이	こうてい	ㄱ=ㅋ	ㅗ=ㅗ	ㅇ=우(장음)	ㅈ=ㄸ	ㅓ=ㅔ	ㅇ=이(장음)
本店	본점	혼뗑	ほんてん	ㅂ=ㅎ	ㅗ=ㅗ	ㄴ=ㄴ(ん)	ㅈ=ㄸ	ㅓ=ㅔ	ㅁ=ㅇ(ん)
独占	독점	도꾸셍	どくせん	ㄷ=ㄷ	ㅗ=ㅗ	ㄱ=꾸(く)	ㅈ=ㅅ	ㅓ=ㅔ	ㅁ=ㅇ(ん)
目的	목적	모꾸떼끼	もくてき	ㅁ=ㅁ	ㅗ=ㅗ	ㄱ=꾸(く)	ㅈ=ㄸ	ㅓ=ㅔ	ㄱ=끼(き)
保証	보증	호쇼우	ほしょう	ㅂ=ㅎ	ㅗ=ㅗ		ㅈ=ㅅ	ㅡ=ㅛ	ㅇ=우(장음)
故障	고장	고쇼우	こしょう	ㄱ=ㅋ	ㅗ=ㅗ		ㅈ=ㅅ	ㅏ=ㅛ	ㅇ=우(장음)

일어 한자	한글 발음	일어 한글 발음	일어 발음	첫자음	단모음	받침	첫자음	단모음	받침
募集	모집	보슈우	ぼしゅう	ㅁ=ㅂ	ㅗ=ㅗ		ㅈ=ㅅ	ㅣ=ㅠ	ㅂ=우(장음)
促進	촉진	소꾸싱	そくしん	ㅊ=ㅅ	ㅗ=ㅗ	ㄱ=꾸(く)	ㅈ=ㅅ	ㅣ=ㅣ	ㄴ=ㅇ(ん)
組織	조직	소시끼	そしき	ㅈ=ㅅ	ㅗ=ㅗ		ㅈ=ㅅ	ㅣ=ㅣ	ㄱ=끼(き)
読者	독자	도꾸샤	どくしゃ	ㄷ=ㄷ	ㅗ=ㅗ	ㄱ=꾸(く)	ㅈ=ㅅ	ㅏ=ㅑ	
工場	공장	코우죠우	こうじょう	ㄱ=ㅋ	ㅗ=ㅗ	ㅇ=우(장음)	ㅈ=ㅈ	ㅏ=ㅛ	ㅇ=우(장음)
午前	오전	고젱	ごぜん	ㅇ=ㄱ	ㅗ=ㅗ		ㅈ=ㅈ	ㅓ=ㅔ	ㄴ=ㅇ(ん)
保存	보존	호종	ほぞん	ㅂ=ㅎ	ㅗ=ㅗ		ㅈ=ㅈ	ㅗ=ㅗ	ㄴ=ㅇ(ん)
存在	존재	손자이	そんざい	ㅈ=ㅅ	ㅗ=ㅗ	ㄴ=ㄴ(ん)	ㅈ=ㅈ	ㅐ=ㅏㅣ	
素材	소재	소자이	そざい	ㅅ=ㅅ	ㅗ=ㅗ		ㅈ=ㅈ	ㅐ=ㅏㅣ	
保持	보지	호지	ほじ	ㅂ=ㅎ	ㅗ=ㅗ		ㅈ=ㅈ	ㅣ=ㅣ	
補助	보조	호죠	ほじょ	ㅂ=ㅎ	ㅗ=ㅗ		ㅈ=ㅈ	ㅗ=ㅛ	
木造	목조	모꾸조우	もくぞう	ㅁ=ㅁ	ㅗ=ㅗ	ㄱ=꾸(く)	ㅈ=ㅈ	ㅗ=ㅗㅜ	
途中	도중	토쮸우	とちゅう	ㄷ=ㅌ	ㅗ=ㅗ		ㅈ=ㅉ	ㅜ=ㅠ	ㅇ=우(장음)
土地	토지	토찌	とち	ㅌ=ㅌ	ㅗ=ㅗ		ㅈ=ㅉ	ㅣ=ㅣ	
温泉	온천	온셍	おんせん	ㅇ=ㅇ	ㅗ=ㅗ	ㄴ=ㄴ(ん)	ㅊ=ㅅ	ㅓ=ㅔ	ㄴ=ㅇ(ん)
農村	농촌	노우송	のうそん	ㄴ=ㄴ	ㅗ=ㅗ	ㅇ=우(장음)	ㅊ=ㅅ	ㅗ=ㅗ	ㄴ=ㅇ(ん)
突破	돌파	톱빠	とっぱ	ㄷ=ㅌ	ㅗ=ㅗ	ㄹ=ㅂ(っ)	ㅍ=ㅃ	ㅏ=ㅏ	
目標	목표	모꾸효우	もくひょう	ㅁ=ㅁ	ㅗ=ㅗ	ㄱ=꾸(く)	ㅍ=ㅎ	ㅛ=ㅛㅜ	
塗布	도포	토후	とふ	ㄷ=ㅌ	ㅗ=ㅗ		ㅍ=ㅎ	ㅗ=ㅜ	
綜合	종합	소우고우	そうごう	ㅈ=ㅅ	ㅗ=ㅗ	ㅇ=우(장음)	ㅎ=ㄱ	ㅏ=ㅗ	ㅂ=우(장음)
午後	오후	고고	ごご	ㅇ=ㄱ	ㅗ=ㅗ		ㅎ=ㄱ	ㅜ=ㅗ	
損害	손해	송가이	そんがい	ㅅ=ㅅ	ㅗ=ㅗ	ㄴ=ㅇ(ん)	ㅎ=ㄱ	ㅐ=ㅏㅣ	
保護	보호	호고	ほご	ㅂ=ㅎ	ㅗ=ㅗ		ㅎ=ㄱ	ㅗ=ㅗ	
故郷	고향	코꾜우	こきょう	ㄱ=ㅋ	ㅗ=ㅗ		ㅎ=ㄱ	ㅑ=ㅛ	ㅇ=우(장음)
保健	보험	호껭	ほけん	ㅂ=ㅎ	ㅗ=ㅗ		ㅎ=ㄲ	ㅓ=ㅔ	ㅁ=ㅇ(ん)
貢献	공헌	코우껭	こうけん	ㄱ=ㅋ	ㅗ=ㅗ	ㅇ=우(장음)	ㅎ=ㄲ	ㅓ=ㅔ	ㄴ=ㅇ(ん)
誤解	오해	고까이	ごかい	ㅇ=ㄱ	ㅗ=ㅗ		ㅎ=ㄲ	ㅐ=ㅏㅣ	
高級	고급	코우뀨우	こうきゅう	ㄱ=ㅋ	ㅗ=ㅗㅜ		ㄱ=ㄲ	ㅡ=ㅠ	ㅂ=우(장음)
报告	보고	호우꼬꾸	ほうこく	ㅂ=ㅎ	ㅗ=ㅗㅜ		ㄱ=ㄲ	ㅗ=ㅗ	꾸(く) 생김
高校	고교	코우꼬우	こうこう	ㄱ=ㅋ	ㅗ=ㅗㅜ		ㄱ=ㄲ	ㅛ=ㅗㅜ	

일어 한자	한글 발음	일어 한글 발음	일어 발음	첫자음	단모음	받침	첫자음	단모음	받침
労働	노동	로우도우	ろうどう	ㄴ=ㄹ(두)	ㅗ=ㅗㅜ		ㄷ=ㄷ	ㅗ=ㅗ	ㅇ=우(장음)
討論	토론	토우롱	とうろん	ㅌ=ㅌ	ㅗ=ㅗㅜ		ㄹ=ㄹ	ㅗ=ㅗ	ㄴ=ㅇ(ん)
道路	도로	도우로	どうろ	ㄷ=ㄷ	ㅗ=ㅗㅜ		ㄹ=ㄹ	ㅗ=ㅗ	
考慮	고려	코우료	こうりょ	ㄱ=ㅋ	ㅗ=ㅗㅜ		ㄹ=ㄹ	ㅕ=ㅛ	
宝石	보석	호우세끼	ほうせき	ㅂ=ㅎ	ㅗ=ㅗㅜ		ㅅ=ㅅ	ㅓ=ㅔ	ㄱ=끼(き)
告訴	고소	코꾸소	こくそ	ㄱ=ㅋ	ㅗ=ㅗ		ㅅ=ㅅ	ㅗ=ㅗ	
討議	토의	토우기	とうぎ	ㅌ=ㅌ	ㅗ=ㅗㅜ		ㅇ=ㄱ	ㅢ=ㅣ	
導入	도입	도우뉴우	どうにゅう	ㄷ=ㄷ	ㅗ=ㅗㅜ		ㅇ=ㄴ(두)	ㅣ=ㅠ	ㅂ=우(장음)
騒音	소음	소우옹	そうおん	ㅅ=ㅅ	ㅗ=ㅗㅜ		ㅇ=ㅇ	ㅡ=ㅗ	ㅁ=ㅇ(ん)
老人	노인	로우징	ろうじん	ㄴ=ㄹ(두)	ㅗ=ㅗㅜ		ㅇ=ㅈ	ㅣ=ㅣ	ㄴ=ㅇ(ん)
操作	조작	소우사	そうさ	ㅈ=ㅅ	ㅗ=ㅗㅜ		ㅈ=ㅅ	ㅏ=ㅏ	ㄱ=사라짐
動作	동작	도우사	どうさ	ㄷ=ㄷ	ㅗ=ㅗㅜ		ㅈ=ㅅ	ㅏ=ㅏ	ㄱ=사라짐
高層	고층	고우소우	こうそう	ㄱ=ㅋ	ㅗ=ㅗㅜ		ㅊ=ㅅ	ㅡ=ㅗ	ㅇ=우(장음)
到着	도착	토우짜꾸	とうちゃく	ㄷ=ㅌ	ㅗ=ㅗㅜ		ㅊ=ㅉ	ㅏ=ㅑ	ㄱ=꾸(く)
装置	조치	소우찌	そうち	ㅈ=ㅅ	ㅗ=ㅗㅜ		ㅊ=ㅉ	ㅣ=ㅣ	
条件	조건	죠우껭	じょうけん	ㅈ=ㅈ	ㅗ=ㅛㅜ		ㄱ=ㄲ	ㅓ=ㅔ	ㄴ=ㅇ(ん)
紹介	소개	쇼우까이	しょうかい	ㅅ=ㅅ	ㅗ=ㅛㅜ		ㄱ=ㄲ	ㅐ=ㅏㅣ	
招待	초대	쇼우따이	しょうたい	ㅊ=ㅅ	ㅗ=ㅛㅜ		ㄷ=ㄸ	ㅐ=ㅏㅣ	
照明	조명	쇼우메이	しょうめい	ㅈ=ㅅ	ㅗ=ㅛㅜ		ㅁ=ㅁ	ㅕ=ㅔ	ㅇ=이(장음)
消防	소방	쇼우보우	しょうぼう	ㅅ=ㅅ	ㅗ=ㅛㅜ		ㅂ=ㅂ	ㅏ=ㅗ	ㅇ=우(장음)
消費	소비	쇼우히	しょうひ	ㅅ=ㅅ	ㅗ=ㅛㅜ		ㅂ=ㅎ	ㅣ=ㅣ	
小説	소설	쇼우세쯔	しょうせつ	ㅅ=ㅅ	ㅗ=ㅛㅜ		ㅅ=ㅅ	ㅓ=ㅔ	ㄹ=쯔(つ)
消息	소식	쇼우소꾸	しょうそく	ㅅ=ㅅ	ㅗ=ㅛㅜ		ㅅ=ㅅ	ㅣ=ㅗ	ㄱ=꾸(く)
調査	조사	쵸우사	ちょうさ	ㅈ=ㅊ	ㅗ=ㅛㅜ		ㅅ=ㅅ	ㅏ=ㅏ	
条約	조약	죠우야꾸	じょうやく	ㅈ=ㅈ	ㅗ=ㅛㅜ		ㅇ=ㅇ	ㅑ=ㅑ	ㄱ=꾸(く)
調整	조정	쵸우세이	ちょうせい	ㅈ=ㅊ	ㅗ=ㅛㅜ		ㅈ=ㅅ	ㅓ=ㅔ	ㅇ=이(장음)
挑戦	도전	쵸우셍	ちょうせん	ㄷ=ㅊ	ㅗ=ㅛㅜ		ㅈ=ㅅ	ㅓ=ㅔ	ㄴ=ㅇ(ん)
消化	소화	쇼우까	しょうか	ㅅ=ㅅ	ㅗ=ㅛㅜ		ㅎ=ㄲ	ㅘ=ㅏ	
普及	보급	후뀨우	ふきゅう	ㅂ=ㅎ	ㅗ=ㅜ		ㄱ=ㄲ	ㅡ=ㅠ	ㅂ=우(장음)
空気	공기	쿠우끼	くうき	ㄱ=ㅋ	ㅗ=ㅜ	ㅇ=우(장음)	ㄱ=ㄲ	ㅣ=ㅣ	

일어 한자	한글 발음	일어 한글 발음	일어 발음	첫자음	단모음	받침	첫자음	단모음	받침
復習	복습	후꾸슈우	ふくしゅう	ㅂ=ㅎ	ㅗ=ㅜ	ㄱ=꾸(く)	ㅅ=ㅅ	ㅡ=ㅠ	ㅂ=우(장음)
服裝	복장	후꾸소우	ふくそう	ㅂ=ㅎ	ㅗ=ㅜ	ㄱ=꾸(く)	ㅈ=ㅅ	ㅏ=ㅗ	ㅇ=우(장음)
複雜	복잡	후꾸자쯔	ふくざつ	ㅂ=ㅎ	ㅗ=ㅜ	ㄱ=꾸(く)	ㅈ=ㅈ	ㅏ=ㅏ	ㅂ=츠(つ)
普通	보통	후쯔우	ふつう	ㅂ=ㅎ	ㅗ=ㅜ		ㅌ=ㅉ	ㅗ=ㅡ	ㅇ=우(장음)
空港	공항	쿠우꼬우	くうこう	ㄱ=ㅋ	ㅗ=ㅜ	ㅇ=우(장음)	ㅎ=ㅋ	ㅏ=ㅗ	ㅇ=우(장음)
種類	종류	슈루이	しゅるい	ㅈ=ㅅ	ㅗ=ㅠ	ㅇ=사라짐	ㄹ=ㄹ	ㅠ=ㅜㅣ	
種目	종목	슈모꾸	しゅもく	ㅈ=ㅅ	ㅗ=ㅠ	ㅇ=사라짐	ㅁ=ㅁ	ㅗ=ㅗ	ㄱ=꾸(く)
終了	종료	슈우료우	しゅうりょう	ㅈ=ㅅ	ㅗ=ㅠ	ㅇ=우(장음)	ㄹ=ㄹ	ㅛ=ㅛㅜ	
終点	종점	슈우뗑	しゅうてん	ㅈ=ㅅ	ㅗ=ㅠ	ㅇ=우(장음)	ㅈ=ㄸ	ㅓ=ㅔ	ㅁ=ㅇ(ん)
初級	초급	쇼큐우	しょきゅう	ㅊ=ㅅ	ㅗ=ㅛ		ㄱ=ㄲ	ㅡ=ㅠ	ㅂ=우(장음)
初期	초기	쇼끼	しょき	ㅊ=ㅅ	ㅗ=ㅛ		ㄱ=ㄲ	ㅣ=ㅣ	
共同	공동	쿄우도우	きょうどう	ㄱ=ㅋ	ㅗ=ㅛ	ㅇ=우(장음)	ㄷ=ㄷ	ㅗ=ㅗ	ㅇ=우(장음)
所得	소득	쇼또꾸	しょとく	ㅅ=ㅅ	ㅗ=ㅛ		ㄷ=ㄸ	ㅡ=ㅗ	ㄱ=꾸(く)
所属	소속	쇼조꾸	しょぞく	ㅅ=ㅅ	ㅗ=ㅛ		ㅅ=ㅈ		ㄱ=꾸(く)
恐怖	공포	쿄우후	きょうふ	ㄱ=ㅋ	ㅗ=ㅛ	ㅇ=우(장음)	ㅍ=ㅎ	ㅗ=ㅜ	
通關	통관	츠우깡	つうかん	ㅌ=ㅊ	ㅗ=ㅡ	ㅇ=우(장음)	ㄱ=ㄲ	ㅘ=ㅏ	ㄴ=ㅇ(ん)
通過	통과	츠우까	つうか	ㅌ=ㅊ	ㅗ=ㅡ	ㅇ=우(장음)	ㄱ=ㄲ	ㅘ=ㅏ	
通信	통신	츠우싱	つうしん	ㅌ=ㅊ	ㅗ=ㅡ	ㅇ=우(장음)	ㅅ=ㅅ	ㅣ=ㅣ	ㄴ=ㅇ(ん)
通帳	통장	츠우쬬우	つうちょう	ㅌ=ㅊ	ㅗ=ㅡ	ㅇ=우(장음)	ㅈ=ㅉ	ㅏ=ㅛ	ㅇ=우(장음)
爆擊	폭격	바꾸게끼	ばくげき	ㅍ=ㅂ	ㅗ=ㅏ	ㄱ=꾸(く)	ㄱ=ㄱ	ㅕ=ㅔ	ㄱ=끼(き)
爆發	폭발	바꾸하쯔	ばくはつ	ㅍ=ㅂ	ㅗ=ㅏ	ㄱ=꾸(く)	ㅂ=ㅎ	ㅏ=ㅏ	ㄹ=쯔(つ)
爆彈	폭탄	바꾸당	ばくだん	ㅍ=ㅂ	ㅗ=ㅏ	ㄱ=꾸(く)	ㅌ=ㄷ	ㅏ=ㅏ	ㄴ=ㅇ(ん)

Ex 더 많은 예시들 : 두 번째 글자 한글 모음 [ㅗ] 발음 변환

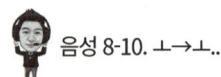 음성 8-10. ㅗ→ㅗ..

일어 한자	한글 발음	일어 한글 발음	일어 발음	첫자음	단모음	받침	첫자음	단모음	받침
速度	속도	소쿠도	そくど	ㅅ=ㅅ	ㅗ=ㅗ	ㄱ=꾸(く)	ㄷ=ㄷ	ㅗ=ㅗ	
感動	감동	칸도우	かんどう	ㄱ=ㅋ	ㅏ=ㅏ	ㅁ=ㄴ(ん)	ㄷ=ㄷ	ㅗ=ㅗ	ㅇ=우(장음)
角度	각도	카꾸도	かくど	ㄱ=ㅋ	ㅏ=ㅏ	ㄱ=꾸(く)	ㄷ=ㄷ	ㅗ=ㅗ	

일어 한자	한글 발음	일어 한글 발음	일어 발음	첫자음	단모음	받침	첫자음	단모음	받침
監督	감독	칸또꾸	かんとく	ㄱ=ㅋ	ㅏ=ㅏ	ㅁ=ㄴ(ん)	ㄷ=ㄸ	ㅗ=ㅗ	ㄱ=꾸(く)
破損	파손	하송	はそん	ㅍ=ㅎ	ㅏ=ㅏ		ㅅ=ㅅ	ㅗ=ㅗ	ㄴ=ㅇ(ん)
満足	만족	만조꾸	まんぞく	ㅁ=ㅁ	ㅏ=ㅏ	ㄴ=ㄴ(ん)	ㅈ=ㅈ	ㅗ=ㅗ	ㄱ=꾸(く)
家族	가족	카조꾸	かぞく	ㄱ=ㅋ	ㅏ=ㅏ		ㅈ=ㅈ	ㅗ=ㅗ	ㄱ=꾸(く)
乱暴	난폭	람보우	らんぼう	ㄴ=ㄹ(두)	ㅏ=ㅏ	ㄴ=ㅁ(ん)	ㅍ=ㅂ	ㅗ=ㅗ	ㄱ=우(장음)
看護	간호	캉고	かんご	ㄱ=ㅋ	ㅏ=ㅏ	ㄴ=ㅇ(ん)	ㅎ=ㄱ	ㅗ=ㅗ	
限度	한도	겐도	げんど	ㅎ=ㄱ	ㅏ=ㅔ	ㄴ=ㄴ(ん)	ㄷ=ㄷ	ㅗ=ㅗ	
倉庫	창고	소우꼬	そうこ	ㅊ=ㅅ	ㅏ=ㅗ	ㅇ=우(장음)	ㄱ=ㄲ	ㅗ=ㅗ	
合同	합동	고우도우	ごうどう	ㅎ=ㄱ	ㅏ=ㅗ	ㅂ=우(장음)	ㄷ=ㄷ	ㅗ=ㅗ	ㅇ=우(장음)
項目	항목	코우모꾸	こうもく	ㅎ=ㅋ	ㅏ=ㅗ	ㅇ=우(장음)	ㅁ=ㅁ	ㅗ=ㅗ	ㄱ=꾸(く)
放送	방송	호우소우	ほうそう	ㅂ=ㅎ	ㅏ=ㅗ	ㅇ=우(장음)	ㅅ=ㅅ	ㅗ=ㅗ	ㅇ=우(장음)
発足	발족	홋소꾸	ほっそく	ㅂ=ㅎ	ㅏ=ㅗ	ㄹ=ㅅ(っ)	ㅈ=ㅆ	ㅗ=ㅗ	ㄱ=꾸(く)
事故	사고	시꼬	じこ	ㅅ=ㅈ	ㅏ=ㅣ		ㄱ=ㄲ	ㅗ=ㅗ	
自動	자동	지도우	じどう	ㅈ=ㅈ	ㅏ=ㅣ		ㄷ=ㄷ	ㅗ=ㅗ	ㅇ=우(장음)
態度	태도	타이도	たいど	ㅌ=ㅌ	ㅐ=ㅣ		ㄷ=ㄷ	ㅗ=ㅗ	
行動	행동	코우도우	こうどう	ㅎ=ㅋ	ㅐ=ㅗ	ㅇ=우(장음)	ㄷ=ㄷ	ㅗ=ㅗ	ㅇ=우(장음)
約束	약속	야꾸소꾸	やくそく	ㅇ=ㅇ	ㅑ=ㅑ	ㄱ=꾸(く)	ㅅ=ㅅ	ㅗ=ㅗ	ㄱ=꾸(く)
専攻	전공	셍꼬우	せんこう	ㅈ=ㅅ	ㅓ=ㅔ	ㄴ=ㅇ(ん)	ㄱ=ㄲ	ㅗ=ㅗ	ㅇ=우(장음)
成功	성공	세이꼬우	せいこう	ㅅ=ㅅ	ㅓ=ㅔ	ㅇ=이(장음)	ㄱ=ㄲ	ㅗ=ㅗ	ㅇ=우(장음)
程度	정도	테이도	ていど	ㅈ=ㅌ	ㅓ=ㅔ	ㅇ=이(장음)	ㄷ=ㄷ	ㅗ=ㅗ	
整頓	정돈	세이똥	せいとん	ㅈ=ㅅ	ㅓ=ㅔ	ㅇ=이(장음)	ㄷ=ㄸ	ㅗ=ㅗ	ㄴ=ㅇ(ん)
伝統	전통	덴또우	でんとう	ㅈ=ㄷ	ㅓ=ㅔ	ㄴ=ㄴ(ん)	ㅌ=ㄸ	ㅗ=ㅗ	ㅇ=우(장음)
体温	체온	타이옹	たいおん	ㅊ=ㅌ	ㅔ=ㅣ		ㅇ=ㅇ	ㅗ=ㅗ	ㄴ=ㅇ(ん)
逮捕	체포	타이호	たいほ	ㅊ=ㅌ	ㅔ=ㅣ		ㅍ=ㅎ	ㅗ=ㅗ	
制度	제도	세이도	せいど	ㅈ=ㅅ	ㅔ=ㅣ		ㄷ=ㄷ	ㅗ=ㅗ	
連続	연속	렌조꾸	れんぞく	ㅇ=ㄹ(두)	ㅕ=ㅔ	ㄴ=ㄴ(ん)	ㅅ=ㅈ	ㅗ=ㅗ	ㄱ=꾸(く)
弁護	변호	벵고	べんご	ㅂ=ㅂ	ㅕ=ㅔ	ㄴ=ㅇ(ん)	ㅎ=ㄱ	ㅗ=ㅗ	
結婚	결혼	켁꽁	けっこん	ㄱ=ㅋ	ㅕ=ㅔ	ㄹ=ㄱ(っ)	ㅎ=ㄲ	ㅗ=ㅗ	ㄴ=ㅇ(ん)
継続	계속	케이조꾸	けいぞく	ㄱ=ㅋ	ㅖ=ㅔ		ㅅ=ㅈ	ㅗ=ㅗ	ㄱ=꾸(く)
孤独	고독	코도꾸	こどく	ㄱ=ㅋ	ㅗ=ㅗ		ㄷ=ㄷ	ㅗ=ㅗ	ㄱ=꾸(く)

일어 한자	한글 발음	일어 한글 발음	일어 발음	첫자음	단모음	받침	첫자음	단모음	받침
温度	온도	온도	おんど	ㅇ=お	ㅗ=ㅗ	ㄴ=ㄴ(ん)	ㄷ=ㄷ	ㅗ=ㅗ	
保存	보존	호종	ほぞん	ㅂ=ㅎ	ㅗ=ㅗ		ㅈ=ㅈ	ㅗ=ㅗ	ㄴ=ㅇ(ん)
農村	농촌	노우송	のうそん	ㄴ=ㄴ	ㅗ=ㅗ	ㅇ=우(장음)	ㅊ=ㅅ	ㅗ=ㅗ	ㄴ=ㅇ(ん)
保護	보호	호고	ほご	ㅂ=ㅎ	ㅗ=ㅗ		ㅎ=ㄱ	ㅗ=ㅗ	
報告	보고	호우꼬꾸	ほうこく	ㅂ=ㅎ	ㅗ=ㅗㅜ		ㄱ=ㄲ	ㅗ=ㅗ	꾸(く) 생김
勞働	노동	로우도우	ろうどう	ㄴ=ㄹ(두)	ㅗ=ㅗㅜ		ㄷ=ㄷ	ㅗ=ㅗ	ㅇ=우(장음)
討論	토론	토우롱	とうろん	ㅌ=ㅌ	ㅗ=ㅗㅜ		ㄹ=ㄹ	ㅗ=ㅗ	ㄴ=ㅇ(ん)
道路	도로	도우로	どうろ	ㄷ=ㄷ	ㅗ=ㅗㅜ		ㄹ=ㄹ	ㅗ=ㅗ	
告訴	고소	코꾸소	こくそ	ㄱ=ㅋ	ㅗ=ㅗ	꾸(く) 생김	ㅅ=ㅅ	ㅗ=ㅗ	
共同	공동	쿄우도우	きょうどう	ㄱ=ㅋ	ㅗ=ㅗ	ㅇ=우(장음)	ㄷ=ㄷ	ㅗ=ㅗ	ㅇ=우(장음)
所屬	소속	쇼조꾸	しょぞく	ㅅ=ㅅ	ㅗ=ㅗ		ㅅ=ㅈ	ㅗ=ㅗ	ㄱ=꾸(く)
種目	종목	슈모꾸	しゅもく	ㅈ=ㅅ	ㅗ=ㅠ	ㅇ=사라짐	ㅁ=ㅁ	ㅗ=ㅗ	ㄱ=꾸(く)
活動	활동	카쯔도우	かつどう	ㅎ=ㅋ	ㅘ=ㅏ	ㄹ=쯔(つ)	ㄷ=ㄷ	ㅗ=ㅗ	ㅇ=우(장음)
確保	확보	카꾸호	かくほ	ㅎ=ㅋ	ㅘ=ㅏ	ㄱ=꾸(く)	ㅂ=ㅎ	ㅗ=ㅗ	
廣告	광고	코우꼬꾸	こうこく	ㄱ=ㅋ	ㅘ=ㅗ	ㅇ=우(장음)	ㄱ=ㄲ	ㅗ=ㅗ	꾸(く) 생김
要素	요소	요우소	ようそ	ㅇ=ㅇ	ㅛ=ㅛㅜ		ㅅ=ㅅ	ㅗ=ㅗ	
候補	후보	코우호	こうほ	ㅎ=ㅋ	ㅜ=ㅗㅜ		ㅂ=ㅎ	ㅗ=ㅗ	
運動	운동	운도우	うんどう	ㅇ=ㅇ	ㅜ=ㅜ	ㄴ=ㄴ(ん)	ㄷ=ㄷ	ㅗ=ㅗ	ㅇ=우(장음)
風速	풍속	후우소꾸	ふうそく	ㅍ=ㅎ	ㅜ=ㅜ	ㅇ=우(장음)	ㅅ=ㅅ	ㅗ=ㅗ	ㄱ=꾸(く)
不足	부족	후소꾸	ふそく	ㅂ=ㅎ	ㅜ=ㅜ		ㅈ=ㅅ	ㅗ=ㅗ	ㄱ=꾸(く)
衝突	충돌	쇼우또쯔	しょうとつ	ㅊ=ㅅ	ㅜ=ㅛ	ㅇ=우(장음)	ㄷ=ㄸ	ㅗ=ㅗ	ㄹ=쯔(つ)
注目	주목	츄우모꾸	ちゅうもく	ㅈ=ㅊ	ㅜ=ㅠㅜ		ㅁ=ㅁ	ㅗ=ㅗ	ㄱ=꾸(く)
登錄	등록	토우로꾸	とうろく	ㄷ=ㅌ	ㅡ=ㅗ	ㅇ=우(장음)	ㄹ=ㄹ	ㅗ=ㅗ	ㄱ=꾸(く)
應募	응모	오우보	おうぼ	ㅇ=ㅇ	ㅡ=ㅗ	ㅇ=우(장음)	ㅁ=ㅂ	ㅗ=ㅗ	
根本	근본	콤뽕	こんぽん	ㄱ=ㅋ	ㅡ=ㅗ	ㄴ=ㅁ(ん)	ㅂ=ㅃ	ㅗ=ㅗ	ㄴ=ㅇ(ん)
急速	급속	큐우소꾸	きゅうそく	ㄱ=ㅋ	ㅡ=ㅠ	ㅂ=우(장음)	ㅅ=ㅅ	ㅗ=ㅗ	ㄱ=꾸(く)
濕度	습도	시쯔도	しつど	ㅅ=ㅅ	ㅡ=ㅣ	ㅂ=쯔(つ)	ㄷ=ㄷ	ㅗ=ㅗ	
金屬	금속	킨조꾸	きんぞく	ㄱ=ㅋ	ㅡ=ㅣ	ㅁ=ㄴ(ん)	ㅅ=ㅈ	ㅗ=ㅗ	ㄱ=꾸(く)
依存	의존	이송	いそん	ㅇ=ㅇ	ㅓ=ㅣ		ㅈ=ㅅ	ㅗ=ㅗ	ㄴ=ㅇ(ん)
移動	이동	이도우	いどう	ㅇ=ㅇ	ㅣ=ㅣ		ㄷ=ㄷ	ㅗ=ㅗ	ㅇ=우(장음)

일어 한자	한글 발음	일어 한글 발음	일어 발음	첫자음	단모음	받침	첫자음	단모음	받침
理論	이론	리롱	りろん	ㅇ=ㄹ(두)	ㅣ=ㅣ		ㄹ=ㄹ	ㅗ=ㅗ	ㄴ=ㅇ(ん)
記録	기록	키로꾸	きろく	ㄱ=ㅋ	ㅣ=ㅣ		ㄹ=ㄹ	ㅗ=ㅗ	ㄱ=꾸(く)
進歩	진보	심뽀	しんぽ	ㅈ=ㅅ	ㅣ=ㅣ	ㄴ=ㅁ(ん)	ㅂ=ㅃ	ㅗ=ㅗ	
基本	기본	키홍	きほん	ㄱ=ㅋ	ㅣ=ㅣ		ㅂ=ㅎ	ㅗ=ㅗ	ㄴ=ㅇ(ん)
起訴	기소	키소	きそ	ㄱ=ㅋ	ㅣ=ㅣ		ㅅ=ㅅ	ㅗ=ㅗ	
気温	기온	키옹	きおん	ㄱ=ㅋ	ㅣ=ㅣ		ㅇ=ㅇ	ㅗ=ㅗ	ㄴ=ㅇ(ん)
民族	민족	민조꾸	みんぞく	ㅁ=ㅁ	ㅣ=ㅣ	ㄴ=ㄴ(ん)	ㅈ=ㅈ	ㅗ=ㅗ	ㄱ=꾸(く)
離婚	이혼	리꽁	りこん	ㅇ=ㄹ(두)	ㅣ=ㅣ		ㅎ=ㄲ	ㅗ=ㅗ	ㄴ=ㅇ(ん)
細胞	세포	사이호우	さいほう	ㅅ=ㅅ	ㅔ=ㅏㅣ		ㅍ=ㅎ	ㅗ=ㅗㅜ	
予報	예보	요호우	よほう	ㅇ=ㅇ	ㅖ=ㅛ		ㅂ=ㅎ	ㅗ=ㅗㅜ	
参考	참고	상꼬우	さんこう	ㅊ=ㅅ	ㅏ=ㅏ	ㅁ=ㅇ(ん)	ㄱ=ㄲ	ㅗ=ㅗㅜ	
創造	창조	소우조우	そうぞう	ㅊ=ㅅ	ㅏ=ㅗ	ㅇ=우(장음)	ㅈ=ㅈ	ㅗ=ㅗㅜ	
改造	개조	카이조우	かいぞう	ㄱ=ㅋ	ㅐ=ㅏㅣ		ㅈ=ㅈ	ㅗ=ㅗㅜ	
番号	번호	방고우	ばんごう	ㅂ=ㅂ	ㅓ=ㅏ	ㄴ=ㅇ(ん)	ㅎ=ㄱ	ㅗ=ㅗㅜ	
鉄道	철도	테쯔도우	てつどう	ㅊ=ㅌ	ㅓ=ㅔ	ㄹ=쯔(つ)	ㄷ=ㄷ	ㅗ=ㅗㅜ	
検討	검토	컨또우	けんとう	ㄱ=ㅋ	ㅓ=ㅔ	ㅁ=ㄴ(ん)	ㅌ=ㄸ	ㅗ=ㅗㅜ	
絶好	절호	젝꼬우	ぜっこう	ㅈ=ㅈ	ㅓ=ㅔ	ㄹ=ㄱ(っ)	ㅎ=ㄲ	ㅗ=ㅗㅜ	
情報	정보	죠우호우	じょうほう	ㅈ=ㅈ	ㅓ=ㅕ	ㅇ=우(장음)	ㅂ=ㅎ	ㅗ=ㅗㅜ	
体操	체조	타이소우	たいそう	ㅊ=ㅌ	ㅔ=ㅏㅣ		ㅈ=ㅅ	ㅗ=ㅗㅜ	
製造	제조	세이조우	せいぞう	ㅈ=ㅅ	ㅔ=ㅔㅣ		ㅈ=ㅈ	ㅗ=ㅗㅜ	
警報	경보	케이호우	けいほう	ㄱ=ㅋ	ㅕ=ㅔ	ㅇ=이(장음)	ㅂ=ㅎ	ㅗ=ㅗㅜ	
歩道	보도	호도우	ほどう	ㅂ=ㅎ	ㅗ=ㅗ		ㄷ=ㄷ	ㅗ=ㅗㅜ	
木造	목조	모꾸조우	もくぞう	ㅁ=ㅁ	ㅗ=ㅗ	ㄱ=꾸(く)	ㅈ=ㅈ	ㅗ=ㅗㅜ	
最高	최고	사이꼬우	さいこう	ㅊ=ㅅ	ㅚ=ㅏㅣ		ㄱ=ㄲ	ㅗ=ㅗㅜ	
指導	지도	시도우	しどう	ㅈ=ㅅ	ㅣ=ㅣ		ㄷ=ㄷ	ㅗ=ㅗㅜ	
疲労	피로	히로우	ひろう	ㅍ=ㅎ	ㅣ=ㅣ		ㄹ=ㄹ	ㅗ=ㅗㅜ	
信号	신호	싱고우	しんごう	ㅅ=ㅅ	ㅣ=ㅣ	ㄴ=ㅇ(ん)	ㅎ=ㄱ	ㅗ=ㅗㅜ	
歌曲	가곡	카꼬꾸	かきょく	ㄱ=ㅋ	ㅏ=ㅏ		ㄱ=ㄲ	ㅗ=ㅛ	ㄱ=꾸(く)
接触	접촉	셋쑈꾸	せっしょく	ㅅ=ㅅ	ㅓ=ㅔ	ㅂ=ㅅ(っ)	ㅊ=ㅆ	ㅗ=ㅛ	ㄱ=꾸(く)
提供	제공	테이꾜우	ていきょう	ㅈ=ㅌ	ㅔ=ㅔㅣ		ㄱ=ㄲ	ㅗ=ㅛ	ㅇ=우(장음)

일어 한자	한글 발음	일어 한글 발음	일어 발음	첫자음	단모음	받침	첫자음	단모음	받침
訴訟	소송	소쇼우	そしょう	ㅅ=さ	ㅗ=ㅗ		ㅅ=さ	ㅗ=ㅛ	ㅇ=우(장음)
補助	보조	호죠	ほじょ	ㅂ=ㅎ	ㅗ=ㅗ		ㅈ=ざ	ㅗ=ㅛ	
最初	최초	사이쇼	さいしょ	ㅊ=さ	ㅚ=ㅏㅣ		ㅊ=さ	ㅗ=ㅛ	
住所	주소	쥬우쇼	じゅうしょ	ㅈ=ざ	ㅜ=ㅠㅜ		ㅅ=さ	ㅗ=ㅛ	
航空	항공	코우꾸우	こうくう	ㅎ=ㅋ	ㅏ=ㅗ	ㅇ=우(장음)	ㄱ=ㄲ	ㅗ=ㅜ	ㅇ=우(장음)
幸福	행복	코우후꾸	こうふく	ㅎ=ㅋ	ㅐ=ㅗ	ㅇ=우(장음)	ㅂ=ㅎ	ㅗ=ㅜ	ㄱ=꾸(く)
洋服	양복	요우후꾸	ようふく	ㅇ=ㅇ	ㅑ=ㅛ	ㅇ=우(장음)	ㅂ=ㅎ	ㅗ=ㅜ	ㄱ=꾸(く)
塗布	도포	토후	とふ	ㄷ=ㅌ	ㅗ=ㅗ		ㅍ=ㅎ	ㅗ=ㅜ	
恐怖	공포	쿄우후	きょうふ	ㄱ=ㅋ	ㅗ=ㅛ	ㅇ=우(장음)	ㅍ=ㅎ	ㅗ=ㅜ	
往復	왕복	오우후꾸	おうふく	ㅇ=ㅇ	ㅘ=ㅗ	ㅇ=우(장음)	ㅂ=ㅎ	ㅗ=ㅜ	ㄱ=꾸(く)
恢復	회복	카이후꾸	かいふく	ㅎ=ㅋ	ㅚ=ㅏㅣ		ㅂ=ㅎ	ㅗ=ㅜ	ㄱ=꾸(く)
普通	보통	후쯔우	ふつう	ㅂ=ㅎ	ㅗ=ㅜ		ㅌ=ㅉ	ㅗ=ㅜ	ㅇ=우(장음)
交通	교통	코우쯔우	こうつう	ㄱ=ㅋ	ㅛ=ㅗㅜ		ㅌ=ㅉ	ㅗ=ㅜ	ㅇ=우(장음)
頭痛	두통	즈쯔우	ずつう	ㄷ=ㅈ	ㅜ=ㅡ		ㅌ=ㅉ	ㅗ=ㅜ	ㅇ=우(장음)
最終	최종	사이슈우	さいしゅう	ㅊ=さ	ㅚ=ㅏㅣ		ㅈ=さ	ㅗ=ㅠ	ㅇ=우(장음)
強調	강조	쿄우쬬우	きょうちょう	ㄱ=ㅋ	ㅏ=ㅛ	ㅇ=우(장음)	ㅈ=ざ	ㅗ=ㅛㅜ	

🎤 한글 모음 [ㅐ] 변환

가장 비율이 높은 변환 [ㅐ➡ㅏㅣ]에 집중하여 단어 말하기 훈련을 합니다.

특히 [ㅐ]발음이 [ㅏㅣ]로 변활될 때 [ㅐ]에는 받침이 없는 단어가 대부분입니다.

한글 초성	변환	일어 초성	비율
ㅐ	▶	ㅏㅣ	ㅏㅣ 약80%
		ㅔ, ㅗ, ㅛ	ㅔ, ㅗ, ㅛ 약20%

(한글) (일본어) (한글) (일본어)
매(毎) ▶ 마이(まい)   해(海) ▶ 카이(かい)

Ex 더 많은 예시들 : 첫 번째 글자 한글 모음 [ㅐ] 발음 변환 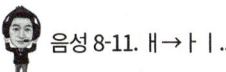 음성 8-11. ㅐ→ㅏㅣ..

일어 한자	한글 발음	일어 한글 발음	일어 발음	첫자음	단모음	받침	첫자음	단모음	받침
対立	대립	타이리쯔	たいりつ	ㄷ=ㅌ	ㅐ=ㅏㅣ	없음	ㄹ=ㄹ	ㅣ=ㅣ	ㅂ=쯔(つ)
毎日	매일	마이니찌	まいにち	ㅁ=ㅁ	ㅐ=ㅏㅣ	없음	ㅇ=ㄴ(두)	ㅣ=ㅣ	ㄹ=찌(ち)
配置	배치	하이찌	はいち	ㅂ=ㅎ	ㅐ=ㅏㅣ	없음	ㅊ=ㅉ	ㅣ=ㅣ	
対応	대응	타이오우	たいおう	ㄷ=ㅌ	ㅐ=ㅏㅣ	없음	ㅇ=ㅇ	ㅡ=ㅗ	ㅇ=우(장음)
排球	배구	하이뀨우	はいきゅう	ㅂ=ㅎ	ㅐ=ㅏㅣ	없음	ㄱ=ㄲ	ㅜ=ㅠㅜ	
俳優	배우	하이유우	はいゆう	ㅂ=ㅎ	ㅐ=ㅏㅣ	없음	ㅇ=ㅇ	ㅜ=ㅠㅜ	
毎週	매주	마이슈우	まいしゅう	ㅁ=ㅁ	ㅐ=ㅏㅣ	없음	ㅈ=ㅅ	ㅜ=ㅠㅜ	
大衆	대중	타이슈우	たいしゅう	ㄷ=ㅌ	ㅐ=ㅏㅣ	없음	ㅈ=ㅅ	ㅜ=ㅠ	ㅇ=우(장음)
内部	내부	나이부	ないぶ	ㄴ=ㄴ	ㅐ=ㅏㅣ	없음	ㅂ=ㅂ	ㅜ=ㅜ	
台風	태풍	타이후우	たいふう	ㅌ=ㅌ	ㅐ=ㅏㅣ	없음	ㅍ=ㅎ	ㅜ=ㅜ	ㅇ=우(장음)
材料	재료	자이료우	ざいりょう	ㅈ=ㅈ	ㅐ=ㅏㅣ	없음	ㄹ=ㄹ	ㅛ=ㅛㅜ	
採用	채용	사이요우	さいよう	ㅊ=ㅅ	ㅐ=ㅏㅣ	없음	ㅇ=ㅇ	ㅛ=ㅛ	ㅇ=우(장음)
内容	내용	나이요우	ないよう	ㄴ=ㄴ	ㅐ=ㅏㅣ	없음	ㅇ=ㅇ	ㅛ=ㅛ	ㅇ=우(장음)
代表	대표	다이효우	だいひょう	ㄷ=ㄷ	ㅐ=ㅏㅣ	없음	ㅍ=ㅎ	ㅛ=ㅛㅜ	
大会	대회	타이까이	たいかい	ㄷ=ㅌ	ㅐ=ㅏㅣ	없음	ㅎ=ㄲ	ㅚ=ㅏㅣ	
海外	해외	카이가이	かいがい	ㅎ=ㅋ	ㅐ=ㅏㅣ	없음	ㅇ=ㄱ	ㅚ=ㅏㅣ	
開催	개최	카이사이	かいさい	ㄱ=ㅋ	ㅐ=ㅏㅣ	없음	ㅊ=ㅅ	ㅚ=ㅏㅣ	
改造	개조	카이조우	かいぞう	ㄱ=ㅋ	ㅐ=ㅏㅣ	없음	ㅈ=ㅈ	ㅗ=ㅗㅜ	
配慮	배려	하이료	はいりょ	ㅂ=ㅎ	ㅐ=ㅏㅣ	없음	ㄹ=ㄹ	ㅕ=ㅛ	
背景	배경	하이께이	はいけい	ㅂ=ㅎ	ㅐ=ㅏㅣ	없음	ㄱ=ㄲ	ㅕ=ㅔ	ㅇ=이(장음)
解決	해결	카이께쯔	かいけつ	ㅎ=ㅋ	ㅐ=ㅏㅣ	없음	ㄱ=ㄲ	ㅕ=ㅔ	ㄹ=쯔(つ)
採決	채결	사이께쯔	さいけつ	ㅊ=ㅅ	ㅐ=ㅏㅣ	없음	ㄱ=ㄲ	ㅕ=ㅔ	ㄹ=쯔(つ)
改革	개혁	카이까꾸	かいかく	ㄱ=ㅋ	ㅐ=ㅏㅣ	없음	ㅎ=ㄲ	ㅕ=ㅏ	ㄱ=꾸(く)
愛情	애정	아이죠우	あいじょう	ㅇ=ㅇ	ㅐ=ㅏㅣ	없음	ㅈ=ㅈ	ㅕ=ㅛ	ㅇ=우(장음)
対処	대처	타이쇼	たいしょ	ㄷ=ㅌ	ㅐ=ㅏㅣ	없음	ㅊ=ㅅ	ㅓ=ㅛ	
解説	해설	카이세쯔	かいせつ	ㅎ=ㅋ	ㅐ=ㅏㅣ	없음	ㅅ=ㅅ	ㅓ=ㅔ	ㄹ=쯔(つ)
開設	개설	카이세쯔	かいせつ	ㄱ=ㅋ	ㅐ=ㅏㅣ	없음	ㅅ=ㅅ	ㅓ=ㅔ	ㄹ=쯔(つ)
改正	개정	카이세이	かいせい	ㄱ=ㅋ	ㅐ=ㅏㅣ	없음	ㅈ=ㅈ	ㅓ=ㅔ	ㅇ=이(장음)

일어 한자	한글 발음	일어 한글 발음	일어 발음	첫자음	단모음	받침	첫자음	단모음	받침
敗戰	패전	하이셍	はいせん	ㅍ=ㅎ	ㅐ=ㅏㅣ	없음	ㅈ=ㅅ	ㅓ=ㅔ	ㄴ=ㅇ(ん)
太陽	태양	타이요우	たいよう	ㅌ=ㅌ	ㅐ=ㅏㅣ	없음	ㅇ=ㅇ	ㅑ=ㅛ	ㅇ=우(장음)
栽培	재배	사이바이	さいばい	ㅈ=ㅅ	ㅐ=ㅏㅣ	없음	ㅂ=ㅂ	ㅐ=ㅏㅣ	
対策	대책	타이사꾸	たいさく	ㄷ=ㅌ	ㅐ=ㅏㅣ	없음	ㅊ=ㅅ	ㅐ=ㅏ	ㄱ=꾸(く)
採擇	채택	사이따꾸	さいたく	ㅊ=ㅅ	ㅐ=ㅏㅣ	없음	ㅌ=ㄸ	ㅐ=ㅏ	ㄱ=꾸(く)
賠償	배상	바이쇼우	ばいしょう	ㅂ=ㅂ	ㅐ=ㅏㅣ	없음	ㅅ=ㅅ	ㅏ=ㅛ	ㅇ=우(장음)
対象	대상	타이쇼우	たいしょう	ㄷ=ㅌ	ㅐ=ㅏㅣ	없음	ㅅ=ㅅ	ㅏ=ㅛ	ㅇ=우(장음)
解放	해방	카이호우	かいほう	ㅎ=ㅋ	ㅐ=ㅏㅣ	없음	ㅂ=ㅎ	ㅏ=ㅗ	ㅇ=우(장음)
配達	배달	하이따쯔	はいたつ	ㅂ=ㅎ	ㅐ=ㅏㅣ	없음	ㄷ=ㄸ	ㅏ=ㅏ	ㄹ=쯔(つ)
開幕	개막	카이마꾸	かいまく	ㄱ=ㅋ	ㅐ=ㅏㅣ	없음	ㅁ=ㅁ	ㅏ=ㅏ	ㄱ=꾸(く)
財産	재산	자이상	ざいさん	ㅈ=ㅈ	ㅐ=ㅏㅣ	없음	ㅅ=ㅅ	ㅏ=ㅏ	ㄴ=ㅇ(ん)
裁判	재판	사이방	さいばん	ㅈ=ㅅ	ㅐ=ㅏㅣ	없음	ㅍ=ㅂ	ㅏ=ㅏ	ㄴ=ㅇ(ん)
大學	대학	다이가꾸	だいがく	ㄷ=ㄷ	ㅐ=ㅏㅣ	없음	ㅎ=ㄱ	ㅏ=ㅏ	ㄱ=꾸(く)
態度	태도	타이도	たいど	ㅌ=ㅌ	ㅐ=ㅏㅣ	없음	ㄷ=ㄷ	ㅗ=ㅗ	
改善	개선	카이젱	かいぜん	ㄱ=ㅋ	ㅐ=ㅏㅣ	없음	ㅅ=ㅈ	ㅓ=ㅔ	ㄴ=ㅇ(ん)
災害	재해	사이가이	さいがい	ㅈ=ㅅ	ㅐ=ㅏㅣ	없음	ㅎ=ㄱ	ㅐ=ㅏㅣ	
開放	개방	카이호우	かいほう	ㄱ=ㅋ	ㅐ=ㅏㅣ	없음	ㅂ=ㅎ	ㅏ=ㅗ	ㅇ=우(장음)
開發	개발	카이하쯔	かいはつ	ㄱ=ㅋ	ㅐ=ㅏㅣ	없음	ㅂ=ㅎ	ㅏ=ㅏ	ㄹ=쯔(つ)
責任	책임	세끼닝	せきにん	ㅊ=ㅅ	ㅐ=ㅔ	ㄱ=끼(き)	ㅇ=ㄴ(두)	ㅣ=ㅣ	ㅁ=ㅇ(ん)
生活	생활	세이까쯔	せいかつ	ㅅ=ㅅ	ㅐ=ㅔ	ㅇ=이(장음)	ㅎ=ㄲ	ㅘ=ㅏ	ㄹ=쯔(つ)
生命	생명	세이메이	せいめい	ㅅ=ㅅ	ㅐ=ㅔ	ㅇ=이(장음)	ㅁ=ㅁ	ㅕ=ㅔ	ㅇ=이(장음)
冷靜	냉정	레이세이	れいせい	ㄴ=ㄹ(두)	ㅐ=ㅔ	ㅇ=이(장음)	ㅈ=ㅅ	ㅓ=ㅔ	ㅇ=이(장음)
冷房	냉방	레이보우	れいぼう	ㄴ=ㄹ(두)	ㅐ=ㅔ	ㅇ=이(장음)	ㅂ=ㅂ	ㅏ=ㅗ	ㅇ=우(장음)
冷藏	냉장	레이조우	れいぞう	ㄴ=ㄹ(두)	ㅐ=ㅔ	ㅇ=이(장음)	ㅈ=ㅈ	ㅏ=ㅗ	ㅇ=우(장음)
生産	생산	세이상	せいさん	ㅅ=ㅅ	ㅐ=ㅔ	ㅇ=이(장음)	ㅅ=ㅅ	ㅏ=ㅏ	ㄴ=ㅇ(ん)
個人	개인	코징	こじん	ㄱ=ㅋ	ㅐ=ㅗ		ㅇ=ㅈ	ㅣ=ㅣ	ㄴ=ㅇ(ん)
講義	행위	코우기	こうぎ	ㅎ=ㅋ	ㅐ=ㅗ	ㅇ=우(장음)	ㅇ=ㄱ	ㅟ=ㅣ	
幸福	행복	코우후꾸	こうふく	ㅎ=ㅋ	ㅐ=ㅗ	ㅇ=우(장음)	ㅂ=ㅎ	ㅗ=ㅜ	ㄱ=꾸(く)
行動	행동	코우도우	こうどう	ㅎ=ㅋ	ㅐ=ㅗ	ㅇ=우(장음)	ㄷ=ㄷ	ㅗ=ㅗ	ㅇ=우(장음)
行政	행정	교우세이	ぎょうせい	ㅎ=ㄱ	ㅐ=ㅛ	ㅇ=우(장음)	ㅈ=ㅅ	ㅓ=ㅔ	ㅇ=이(장음)

더 많은 예시들 : 두 번째 글자 한글 모음 [ㅐ] 발음 변환 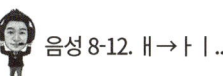 음성 8-12. ㅐ→ㅏㅣ..

일어 한자	한글 발음	일어 한글 발음	일어 발음	첫자음	단모음	받침	첫자음	단모음	받침
失敗	실패	십빠이	しっぱい	ㅅ=ス	ㅣ=イ	ㄹ=ㅂ(っ)	ㅍ=ㅃ	ㅐ=ㅏㅣ	
携帯	휴대	케이따이	けいたい	ㅎ=ㅋ	ㅠ=ケイ		ㄷ=ㄸ	ㅐ=ㅏㅣ	
軍隊	군대	군따이	ぐんたい	ㄱ=ㄱ	ㅜ=ウ	ㄴ=ㄴ(ん)	ㄷ=ㄸ	ㅐ=ㅏㅣ	
購買	구매	코우바이	こうばい	ㄱ=ㅋ	ㅜ=オウ		ㅁ=ㅂ	ㅐ=ㅏㅣ	
公開	공개	코우까이	こうかい	ㄱ=ㅋ	ㅗ=オ	ㅇ=ウ(장음)	ㄱ=ㄲ	ㅐ=ㅏㅣ	
連帯	연대	렌따이	れんたい	ㅇ=ㄹ(두)	ㅕ=レ	ㄴ=ㄴ(ん)	ㄷ=ㄸ	ㅐ=ㅏㅣ	
展開	전개	텡까이	てんかい	ㅈ=ㅌ	ㅕ=レ	ㄴ=ㅇ(ん)	ㄱ=ㄲ	ㅐ=ㅏㅣ	
天才	천재	텐사이	てんさい	ㅊ=ㅌ	ㅕ=レ	ㄴ=ㄴ(ん)	ㅈ=ㅅ	ㅐ=ㅏㅣ	
反対	반대	한따이	はんたい	ㅂ=ㅎ	ㅏ=ア	ㄴ=ㄴ(ん)	ㄷ=ㄸ	ㅐ=ㅏㅣ	
時代	시대	지다이	じだい	ㅅ=ス	ㅣ=イ		ㄷ=ㄸ	ㅐ=ㅏㅣ	
期待	기대	키따이	きたい	ㄱ=ㅋ	ㅣ=イ		ㄷ=ㄸ	ㅐ=ㅏㅣ	
未来	미래	미라이	みらい	ㅁ=ㅁ	ㅣ=イ		ㄹ=ㄹ	ㅐ=ㅏㅣ	
支配	지배	시하이	しはい	ㅈ=ㅅ	ㅣ=イ		ㅂ=ㅎ	ㅐ=ㅏㅣ	
被害	피해	히가이	ひがい	ㅍ=ㅎ	ㅣ=イ		ㅎ=ㄱ	ㅐ=ㅏㅣ	
理解	이해	리까이	りかい	ㅇ=ㄹ(두)	ㅣ=イ		ㅎ=ㄲ	ㅐ=ㅏㅣ	
近代	근대	킨다이	きんだい	ㄱ=ㅋ	ㅡ=イ	ㄴ=ㄴ(ん)	ㄷ=ㄷ	ㅐ=ㅏㅣ	
増大	증대	조우다이	ぞうだい	ㅈ=ㅈ	ㅡ=オ	ㅇ=ウ(장음)	ㄷ=ㄷ	ㅐ=ㅏㅣ	
取材	취재	슈자이	しゅざい	ㅊ=ㅅ	ㅟ=ュ		ㅈ=ㅈ	ㅐ=ㅏㅣ	
重大	중대	쥬우다이	じゅうだい	ㅈ=ㅈ	ㅜ=ュウ	ㅇ=ウ(장음)	ㄷ=ㄷ	ㅐ=ㅏㅣ	
舞台	무대	부따이	ぶたい	ㅁ=ㅂ	ㅜ=ウ		ㄷ=ㄸ	ㅐ=ㅏㅣ	
軍隊	군대	군따이	ぐんたい	ㄱ=ㄱ	ㅜ=ウ	ㄴ=ㄴ(ん)	ㄷ=ㄸ	ㅐ=ㅏㅣ	
腐敗	부패	후하이	ふはい	ㅂ=ㅎ	ㅜ=ウ		ㅍ=ㅎ	ㅐ=ㅏㅣ	
後輩	후배	코우하이	こうはい	ㅎ=ㅋ	ㅜ=オウ		ㅂ=ㅎ	ㅐ=ㅏㅣ	
国内	국내	코꾸나이	こくない	ㄱ=ㅋ	ㅜ=オ	ㄱ=ㄲ(く)	ㄴ=ㄴ	ㅐ=ㅏㅣ	
交代	교대	코우따이	こうたい	ㄱ=ㅋ	ㅛ=オウ		ㄷ=ㄸ	ㅐ=ㅏㅣ	
最大	최대	사이다이	さいだい	ㅊ=ㅅ	ㅚ=ㅏㅣ		ㄷ=ㄷ	ㅐ=ㅏㅣ	
拡大	확대	카꾸다이	かくだい	ㅎ=ㅋ	ㅘ=ㅏ	ㄱ=ㄲ(く)	ㄷ=ㄷ	ㅐ=ㅏㅣ	
火災	화재	카사이	かさい	ㅎ=ㅋ	ㅘ=ㅏ		ㅈ=ㅅ	ㅐ=ㅏㅣ	

일어한자	한글발음	일어 한글 발음	일어 발음	첫자음	단모음	받침	첫자음	단모음	받침
紹介	소개	쇼우까이	しょうかい	ㅅ=ㅅ	ㅗ=ㅛㅜ		ㄱ=ㄲ	ㅐ=ㅏㅣ	
招待	초대	쇼우따이	しょうたい	ㅊ=ㅅ	ㅗ=ㅛㅜ		ㄷ=ㄸ	ㅐ=ㅏㅣ	
存在	존재	손자이	そんざい	ㅈ=ㅅ	ㅗ=ㅗ	ㄴ=ㄴ(ん)	ㅈ=ㅈ	ㅐ=ㅏㅣ	
素材	소재	소자이	そざい	ㅅ=ㅅ	ㅗ=ㅗ		ㅈ=ㅈ	ㅐ=ㅏㅣ	
損害	손해	송가이	そんがい	ㅅ=ㅅ	ㅗ=ㅗ	ㄴ=ㅇ(ん)	ㅎ=ㄱ	ㅐ=ㅏㅣ	
誤解	오해	고까이	ごかい	ㅇ=ㄱ	ㅗ=ㅗ		ㅎ=ㄲ	ㅐ=ㅏㅣ	
恋愛	연애	렝아이	れんあい	ㅇ=ㄹ(두)	ㅕ=ㅔ	ㄴ=ㅇ(ん)	ㅇ=ㅇ	ㅐ=ㅏㅣ	
現在	현재	겐자이	げんざい	ㅎ=ㄱ	ㅕ=ㅔ	ㄴ=ㄴ(ん)	ㅈ=ㅈ	ㅐ=ㅏㅣ	
世代	세대	세다이	せだい	ㅅ=ㅅ	ㅔ=ㅔ		ㄷ=ㄷ	ㅐ=ㅏㅣ	
巨大	거대	쿄다이	きょだい	ㄱ=ㅋ	ㅓ=ㅛ		ㄷ=ㄷ	ㅐ=ㅏㅣ	
絶対	절대	젯따이	ぜったい	ㅈ=ㅈ	ㅓ=ㅔ	ㄹ=ㄷ(っ)	ㄷ=ㄸ	ㅐ=ㅏㅣ	
野菜	야채	야사이	やさい	ㅇ=ㅇ	ㅑ=ㅑ		ㅊ=ㅅ	ㅐ=ㅏㅣ	
栽培	재배	사이바이	さいばい	ㅈ=ㅅ	ㅐ=ㅏㅣ		ㅂ=ㅂ	ㅐ=ㅏㅣ	
災害	재해	사이가이	さいがい	ㅈ=ㅅ	ㅐ=ㅏㅣ		ㅎ=ㄱ	ㅐ=ㅏㅣ	
事態	사태	지따이	じたい	ㅅ=ㅈ	ㅏ=ㅣ		ㅌ=ㄸ	ㅐ=ㅏㅣ	
将来	장래	쇼우라이	しょうらい	ㅈ=ㅅ	ㅏ=ㅛ	ㅇ=우(장음)	ㄹ=ㄹ	ㅐ=ㅏㅣ	
障碍	장애	쇼우가이	しょうがい	ㅈ=ㅅ	ㅏ=ㅛ	ㅇ=우(장음)	ㅇ=ㄱ	ㅐ=ㅏㅣ	
狀態	상태	죠우따이	じょうたい	ㅅ=ㅈ	ㅏ=ㅛ	ㅇ=우(장음)	ㅌ=ㄸ	ㅐ=ㅏㅣ	
障害	장해	쇼유가이	しょうがい	ㅈ=ㅅ	ㅏ=ㅛ	ㅇ=우(장음)	ㅎ=ㄱ	ㅐ=ㅏㅣ	
案内	안내	안나이	あんない	ㅇ=ㅇ	ㅏ=ㅏ	ㄴ=ㄴ(ん)	ㄴ=ㄴ	ㅐ=ㅏㅣ	
販売	판매	함바이	はんばい	ㅍ=ㅎ	ㅏ=ㅏ	ㄴ=ㅁ(ん)	ㅁ=ㅂ	ㅐ=ㅏㅣ	
執行	집행	식꼬우	しっこう	ㅈ=ㅅ	ㅣ=ㅣ	ㅂ=ㄱ(っ)	ㅎ=ㄲ	ㅐ=ㅗ	ㅇ=우(장음)
進行	진행	싱꼬우	しんこう	ㅈ=ㅅ	ㅣ=ㅣ	ㄴ=ㅇ(ん)	ㅎ=ㄲ	ㅐ=ㅗ	ㅇ=우(장음)
飛行	비행	히꼬우	ひこう	ㅂ=ㅎ	ㅣ=ㅣ		ㅎ=ㄲ	ㅐ=ㅗ	ㅇ=우(장음)
銀行	은행	깅꼬우	ぎんこう	ㅇ=ㄱ	ㅡ=ㅣ	ㄴ=ㅇ(ん)	ㅎ=ㄲ	ㅐ=ㅗ	ㅇ=우(장음)
急行	급행	큐우꼬우	きゅうこう	ㄱ=ㅋ	ㅡ=ㅠ	ㅂ=우(장음)	ㅎ=ㄲ	ㅐ=ㅗ	ㅇ=우(장음)
流行	유행	류우꼬우	りゅうこう	ㅇ=ㄹ(두)	ㅠ=ㅠㅜ		ㅎ=ㄲ	ㅐ=ㅗ	ㅇ=우(장음)
運行	운행	웅꼬우	うんこう	ㅇ=ㅇ	ㅜ=ㅜ	ㄴ=ㅇ(ん)	ㅎ=ㄲ	ㅐ=ㅗ	ㅇ=우(장음)
旅行	여행	료꼬우	りょこう	ㅇ=ㄹ(두)	ㅕ=ㅛ		ㅎ=ㄲ	ㅐ=ㅗ	ㅇ=우(장음)
平行	평행	헤이꼬우	へいこう	ㅍ=ㅎ	ㅕ=ㅔ	ㅇ=이(장음)	ㅎ=ㄲ	ㅐ=ㅗ	ㅇ=우(장음)
紛争	분쟁	훈소우	ふんそう	ㅂ=ㅎ	ㅜ=ㅜ	ㄴ=ㄴ(ん)	ㅈ=ㅅ	ㅐ=ㅗ	ㅇ=우(장음)

일어 한자	한글 발음	일어 한글 발음	일어 발음	첫자음	단모음	받침	첫자음	단모음	받침
闘争	투쟁	토우소우	とうそう	ㅌ=t	ㅜ=ㅗㅜ		ㅈ=s	ㅐ=ㅗ	ㅇ=우(장음)
競争	경쟁	쿄우소우	きょうそう	ㄱ=k	ㅕ=ㅛ	ㅇ=우(장음)	ㅈ=s	ㅐ=ㅗ	ㅇ=우(장음)
戦争	전쟁	센소우	せんそう	ㅈ=s	ㅓ=ㅔ	ㄴ=ㄴ(ん)	ㅈ=s	ㅐ=ㅗ	ㅇ=우(장음)
犠牲	희생	기세이	ぎせい	ㅎ=ㄱ	ㅢ=ㅣ		ㅅ=s	ㅐ=ㅔ	ㅇ=이(장음)
衛生	위생	에이세이	えいせい	ㅇ=ㅇ	ㅟ=ㅔㅣ		ㅅ=s	ㅐ=ㅔ	ㅇ=이(장음)
同盟	동맹	도우메이	どうめい	ㄷ=d	ㅗ=ㅗ	ㅇ=우(장음)	ㅁ=m	ㅐ=ㅔ	ㅇ=이(장음)
先生	선생	센세이	せんせい	ㅅ=s	ㅓ=ㅔ	ㄴ=ㄴ(ん)	ㅅ=s	ㅐ=ㅔ	ㅇ=이(장음)
加盟	가맹	카메이	かめい	ㄱ=k	ㅏ=ㅏ		ㅁ=m	ㅐ=ㅔ	ㅇ=이(장음)
発生	발생	핫쎄이	はっせい	ㅂ=h	ㅏ=ㅏ	ㄹ=ㅅ(っ)	ㅅ=ㅆ	ㅐ=ㅔ	ㅇ=이(장음)
住宅	주택	쥬우따꾸	じゅうたく	ㅈ=j	ㅜ=ㅠㅜ		ㅌ=ㄸ	ㅐ=ㅏ	ㄱ=꾸(く)
旅客	여객	교까꾸	りょかく	ㅇ=ㄹ(두)	ㅕ=ㅛ		ㄱ=ㄲ	ㅐ=ㅏ	ㄱ=꾸(く)
明白	명백	메이하꾸	めいはく	ㅁ=m	ㅕ=ㅔ	ㅇ=이(장음)	ㅂ=h	ㅐ=ㅏ	ㄱ=꾸(く)
選択	선택	센따꾸	せんたく	ㅅ=s	ㅓ=ㅔ	ㄴ=ㄴ(ん)	ㅌ=ㄸ	ㅐ=ㅏ	ㄱ=꾸(く)
対策	대책	타이사꾸	たいさく	ㄷ=t	ㅐ=ㅏㅣ		ㅊ=s	ㅐ=ㅏ	ㄱ=꾸(く)
採択	채택	사이따꾸	さいたく	ㅊ=s	ㅐ=ㅏㅣ		ㅌ=ㄸ	ㅐ=ㅏ	ㄱ=꾸(く)
自宅	자택	지따꾸	じたく	ㅈ=j	ㅏ=ㅣ		ㅌ=ㄸ	ㅐ=ㅏ	ㄱ=꾸(く)
顧客	고객	코꺄쿠	こきゃく	ㄱ=k	ㅗ=ㅗ		ㄱ=ㄲ	ㅐ=ㅑ	ㄱ=꾸(く)
人生	인생	진세이	じんせい	ㅇ=j	ㅣ=ㅣ	ㄴ=ㄴ(ん)	ㅅ=s	ㅐ=ㅔ	ㅇ=이(장음)
誕生	탄생	탄죠우	たんじょう	ㅌ=t	ㅏ=ㅏ	ㄴ=ㄴ(ん)	ㅅ=j	ㅐ=ㅛ	ㅇ=우(장음)

한글 모음 [ㅐ] 변환

가장 비율이 높은 변환 [ㅐ ➡ ㅔㅣ, ㅏㅣ]에 집중하여 단어 말하기 훈련을 합니다.

특히 [ㅐ] 발음이 [ㅔㅣ]나 [ㅏㅣ]로 변환되는데 [ㅐ]에는 받침이 없는 단어가 대부분입니다.

한글 초성	변환	일어 초성	비율
ㅐ	➤	ㅔㅣ	ㅔㅣ 약60%
		ㅏㅣ	ㅏㅣ 약30%
		ㅔ	ㅔ 약10%

(한글) (일본어)　　　　　(한글) (일본어)
세(税) ≫ 제이(ぜい)　　　제(製) ≫ 세이(せい)

Ex 더 많은 예시들 : 첫 번째 글자 한글 모음 [ㅔ] 발음 변환　음성 8-13. ㅔ→세ㅣ/ㅏㅣ..

일어 한자	한글 발음	일어 한글 발음	일어 발음	첫자음	단모음	받침	첫자음	단모음	받침
停止	제시	테이시	ていし	ㅈ=ㅌ	ㅔ=ㅔㅣ	없음	ㅅ=ㅅ	ㅣ=ㅣ	
税金	세금	제이낑	ぜいきん	ㅅ=ㅈ	ㅔ=ㅔㅣ	없음	ㄱ=ㄲ	ㅡ=ㅣ	ㅁ=ㅇ(ん)
製品	제품	세이힝	せいひん	ㅈ=ㅅ	ㅔ=ㅔㅣ	없음	ㅍ=ㅎ	ㅜ=ㅣ	ㅁ=ㅇ(ん)
提出	제출	테이슈쯔	ていしゅつ	ㅈ=ㅌ	ㅔ=ㅔㅣ	없음	ㅊ=ㅅ	ㅜ=ㅠ	ㄹ=쯔(つ)
提供	제공	테이꾜우	ていきょう	ㅈ=ㅌ	ㅔ=ㅔㅣ	없음	ㄱ=ㄲ	ㅗ=ㅛ	ㅇ=우(장음)
製造	제조	세이조우	せいぞう	ㅈ=ㅅ	ㅔ=ㅔㅣ	없음	ㅈ=ㅈ	ㅗ=ㅗㅜ	
制度	제도	세이도	せいど	ㅈ=ㅅ	ㅔ=ㅔㅣ	없음	ㄷ=ㄷ	ㅗ=ㅗ	
勢力	세력	세이료꾸	せいりょく	ㅅ=ㅅ	ㅔ=ㅔㅣ	없음	ㄹ=ㄹ	ㅕ=ㅛ	ㄱ=꾸(く)
締結	체결	테이께쯔	ていけつ	ㅊ=ㅌ	ㅔ=ㅔㅣ	없음	ㄱ=ㄲ	ㅕ=ㅔ	ㄹ=쯔(つ)
制約	제약	제이야꾸	せいやく	ㅈ=ㅅ	ㅔ=ㅔㅣ	없음	ㅇ=ㅇ	ㅑ=ㅑ	ㄱ=꾸(く)
制限	제한	세이겡	せいげん	ㅈ=ㅅ	ㅔ=ㅔㅣ	없음	ㅎ=ㄱ	ㅏ=ㅔ	ㄴ=ㅇ(ん)
提案	제안	테이앙	ていあん	ㅈ=ㅌ	ㅔ=ㅔㅣ	없음	ㅇ=ㅇ	ㅏ=ㅏ	ㄴ=ㅇ(ん)
製作	제작	세이사꾸	せいさく	ㅈ=ㅅ	ㅔ=ㅔㅣ	없음	ㅈ=ㅅ	ㅏ=ㅏ	ㄱ=꾸(く)
体操	체조	타이소우	たいそう	ㅊ=ㅌ	ㅔ=ㅏㅣ	없음	ㅈ=ㅅ	ㅗ=ㅗㅜ	
細胞	세포	사이호우	さいほう	ㅅ=ㅅ	ㅔ=ㅏㅣ	없음	ㅍ=ㅎ	ㅗ=ㅗㅜ	
逮捕	체포	타이호	たいほ	ㅊ=ㅌ	ㅔ=ㅏㅣ	없음	ㅍ=ㅎ	ㅗ=ㅗ	
体制	체제	타이세이	たいせい	ㅊ=ㅌ	ㅔ=ㅏㅣ	없음	ㅈ=ㅅ	ㅔ=ㅔㅣ	
体育	체육	타이이꾸	たいいく	ㅊ=ㅌ	ㅔ=ㅏㅣ	없음	ㅇ=ㅇ	ㅠ=ㅣ	ㄱ=꾸(く)
体温	체온	타이옹	たいおん	ㅊ=ㅌ	ㅔ=ㅏㅣ	없음	ㅇ=ㅇ	ㅗ=ㅗ	ㄴ=ㅇ(ん)
体験	체험	타이껭	たいけん	ㅊ=ㅌ	ㅔ=ㅏㅣ	없음	ㅎ=ㄲ	ㅓ=ㅔ	ㅁ=ㅇ(ん)
世界	세계	세까이	せかい	ㅅ=ㅅ	ㅔ=ㅔ	없음	ㄱ=ㄲ	ㅖ=ㅏㅣ	
世代	세대	세다이	せだい	ㅅ=ㅅ	ㅔ=ㅔ	없음	ㄷ=ㄷ	ㅐ=ㅏㅣ	

Ex 더 많은 예시들 : 두 번째 글자 한글 모음 [ㅔ] 발음 변환 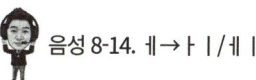 음성 8-14. ㅔ→ㅏㅣ/ㅔㅣ

일어 한자	한글 발음	일어 한글 발음	일어 발음	첫자음	단모음	받침	첫자음	단모음	받침
実際	실제	짓싸이	じっさい	ㅅ=ス	ㅣ=ㅣ	ㄹ=ㅅ(っ)	ㅈ=ㅆ	ㅔ=ㅏㅣ	없음
具体	구체	구따이	ぐたい	ㄱ=グ	ㅜ=ㅜ		ㅊ=ㄸ	ㅔ=ㅏㅣ	없음
問題	문제	몬다이	もんだい	ㅁ=ㅁ	ㅜ=ㅗ	ㄴ=ㄴ(ん)	ㅈ=ㄷ	ㅔ=ㅏㅣ	없음
話題	화제	와다이	わだい	ㅎ=ㅇ	ㅘ=ㅘ		ㅈ=ㄷ	ㅔ=ㅏㅣ	없음
課題	과제	카다이	かだい	ㄱ=ㅋ	ㅘ=ㅏ		ㅈ=ㄷ	ㅔ=ㅏㅣ	없음
経済	경제	케이자이	けいざい	ㄱ=ㅋ	ㅕ=ㅔ	ㅇ=이(장음)	ㅈ=ㅈ	ㅔ=ㅏㅣ	없음
全体	전체	젠따이	ぜんたい	ㅈ=ㅈ	ㅓ=ㅔ	ㄴ=ㄴ(ん)	ㅊ=ㄸ	ㅔ=ㅏㅣ	없음
団体	단체	단따이	だんたい	ㄷ=ㄷ	ㅏ=ㅏ	ㄴ=ㄴ(ん)	ㅊ=ㄸ	ㅔ=ㅏㅣ	없음
規制	규제	키세이	きせい	ㄱ=ㅋ	ㅠ=ㅣ		ㅈ=ㅅ	ㅔ=ㅔㅣ	없음
体制	체제	타이세이	たいせい	ㅊ=ㅌ	ㅔ=ㅏㅣ		ㅈ=ㅅ	ㅔ=ㅔㅣ	없음
姿勢	자세	시세이	しせい	ㅈ=ㅅ	ㅏ=ㅣ		ㅅ=ㅅ	ㅔ=ㅔㅣ	없음
強制	강제	쿄우세이	きょうせい	ㄱ=ㅋ	ㅏ=ㅛ	ㅇ=우(장음)	ㅈ=ㅅ	ㅔ=ㅔㅣ	없음
脱税	탈세	다쯔제이	だつぜい	ㅌ=ㄷ	ㅏ=ㅏ	ㄹ=쯔(つ)	ㅅ=ㅈ	ㅔ=ㅔㅣ	없음

한글 모음 [ㅑ] 변환

가장 비율이 높은 변환 [ㅑ ⇒ ㅑ, ㅛ]에 집중하여 단어 말하기 훈련을 합니다.

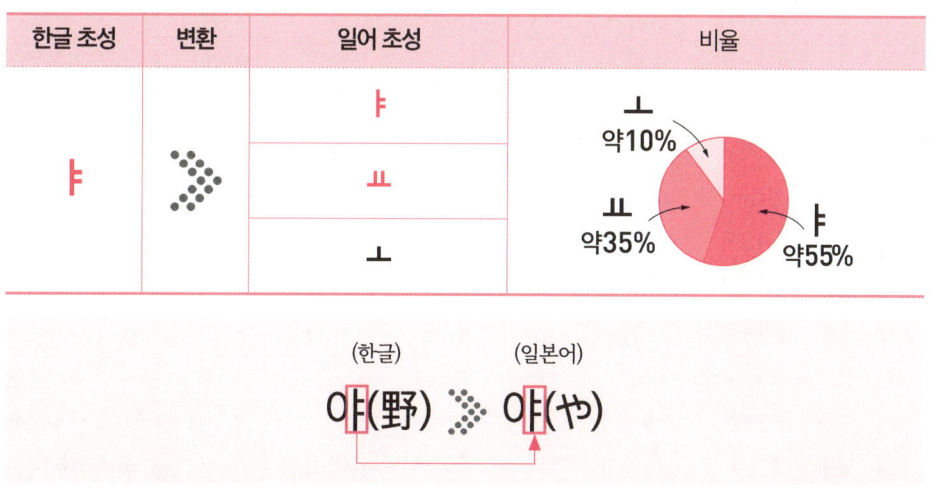

Ex 더 많은 예시들 : 첫 번째 글자 한글 모음 [ㅑ] 발음 변환 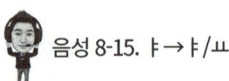 음성 8-15. ㅑ→ㅑ/ㅛ

일어 한자	한글 발음	일어 한글 발음	일어 발음	첫자음	단모음	받침	첫자음	단모음	받침
野球	야구	야뀨우	やきゅう	ㅇ=ㅇ	ㅑ=ㅑ		ㄱ=ㄲ	ㅜ=ㅠㅜ	
薬局	약국	약꼬꾸	やっきょく	ㅇ=ㅇ	ㅑ=ㅑ	ㄱ=ㄱ(っ)	ㄱ=ㄲ	ㅜ=ㅛ	ㄱ=꾸(く)
約束	약속	야꾸소꾸	やくそく	ㅇ=ㅇ	ㅑ=ㅑ	ㄱ=꾸(く)	ㅅ=ㅅ	ㅗ=ㅗ	ㄱ=꾸(く)
夜景	야경	야께이	やけい	ㅇ=ㅇ	ㅑ=ㅑ		ㄱ=ㄲ	ㅕ=ㅔ	ㅇ=이(장음)
弱点	약점	쟈꾸뗑	じゃくてん	ㅇ=ㅈ	ㅑ=ㅑ	ㄱ=꾸(く)	ㅈ=ㄸ	ㅓ=ㅔ	ㅁ=ㅇ(ん)
野菜	야채	야사이	やさい	ㅇ=ㅇ	ㅑ=ㅑ		ㅊ=ㅅ	ㅐ=ㅣ	
両親	양친	료우싱	りょうしん	ㅇ=ㄹ(두)	ㅑ=ㅛ	ㅇ=우(장음)	ㅊ=ㅅ	ㅣ=ㅣ	ㄴ=ㅇ(ん)
両国	양국	료우꼬꾸	りょうこく	ㅇ=ㄹ(두)	ㅑ=ㅛ	ㅇ=우(장음)	ㄱ=ㄲ	ㅜ=ㅛ	ㄱ=꾸(く)
洋服	양복	요우후꾸	ようふく	ㅇ=ㅇ	ㅑ=ㅛ	ㅇ=우(장음)	ㅂ=ㅎ	ㅗ=ㅜ	ㄱ=꾸(く)
養成	양성	요우세이	ようせい	ㅇ=ㅇ	ㅑ=ㅛ	ㅇ=우(장음)	ㅅ=ㅅ	ㅓ=ㅔ	ㅇ=이(장음)
向上	향상	코우죠우	こうじょう	ㅎ=ㅋ	ㅑ=ㅛ	ㅇ=우(장음)	ㅅ=ㅈ	ㅏ=ㅛ	ㅇ=우(장음)

Ex 더 많은 예시들 : 두 번째 글자 한글 모음 [ㅑ] 발음 변환 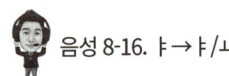 음성 8-16. ㅑ→ㅑ/ㅛ

일어 한자	한글 발음	일어 한글 발음	일어 발음	첫자음	단모음	받침	첫자음	단모음	받침
戦略	전략	센랴꾸	せんりゃく	ㅈ=ㅅ	ㅓ=ㅔ	ㄴ=ㄴ(ん)	ㄹ=ㄹ	ㅑ=ㅑ	ㄱ=꾸(く)
制約	제약	세이야꾸	せいやく	ㅈ=ㅅ	ㅔ=ㅔㅣ		ㅇ=ㅇ	ㅑ=ㅑ	ㄱ=꾸(く)
契約	계약	케이야꾸	けいやく	ㄱ=ㅋ	ㅖ=ㅔㅣ		ㅇ=ㅇ	ㅑ=ㅑ	ㄱ=꾸(く)
条約	조약	죠우야꾸	じょうやく	ㅈ=ㅈ	ㅗ=ㅛㅜ		ㅇ=ㅇ	ㅑ=ㅑ	ㄱ=꾸(く)
活躍	활약	카쯔야꾸	かつやく	ㅎ=ㅋ	ㅘ=ㅏ	ㄹ=쯔(つ)	ㅇ=ㅇ	ㅑ=ㅑ	ㄱ=꾸(く)
侵略	침략	신랴꾸	しんりゃく	ㅊ=ㅅ	ㅣ=ㅣ	ㅁ=ㄴ(ん)	ㄹ=ㄹ	ㅑ=ㅑ	ㄱ=꾸(く)
太陽	태양	타이요우	たいよう	ㅌ=ㅌ	ㅐ=ㅏㅣ		ㅇ=ㅇ	ㅑ=ㅛ	ㅇ=우(장음)
栄養	영양	에이요우	えいよう	ㅇ=ㅇ	ㅕ=ㅔ	ㅇ=이(장음)	ㅇ=ㅇ	ㅑ=ㅛ	ㅇ=우(장음)
影響	영향	에이꾜우	えいきょう	ㅇ=ㅇ	ㅕ=ㅔ	ㅇ=이(장음)	ㅎ=ㄲ	ㅑ=ㅛ	ㅇ=우(장음)
模様	모양	모요우	もよう	ㅁ=ㅁ	ㅗ=ㅗ		ㅇ=ㅇ	ㅑ=ㅛ	ㅇ=우(장음)
故郷	고향	코꼬우	こきょう	ㄱ=ㅋ	ㅗ=ㅗ		ㅎ=ㄲ	ㅑ=ㅛ	ㅇ=우(장음)
不良	불량	후료우	ふりょう	ㅂ=ㅎ	ㅜ=ㅜ	ㄹ=사라짐	ㄹ=ㄹ	ㅑ=ㅛ	ㅇ=우(장음)

일어 한자	한글 발음	일어 한글 발음	일어 발음	첫자음	단모음	받침	첫자음	단모음	받침
傾向	경향	케이꼬우	けいこう	ㄱ=ㅋ	ㅕ=ㅔ	ㅇ=이(장음)	ㅎ=ㄲ	ㅑ=ㅗ	ㅇ=우(장음)
方向	방향	호우꼬우	ほうこう	ㅂ=ㅎ	ㅏ=ㅗ	ㅇ=우(장음)	ㅎ=ㄲ	ㅑ=ㅗ	ㅇ=우(장음)

🎤 한글 모음 [ㅕ] 변환

가장 비율이 높은 변환 [ㅕ ➪ ㅔ]에 집중하여 단어 말하기 훈련을 합니다.

특히 [ㅕ]에서 [ㅔ]로 변환되는 경우 [ㅕ]에 받침[ㄱ, ㄴ, ㄹ, ㅁ, ㅇ]이 있는 경우가 대부분입니다.

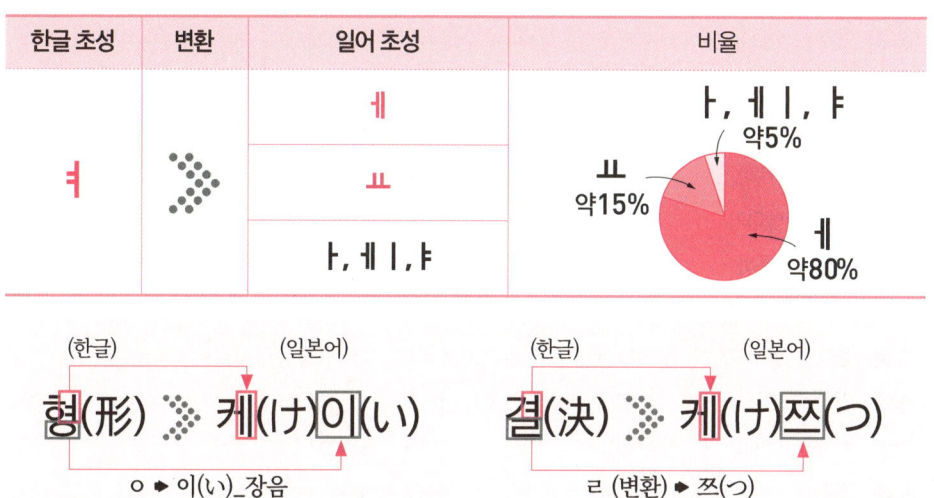

Ex 더 많은 예시들 : 첫 번째 글자 한글 모음 [ㅕ] 발음 변환

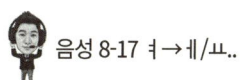 음성 8-17 ㅕ→ㅔ/ㅛ..

일어 한자	한글 발음	일어 한글 발음	일어 발음	첫자음	단모음	받침	첫자음	단모음	받침
延期	연기	엥끼	えんき	ㅇ=ㅇ	ㅕ=ㅔ	ㄴ=ㅇ(ん)	ㄱ=ㄲ	ㅣ=ㅣ	
景気	경기	케이끼	けいき	ㄱ=ㅋ	ㅕ=ㅔ	ㅇ=이(장음)	ㄱ=ㄲ	ㅣ=ㅣ	
便利	편리	벤리	べんり	ㅍ=ㅂ	ㅕ=ㅔ	ㄴ=ㄴ(ん)	ㄹ=ㄹ	ㅣ=ㅣ	
形式	형식	케이시끼	けいしき	ㅎ=ㅋ	ㅕ=ㅔ	ㅇ=이(장음)	ㅅ=ㅅ	ㅣ=ㅣ	ㄱ=끼(き)
現実	현실	겐지쯔	げんじつ	ㅎ=ㄱ	ㅕ=ㅔ	ㄴ=ㄴ(ん)	ㅅ=ㅈ	ㅣ=ㅣ	ㄹ=쯔(つ)

일어한자	한글발음	일어 한글 발음	일어 발음	첫자음	단모음	받침	첫자음	단모음	받침
平日	평일	헤이지쯔	へいじつ	ㅍ=ㅎ	ㅕ=ㅔ	ㅇ=이(장음)	ㅇ=ㅈ	ㅣ=ㅣ	ㄹ=쯔(つ)
編集	편집	헨슈우	へんしゅう	ㅍ=ㅎ	ㅕ=ㅔ	ㄴ=ㄴ(ん)	ㅈ=ㅅ	ㅣ=ㅠ	ㅂ=우(장음)
決意	결의	케쯔이	けつい	ㄱ=ㅋ	ㅕ=ㅔ	ㄹ=쯔(つ)	ㅇ=ㅇ	ㅓ=ㅣ	
現金	현금	겡낑	げんきん	ㅎ=ㄱ	ㅕ=ㅔ	ㄴ=ㅇ(ん)	ㄱ=ㄲ	ㅡ=ㅣ	ㅁ=ㅇ(ん)
練習	연습	렌슈우	れんしゅう	ㅇ=ㄹ(두)	ㅕ=ㅔ	ㄴ=ㄴ(ん)	ㅅ=ㅅ	ㅡ=ㅠ	ㅂ=우(장음)
演劇	연극	엥게끼	えんげき	ㅇ=ㅇ	ㅕ=ㅔ	ㄴ=ㅇ(ん)	ㄱ=ㄱ	ㅡ=ㅔ	ㄱ=끼(き)
平均	평균	헤이낑	へいきん	ㅍ=ㅎ	ㅕ=ㅔ	ㅇ=이(장음)	ㄱ=ㄲ	ㅠ=ㅣ	ㄴ=ㅇ(ん)
研究	연구	켕뀨우	けんきゅう	ㅇ=ㅋ	ㅕ=ㅔ	ㄴ=ㅇ(ん)	ㄱ=ㄲ	ㅜ=ㅠㅜ	
結局	결국	켁꼬꾸	けっきょく	ㄱ=ㅋ	ㅕ=ㅔ	ㄹ=ㄱ(っ)	ㄱ=ㄲ	ㅜ=ㅛ	ㄱ=꾸(く)
演奏	연주	엔소우	えんそう	ㅇ=ㅇ	ㅕ=ㅔ	ㄴ=ㄴ(ん)	ㅈ=ㅅ	ㅜ=ㅗㅜ	
平和	평화	헤이와	へいわ	ㅍ=ㅎ	ㅕ=ㅔ	ㅇ=이(장음)	ㅎ=ㅇ	ㅘ=ㅘ	
玄関	현관	겡깡	げんかん	ㅎ=ㄱ	ㅕ=ㅔ	ㄴ=ㅇ(ん)	ㄱ=ㄲ	ㅘ=ㅏ	ㄴ=ㅇ(ん)
結果	결과	켁까	けっか	ㄱ=ㅋ	ㅕ=ㅔ	ㄹ=ㄱ(っ)	ㄱ=ㄲ	ㅘ=ㅏ	
映画	영화	에이가	えいが	ㅇ=ㅇ	ㅕ=ㅔ	ㅇ=이(장음)	ㅎ=ㄱ	ㅘ=ㅏ	
変化	변화	헹까	へんか	ㅂ=ㅎ	ㅕ=ㅔ	ㄴ=ㅇ(ん)	ㅎ=ㄲ	ㅘ=ㅏ	
激化	격화	게끼까	げきか	ㄱ=ㄱ	ㅕ=ㅔ	ㄱ=끼(き)	ㅎ=ㄲ	ㅘ=ㅏ	
警報	경보	케이호우	けいほう	ㄱ=ㅋ	ㅕ=ㅔ	ㅇ=이(장음)	ㅂ=ㅎ	ㅗ=ㅗㅜ	
連続	연속	렌조꾸	れんぞく	ㅇ=ㄹ(두)	ㅕ=ㅔ	ㄴ=ㄴ(ん)	ㅅ=ㅈ	ㅗ=ㅗ	ㄱ=꾸(く)
弁護	변호	벵고	べんご	ㅂ=ㅂ	ㅕ=ㅔ	ㄴ=ㅇ(ん)	ㅎ=ㄱ	ㅗ=ㅗ	
結婚	결혼	켁꽁	けっこん	ㄱ=ㅋ	ㅕ=ㅔ	ㄹ=ㄱ(っ)	ㅎ=ㄱ	ㅗ=ㅗ	ㄴ=ㅇ(ん)
連係	연계	렝께이	れんけい	ㅇ=ㄹ(두)	ㅕ=ㅔ	ㄴ=ㅇ(ん)	ㄱ=ㄲ	ㅖ=ㅔㅣ	
変更	변경	헹꼬우	へんこう	ㅂ=ㅎ	ㅕ=ㅔ	ㄴ=ㅇ(ん)	ㄱ=ㄲ	ㅕ=ㅗ	ㅇ=우(장음)
命令	명령	메이레이	めいれい	ㅁ=ㅁ	ㅕ=ㅔ	ㅇ=이(장음)	ㄹ=ㄹ	ㅕ=ㅔ	ㅇ=이(장음)
経営	경영	케이에이	けいえい	ㄱ=ㅋ	ㅕ=ㅔ	ㅇ=이(장음)	ㅇ=ㅇ	ㅕ=ㅔ	ㅇ=이(장음)
経済	경제	케이자이	けいざい	ㄱ=ㅋ	ㅕ=ㅔ	ㅇ=이(장음)	ㅈ=ㅈ	ㅖ=ㅏㅣ	
営業	영업	에이교우	えいぎょう	ㅇ=ㅇ	ㅕ=ㅔ	ㅇ=이(장음)	ㅇ=ㄱ	ㅓ=ㅛㅜ	ㅂ=우(장음)
免許	면허	멩꾜	めんきょ	ㅁ=ㅁ	ㅕ=ㅔ	ㄴ=ㄴ(ん)	ㅎ=ㄲ	ㅓ=ㅛ	
英語	영어	에이고	えいご	ㅇ=ㅇ	ㅕ=ㅔ	ㅇ=이(장음)	ㅇ=ㄱ	ㅓ=ㅗ	
編成	편성	헨세이	へんせい	ㅍ=ㅎ	ㅕ=ㅔ	ㄴ=ㄴ(ん)	ㅅ=ㅅ	ㅓ=ㅔ	ㅇ=이(장음)
欠席	결석	켓쎄끼	けっせき	ㄱ=ㅋ	ㅕ=ㅔ	ㄹ=ㅅ(っ)	ㅅ=ㅆ	ㅓ=ㅔ	ㄱ=끼(き)

일어 한자	한글 발음	일어 한글 발음	일어 발음	첫자음	단모음	받침	첫자음	단모음	받침
演説	연설	엔제쯔	えんぜつ	ㅇ=ㅇ	ㅕ=ㅔ	ㄴ=ㄴ(ん)	ㅅ=ㅈ	ㅓ=ㅔ	ㄹ=쯔(つ)
決定	결정	켇떼이	けってい	ㄱ=ㅋ	ㅕ=ㅔ	ㄹ=ㄷ(っ)	ㅈ=ㄸ	ㅓ=ㅔ	ㅇ=이(장음)
面接	면접	멘세쯔	めんせつ	ㅁ=ㅁ	ㅕ=ㅔ	ㄴ=ㄴ(ん)	ㅈ=ㅅ	ㅓ=ㅔ	ㅂ=쯔(つ)
決戦	결전	켓쎙	けっせん	ㄱ=ㅋ	ㅕ=ㅔ	ㄹ=ㅅ(っ)	ㅈ=ㅆ	ㅓ=ㅔ	ㄴ=ㅇ(ん)
面積	면적	멘세끼	めんせき	ㅁ=ㅁ	ㅕ=ㅔ	ㄴ=ㄴ(ん)	ㅈ=ㅅ	ㅓ=ㅔ	ㄱ=끼(き)
経験	경험	케이껭	けいけん	ㄱ=ㅋ	ㅕ=ㅔ	ㅇ=이(장음)	ㅎ=ㄲ	ㅓ=ㅔ	ㅁ=ㅇ(ん)
栄養	영양	에이요우	えいよう	ㅇ=ㅇ	ㅕ=ㅔ	ㅇ=이(장음)	ㅇ=ㅇ	ㅑ=ㅛ	ㅇ=우(장음)
影響	영향	에이꾜우	えいきょう	ㅇ=ㅇ	ㅕ=ㅔ	ㅇ=이(장음)	ㅎ=ㄲ	ㅑ=ㅛ	ㅇ=우(장음)
傾向	경향	케이꼬우	けいこう	ㄱ=ㅋ	ㅕ=ㅔ	ㅇ=이(장음)	ㅎ=ㄲ	ㅑ=ㅗ	ㅇ=우(장음)
平行	평행	헤이꼬우	へいこう	ㅍ=ㅎ	ㅕ=ㅔ	ㅇ=이(장음)	ㅎ=ㄲ	ㅐ=ㅗ	ㅇ=우(장음)
恋愛	연애	렝아이	れんあい	ㅇ=ㄹ(두)	ㅕ=ㅔ	ㄴ=ㅇ(ん)	ㅇ=ㅇ	ㅐ=ㅏㅣ	
現在	현재	겐자이	げんざい	ㅎ=ㄱ	ㅕ=ㅔ	ㄴ=ㄴ(ん)	ㅈ=ㅈ	ㅐ=ㅏㅣ	
連帯	연대	렌따이	れんたい	ㅇ=ㄹ(두)	ㅕ=ㅔ	ㄴ=ㄴ(ん)	ㄷ=ㄸ	ㅐ=ㅏㅣ	
明白	명백	메이하꾸	めいはく	ㅁ=ㅁ	ㅕ=ㅔ	ㅇ=이(장음)	ㅂ=ㅎ	ㅐ=ㅏ	ㄱ=꾸(く)
歴史	역사	레끼시	れきし	ㅇ=ㄹ(두)	ㅕ=ㅔ	ㄱ=끼(き)	ㅅ=ㅅ	ㅏ=ㅣ	
刑事	형사	케이지	けいじ	ㅎ=ㅋ	ㅕ=ㅔ	ㅇ=이(장음)	ㅅ=ㅈ	ㅏ=ㅣ	
現象	현상	겐쇼우	げんしょう	ㅎ=ㄱ	ㅕ=ㅔ	ㄴ=ㄴ(ん)	ㅅ=ㅅ	ㅏ=ㅛ	ㅇ=우(장음)
列車	열차	렛쌰	れっしゃ	ㅇ=ㄹ(두)	ㅕ=ㅔ	ㄹ=ㅅ(っ)	ㅊ=ㅆ	ㅏ=ㅑ	
霊感	영감	레이깡	れいかん	ㅇ=ㄹ(두)	ㅕ=ㅔ	ㅇ=이(장음)	ㄱ=ㄲ	ㅏ=ㅏ	ㅁ=ㅇ(ん)
年末	연말	넴마쯔	ねんまつ	ㅇ=ㄴ(두)	ㅕ=ㅔ	ㄴ=ㅁ(ん)	ㅁ=ㅁ	ㅏ=ㅏ	ㄹ=쯔(つ)
競馬	경마	케이바	けいば	ㄱ=ㅋ	ㅕ=ㅔ	ㅇ=이(장음)	ㅁ=ㅂ	ㅏ=ㅏ	
決算	결산	켓싼	けっさん	ㄱ=ㅋ	ㅕ=ㅔ	ㄹ=ㅅ(っ)	ㅅ=ㅆ	ㅏ=ㅏ	ㄴ=ㅇ(ん)
零下	영하	레이까	れいか	ㅇ=ㄹ(두)	ㅕ=ㅔ	ㅇ=이(장음)	ㅎ=ㄲ	ㅏ=ㅏ	
競技	경기	쿄우기	きょうぎ	ㄱ=ㅋ	ㅕ=ㅛ	ㅇ=우(장음)	ㄱ=ㄱ	ㅣ=ㅣ	
余地	여지	요찌	よち	ㅇ=ㅇ	ㅕ=ㅛ		ㅈ=ㅉ	ㅣ=ㅣ	
協議	협의	쿄우기	きょうぎ	ㅎ=ㅋ	ㅕ=ㅛ	ㅂ=우(장음)	ㅇ=ㄱ	ㅢ=ㅣ	
余裕	여유	요유우	よゆう	ㅇ=ㅇ	ㅕ=ㅛ		ㅇ=ㅇ	ㅠ=ㅠ	
旅館	여관	료깡	りょかん	ㅇ=ㄹ(두)	ㅕ=ㅛ		ㄱ=ㄲ	ㅘ=ㅏ	ㄴ=ㅇ(ん)
協力	협력	쿄우료꾸	きょうりょく	ㅎ=ㅋ	ㅕ=ㅛ	ㅂ=우(장음)	ㄹ=ㄹ	ㅕ=ㅛ	ㄱ=꾸(く)
競争	경쟁	쿄우소우	きょうそう	ㄱ=ㅋ	ㅕ=ㅛ	ㅇ=우(장음)	ㅈ=ㅅ	ㅐ=ㅗ	ㅇ=우(장음)

일어 한자	한글 발음	일어 한글 발음	일어 발음	첫자음	단모음	받침	첫자음	단모음	받침
旅行	여행	료꼬우	りょこう	ㅇ=ㄹ(두)	ㅕ=ㅛ		ㅎ=ㄲ	ㅐ=ㅗ	ㅇ=우(장음)
旅客	여객	료까꾸	りょかく	ㅇ=ㄹ(두)	ㅕ=ㅛ		ㄱ=ㄲ	ㅐ=ㅏ	ㄱ=꾸(く)
脅迫	협박	쿄우하꾸	きょうはく	ㅎ=ㅋ	ㅕ=ㅛ	ㅂ=우(장음)	ㅂ=ㅎ	ㅏ=ㅏ	ㄱ=꾸(く)
評価	평가	효까	ひょうか	ㅍ=ㅎ	ㅕ=ㅛ	ㅇ=우(장음)	ㄱ=ㄲ	ㅏ=ㅏ	
評判	평판	효우방	ひょうばん	ㅍ=ㅎ	ㅕ=ㅛ	ㅇ=우(장음)	ㅍ=ㅂ	ㅏ=ㅏ	ㄴ=ㅇ(ん)
隔離	격리	카꾸리	かくり	ㄱ=ㅋ	ㅕ=ㅏ	ㄱ=꾸(く)	ㄹ=ㄹ	ㅣ=ㅣ	
革命	혁명	카꾸메이	かくめい	ㅎ=ㅋ	ㅕ=ㅏ	ㄱ=꾸(く)	ㅁ=ㅁ	ㅕ=ㅔ	ㅇ=이(장음)
警察	경찰	케이사쯔	けいさつ	ㄱ=ㅋ	ㅕ=ㅔ	ㅇ=이(장음)	ㅊ=ㅅ	ㅏ=ㅏ	ㄹ=쯔(つ)
役割	역할	야꾸와리	やくわり	ㅇ=ㅇ	ㅕ=ㅑ	ㄱ=꾸(く)	ㅎ=ㅇ	ㅏ=ㅘ	ㄹ=리

Ex 더 많은 예시들 : 두 번째 글자 한글 모음 [ㅕ] 발음 변환    음성 8-18 ㅕ→ㅔ/ㅛ..

일어 한자	한글 발음	일어 한글 발음	일어 발음	첫자음	단모음	받침	첫자음	단모음	받침
神経	신경	싱께이	しんけい	ㅅ=ㅅ	ㅣ=ㅣ	ㄴ=ㅇ(ん)	ㄱ=ㄲ	ㅕ=ㅔ	ㅇ=이(장음)
新年	신년	신넹	しんねん	ㅅ=ㅅ	ㅣ=ㅣ	ㄴ=ㄴ(ん)	ㄴ=ㄴ	ㅕ=ㅔ	ㄴ=ㅇ(ん)
履歴	이력	리레끼	りれき	ㅇ=ㄹ(두)	ㅣ=ㅣ		ㄹ=ㄹ	ㅕ=ㅔ	ㄱ=끼(き)
識別	식별	시끼베쯔	しきべつ	ㅅ=ㅅ	ㅣ=ㅣ	ㄱ=끼(き)	ㅂ=ㅂ	ㅕ=ㅔ	ㄹ=쯔(つ)
意見	의견	이껭	いけん	ㅇ=ㅇ	ㅢ=ㅣ		ㄱ=ㄲ	ㅕ=ㅔ	ㄴ=ㅇ(ん)
喫煙	흡연	키쯔엥	きつえん	ㅎ=ㅋ	ㅡ=ㅣ	ㅂ=쯔(つ)	ㅇ=ㅇ	ㅕ=ㅔ	ㄴ=ㅇ(ん)
特別	특별	토쿠베쯔	とくべつ	ㅌ=ㅌ	ㅡ=ㅗ	ㄱ=꾸(く)	ㅂ=ㅂ	ㅕ=ㅔ	ㄹ=쯔(つ)
有名	유명	유우메이	ゆうめい	ㅇ=ㅇ	ㅠ=ㅠ		ㅁ=ㅁ	ㅕ=ㅔ	ㅇ=이(장음)
水平	수평	스이헤이	すいへい	ㅅ=ㅅ	ㅜ=ㅣ		ㅍ=ㅎ	ㅕ=ㅔ	ㅇ=이(장음)
周辺	주변	슈우헹	しゅうへん	ㅈ=ㅅ	ㅜ=ㅠ		ㅂ=ㅎ	ㅕ=ㅔ	ㄴ=ㅇ(ん)
出演	출연	슈쯔엥	しゅつえん	ㅊ=ㅅ	ㅜ=ㅠ	ㄹ=쯔(つ)	ㅇ=ㅇ	ㅕ=ㅔ	ㄴ=ㅇ(ん)
訓練	훈련	쿤렝	くんれん	ㅎ=ㅋ	ㅜ=ㅜ	ㄴ=ㄴ(ん)	ㄹ=ㄹ	ㅕ=ㅔ	ㄴ=ㅇ(ん)
区別	구별	쿠베쯔	くべつ	ㄱ=ㅋ	ㅜ=ㅜ		ㅂ=ㅂ	ㅕ=ㅔ	ㄹ=쯔(つ)
運営	운영	웅에이	うんえい	ㅇ=ㅇ	ㅜ=ㅜ	ㄴ=ㅇ(ん)	ㅇ=ㅇ	ㅕ=ㅔ	ㅇ=이(장음)
透明	투명	토우메이	とうめい	ㅌ=ㅌ	ㅜ=ㅗㅜ		ㅁ=ㅁ	ㅕ=ㅔ	ㅇ=이(장음)
貿易	무역	보우에끼	ぼうえき	ㅁ=ㅂ	ㅜ=ㅗㅜ		ㅇ=ㅇ	ㅕ=ㅔ	ㄱ=끼(き)
国営	국영	코꾸에이	こくえい	ㄱ=ㅋ	ㅜ=ㅗ	ㄱ=꾸(く)	ㅇ=ㅇ	ㅕ=ㅔ	ㅇ=이(장음)

일어 한자	한글 발음	일어 한글 발음	일어 발음	첫자음	단모음	받침	첫자음	단모음	받침
表面	표면	효우멩	ひょうめん	ㅍ=ㅎ	ㅛ=ㅛㅜ		ㅁ=ㅁ	ㅕ=ㅔ	ㄴ=ㅇ(ん)
表現	표현	효우겡	ひょうげん	ㅍ=ㅎ	ㅛ=ㅛㅜ		ㅎ=ㄱ	ㅕ=ㅔ	ㄴ=ㅇ(ん)
関連	관련	칸렝	かんれん	ㄱ=ㅋ	ㅘ=ㅏ	ㄴ=ㄴ(ん)	ㄹ=ㄹ	ㅕ=ㅔ	ㄴ=ㅇ(ん)
完璧	완벽	캄뻬끼	かんぺき	ㅇ=ㅋ	ㅘ=ㅏ	ㄴ=ㅁ(ん)	ㅂ=ㅃ	ㅕ=ㅔ	ㄱ=끼(き)
歓迎	환영	캉게이	かんげい	ㅎ=ㅋ	ㅘ=ㅏ	ㄴ=ㅇ(ん)	ㅇ=ㄱ	ㅕ=ㅔ	ㅇ=이(장음)
撮影	촬영	사쯔에이	さつえい	ㅊ=ㅅ	ㅘ=ㅏ	ㄹ=쯔(つ)	ㅇ=ㅇ	ㅕ=ㅔ	ㅇ=이(장음)
照明	조명	쇼우메이	しょうめい	ㅈ=ㅅ	ㅛ=ㅛㅜ		ㅁ=ㅁ	ㅕ=ㅔ	ㅇ=이(장음)
攻撃	공격	코우게끼	こうげき	ㄱ=ㅋ	ㅗ=ㅗ	ㅇ=우(장음)	ㄱ=ㄱ	ㅕ=ㅔ	ㄱ=끼(き)
路面	노면	로멩	ろめん	ㄴ=ㄹ(두)	ㅗ=ㅗ		ㅁ=ㅁ	ㅕ=ㅔ	ㄴ=ㅇ(ん)
告別	고별	코꾸베쯔	こくべつ	ㄱ=ㅋ	ㅗ=ㅗ	꾸(く) 생김	ㅂ=ㅂ	ㅕ=ㅔ	ㄹ=쯔(つ)
汚染	오염	오셍	おせん	ㅇ=ㅇ	ㅗ=ㅗ		ㅇ=ㅅ	ㅕ=ㅔ	ㅁ=ㅇ(ん)
突然	돌연	토츠젱	とつぜん	ㄷ=ㅌ	ㅗ=ㅗ	ㄹ=쯔(つ)	ㅇ=ㅈ	ㅕ=ㅔ	ㄴ=ㅇ(ん)
爆撃	폭격	바구게끼	ばくげき	ㅍ=ㅂ	ㅗ=ㅏ	ㄱ=꾸(く)	ㄱ=ㄱ	ㅕ=ㅔ	ㄱ=끼(き)
命令	명령	메이레이	めいれい	ㅁ=ㅁ	ㅕ=ㅔ	ㅇ=이(장음)	ㄹ=ㄹ	ㅕ=ㅔ	ㅇ=이(장음)
経営	경영	케에에이	けいえい	ㄱ=ㅋ	ㅕ=ㅔ	ㅇ=이(장음)	ㅇ=ㅇ	ㅕ=ㅔ	ㅇ=이(장음)
革命	혁명	카꾸메이	かくめい	ㅎ=ㅋ	ㅕ=ㅏ	ㄱ=꾸(く)	ㅁ=ㅁ	ㅕ=ㅔ	ㅇ=이(장음)
締結	체결	테이께쯔	ていけつ	ㅊ=ㅌ	ㅔ=ㅔㅣ		ㄱ=ㄲ	ㅕ=ㅔ	ㄹ=쯔(つ)
正面	정면	쇼우멩	しょうめん	ㅈ=ㅅ	ㅕ=ㅛ	ㅇ=우(장음)	ㅁ=ㅁ	ㅕ=ㅔ	ㄴ=ㅇ(ん)
清潔	청결	세이께쯔	せいけつ	ㅊ=ㅅ	ㅕ=ㅔ	ㅇ=이(장음)	ㄱ=ㄲ	ㅕ=ㅔ	ㄹ=쯔(つ)
青年	청년	세이넹	せいねん	ㅊ=ㅅ	ㅕ=ㅔ	ㅇ=이(장음)	ㄴ=ㄴ	ㅕ=ㅔ	ㄴ=ㅇ(ん)
声明	성명	세이메이	せいめい	ㅅ=ㅅ	ㅕ=ㅔ	ㅇ=이(장음)	ㅁ=ㅁ	ㅕ=ㅔ	ㅇ=이(장음)
説明	설명	세쯔메이	せつめい	ㅅ=ㅅ	ㅕ=ㅔ	ㄹ=쯔(つ)	ㅁ=ㅁ	ㅕ=ㅔ	ㅇ=이(장음)
前面	전면	젬멩	ぜんめん	ㅈ=ㅈ	ㅕ=ㅔ	ㄴ=ㅁ(ん)	ㅁ=ㅁ	ㅕ=ㅔ	ㄴ=ㅇ(ん)
性別	성별	세이베쯔	せいべつ	ㅅ=ㅅ	ㅕ=ㅔ	ㅇ=이(장음)	ㅂ=ㅂ	ㅕ=ㅔ	ㄹ=쯔(つ)
天然	천연	텐넹	てんねん	ㅊ=ㅌ	ㅕ=ㅔ	ㄴ=ㄴ(ん)	ㅇ=ㄴ(두)	ㅕ=ㅔ	ㄴ=ㅇ(ん)
検疫	검역	켕에끼	けんえき	ㄱ=ㅋ	ㅕ=ㅔ	ㅁ=ㅇ(ん)	ㅇ=ㅇ	ㅕ=ㅔ	ㄱ=끼(き)
夜景	야경	야께이	やけい	ㅇ=ㅇ	ㅑ=ㅑ		ㄱ=ㄲ	ㅕ=ㅔ	ㅇ=이(장음)
生命	생명	세이메이	せいめい	ㅅ=ㅅ	ㅐ=ㅔ	ㅇ=이(장음)	ㅁ=ㅁ	ㅕ=ㅔ	ㅇ=이(장음)
背景	배경	하이께이	はいけい	ㅂ=ㅎ	ㅐ=ㅏㅣ		ㄱ=ㄲ	ㅕ=ㅔ	ㅇ=이(장음)
解決	해결	카이께쯔	かいけつ	ㅎ=ㅋ	ㅐ=ㅏㅣ		ㄱ=ㄲ	ㅕ=ㅔ	ㄹ=쯔(つ)
採決	채결	사이께쯔	さいけつ	ㅊ=ㅅ	ㅐ=ㅏㅣ		ㄱ=ㄲ	ㅕ=ㅔ	ㄹ=쯔(つ)

일어 한자	한글 발음	일어 한글 발음	일어 발음	첫자음	단모음	받침	첫자음	단모음	받침
死別	사별	시베쯔	しべつ	ㅅ=さ	ㅏ=ㅣ		ㅂ=ㅂ	ㅕ=ㅔ	ㄹ=쯔(つ)
自然	자연	시젱	しぜん	ㅈ=さ	ㅏ=ㅣ		ㅇ=ざ	ㅕ=ㅔ	ㄴ=ㅇ(ん)
上映	상영	죠우에이	じょうえい	ㅅ=ざ	ㅏ=ㅛ	ㅇ=우(장음)	ㅇ=ㅇ	ㅕ=ㅔ	ㅇ=이(장음)
方面	방면	호우멩	ほうめん	ㅂ=ㅎ	ㅏ=ㅗ	ㅇ=우(장음)	ㅁ=ㅁ	ㅕ=ㅔ	ㄴ=ㅇ(ん)
答弁	답변	토우벵	とうべん	ㄷ=ㅌ	ㅏ=ㅗ	ㅂ=우(장음)	ㅂ=ㅂ	ㅕ=ㅔ	ㄴ=ㅇ(ん)
講演	강연	코우엥	こうえん	ㄱ=ㅋ	ㅏ=ㅗ	ㅇ=우(장음)	ㅇ=ㅇ	ㅕ=ㅔ	ㄴ=ㅇ(ん)
当然	당연	토우젱	とうぜん	ㄷ=ㅌ	ㅏ=ㅗ	ㅇ=우(장음)	ㅇ=ざ	ㅕ=ㅔ	ㄴ=ㅇ(ん)
反擊	반격	항게끼	はんげき	ㅂ=ㅎ	ㅏ=ㅏ	ㄴ=ㅇ(ん)	ㄱ=ㄱ	ㅕ=ㅔ	ㄱ=끼(き)
可決	가결	카께쯔	かけつ	ㄱ=ㅋ	ㅏ=ㅏ		ㄱ=ㄲ	ㅕ=ㅔ	ㄹ=쯔(つ)
派遣	파견	하껭	はけん	ㅍ=ㅎ	ㅏ=ㅏ		ㄱ=ㄲ	ㅕ=ㅔ	ㄴ=ㅇ(ん)
發見	발견	학껭	はっけん	ㅂ=ㅎ	ㅏ=ㅏ	ㄹ=(ㄱ)っ	ㄱ=ㄲ	ㅕ=ㅔ	ㄴ=ㅇ(ん)
昨年	작년	사꾸넹	さくねん	ㅈ=さ	ㅏ=ㅏ	ㄱ=꾸(く)	ㄴ=ㄴ	ㅕ=ㅔ	ㄴ=ㅇ(ん)
差別	차별	사베쯔	さべつ	ㅊ=さ	ㅏ=ㅏ		ㅂ=ㅂ	ㅕ=ㅔ	ㄹ=쯔(つ)
合併	합병	갑뻬이	がっぺい	ㅎ=ㄱ	ㅏ=ㅏ	ㅂ=(ㅂ)っ	ㅂ=ㅃ	ㅕ=ㅔ	ㅇ=이(장음)
感染	감염	칸셍	かんせん	ㄱ=ㅋ	ㅏ=ㅏ	ㅁ=ㄴ(ん)	ㅇ=ㅅ	ㅕ=ㅔ	ㅁ=ㅇ(ん)
破片	파편	하헹	はへん	ㅍ=ㅎ	ㅏ=ㅏ		ㅍ=ㅎ	ㅕ=ㅔ	ㄴ=ㅇ(ん)
實力	실력	지쯔료쿠	じつりょく	ㅅ=ざ	ㅣ=ㅣ	ㄹ=쯔(つ)	ㄹ=ㄹ	ㅕ=ㅛ	ㄱ=꾸(く)
批評	비평	히효우	ひひょう	ㅂ=ㅎ	ㅣ=ㅣ		ㅍ=ㅎ	ㅕ=ㅛ	ㅇ=우(장음)
能力	능력	노우료꾸	のうりょく	ㄴ=ㄴ	ㅡ=ㅗ	ㅇ=우(장음)	ㄹ=ㄹ	ㅕ=ㅛ	ㄱ=꾸(く)
環境	환경	캉꾜우	かんきょう	ㅎ=ㅋ	ㅘ=ㅏ	ㄴ=ㅇ(ん)	ㄱ=ㄲ	ㅕ=ㅛ	ㅇ=우(장음)
考慮	고려	코우료	こうりょ	ㄱ=ㅋ	ㅗ=ㅗ		ㄹ=ㄹ	ㅕ=ㅛ	
暴力	폭력	보우료꾸	ぼうりょく	ㅍ=ㅂ	ㅗ=ㅗ	ㄱ=우(장음)	ㄹ=ㄹ	ㅕ=ㅛ	ㄱ=꾸(く)
努力	노력	도료꾸	どりょく	ㄴ=ㄷ	ㅗ=ㅗ		ㄹ=ㄹ	ㅕ=ㅛ	ㄱ=꾸(く)
協力	협력	쿄우료꾸	きょうりょく	ㅎ=ㅋ	ㅕ=ㅛ	ㅂ=우(장음)	ㄹ=ㄹ	ㅕ=ㅛ	ㄱ=꾸(く)
勢力	세력	세이료꾸	せいりょく	ㅅ=さ	ㅔ=ㅔㅣ		ㄹ=ㄹ	ㅕ=ㅛ	ㄱ=꾸(く)
占領	점령	센료우	せんりょう	ㅈ=さ	ㅓ=ㅔ	ㅁ=ㄴ(ん)	ㄹ=ㄹ	ㅕ=ㅛ	ㅇ=우(장음)
全力	전력	젠료꾸	ぜんりょく	ㅈ=ざ	ㅓ=ㅔ	ㄴ=ㄴ(ん)	ㄹ=ㄹ	ㅕ=ㅛ	ㄱ=꾸(く)
配慮	배려	하이료	はいりょ	ㅂ=ㅎ	ㅐ=ㅏㅣ		ㄹ=ㄹ	ㅕ=ㅛ	
彈力	탄력	단료꾸	だんりょく	ㅌ=ㄷ	ㅏ=ㅏ	ㄴ=ㄴ(ん)	ㄹ=ㄹ	ㅕ=ㅛ	ㄱ=꾸(く)
壓力	압력	아쯔료꾸	あつりょく	ㅇ=ㅇ	ㅏ=ㅏ	ㅂ=쯔(つ)	ㄹ=ㄹ	ㅕ=ㅛ	ㄱ=꾸(く)
迫力	박력	하꾸료꾸	はくりょく	ㅂ=ㅎ	ㅏ=ㅏ	ㄱ=꾸(く)	ㄹ=ㄹ	ㅕ=ㅛ	ㄱ=꾸(く)

일어 한자	한글 발음	일어 한글 발음	일어 발음	첫자음	단모음	받침	첫자음	단모음	받침
伴侶	반려	한료	はんりょ	ㅂ=ㅎ	ㅏ=ㅏ	ㄴ=ㄴ(ん)	ㄹ=ㄹ	ㅕ=ㅛ	
改革	개혁	카이까꾸	かいかく	ㄱ=ㅋ	ㅐ=ㅏㅣ		ㅎ=ㄲ	ㅕ=ㅏ	ㄱ=꾸(く)
資格	자격	시까꾸	しかく	ㅈ=ㅅ	ㅏ=ㅣ		ㄱ=ㄲ	ㅕ=ㅏ	ㄱ=꾸(く)
郵便	우편	유우빙	ゆうびん	ㅇ=ㅇ	ㅜ=ㅠㅜ		ㅍ=ㅂ	ㅕ=ㅣ	ㄴ=ㅇ(ん)
區域	구역	쿠이끼	くいき	ㄱ=ㅋ	ㅜ=ㅜ		ㅇ=ㅇ	ㅕ=ㅣ	ㄱ=끼(き)
變更	변경	헹꼬우	へんこう	ㅂ=ㅎ	ㅕ=ㅔ	ㄴ=ㅇ(ん)	ㄱ=ㄲ	ㅕ=ㅗ	ㅇ=우(장음)
翻訳	번역	홍양꾸	ほんやく	ㅂ=ㅎ	ㅕ=ㅗ	ㄴ=ㅇ(ん)	ㅇ=ㅇ	ㅕ=ㅑ	ㄱ=꾸(く)

🎙 한글 모음 [ㅖ] 변환

가장 비율이 높은 변환 [ㅖ ➡ ㅛ, ㅔㅣ]에 집중하여 단어 말하기 훈련을 합니다.

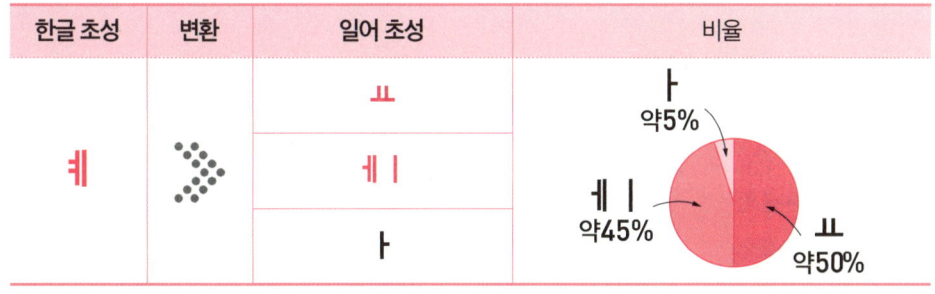

Ex 더 많은 예시들 : 첫 번째 글자 한글 모음 [ㅖ] 발음 변환 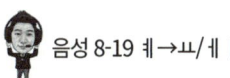 음성 8-19 ㅖ→ㅛ/ㅔㅣ

일어 한자	한글 발음	일어 한글 발음	일어 발음	첫자음	단모음	받침	첫자음	단모음	받침
預金	예금	요낑	よきん	ㅇ=ㅇ	ㅖ=ㅛ	없음	ㄱ=ㄲ	ㅡ=ㅣ	ㅁ=ㅇ(ん)
予習	예습	요슈우	よしゅう	ㅇ=ㅇ	ㅖ=ㅛ	없음	ㅅ=ㅅ	ㅡ=ㅠ	ㅂ=우(장음)
予測	예측	요소꾸	よそく	ㅇ=ㅇ	ㅖ=ㅛ	없음	ㅊ=ㅅ	ㅡ=ㅗ	ㄱ=꾸(く)

일어 한자	한글 발음	일어 한글 발음	일어 발음	첫자음	단모음	받침	첫자음	단모음	받침
予報	예보	요호우	よほう	ㅇ=ㅇ	ㅖ=ㅛ	없음	ㅂ=ㅎ	ㅗ=ㅗㅜ	
予定	예정	요떼이	よてい	ㅇ=ㅇ	ㅖ=ㅛ	없음	ㅈ=ㄸ	ㅓ=ㅔ	ㅇ=이(장음)
予想	예상	요소우	よそう	ㅇ=ㅇ	ㅖ=ㅛ	없음	ㅅ=ㅅ	ㅏ=ㅗ	ㅇ=우(장음)
予算	예산	요상	よさん	ㅇ=ㅇ	ㅖ=ㅛ	없음	ㅅ=ㅅ	ㅏ=ㅏ	ㄴ=ㅇ(ん)
芸術	예술	게이쥬쯔	げいじゅつ	ㅇ=ㄱ	ㅖ=ㅔㅣ	없음	ㅅ=ㅈ	ㅜ=ㅠ	ㄹ=쯔(つ)
計画	계획	케이까꾸	けいかく	ㄱ=ㅋ	ㅖ=ㅔㅣ	없음	ㅎ=ㄲ	ㅚ=ㅏ	ㄱ=꾸(く)
継続	계속	케이조꾸	けいぞく	ㄱ=ㅋ	ㅖ=ㅔㅣ	없음	ㅅ=ㅈ	ㅗ=ㅗ	ㄱ=꾸(く)
契約	계약	케이야꾸	けいやく	ㄱ=ㅋ	ㅖ=ㅔㅣ	없음	ㅇ=ㅇ	ㅑ=ㅑ	ㄱ=꾸(く)
計算	계산	케이상	けいさん	ㄱ=ㅋ	ㅖ=ㅔㅣ	없음	ㅅ=ㅅ	ㅏ=ㅏ	ㄴ=ㅇ(ん)
階段	계단	카이당	かいだん	ㄱ=ㅋ	ㅖ=ㅏㅣ	없음	ㄷ=ㄷ	ㅏ=ㅏ	ㄴ=ㅇ(ん)
廃棄	폐기	하이끼	はいき	ㅍ=ㅎ	ㅖ=ㅏㅣ	없음	ㄱ=ㄲ	ㅣ=ㅣ	

Ex 더 많은 예시들 : 두 번째 글자 한글 모음 [ㅖ] 발음 변환   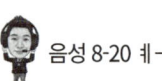 음성 8-20 ㅖ→ㅔㅣ/ㅏㅣ

일어 한자	한글 발음	일어 한글 발음	일어 발음	첫자음	단모음	받침	첫자음	단모음	받침
設計	설계	섹께이	せっけい	ㅅ=ㅅ	ㅓ=ㅔ	ㄹ=ㄱ(っ)	ㄱ=ㄲ	ㅖ=ㅔㅣ	없음
連係	연계	렝께이	れんけい	ㅇ=ㄹ(두)	ㅓ=ㅔ	ㄴ=ㅇ(ん)	ㄱ=ㄲ	ㅖ=ㅔㅣ	없음
関係	관계	캉께이	かんけい	ㄱ=ㅋ	ㅘ=ㅏ	ㄴ=ㅇ(ん)	ㄱ=ㄲ	ㅖ=ㅔㅣ	없음
段階	단계	당까이	だんかい	ㄷ=ㄷ	ㅏ=ㅏ	ㄴ=ㅇ(ん)	ㄱ=ㄲ	ㅖ=ㅏㅣ	없음
世界	세계	세까이	せかい	ㅅ=ㅅ	ㅔ=ㅔ		ㄱ=ㄲ	ㅖ=ㅏㅣ	없음
機械	기계	키까이	きかい	ㄱ=ㅋ	ㅣ=ㅣ		ㄱ=ㄲ	ㅖ=ㅏㅣ	없음
冬季	동계	토우끼	とうき	ㄷ=ㅌ	ㅗ=ㅗ	ㅇ=우(장음)	ㄱ=ㄲ	ㅖ=ㅣ	없음

한글 모음 [와] 변환

가장 비율이 높은 변환 [와➡아]에 집중하여 단어 말하기 훈련을 합니다.

한글 초성	변환	일어 초성	비율
와	▸	아 / ㅗ,와	ㅗ,와 약10% / 아 약90%

(한글) (일본어)
換(환) ▸ かん(캉)

Ex 더 많은 예시들: 첫 번째 글자 한글 모음 [와] 발음 변환

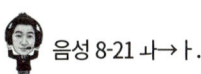 음성 8-21 와→아..

일어 한자	한글 발음	일어 한글 발음	일어 발음	첫자음	단모음	받침	첫자음	단모음	받침
換気	환기	캉끼	かんき	ㅎ=ㅋ	와=아	ㄴ=ㅇ(ん)	ㄱ=ㄲ	ㅣ=ㅣ	
管理	관리	칸리	かんり	ㄱ=ㅋ	와=아	ㄴ=ㄴ(ん)	ㄹ=ㄹ	ㅣ=ㅣ	
関心	관심	칸싱	かんしん	ㄱ=ㅋ	와=아	ㄴ=ㄴ(ん)	ㅅ=ㅅ	ㅣ=ㅣ	ㅁ=ㅇ(ん)
確実	확실	카꾸지쯔	かくじつ	ㅎ=ㅋ	와=아	ㄱ=꾸(く)	ㅅ=ㅈ	ㅣ=ㅣ	ㄹ=쯔(つ)
確認	확인	카꾸닝	かくにん	ㅎ=ㅋ	와=아	ㄱ=꾸(く)	ㅇ=ㄴ(두)	ㅣ=ㅣ	ㄴ=ㅇ(ん)
観測	관측	칸소꾸	かんそく	ㄱ=ㅋ	와=아	ㄴ=ㄴ(ん)	ㅊ=ㅅ	ㅡ=ㅗ	ㄱ=꾸(く)
観衆	관중	칸슈우	かんしゅう	ㄱ=ㅋ	와=아	ㄴ=ㄴ(ん)	ㅈ=ㅅ	ㅜ=ㅠ	ㅇ=우(장음)
完了	완료	칸료우	かんりょう	ㅇ=ㅋ	와=아	ㄴ=ㄴ(ん)	ㄹ=ㄹ	ㅛ=ㅛㅜ	
観光	관광	캉꼬우	かんこう	ㄱ=ㅋ	와=아	ㄴ=ㅇ(ん)	ㄱ=ㄲ	와=ㅗ	ㅇ=우(장음)
活動	활동	카쯔도우	かつどう	ㅎ=ㅋ	와=아	ㄹ=쯔(つ)	ㄷ=ㄷ	ㅗ=ㅗ	ㅇ=우(장음)
確保	확보	카꾸호	かくほ	ㅎ=ㅋ	와=아	ㄱ=꾸(く)	ㅂ=ㅎ	ㅗ=ㅗ	
関係	관계	캉께이	かんけい	ㄱ=ㅋ	와=아	ㄴ=ㅇ(ん)	ㄱ=ㄲ	ㅖ=ㅔㅣ	
環境	환경	캉꾜우	かんきょう	ㅎ=ㅋ	와=아	ㄴ=ㅇ(ん)	ㄱ=ㄲ	ㅕ=ㅛ	ㅇ=우(장음)
関連	관련	칸렝	かんれん	ㄱ=ㅋ	와=아	ㄴ=ㄴ(ん)	ㄹ=ㄹ	ㅕ=ㅔ	ㄴ=ㅇ(ん)

일어 한자	한글 발음	일어 한글 발음	일어 발음	첫자음	단모음	받침	첫자음	단모음	받침
完璧	완벽	캄뻬끼	かんぺき	ㅇ=ㅋ	ㅘ=ㅏ	ㄴ=ㅁ(ん)	ㅂ=ㅃ	ㅕ=ㅔ	ㄱ=끼(き)
歡迎	환영	캉게이	かんげい	ㅎ=ㅋ	ㅘ=ㅏ	ㄴ=ㅇ(ん)	ㅇ=ㄱ	ㅕ=ㅔ	ㅇ=이(장음)
撮影	촬영	사쯔에이	さつえい	ㅊ=ㅅ	ㅘ=ㅏ	ㄹ=쯔(つ)	ㅇ=ㅇ	ㅕ=ㅔ	ㅇ=이(장음)
課題	과제	카다이	かだい	ㄱ=ㅋ	ㅘ=ㅏ		ㅈ=ㄷ	ㅔ=ㅏㅣ	
過去	과거	카꼬	かこ	ㄱ=ㅋ	ㅘ=ㅏ		ㄱ=ㄲ	ㅕ=ㅗ	
完成	완성	칸세이	かんせい	ㅇ=ㅋ	ㅘ=ㅏ	ㄴ=ㄴ(ん)	ㅅ=ㅅ	ㅕ=ㅔ	ㅇ=이(장음)
確定	확정	카꾸떼이	かくてい	ㅎ=ㅋ	ㅘ=ㅏ	ㄱ=꾸(く)	ㅈ=ㄸ	ㅕ=ㅔ	ㅇ=이(장음)
課程	과정	카떼이	かてい	ㄱ=ㅋ	ㅘ=ㅏ		ㅈ=ㄸ	ㅕ=ㅔ	ㅇ=이(장음)
觀点	관점	칸뗀	かんてん	ㄱ=ㅋ	ㅘ=ㅏ	ㄴ=ㄴ(ん)	ㅈ=ㄸ	ㅕ=ㅔ	ㅁ=ㅇ(ん)
活躍	활약	카쯔야꾸	かつやく	ㅎ=ㅋ	ㅘ=ㅏ	ㄹ=쯔(つ)	ㅇ=ㅇ	ㅑ=ㅑ	ㄱ=꾸(く)
拡大	확대	카꾸다이	かくだい	ㅎ=ㅋ	ㅘ=ㅏ	ㄱ=꾸(く)	ㄷ=ㄷ	ㅐ=ㅏㅣ	
火災	화재	카사이	かさい	ㅎ=ㅋ	ㅘ=ㅏ		ㅈ=ㅅ	ㅐ=ㅏㅣ	
拡散	확산	카꾸상	かくさん	ㅎ=ㅋ	ㅘ=ㅏ	ㄱ=꾸(く)	ㅅ=ㅅ	ㅏ=ㅏ	ㄴ=ㅇ(ん)
觀察	관찰	칸사쯔	かんさつ	ㄱ=ㅋ	ㅘ=ㅏ	ㄴ=ㄴ(ん)	ㅊ=ㅅ	ㅏ=ㅏ	ㄹ=쯔(つ)
化学	화학	카가꾸	かがく	ㅎ=ㅋ	ㅘ=ㅏ		ㅎ=ㄱ	ㅏ=ㅏ	ㄱ=꾸(く)
科学	과학	카가꾸	かがく	ㄱ=ㅋ	ㅘ=ㅏ		ㅎ=ㄱ	ㅏ=ㅏ	ㄱ=꾸(く)
往復	왕복	오우후꾸	おうふく	ㅇ=ㅇ	ㅘ=ㅗ	ㅇ=우(장음)	ㅂ=ㅎ	ㅗ=ㅜ	ㄱ=꾸(く)
廣告	광고	코우꼬꾸	こうこく	ㄱ=ㅋ	ㅘ=ㅗ	ㅇ=우(장음)	ㄱ=ㄲ	ㅗ=ㅗ	꾸(く) 생김
話題	화제	와다이	わだい	ㅎ=ㅇ	ㅘ=ㅘ		ㅈ=ㄷ	ㅔ=ㅏㅣ	

Ex 더 많은 예시들 : 두 번째 글자 한글 모음 [ㅘ] 발음 변환  음성 8-22 ㅘ→ㅏ..

일어 한자	한글 발음	일어 한글 발음	일어 발음	첫자음	단모음	받침	첫자음	단모음	받침
進化	진화	싱까	しんか	ㅈ=ㅅ	ㅣ=ㅣ	ㄴ=ㅇ(ん)	ㅎ=ㄲ	ㅘ=ㅏ	
文化	문화	붕까	ぶんか	ㅁ=ㅂ	ㅜ=ㅜ	ㄴ=ㅇ(ん)	ㅎ=ㄲ	ㅘ=ㅏ	
効果	효과	코우까	こうか	ㅎ=ㅋ	ㅛ=ㅗㅜ			ㄱ=ㄲ	ㅘ=ㅏ
交換	교환	코우깡	こうかん	ㄱ=ㅋ	ㅛ=ㅗㅜ		ㅎ=ㄲ	ㅘ=ㅏ	ㄴ=ㅇ(ん)
通関	통관	츠우깡	つうかん	ㅌ=ㅊ	ㅗ=ㅜ	ㅇ=우(장음)	ㄱ=ㄲ	ㅘ=ㅏ	ㄴ=ㅇ(ん)
通過	통과	츠우까	つうか	ㅌ=ㅊ	ㅗ=ㅜ	ㅇ=우(장음)	ㄱ=ㄲ	ㅘ=ㅏ	

일어 한자	한글 발음	일어 한글 발음	일어 발음	첫자음	단모음	받침	첫자음	단모음	받침
消化	소화	쇼우까	しょうか	ㅅ=ㅅ	ㅗ=ㅛㅜ		ㅎ=ㄲ	ㅘ=ㅏ	
旅館	여관	료깡	りょかん	ㅇ=ㄹ(두)	ㅕ=ㅛ		ㄱ=ㄲ	ㅘ=ㅏ	ㄴ=ㅇ(ん)
玄関	현관	겡깡	げんかん	ㅎ=ㄱ	ㅕ=ㅔ	ㄴ=ㅇ(ん)	ㄱ=ㄲ	ㅘ=ㅏ	ㄴ=ㅇ(ん)
結果	결과	켁까	けっか	ㄱ=ㅋ	ㅕ=ㅔ	ㄹ=ㄱ(っ)	ㄱ=ㄲ	ㅘ=ㅏ	
映画	영화	에이가	えいが	ㅇ=ㅇ	ㅕ=ㅔ	ㅇ=이(장음)	ㅎ=ㄱ	ㅘ=ㅏ	
変化	변화	헹까	へんか	ㅂ=ㅎ	ㅕ=ㅔ	ㄴ=ㅇ(ん)	ㅎ=ㄲ	ㅘ=ㅏ	
激化	격화	게끼까	げきか	ㄱ=ㄱ	ㅕ=ㅔ	ㄱ=끼(き)	ㅎ=ㄲ	ㅘ=ㅏ	
成果	성과	세이까	せいか	ㅅ=ㅅ	ㅓ=ㅔ	ㅇ=이(장음)	ㄱ=ㄲ	ㅘ=ㅏ	
転換	전환	텡깡	てんかん	ㅈ=ㅌ	ㅓ=ㅔ	ㄴ=ㅇ(ん)	ㅎ=ㄲ	ㅘ=ㅏ	ㄴ=ㅇ(ん)
正確	정확	세이까꾸	せいかく	ㅈ=ㅅ	ㅓ=ㅔ	ㅇ=이(장음)	ㅎ=ㄲ	ㅘ=ㅏ	ㄱ=꾸(く)
生活	생활	세이까쯔	せいかつ	ㅅ=ㅅ	ㅐ=ㅔ	ㅇ=이(장음)	ㅎ=ㄲ	ㅘ=ㅏ	ㄹ=쯔(つ)
強化	강화	쿄우까	きょうか	ㄱ=ㅋ	ㅏ=ㅛㅜ	ㅇ=우(장음)	ㅎ=ㄲ	ㅘ=ㅏ	
楽観	낙관	락깡	らっかん	ㄴ=ㄹ(두)	ㅏ=ㅏ	ㄱ=ㄱ(っ)	ㄱ=ㄲ	ㅘ=ㅏ	ㄴ=ㅇ(ん)
悪化	악화	악까	あっか	ㅇ=ㅇ	ㅏ=ㅏ	ㄱ=ㄱ(っ)	ㅎ=ㄲ	ㅘ=ㅏ	
観光	관광	캉꼬우	かんこう	ㄱ=ㅋ	ㅘ=ㅏ	ㄴ=ㅇ(ん)	ㄱ=ㄲ	ㅘ=ㅗ	ㅇ=우(장음)
鉄鋼	철광	텍꼬우	てっこう	ㅊ=ㅌ	ㅓ=ㅔ	ㄹ=ㄱ(っ)	ㄱ=ㄲ	ㅘ=ㅗ	ㅇ=우(장음)
平和	평화	헤이와	へいわ	ㅍ=ㅎ	ㅕ=ㅔ	ㅇ=이(장음)	ㅎ=ㅇ	ㅘ=ㅘ	
電話	전화	뎅와	でんわ	ㅈ=ㄷ	ㅓ=ㅔ	ㄴ=ㅇ(ん)	ㅎ=ㅇ	ㅘ=ㅘ	
不況	불황	후꾜우	ふきょう	ㅂ=ㅎ	ㅜ=ㅜ	ㄹ=사라짐	ㅎ=ㄲ	ㅘ=ㅛㅜ	ㅇ=우(장음)
状況	상황	죠우꾜우	じょうきょう	ㅅ=ㅈ	ㅏ=ㅛ	ㅇ=우(장음)	ㅎ=ㄲ	ㅘ=ㅛㅜ	ㅇ=우(장음)

🎤 한글 모음 [ㅚ] 변환

가장 비율이 높은 변환 [ㅚ ➡ ㅏㅣ]에 집중하여 단어 말하기 훈련을 합니다.

특히 [ㅚ]가 [ㅏㅣ]로 변환될 때는 [ㅚ]에 받침이 없는 경우가 대부분입니다.

한글 초성	변환	일어 초성	비율
ㅚ	≫	ㅏㅣ	ㅗ,ㅏ 약10%
		ㅗ,ㅏ	ㅏㅣ 약90%

(한글)   (일본어)

회(会) ▶ 카(か)이(い)

Ex 더 많은 예시들 : 첫 번째 글자 한글 모음 [ㅚ] 발음 변환   음성 8-23 ㅚ→ㅏㅣ..

일어 한자	한글 발음	일어 한글 발음	일어 발음	첫자음	단모음	받침	첫자음	단모음	받침
会議	회의	카이기	かいぎ	ㅎ=ㅋ	ㅚ=ㅏㅣ	없음	ㅇ=ㄱ	ㅢ=ㅣ	
退職	퇴직	타이쇼꾸	たいしょく	ㅌ=ㅌ	ㅚ=ㅏㅣ	없음	ㅈ=ㅅ	ㅣ=ㅛ	ㄱ=꾸(く)
最近	최근	사이낑	さいきん	ㅊ=ㅅ	ㅚ=ㅏㅣ	없음	ㄱ=ㄲ	ㅡ=ㅣ	ㄴ=ㅇ(ん)
外国	외국	가이꼬꾸	がいこく	ㅇ=ㄱ	ㅚ=ㅏㅣ	없음	ㄱ=ㄲ	ㅜ=ㅗ	ㄱ=꾸(く)
最後	최후	사이고	さいご	ㅊ=ㅅ	ㅚ=ㅏㅣ	없음	ㅎ=ㄱ	ㅜ=ㅗ	
外交	외교	가이꼬우	がいこう	ㅇ=ㄱ	ㅚ=ㅏㅣ	없음	ㄱ=ㄲ	ㅛ=ㅗㅜ	
最終	최종	사이슈우	さいしゅう	ㅊ=ㅅ	ㅚ=ㅏㅣ	없음	ㅈ=ㅅ	ㅗ=ㅠ	ㅇ=우(장음)
恢復	회복	카이후꾸	かいふく	ㅎ=ㅋ	ㅚ=ㅏㅣ	없음	ㅂ=ㅎ	ㅗ=ㅜ	ㄱ=꾸(く)
最初	최초	사이쇼	さいしょ	ㅊ=ㅅ	ㅚ=ㅏㅣ	없음	ㅊ=ㅅ	ㅗ=ㅛ	
最高	최고	사이꼬우	さいこう	ㅊ=ㅅ	ㅚ=ㅏㅣ	없음	ㄱ=ㄲ	ㅗ=ㅗㅜ	
最低	최저	사이떼이	さいてい	ㅊ=ㅅ	ㅚ=ㅏㅣ	없음	ㅈ=ㄸ	ㅓ=ㅔㅣ	
回転	회전	카이뗑	かいてん	ㅎ=ㅋ	ㅚ=ㅏㅣ	없음	ㅈ=ㄸ	ㅓ=ㅔ	ㄴ=ㅇ(ん)
最大	최대	사이다이	さいだい	ㅊ=ㅅ	ㅚ=ㅏㅣ	없음	ㄷ=ㄷ	ㅐ=ㅏㅣ	
回答	회답	카이또우	かいとう	ㅎ=ㅋ	ㅚ=ㅏㅣ	없음	ㄷ=ㄸ	ㅏ=ㅗ	ㅂ=우(장음)
会談	회담	카이당	かいだん	ㅎ=ㅋ	ㅚ=ㅏㅣ	없음	ㄷ=ㄷ	ㅏ=ㅏ	ㅁ=ㅇ(ん)
横断	횡단	오우당	おうだん	ㅎ=ㅇ	ㅚ=ㅗ	ㅇ=우(장음)	ㄷ=ㄷ	ㅏ=ㅏ	ㄴ=ㅇ(ん)
獲得	획득	카꾸또꾸	かくとく	ㅎ=ㅋ	ㅚ=ㅏ	ㄱ=꾸(く)	ㄷ=ㄸ	ㅡ=ㅗ	ㄱ=꾸(く)

Ex 더 많은 예시들 : 두 번째 글자 한글 모음 [ㅚ] 발음 변환   음성 8-24 ㅚ→ㅏㅣ..

일어 한자	한글 발음	일어 한글 발음	일어 발음	첫자음	단모음	받침	첫자음	단모음	받침
机会	기회	키까이	きかい	ㄱ=ㅋ	ㅣ=ㅣ		ㅎ=ㄲ	ㅚ=ㅏㅣ	없음

일어 한자	한글 발음	일어 한글 발음	일어 발음	첫자음	단모음	받침	첫자음	단모음	받침
依頼	의뢰	이라이	いらい	ㅇ=ㅇ	ㅢ=ㅣ		ㄹ=ㄹ	ㅚ=ㅏㅣ	없음
議会	의회	기까이	ぎかい	ㅇ=ㄱ	ㅢ=ㅣ		ㅎ=ㄲ	ㅚ=ㅏㅣ	없음
大会	대회	타이까이	たいかい	ㄷ=ㅌ	ㅐ=ㅏㅣ		ㅎ=ㄲ	ㅚ=ㅏㅣ	없음
破壊	파괴	하까이	はかい	ㅍ=ㅎ	ㅏ=ㅏ		ㄱ=ㄲ	ㅚ=ㅏㅣ	없음
脱退	탈퇴	닫따이	だったい	ㅌ=ㄷ	ㅏ=ㅏ	ㄹ=ㄷ(っ)	ㅌ=ㄸ	ㅚ=ㅏㅣ	없음
信頼	신뢰	신라이	しんらい	ㅅ=ㅅ	ㅣ=ㅣ	ㄴ=ㄴ(ん)	ㄹ=ㄹ	ㅚ=ㅏㅣ	없음
犯罪	범죄	한자이	はんざい	ㅂ=ㅎ	ㅓ=ㅏ	ㅁ=ㄴ(ん)	ㅈ=ㅈ	ㅚ=ㅏㅣ	없음
海外	해외	카이가이	かいがい	ㅎ=ㅋ	ㅐ=ㅏㅣ		ㅇ=ㄱ	ㅚ=ㅏㅣ	없음
開催	개최	카이사이	かいさい	ㄱ=ㅋ	ㅐ=ㅏㅣ		ㅊ=ㅅ	ㅚ=ㅏㅣ	없음
社会	사회	샤까이	しゃかい	ㅅ=ㅅ	ㅏ=ㅑ		ㅎ=ㄲ	ㅚ=ㅏㅣ	없음
頭脳	두뇌	즈노우	ずのう	ㄷ=ㅈ	ㅜ=ㅡ		ㄴ=ㄴ	ㅚ=ㅗㅜ	없음
首脳	수뇌	슈노우	しゅのう	ㅅ=ㅅ	ㅜ=ㅠ		ㄴ=ㄴ	ㅚ=ㅗㅜ	없음
計画	계획	케이까꾸	けいかく	ㄱ=ㅋ	ㅖ=ㅔㅣ		ㅎ=ㄲ	ㅚ=ㅏ	ㄱ=꾸(く)

🎤 한글 모음 [ㅝ] 변환

가장 비율이 높은 변환 [ㅝ ➡ ㅔ]에 집중하여 단어 말하기 훈련을 합니다.

해당 변환 시 항상 [ㅝ]에는 받침이 있습니다.

한글 초성	변환	일어 초성	비율
ㅝ	➤	ㅔ	ㅔ 100%

(한글)　　　(일본어)

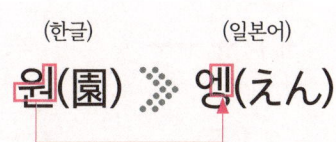

원(園) ➤ 엥(えん)

Ex 더 많은 예시들 : 첫 번째 글자 한글 모음 [ㅝ] 발음 변환 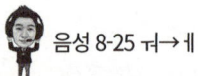 음성 8-25 ㅝ→ㅔ

일어 한자	한글 발음	일어 한글 발음	일어 발음	첫자음	단모음	받침	첫자음	단모음	받침
元気	원기	겡끼	げんき	ㅇ=ㄱ	ㅝ=ㅔ	ㄴ=ㅇ(ん)	ㄱ=ㄲ	ㅣ=ㅣ	
權利	권리	켄리	けんり	ㄱ=ㅋ	ㅝ=ㅔ	ㄴ=ㄴ(ん)	ㄹ=ㄹ	ㅣ=ㅣ	
原因	원인	겡잉	げんいん	ㅇ=ㄱ	ㅝ=ㅔ	ㄴ=ㅇ(ん)	ㅇ=ㅇ	ㅣ=ㅣ	ㄴ=ㅇ(ん)
原則	원칙	겐소꾸	げんそく	ㅇ=ㄱ	ㅝ=ㅔ	ㄴ=ㄴ(ん)	ㅊ=ㅅ	ㅣ=ㅗ	ㄱ=꾸(く)
原子	원자	겐시	げんし	ㅇ=ㄱ	ㅝ=ㅔ	ㄴ=ㄴ(ん)	ㅈ=ㅅ	ㅏ=ㅣ	

Ex 더 많은 예시들 : 두 번째 글자 한글 모음 [ㅝ] 발음 변환 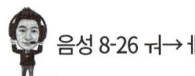 음성 8-26 ㅝ→ㅔ

일어 한자	한글 발음	일어 한글 발음	일어 발음	첫자음	단모음	받침	첫자음	단모음	받침
証券	증권	쇼우껭	しょうけん	ㅈ=ㅅ	ㅡ=ㅛ	ㅇ=우(장음)	ㄱ=ㄲ	ㅝ=ㅔ	ㄴ=ㅇ(ん)
応援	응원	오우엥	おうえん	ㅇ=ㅇ	ㅡ=ㅗ	ㅇ=우(장음)	ㅇ=ㅇ	ㅝ=ㅔ	ㄴ=ㅇ(ん)
公園	공원	코우엥	こうえん	ㄱ=ㅋ	ㅗ=ㅗ	ㅇ=우(장음)	ㅇ=ㅇ	ㅝ=ㅔ	ㄴ=ㅇ(ん)
政権	정권	세이껭	せいけん	ㅈ=ㅅ	ㅓ=ㅔ	ㅇ=이(장음)	ㄱ=ㄲ	ㅝ=ㅔ	ㄴ=ㅇ(ん)
資源	자원	시겡	しげん	ㅈ=ㅅ	ㅏ=ㅣ		ㅇ=ㄱ	ㅝ=ㅔ	ㄴ=ㅇ(ん)

한글 모음 [ㅟ] 변환

가장 비율이 높은 변환에 집중하여 단어 말하기 훈련을 합니다.

한글 초성	변환	일어 초성	비율
ㅟ	⋙	ㅣ ㅔㅣ, ㅠ, ㅠㅜ	ㅔㅣ, ㅠ, ㅠㅜ 약50% → ㅣ 약50%

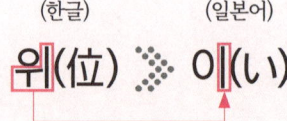

(한글) (일본어)
위(位) ⋙ 이(い)

더 많은 예시들 : 첫 번째 글자 한글 모음 [ㅟ] 발음 변환  음성 8-27 ㅟ→ㅣ..

일어 한자	한글 발음	일어 한글 발음	일어 발음	첫자음	단모음	받침	첫자음	단모음	받침
位置	위치	이찌	いち	ㅇ=o	ㅟ=ㅣ	없음	ㅊ=ㅉ	ㅣ=ㅣ	
委員	위원	이잉	いいん	ㅇ=o	ㅟ=ㅣ	없음	ㅇ=o	ㅟ=ㅣ	ㄴ=o(ん)
危険	위험	키껭	きけん	ㅇ=ㅋ	ㅟ=ㅣ	없음	ㅎ=ㄲ	ㅓ=ㅔ	ㅁ=o(ん)
違反	위반	이항	いはん	ㅇ=o	ㅟ=ㅣ	없음	ㅂ=ㅎ	ㅏ=ㅏ	ㄴ=o(ん)
衛星	위성	에이세이	えいせい	ㅇ=o	ㅟ=ㅔㅣ	없음	ㅅ=ㅅ	ㅓ=ㅔ	ㅇ=이(장음)
衛生	위생	에이세이	えいせい	ㅇ=o	ㅟ=ㅔㅣ	없음	ㅅ=ㅅ	ㅐ=ㅔ	ㅇ=이(장음)
就職	취직	슈우쇼꾸	しゅうしょく	ㅊ=ㅅ	ㅟ=ㅠㅜ	없음	ㅈ=ㅅ	ㅣ=ㅛ	ㄱ=꾸(く)
取材	취재	슈자이	しゅざい	ㅊ=ㅅ	ㅟ=ㅠ	없음	ㅈ=ㅈ	ㅐ=ㅏㅣ	

 더 많은 예시들 : 두 번째 글자 한글 모음 [ㅟ] 발음 변환 음성 8-28 ㅟ→ㅣ..

일어 한자	한글 발음	일어 한글 발음	일어 발음	첫자음	단모음	받침	첫자음	단모음	받침
周囲	주위	슈우이	しゅうい	ㅈ=ㅅ	ㅜ=ㅠㅜ		ㅇ=o	ㅟ=ㅣ	
講義	행위	코우기	こうぎ	ㅎ=ㅋ	ㅐ=ㅗ	ㅇ=우(장음)	ㅇ=ㄱ	ㅟ=ㅣ	
防衛	방위	보우에이	ぼうえい	ㅂ=ㅂ	ㅏ=ㅗ	ㅇ=우(장음)	ㅇ=o	ㅟ=ㅔㅣ	

한글 모음 [ㅢ] 변환

가장 비율이 높은 변환 [ㅢ ➤ ㅣ]에 집중하여 단어 말하기 훈련을 합니다.

해당 변환 시 [ㅢ]에는 받침이 없는 경우가 대부분입니다.

한글 초성	변환	일어 초성	비율
ㅢ		ㅣ	ㅣ 100%

(한글) (일본어)

의(意) ▶ 이(い)

Ex 더 많은 예시들 : 첫 번째 글자 한글 모음 [ㅢ] 발음 변환 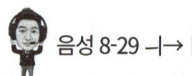 음성 8-29 ㅢ→ㅣ

일어 한자	한글 발음	일어 한글 발음	일어 발음	첫자음	단모음	받침	첫자음	단모음	받침
意味	의미	이미	いみ	ㅇ=ㅇ	ㅢ=ㅣ	없음	ㅁ=ㅁ	ㅣ=ㅣ	
意識	의식	이시끼	いしき	ㅇ=ㅇ	ㅢ=ㅣ	없음	ㅅ=ㅅ	ㅣ=ㅣ	ㄱ=ㄲ(き)
委員	의원	이잉	いいん	ㅇ=ㅇ	ㅢ=ㅣ	없음	ㅇ=ㅇ	ㅝ=ㅣ	ㄴ=ㅇ(ん)
義務	의무	기무	ぎむ	ㅇ=ㅇ	ㅢ=ㅣ	없음	ㅁ=ㅁ	ㅜ=ㅜ	
医療	의료	이료우	いりょう	ㅇ=ㅇ	ㅢ=ㅣ	없음	ㄹ=ㄹ	ㅛ=ㅛ	
意欲	의욕	이요꾸	いよく	ㅇ=ㅇ	ㅢ=ㅣ	없음	ㅇ=ㅇ	ㅛ=ㅛ	ㄱ=ㄲ(く)
依頼	의뢰	이라이	いらい	ㅇ=ㅇ	ㅢ=ㅣ	없음	ㄹ=ㄹ	ㅚ=ㅏㅣ	
議会	의회	기까이	ぎかい	ㅇ=ㄱ	ㅢ=ㅣ	없음	ㅎ=ㄲ	ㅚ=ㅏㅣ	
依存	의존	이송	いそん	ㅇ=ㅇ	ㅢ=ㅣ	없음	ㅈ=ㅅ	ㅗ=ㅗ	ㄴ=ㅇ(ん)
意見	의견	이껭	いけん	ㅇ=ㅇ	ㅢ=ㅣ	없음	ㄱ=ㄲ	ㅕ=ㅔ	ㄴ=ㅇ(ん)
犠牲	희생	기세이	ぎせい	ㅎ=ㄱ	ㅢ=ㅣ	없음	ㅅ=ㅅ	ㅐ=ㅔ	ㅇ=이(장음)
希望	희망	키보우	きぼう	ㅎ=ㅋ	ㅢ=ㅣ	없음	ㅁ=ㅂ	ㅏ=ㅗ	ㅇ=우(장음)
医学	의학	이가꾸	いがく	ㅇ=ㅇ	ㅢ=ㅣ	없음	ㅎ=ㄱ	ㅏ=ㅏ	ㄱ=ㄲ(く)

Ex 더 많은 예시들 : 두 번째 글자 한글 모음 [ㅢ] 발음 변환 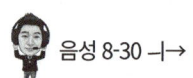 음성 8-30 ㅢ→ㅣ

일어 한자	한글 발음	일어 한글 발음	일어 발음	첫자음	단모음	받침	첫자음	단모음	받침
注意	주의	츄우이	ちゅうい	ㅈ=ㅊ	ㅜ=ㅠ		ㅇ=ㅇ	ㅢ=ㅣ	없음
物議	물의	부쯔기	ぶつぎ	ㅁ=ㅂ	ㅜ=ㅜ	ㄹ=쯔(つ)	ㅇ=ㄱ	ㅢ=ㅣ	없음
討議	토의	토우기	とうぎ	ㅌ=ㅌ	ㅗ=ㅗㅜ		ㅇ=ㄱ	ㅢ=ㅣ	없음
協議	협의	쿄우기	きょうぎ	ㅎ=ㅋ	ㅕ=ㅛ	ㅂ=우(장음)	ㅇ=ㄱ	ㅢ=ㅣ	없음
決意	결의	케쯔이	けつい	ㄱ=ㅋ	ㅕ=ㅔ	ㄹ=쯔(つ)	ㅇ=ㅇ	ㅢ=ㅣ	없음

일어 한자	한글 발음	일어 한글 발음	일어 발음	첫자음	단모음	받침	첫자음	단모음	받침
建议	건의	켕기	けんぎ	ㄱ=ㅋ	ㅓ=ㅔ	ㄴ=ㅇ(ん)	ㅇ=ㄱ	ㅢ=ㅣ	없음
審議	심의	싱기	しんぎ	ㅅ=ㅅ	ㅣ=ㅣ	ㅁ=ㅇ(ん)	ㅇ=ㄱ	ㅢ=ㅣ	없음

🎤 한글 모음 [ㅡ] 변환

가장 비율이 높은 변환에 집중하여 단어 말하기 훈련을 합니다.

한글 초성	변환	일어 초성	비율
ㅡ	≫	ㅗ / ㅣ / ㅛ / ㅠ	ㅗ 약50% / ㅣ 약20% / ㅛ 약20% / ㅠ 약10%

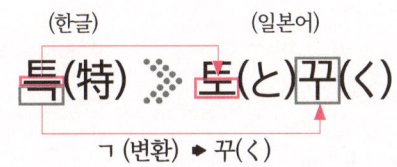

ㄱ (변환) ➡ 꾸(く)

Ex 더 많은 예시들 : 첫 번째 글자 한글 모음 [ㅡ] 발음 변환 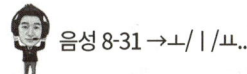 음성 8-31 →ㅗ/ㅣ/ㅛ..

일어 한자	한글 발음	일어 한글 발음	일어 발음	첫자음	단모음	받침	첫자음	단모음	받침
特徵	특징	토꾸쪼우	とくちょう	ㅌ=ㅌ	ㅡ=ㅗ	ㄱ=꾸(く)	ㅈ=ㅉ	ㅣ=ㅛ	ㅇ=우(장음)
特殊	특집	토꾸슈우	とくしゅう	ㅌ=ㅌ	ㅡ=ㅗ	ㄱ=꾸(く)	ㅈ=ㅅ	ㅣ=ㅠ	ㅂ=우(장음)
特急	특급	톡뀨우	とっきゅう	ㅌ=ㅌ	ㅡ=ㅗ	ㄱ=ㄱ(っ)	ㄱ=ㄲ	ㅡ=ㅠ	ㅂ=우(장음)
特有	특유	토꾸유우	とくゆう	ㅌ=ㅌ	ㅡ=ㅗ	ㄱ=꾸(く)	ㅇ=ㅇ	ㅠ=ㅠ	
応援	응원	오우엥	おうえん	ㅇ=ㅇ	ㅡ=ㅗ	ㅇ=우(장음)	ㅇ=ㅇ	ㅝ=ㅔ	ㄴ=ㅇ(ん)

일어 한자	한글 발음	일어 한글 발음	일어 발음	첫자음	단모음	받침	첫자음	단모음	받침
登録	등록	토우로꾸	とうろく	ㄷ=ㅌ	ㅡ=ㅗ	ㅇ=우(장음)	ㄹ=ㄹ	ㅗ=ㅗ	ㄱ=꾸(く)
応募	응모	오우보	おうぼ	ㅇ=ㅇ	ㅡ=ㅗ	ㅇ=우(장음)	ㅁ=ㅂ	ㅗ=ㅗ	
根本	근본	콤뽕	こんぽん	ㄱ=ㅋ	ㅡ=ㅗ	ㄴ=ㅁ(ん)	ㅂ=ㅃ	ㅗ=ㅗ	ㄴ=ㅇ(ん)
能力	능력	노우료꾸	のうりょく	ㄴ=ㄴ	ㅡ=ㅗ	ㅇ=우(장음)	ㄹ=ㄹ	ㅕ=ㅛ	ㄱ=꾸(く)
特別	특별	토쿠베쯔	とくべつ	ㅌ=ㅌ	ㅡ=ㅗ	ㄱ=꾸(く)	ㅂ=ㅂ	ㅕ=ㅔ	ㄹ=쯔(つ)
根拠	근거	콩꼬	こんきょ	ㄱ=ㅋ	ㅡ=ㅗ	ㄴ=ㅇ(ん)	ㄱ=ㄲ	ㅓ=ㅛ	
得点	득점	토꾸뗑	とくてん	ㄷ=ㅌ	ㅡ=ㅗ	ㄱ=꾸(く)	ㅈ=ㄸ	ㅓ=ㅔ	ㅁ=ㅇ(ん)
増大	증대	조우다이	ぞうだい	ㅈ=ㅈ	ㅡ=ㅗ	ㅇ=우(장음)	ㄷ=ㄷ	ㅐ=ㅏㅣ	
登場	등장	토우죠우	とうじょう	ㄷ=ㅌ	ㅡ=ㅗ	ㅇ=우(장음)	ㅈ=ㅈ	ㅏ=ㅛ	ㅇ=우(장음)
増加	증가	조우까	ぞうか	ㅈ=ㅈ	ㅡ=ㅗ	ㅇ=우(장음)	ㄱ=ㄲ	ㅏ=ㅏ	
音楽	음악	옹가꾸	おんがく	ㅇ=ㅇ	ㅡ=ㅗ	ㅁ=ㅇ(ん)	ㅇ=ㄱ	ㅏ=ㅏ	ㄱ=꾸(く)
金融	금융	킹유우	きんゆう	ㄱ=ㅋ	ㅡ=ㅣ	ㅁ=ㅇ(ん)	ㅇ=ㅇ	ㅠ=ㅠ	ㅇ=우(장음)
勤務	근무	킴무	きんむ	ㄱ=ㅋ	ㅡ=ㅣ	ㄴ=ㅁ(ん)	ㅁ=ㅁ	ㅜ=ㅜ	
湿度	습도	시쯔도	しつど	ㅅ=ㅅ	ㅡ=ㅣ	ㅂ=쯔(つ)	ㄷ=ㄷ	ㅡ=ㅗ	
金属	금속	킨조꾸	きんぞく	ㄱ=ㅋ	ㅡ=ㅣ	ㅁ=ㄴ(ん)	ㅅ=ㅈ	ㅗ=ㅗ	ㄱ=꾸(く)
喫煙	흡연	키쯔엥	きつえん	ㅎ=ㅋ	ㅡ=ㅣ	ㅂ=쯔(つ)	ㅇ=ㅇ	ㅕ=ㅔ	ㄴ=ㅇ(ん)
銀行	은행	깅꼬우	ぎんこう	ㅇ=ㄱ	ㅡ=ㅣ	ㄴ=ㅇ(ん)	ㅎ=ㄲ	ㅐ=ㅗ	ㅇ=우(장음)
近代	근대	킨다이	きんだい	ㄱ=ㅋ	ㅡ=ㅣ	ㄴ=ㄴ(ん)	ㄷ=ㄷ	ㅐ=ㅏㅣ	
興味	흥미	쿄우미	きょうみ	ㅎ=ㅋ	ㅡ=ㅛ	ㅇ=우(장음)	ㅁ=ㅁ	ㅣ=ㅣ	
承認	승인	쇼우닝	しょうにん	ㅅ=ㅅ	ㅡ=ㅛ	ㅇ=우(장음)	ㅇ=ㄴ(두)	ㅣ=ㅣ	ㄴ=ㅇ(ん)
証券	증권	쇼우껭	しょうけん	ㅈ=ㅅ	ㅡ=ㅛ	ㅇ=우(장음)	ㄱ=ㄲ	ㅝ=ㅔ	ㄴ=ㅇ(ん)
勝負	승부	쇼우부	しょうぶ	ㅅ=ㅅ	ㅡ=ㅛ	ㅇ=우(장음)	ㅂ=ㅂ	ㅜ=ㅜ	
証拠	증거	쇼우꼬	しょうこ	ㅈ=ㅅ	ㅡ=ㅛ	ㅇ=우(장음)	ㄱ=ㄲ	ㅓ=ㅗ	
症状	증상	쇼우죠우	しょうじょう	ㅈ=ㅅ	ㅡ=ㅛ	ㅇ=우(장음)	ㅅ=ㅈ	ㅏ=ㅛ	ㅇ=우(장음)
急増	급증	큐우조우	きゅうぞう	ㄱ=ㅋ	ㅡ=ㅠ	ㅂ=우(장음)	ㅈ=ㅈ	ㅡ=ㅗ	ㅇ=우(장음)
急速	급속	큐우소꾸	きゅうそく	ㄱ=ㅋ	ㅡ=ㅠ	ㅂ=우(장음)	ㅅ=ㅅ	ㅗ=ㅗ	ㄱ=꾸(く)
急行	급행	큐우꼬우	きゅうこう	ㄱ=ㅋ	ㅡ=ㅠ	ㅂ=우(장음)	ㅎ=ㄲ	ㅐ=ㅗ	ㅇ=우(장음)

더 많은 예시들 : 두 번째 글자 한글 모음 [ㅡ] 발음 변환 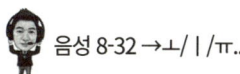 음성 8-32 →ㅗ/ㅣ/ㅠ..

일어 한자	한글 발음	일어 한글 발음	일어 발음	첫자음	단모음	받침	첫자음	단모음	받침
機能	기능	키노우	きのう	ㄱ=ㅋ	ㅣ=ㅣ		ㄴ=ㄴ	ㅡ=ㅗ	ㅇ=우(장음)
急増	급증	큐우조우	きゅうぞう	ㄱ=ㅋ	ㅡ=ㅠ	ㅂ=우(장음)	ㅈ=ㅈ	ㅡ=ㅗ	ㅇ=우(장음)
獲得	획득	카꾸또꾸	かくとく	ㅎ=ㅋ	ㅚ=ㅏ	ㄱ=꾸(く)	ㄷ=ㄸ	ㅡ=ㅗ	ㄱ=꾸(く)
観測	관측	칸소꾸	かんそく	ㄱ=ㅋ	ㅘ=ㅏ	ㄴ=ㄴ(ん)	ㅊ=ㅅ	ㅡ=ㅗ	ㄱ=꾸(く)
所得	소득	쇼또꾸	しょとく	ㅅ=ㅅ	ㅗ=ㅛ		ㄷ=ㄸ	ㅡ=ㅗ	ㄱ=꾸(く)
騒音	소음	소우옹	そうおん	ㅅ=ㅅ	ㅗ=ㅗㅜ		ㅇ=ㅇ	ㅡ=ㅗ	ㅁ=ㅇ(ん)
高層	고층	고우소우	こうそう	ㄱ=ㅋ	ㅗ=ㅗㅜ		ㅊ=ㅅ	ㅡ=ㅗ	ㅇ=우(장음)
録音	녹음	로꾸옹	ろくおん	ㄴ=ㄹ(ろ)	ㅗ=ㅗ	ㄱ=꾸(く)	ㅇ=ㅇ	ㅡ=ㅗ	ㅁ=ㅇ(ん)
予測	예측	요소꾸	よそく	ㅇ=ㅇ	ㅖ=ㅛ		ㅊ=ㅅ	ㅡ=ㅗ	ㄱ=꾸(く)
説得	설득	셋또꾸	せっとく	ㅅ=ㅅ	ㅓ=ㅔ	ㄹ=ㄷ(っ)	ㄷ=ㄸ	ㅡ=ㅗ	ㄱ=꾸(く)
適応	적응	테끼오우	てきおう	ㅈ=ㅌ	ㅓ=ㅔ	ㄱ=끼(き)	ㅇ=ㅇ	ㅡ=ㅗ	ㅇ=우(장음)
対応	대응	타이오우	たいおう	ㄷ=ㅌ	ㅐ=ㅏㅣ		ㅇ=ㅇ	ㅡ=ㅗ	ㅇ=우(장음)
可能	가능	카노우	かのう	ㄱ=ㅋ	ㅏ=ㅏ		ㄴ=ㄴ	ㅡ=ㅗ	ㅇ=우(장음)
納得	납득	낫또꾸	なっとく	ㄴ=ㄴ	ㅏ=ㅏ	ㅂ=ㄷ(っ)	ㄷ=ㄸ	ㅡ=ㅗ	ㄱ=꾸(く)
雑音	잡음	자쯔옹	ざつおん	ㅈ=ㅈ	ㅏ=ㅏ	ㅂ=쯔(つ)	ㅇ=ㅇ	ㅡ=ㅗ	ㅁ=ㅇ(ん)
発音	발음	하쯔옹	はつおん	ㅂ=ㅎ	ㅏ=ㅏ	ㄹ=쯔(つ)	ㅇ=ㅇ	ㅡ=ㅗ	ㅁ=ㅇ(ん)
附近	부근	후낑	ふきん	ㅂ=ㅎ	ㅜ=ㅜ		ㄱ=ㄲ	ㅡ=ㅣ	ㄴ=ㅇ(ん)
料金	요금	료우낑	りょうきん	ㅇ=ㄹ(ろ)	ㅛ=ㅛㅜ		ㄱ=ㄲ	ㅡ=ㅣ	ㅁ=ㅇ(ん)
最近	최근	사이낑	さいきん	ㅊ=ㅅ	ㅚ=ㅏㅣ		ㄱ=ㄲ	ㅡ=ㅣ	ㄴ=ㅇ(ん)
預金	예금	요낑	よきん	ㅇ=ㅇ	ㅖ=ㅛ		ㄱ=ㄲ	ㅡ=ㅣ	ㅁ=ㅇ(ん)
現金	현금	겡낑	げんきん	ㅎ=ㄱ	ㅕ=ㅔ	ㄴ=ㅇ(ん)	ㄱ=ㄲ	ㅡ=ㅣ	ㅁ=ㅇ(ん)
税金	세금	제이낑	ぜいきん	ㅅ=ㅈ	ㅔ=ㅔㅣ		ㄱ=ㄲ	ㅡ=ㅣ	ㅁ=ㅇ(ん)
貯金	저금	쵸낑	ちょきん	ㅈ=ㅊ	ㅓ=ㅛ		ㄱ=ㄲ	ㅡ=ㅣ	ㅁ=ㅇ(ん)
資金	자금	시낑	しきん	ㅈ=ㅅ	ㅏ=ㅣ		ㄱ=ㄲ	ㅡ=ㅣ	ㅁ=ㅇ(ん)
緊急	긴급	킹뀨우	きんきゅう	ㄱ=ㅋ	ㅣ=ㅣ	ㄴ=ㅇ(ん)	ㄱ=ㄲ	ㅡ=ㅠ	ㅂ=우(장음)
特急	특급	톡뀨우	とっきゅう	ㅌ=ㅌ	ㅡ=ㅗ	ㄱ=ㄱ(っ)	ㄱ=ㄲ	ㅡ=ㅠ	ㅂ=우(장음)
普及	보급	후뀨우	ふきゅう	ㅂ=ㅎ	ㅗ=ㅜ		ㄱ=ㄲ	ㅡ=ㅠ	ㅂ=우(장음)
復習	복습	후꾸슈우	ふくしゅう	ㅂ=ㅎ	ㅗ=ㅜ	ㄱ=꾸(く)	ㅅ=ㅅ	ㅡ=ㅠ	ㅂ=우(장음)

일어한자	한글발음	일어한글 발음	일어발음	첫자음	단모음	받침	첫자음	단모음	받침
初級	초급	쇼뀨우	しょきゅう	ㅊ=ㅅ	ㅗ=ㅛ		ㄱ=ㄲ	ㅡ=ㅠ	ㅂ=우(장음)
高級	고급	코우뀨우	こうきゅう	ㄱ=ㅋ	ㅗ=ㅗㅜ		ㄱ=ㄲ	ㅡ=ㅠ	ㅂ=우(장음)
予習	예습	요슈우	よしゅう	ㅇ=ㅇ	ㅖ=ㅗ		ㅅ=ㅅ	ㅡ=ㅠ	ㅂ=우(장음)
練習	연습	렌슈우	れんしゅう	ㅇ=ㄹ(두)	ㅕ=ㅔ	ㄴ=ㄴ(ん)	ㅅ=ㅅ	ㅡ=ㅠ	ㅂ=우(장음)
学習	학습	가꾸슈우	がくしゅう	ㅎ=ㄱ	ㅏ=ㅏ	ㄱ=ㄲ(く)	ㅅ=ㅅ	ㅡ=ㅠ	ㅂ=우(장음)
優勝	우승	유우쇼우	ゆうしょう	ㅇ=ㅇ	ㅜ=ㅠㅜ		ㅅ=ㅅ	ㅡ=ㅛ	ㅇ=우(장음)
保証	보증	호쇼우	ほしょう	ㅂ=ㅎ	ㅗ=ㅗ		ㅈ=ㅅ	ㅡ=ㅛ	ㅇ=우(장음)
積極	적극	섹꾜꾸	せっきょく	ㅈ=ㅅ	ㅓ=ㅔ	ㄱ=ㄱ(っ)	ㄱ=ㄲ	ㅡ=ㅛ	ㄱ=ㄲ(く)
上昇	상승	죠우쇼우	じょうしょう	ㅅ=ㅈ	ㅏ=ㅛ	ㅇ=우(장음)	ㅅ=ㅅ	ㅡ=ㅛ	ㅇ=우(장음)
悲劇	비극	히게끼	ひげき	ㅂ=ㅎ	ㅣ=ㅣ		ㄱ=ㄱ	ㅡ=ㅔ	ㄱ=ㄲ(き)
演劇	연극	엥게끼	えんげき	ㅇ=ㅇ	ㅕ=ㅔ	ㄴ=ㅇ(ん)	ㄱ=ㄱ	ㅡ=ㅔ	ㄱ=ㄲ(き)
刺激	자극	시게끼	しげき	ㅈ=ㅅ	ㅏ=ㅣ		ㄱ=ㄱ	ㅡ=ㅔ	ㄱ=ㄲ(き)

🎤 한글 모음 [ㅠ] 변환

가장 비율이 높은 변환 [ㅠ ➡ ㅠㅜ, ㅣ]에 집중하여 단어 말하기 훈련을 합니다.

한글 초성	변환	일어 초성	비율
ㅠ	▶	ㅠㅜ	ㅠㅜ 약60%, ㅣ 약30%, ㅔㅣ 약10%
		ㅣ	
		ㅔㅣ	

(한글) (일본어)

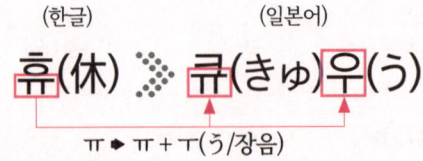

ㅠ ➡ ㅠ + ㅜ(う/장음)

Ex 더 많은 예시들 : 첫 번째 글자 한글 모음 [ㅠ] 발음 변환 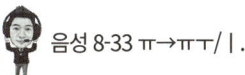 음성 8-33 ㅠ→ㅠㅜ/ㅣ..

일어 한자	한글 발음	일어 한글 발음	일어 발음	첫자음	단모음	받침	첫자음	단모음	받침
休日	휴일	큐우지쯔	きゅうじつ	ㅎ=ㅋ	ㅠ=ㅠㅜ	없음	ㅇ=ㅈ	ㅣ=ㅣ	ㄹ=쯔(つ)
有効	유효	유우꼬우	ゆうこう	ㅇ=ㅇ	ㅠ=ㅠㅜ	없음	ㅎ=ㄲ	ㅛ=ㅗㅜ	
有名	유명	유우메이	ゆうめい	ㅇ=ㅇ	ㅠ=ㅠㅜ	없음	ㅁ=ㅁ	ㅕ=ㅔ	ㅇ=이(장음)
流行	유행	류우꼬우	りゅうこう	ㅇ=ㄹ(두)	ㅠ=ㅠㅜ	없음	ㅎ=ㄲ	ㅐ=ㅗ	ㅇ=우(장음)
休暇	휴가	큐우까	きゅうか	ㅎ=ㅋ	ㅠ=ㅠㅜ	없음	ㄱ=ㄲ	ㅏ=ㅏ	
留学	유학	류우가꾸	りゅうがく	ㅇ=ㄹ(두)	ㅠ=ㅠㅜ	없음	ㅎ=ㄱ	ㅏ=ㅏ	ㄱ=꾸(く)
維持	유지	이지	いじ	ㅇ=ㅇ	ㅠ=ㅣ	없음	ㅈ=ㅈ	ㅣ=ㅣ	
規制	규제	키세이	きせい	ㄱ=ㅋ	ㅠ=ㅣ	없음	ㅈ=ㅅ	ㅔ=ㅔㅣ	
規定	규정	키떼이	きてい	ㄱ=ㅋ	ㅠ=ㅣ	없음	ㅈ=ㄸ	ㅓ=ㅔ	ㅇ=이(장음)
携帯	휴대	케이따이	けいたい	ㅎ=ㅋ	ㅠ=ㅔㅣ	없음	ㄷ=ㄸ	ㅐ=ㅏㅣ	

Ex 더 많은 예시들 : 두 번째 글자 한글 모음 [ㅠ] 발음 변환 음성 8-34 ㅠ→ㅠㅜ/ㅣ..

일어 한자	한글 발음	일어 한글 발음	일어 발음	첫자음	단모음	받침	첫자음	단모음	받침
理由	이유	리유우	りゆう	ㅇ=ㄹ(두)	ㅣ=ㅣ		ㅇ=ㅇ	ㅠ=ㅠㅜ	
特有	특유	토꾸유우	とくゆう	ㅌ=ㅌ	ㅡ=ㅗ	ㄱ=꾸(く)	ㅇ=ㅇ	ㅠ=ㅠㅜ	
牛乳	우유	규우뉴우	ぎゅうにゅう	ㅇ=ㄱ	ㅜ=ㅠㅜ		ㅇ=ㄴ(두)	ㅠ=ㅠㅜ	
物流	물류	부쯔류우	ぶつりゅう	ㅁ=ㅂ	ㅜ=ㅜ	ㄹ=쯔(つ)	ㄹ=ㄹ	ㅠ=ㅠㅜ	
交流	교류	코우류우	こうりゅう	ㄱ=ㅋ	ㅛ=ㅗㅜ		ㄹ=ㄹ	ㅠ=ㅠㅜ	
研究	연구	켕뀨우	けんきゅう	ㅇ=ㅋ	ㅕ=ㅔ	ㄴ=ㅇ(ん)	ㄱ=ㄲ	ㅠ=ㅠㅜ	
停留	정류	테이류우	ていりゅう	ㅈ=ㅌ	ㅓ=ㅔ	ㅇ=이(장음)	ㄹ=ㄹ	ㅠ=ㅠㅜ	
電流	전류	덴류우	でんりゅう	ㅈ=ㄷ	ㅓ=ㅔ	ㄴ=ㄴ(ん)	ㄹ=ㄹ	ㅠ=ㅠㅜ	
自由	자유	지유우	じゆう	ㅈ=ㅈ	ㅏ=ㅣ		ㅇ=ㅇ	ㅠ=ㅠㅜ	
保留	보류	호류우	ほりゅう	ㅂ=ㅎ	ㅗ=ㅗ		ㄹ=ㄹ	ㅠ=ㅠㅜ	
余裕	여유	요유우	よゆう	ㅇ=ㅇ	ㅕ=ㅛ		ㅇ=ㅇ	ㅠ=ㅠㅜ	
離陸	이륙	리리꾸	りりく	ㅇ=ㄹ(두)	ㅣ=ㅣ		ㄹ=ㄹ	ㅠ=ㅣ	ㄱ=꾸(く)
筋肉	근육	킨니꾸	きんにく	ㄱ=ㅋ	ㅡ=ㅣ	ㄴ=ㄴ(ん)	ㅇ=ㄴ(두)	ㅠ=ㅣ	ㄱ=꾸(く)

일어 한자	한글 발음	일어 한글 발음	일어 발음	첫자음	단모음	받침	첫자음	단모음	받침
比率	비율	히리쯔	ひりつ	ㅂ=ㅎ	ㅣ=ㅣ		ㅇ=ㄹ(두)	ㅠ=ㅣ	ㄹ=쯔(つ)
教育	교육	쿄우이꾸	きょういく	ㄱ=ㅋ	ㅛ=ㅛㅜ		ㅇ=ㅇ	ㅠ=ㅣ	ㄱ=꾸(く)
平均	평균	헤이낑	へいきん	ㅍ=ㅎ	ㅕ=ㅔ	ㅇ=이(장음)	ㄱ=ㄲ	ㅠ=ㅣ	ㄴ=ㅇ(ん)
体育	체육	타이이꾸	たいいく	ㅊ=ㅌ	ㅔ=ㅏㅣ		ㅇ=ㅇ	ㅠ=ㅣ	ㄱ=꾸(く)
着陸	착륙	챠꾸리꾸	ちゃくりく	ㅊ=ㅊ	ㅏ=ㅑ	ㄱ=꾸(く)	ㄹ=ㄹ	ㅠ=ㅣ	ㄱ=꾸(く)
人類	인류	진루이	じんるい	ㅇ=ㅈ	ㅣ=ㅣ	ㄴ=ㄴ(ん)	ㄹ=ㄹ	ㅠ=ㅜㅣ	
書類	서류	쇼루이	しょるい	ㅅ=ㅅ	ㅓ=ㅛ		ㄹ=ㄹ	ㅠ=ㅜㅣ	
種類	종류	슈루이	しゅるい	ㅈ=ㅅ	ㅗ=ㅠ	ㅇ=사라짐	ㄹ=ㄹ	ㅠ=ㅜㅣ	
金融	금융	킹유우	きんゆう	ㄱ=ㅋ	ㅡ=ㅣ	ㅁ=ㅇ(ん)	ㅇ=ㅇ	ㅠ=ㅠ	ㅇ=우(장음)
石油	석유	세끼유	せきゆ	ㅅ=ㅅ	ㅓ=ㅔ	ㄱ=끼(き)	ㅇ=ㅇ	ㅠ=ㅠ	

🎙 한글 모음 [ㅛ] 변환

가장 비율이 높은 변환 [ㅛ ➡ ㅛㅜ]에 집중하여 단어 말하기 훈련을 합니다.

[ㅛ] 자체로만 발음하지 않고 [ㅜ] 장음을 더하는 형태로 변환이 됩니다.

한글 초성	변환	일어 초성	비율
ㅛ	▶	ㅛㅜ	ㅠ 약5%
		ㅗㅜ	ㅗㅜ 약25%
		ㅠ	ㅛㅜ 약70%

(한글)　　　　(일본어)　　　　　　(한글)　　　　(일본어)

교(敎) ▶ 쿄(きょ)우(う)　　　용(用) ▶ 요(よ)우(う)

　ㅛ ➡ ㅛ+ㅜ(う/장음)　　　　　ㅇ ➡ ㅜ(う/장음)

더 많은 예시들 : 첫 번째 글자 한글 모음 [ㅛ] 발음 변환 음성 8-35 ㅛ→ㅛㅜ/ㅗㅜ..

일어 한자	한글 발음	일어 한글 발음	일어 발음	첫자음	단모음	받침	첫자음	단모음	받침
料理	요리	료우리	りょうり	ㅇ=ㄹ(두)	ㅛ=ㅛㅜ	없음	ㄹ=ㄹ	ㅣ=ㅣ	
教室	교실	쿄우시쯔	きょうしつ	ㄱ=ㅋ	ㅛ=ㅛㅜ	없음	ㅅ=ㅅ	ㅣ=ㅣ	ㄹ=쯔(つ)
要因	요인	요우잉	よういん	ㅇ=ㅇ	ㅛ=ㅛㅜ	없음	ㅇ=ㅇ	ㅣ=ㅣ	ㄴ=ㅇ(ん)
表示	표지	효우지	ひょうじ	ㅍ=ㅎ	ㅛ=ㅛㅜ	없음	ㅈ=ㅈ	ㅣ=ㅣ	
料金	요금	료우낑	りょうきん	ㅇ=ㄹ(두)	ㅛ=ㅛㅜ	없음	ㄱ=ㄲ	ㅡ=ㅣ	ㅁ=ㅇ(ん)
教育	교육	쿄우이꾸	きょういく	ㄱ=ㅋ	ㅛ=ㅛㅜ	없음	ㅇ=ㅇ	ㅠ=ㅣ	ㄱ=꾸(く)
要求	요구	요우뀨우	ようきゅう	ㅇ=ㅇ	ㅛ=ㅛㅜ	없음	ㄱ=ㄲ	ㅜ=ㅠㅜ	
教授	교수	쿄우쥬	きょうじゅ	ㄱ=ㅋ	ㅛ=ㅛㅜ	없음	ㅅ=ㅈ	ㅜ=ㅠ	
標準	표준	효우즁	ひょうじゅん	ㅍ=ㅎ	ㅛ=ㅛㅜ	없음	ㅈ=ㅈ	ㅜ=ㅠ	ㄴ=ㅇ(ん)
要素	요소	요우소	ようそ	ㅇ=ㅇ	ㅛ=ㅛㅜ	없음	ㅅ=ㅅ	ㅗ=ㅗ	
表面	표면	효우멩	ひょうめん	ㅍ=ㅎ	ㅛ=ㅛㅜ	없음	ㅁ=ㅁ	ㅕ=ㅔ	ㄴ=ㅇ(ん)
表現	표현	효우겡	ひょうげん	ㅍ=ㅎ	ㅛ=ㅛㅜ	없음	ㅎ=ㄱ	ㅕ=ㅔ	ㄴ=ㅇ(ん)
表情	표정	효우죠우	ひょうじょう	ㅍ=ㅎ	ㅛ=ㅛㅜ	없음	ㅈ=ㅈ	ㅓ=ㅛ	ㅇ=우(장음)
要点	요점	요우뗑	ようてん	ㅇ=ㅇ	ㅛ=ㅛㅜ	없음	ㅈ=ㄸ	ㅓ=ㅔ	ㅁ=ㅇ(ん)
要請	요청	요우세이	ようせい	ㅇ=ㅇ	ㅛ=ㅛㅜ	없음	ㅊ=ㅅ	ㅓ=ㅔ	ㅇ=이(장음)
教師	교사	쿄우시	きょうし	ㄱ=ㅋ	ㅛ=ㅛㅜ	없음	ㅅ=ㅅ	ㅏ=ㅣ	
交流	교류	코우류우	こうりゅう	ㄱ=ㅋ	ㅛ=ㅗㅜ	없음	ㄹ=ㄹ	ㅠ=ㅠㅜ	
効果	효과	코우까	こうか	ㅎ=ㅋ	ㅛ=ㅗㅜ	없음	ㄱ=ㄲ	ㅘ=ㅏ	
交換	교환	코우깡	こうかん	ㄱ=ㅋ	ㅛ=ㅗㅜ	없음	ㅎ=ㄲ	ㅘ=ㅏ	ㄴ=ㅇ(ん)
交通	교통	코우쯔우	こうつう	ㄱ=ㅋ	ㅛ=ㅗㅜ	없음	ㅌ=ㅉ	ㅗ=ㅡ	ㅇ=우(장음)
交渉	교섭	코우쇼우	こうしょう	ㄱ=ㅋ	ㅛ=ㅗㅜ	없음	ㅅ=ㅅ	ㅓ=ㅛ	ㅂ=우(장음)
交代	교대	코우따이	こうたい	ㄱ=ㅋ	ㅛ=ㅗㅜ	없음	ㄷ=ㄸ	ㅐ=ㅏㅣ	
容易	용이	요우이	ようい	ㅇ=ㅇ	ㅛ=ㅛ	ㅇ=우(장음)	ㅇ=ㅇ	ㅣ=ㅣ	
用品	용품	요우힝	ようひん	ㅇ=ㅇ	ㅛ=ㅛ	ㅇ=우(장음)	ㅍ=ㅎ	ㅜ=ㅣ	ㅁ=ㅇ(ん)
勇気	용기	유우끼	ゆうき	ㅇ=ㅇ	ㅛ=ㅠ	ㅇ=우(장음)	ㄱ=ㄲ	ㅣ=ㅣ	

Ex 더 많은 예시들 : 두 번째 글자 한글 모음 [ㅛ] 발음 변환   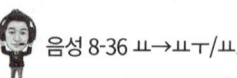 음성 8-36 ㅛ→ㅛㅜ/ㅛ..

일어 한자	한글 발음	일어 한글 발음	일어 발음	첫자음	단모음	받침	첫자음	단모음	받침
治療	치료	치료우	ちりょう	ㅊ=ち	ㅣ=ㅣ		ㄹ=ㄹ	ㅛ=ㅛㅜ	없음
診療	진료	진료우	しんりょう	ㅈ=ㅅ	ㅣ=ㅣ	ㄴ=ㄴ(ん)	ㄹ=ㄹ	ㅛ=ㅛㅜ	없음
資料	자료	시료우	しりょう	ㅈ=ㅅ	ㅣ=ㅣ		ㄹ=ㄹ	ㅛ=ㅛㅜ	없음
微妙	미묘	비묘우	びみょう	ㅁ=ㅂ	ㅣ=ㅣ		ㅁ=ㅁ	ㅛ=ㅛㅜ	없음
必要	필요	히쯔요우	ひつよう	ㅍ=ㅎ	ㅣ=ㅣ	ㄹ=쯔(つ)	ㅇ=ㅇ	ㅛ=ㅛㅜ	없음
医療	의료	이료우	いりょう	ㅇ=ㅇ	ㅢ=ㅣ		ㄹ=ㄹ	ㅛ=ㅛㅜ	없음
重要	중요	쥬우요우	じゅうよう	ㅈ=ㅈ	ㅜ=ㅠ	ㅇ=우(장음)	ㅇ=ㅇ	ㅛ=ㅛㅜ	없음
需要	수요	쥬요우	じゅよう	ㅅ=ㅈ	ㅜ=ㅠ		ㅇ=ㅇ	ㅛ=ㅛㅜ	없음
不況	불교	후꾜우	ふきょう	ㅂ=ㅎ	ㅜ=ㅜ	ㄹ=사라짐	ㄱ=ㄲ	ㅛ=ㅛㅜ	없음
無料	무료	무료우	むりょう	ㅁ=ㅁ	ㅜ=ㅜ		ㄹ=ㄹ	ㅛ=ㅛㅜ	없음
投票	투표	토우효우	とうひょう	ㅌ=ㅌ	ㅜ=ㅗㅜ		ㅍ=ㅎ	ㅛ=ㅛㅜ	없음
完了	완료	칸료우	かんりょう	ㅇ=ㅋ	ㅘ=ㅏ	ㄴ=ㄴ(ん)	ㄹ=ㄹ	ㅛ=ㅛㅜ	없음
終了	종료	슈우료우	しゅうりょう	ㅈ=ㅅ	ㅗ=ㅠ	ㅇ=우(장음)	ㄹ=ㄹ	ㅛ=ㅛㅜ	없음
目標	목표	모꾸효우	もくひょう	ㅁ=ㅁ	ㅗ=ㅗ	ㄱ=꾸(く)	ㅍ=ㅎ	ㅛ=ㅛㅜ	없음
材料	재료	자이료우	ざいりょう	ㅈ=ㅈ	ㅐ=ㅏㅣ		ㄹ=ㄹ	ㅛ=ㅛㅜ	없음
発表	발표	합뽀우	はっぴょう	ㅂ=ㅎ	ㅏ=ㅏ	ㄹ=ㅂ(っ)	ㅍ=ㅃ	ㅛ=ㅛㅜ	없음
代表	대표	다이효우	だいひょう	ㄷ=ㄷ	ㅐ=ㅏㅣ		ㅍ=ㅎ	ㅛ=ㅛㅜ	없음
利用	이용	리요우	りよう	ㅇ=ㄹ(두)	ㅣ=ㅣ		ㅇ=ㅇ	ㅛ=ㅛ	ㅇ=우(장음)
信用	신용	싱요우	しんよう	ㅅ=ㅅ	ㅣ=ㅣ	ㄴ=ㅇ(ん)	ㅇ=ㅇ	ㅛ=ㅛ	ㅇ=우(장음)
使用	사용	시요우	しよう	ㅅ=ㅅ	ㅣ=ㅣ		ㅇ=ㅇ	ㅛ=ㅛ	ㅇ=우(장음)
費用	비용	히요우	ひよう	ㅂ=ㅎ	ㅣ=ㅣ		ㅇ=ㅇ	ㅛ=ㅛ	ㅇ=우(장음)
美容	미용	비요우	びよう	ㅁ=ㅂ	ㅣ=ㅣ		ㅇ=ㅇ	ㅛ=ㅛ	ㅇ=우(장음)
食欲	식욕	쇼꾸요꾸	しょくよく	ㅅ=ㅅ	ㅣ=ㅛ	ㄱ=꾸(く)	ㅇ=ㅇ	ㅛ=ㅛ	ㄱ=꾸(く)
意欲	의욕	이요꾸	いよく	ㅇ=ㅇ	ㅢ=ㅣ		ㅇ=ㅇ	ㅛ=ㅛ	ㄱ=꾸(く)
採用	채용	사이요우	さいよう	ㅊ=ㅅ	ㅐ=ㅏㅣ		ㅇ=ㅇ	ㅛ=ㅛ	ㅇ=우(장음)
内容	내용	나이요우	ないよう	ㄴ=ㄴ	ㅐ=ㅏㅣ		ㅇ=ㅇ	ㅛ=ㅛ	ㅇ=우(장음)
有効	유효	유우꼬우	ゆうこう	ㅇ=ㅇ	ㅠ=ㅠㅜ		ㅎ=ㄲ	ㅛ=ㅗㅜ	
高校	고교	코우꼬우	こうこう	ㄱ=ㅋ	ㅗ=ㅗㅜ		ㄱ=ㄲ	ㅛ=ㅗㅜ	

일어 한자	한글 발음	일어 한글 발음	일어 발음	첫자음	단모음	받침	첫자음	단모음	받침
外交	외교	가이꼬우	がいこう	ㅇ=ㄱ	ㅚ=ㅏㅣ		ㄱ=ㄲ	ㅛ=ㅗㅜ	
学校	학교	각꼬우	がっこう	ㅎ=ㄱ	ㅏ=ㅏ	ㄱ=ㄱ(っ)	ㄱ=ㄲ	ㅛ=ㅗㅜ	
比較	비교	히까꾸	ひかく	ㅂ=ㅎ	ㅣ=ㅣ		ㄱ=ㄲ	ㅛ=ㅏ	꾸(く)생김